OEUVRES

DE

VOLTAIRE.

TOME XXVIII.

DE L'IMPRIMERIE DE FIRMIN DIDOT,
RUE JACOB, N° 24.

ŒUVRES
DE
VOLTAIRE

AVEC

PRÉFACES, AVERTISSEMENTS,
NOTES, ETC.

PAR M. BEUCHOT.

TOME XXVIII.

DICTIONNAIRE PHILOSOPHIQUE. — TOME III.

A PARIS,

CHEZ LEFÈVRE, LIBRAIRE,
RUE DE L'ÉPERON, N° 6.

WERDET ET LEQUIEN FILS,
RUE DU BATTOIR, N° 20.

M DCCC XXIX.

DICTIONNAIRE
PHILOSOPHIQUE.

CHAINE ou GÉNÉRATION
DES ÉVÉNEMENTS[1].

Le présent accouche, dit-on, de l'avenir. Les événements sont enchaînés les uns aux autres par une fatalité invincible : c'est le destin qui, dans Homère, est supérieur à Jupiter même. Ce maître des dieux et des hommes déclare net qu'il ne peut empêcher Sarpédon son fils de mourir dans le temps marqué. Sarpédon était né dans le moment qu'il fallait qu'il naquît, et ne pouvait pas naître dans un autre; il ne pouvait mourir ailleurs que devant Troie; il ne pouvait être enterré ailleurs qu'en Lycie; son corps devait dans le temps marqué produire des légumes qui devaient se changer dans la substance de quelques Lyciens; ses héritiers devaient établir un nouvel ordre dans ses états; ce nouvel ordre devait influer sur les royaumes voisins; il en résultait un nouvel arrangement de guerre et de paix avec les voisins des voisins de la Lycie : ainsi de proche en proche la destinée de

---

[1] Dans l'édition de 1764 du *Dictionnaire philosophique*, cet article commençait ainsi : *Il y a long-temps qu'on a prétendu que tous les événements sont enchaînés*, etc. B.

toute la terre a dépendu de la mort de Sarpédon, laquelle dépendait de l'enlèvement d'Hélène ; et cet enlèvement était nécessairement lié au mariage d'Hécube, qui, en remontant à d'autres événements, était lié à l'origine des choses.

Si un seul de ces faits avait été arrangé différemment, il en aurait résulté un autre univers ; or, il n'était pas possible que l'univers actuel n'existât pas ; donc il n'était pas possible à Jupiter de sauver la vie à son fils, tout Jupiter qu'il était.

Ce système de la nécessité et de la fatalité a été inventé de nos jours par Leibnitz, à ce qu'on dit, sous le nom de *raison suffisante;* il est pourtant fort ancien : ce n'est pas d'aujourd'hui qu'il n'y a point d'effet sans cause, et que souvent la plus petite cause produit les plus grands effets.

Milord Bolingbroke avoue que les petites querelles de madame Marlborough et de madame Masham lui firent naître l'occasion de faire le traité particulier de la reine Anne avec Louis XIV ; ce traité amena la paix d'Utrecht ; cette paix d'Utrecht affermit Philippe V sur le trône d'Espagne. Philippe V prit Naples et la Sicile sur la maison d'Autriche ; le prince espagnol qui est aujourd'hui roi de Naples doit évidemment son royaume à milady Masham : et il ne l'aurait pas eu, il ne serait peut-être même pas né, si la duchesse de Marlborough avait été plus complaisante envers la reine d'Angleterre. Son existence à Naples dépendait d'une sottise de plus ou de moins à la cour de Londres.

Examinez les situations de tous les peuples de l'univers; elles sont ainsi établies sur une suite de faits qui paraissent ne tenir à rien, et qui tiennent à tout. Tout est rouage, poulie, corde, ressort, dans cette immense machine.

Il en est de même dans l'ordre physique. Un vent qui souffle du fond de l'Afrique et des mers australes, amène une partie de l'atmosphère africaine, qui retombe en pluie dans les vallées des Alpes; ces pluies fécondent nos terres; notre vent du nord à son tour envoie nos vapeurs chez les Nègres; nous fesons du bien à la Guinée, et la Guinée nous en fait. La chaîne s'étend d'un bout de l'univers à l'autre.

Mais il me semble qu'on abuse étrangement de la vérité de ce principe. On en conclut qu'il n'y a si petit atome dont le mouvement n'ait influé dans l'arrangement actuel du monde entier; qu'il n'y a si petit accident, soit parmi les hommes, soit parmi les animaux, qui ne soit un chaînon essentiel de la grande chaîne du destin.

Entendons-nous : tout effet a évidemment sa cause, à remonter de cause en cause dans l'abîme de l'éternité; mais toute cause n'a pas son effet, à descendre jusqu'à la fin des siècles. Tous les événements sont produits les uns par les autres, je l'avoue; si le passé est accouché du présent, le présent accouche du futur; tout a des pères, mais tout n'a pas toujours des enfants. Il en est ici précisément comme d'un arbre généalogique : chaque maison remonte, comme on sait, à Adam; mais dans la famille il y a bien des gens qui sont morts sans laisser de postérité.

Il y a un arbre généalogique des événements de ce

monde. Il est incontestable que les habitants des Gaules et de l'Espagne descendent de Gomer, et les Russes de Magog son frère cadet : on trouve cette généalogie dans tant de gros livres! Sur ce pied-là, on ne peut nier que le Grand-Turc, qui descend aussi de Magog, ne lui ait l'obligation d'avoir été bien battu en 1769, par l'impératrice de Russie Catherine II. Cette aventure tient évidemment à d'autres grandes aventures. Mais que Magog ait craché à droite ou à gauche, auprès du mont Caucase, et qu'il ait fait deux ronds dans un puits ou trois, qu'il ait dormi sur le côté gauche ou sur le côté droit, je ne vois pas que cela ait influé beaucoup sur les affaires présentes.

Il faut songer que tout n'est pas plein dans la nature, comme Newton l'a démontré, et que tout mouvement ne se communique pas de proche en proche, jusqu'à faire le tour du monde, comme il l'a démontré encore. Jetez dans l'eau un corps de pareille densité, vous calculez aisément qu'au bout de quelque temps le mouvement de ce corps, et celui qu'il a communiqué à l'eau, sont anéantis; le mouvement se perd et se répare; donc le mouvement que put produire Magog en crachant dans un puits ne peut avoir influé sur ce qui se passe aujourd'hui en Moldavie et en Valachie; donc les événements présents ne sont pas les enfants de tous les événements passés : ils ont leurs lignes directes; mais mille petites lignes collatérales ne leur servent à rien. Encore une fois, tout être a son père, mais tout être n'a pas des enfants[a].

---

[a] Voyez l'article DESTIN.

CHANGEMENTS ARRIVÉS DANS LE GLOBE[1].

Quand on a vu de ses yeux une montagne s'avancer dans une plaine, c'est-à-dire un immense rocher de cette montagne se détacher et couvrir des champs, un château tout entier enfoncé dans la terre, un fleuve englouti qui sort ensuite de son abîme, des marques indubitables qu'un vaste amas d'eau inondait autrefois un pays habité aujourd'hui, et cent vestiges d'autres révolutions, on est alors plus disposé à croire les grands changements qui ont altéré la face du monde, que ne l'est une dame de Paris qui sait seulement que la place où est bâtie sa maison était autrefois un champ labourable. Mais une dame de Naples, qui a vu sous terre les ruines d'Herculanum, est encore moins asservie au préjugé qui nous fait croire que tout a toujours été comme il est aujourd'hui.

Y a-t-il eu un grand embrasement du temps d'un Phaéton? rien n'est plus vraisemblable; mais ce ne fut ni l'ambition de Phaéton ni la colère de Jupiter foudroyant qui causèrent cette catastrophe; de même qu'en 1755 ce ne furent point les feux allumés si souvent dans Lisbonne par l'inquisition qui ont attiré la vengeance divine, qui ont allumé les feux souterrains, et qui ont détruit la moitié de la ville : car Méquinez, Tétuan, et des hordes considérables d'Arabes, furent encore plus maltraités que Lisbonne; et il n'y avait point d'inquisition dans ces contrées.

L'île de Saint-Domingue, toute bouleversée depuis

---

[1] *Questions sur l'Encyclopédie*, troisième partie, 1770. B.

peu, n'avait pas déplu au grand Être plus que l'île de Corse. Tout est soumis aux lois physiques éternelles.

Le soufre, le bitume, le nitre, le fer, renfermés dans la terre, ont par leurs mélanges et par leurs explosions renversé mille cités, ouvert et fermé mille gouffres ; et nous sommes menacés tous les jours de ces accidents attachés à la manière dont ce monde est fabriqué, comme nous sommes menacés dans plusieurs contrées des loups et des tigres affamés pendant l'hiver.

Si le feu, que Démocrite croyait le principe de tout, a bouleversé une partie de la terre, le premier principe de Thalès, l'eau, a causé d'aussi grands changements.

La moitié de l'Amérique est encore inondée par les anciens débordements du Maragnon, de Rio de la Plata, du fleuve Saint-Laurent, du Mississipi, et de toutes les rivières perpétuellement augmentées par les neiges éternelles des montagnes les plus hautes de la terre, qui traversent ce continent d'un bout à l'autre. Ces déluges accumulés ont produit presque partout de vastes marais. Les terres voisines sont devenues inhabitables ; et la terre, que les mains des hommes auraient dû fertiliser, a produit des poisons.

La même chose était arrivée à la Chine et à l'Égypte ; il fallut une multitude de siècles pour creuser des canaux et pour dessécher les terres. Joignez à ces longs désastres les irruptions de la mer, les terrains qu'elle a envahis, et qu'elle a désertés, les îles qu'elle a détachées du continent, vous trouverez qu'elle a dévasté plus de quatre-vingt mille lieues carrées d'orient en occident, depuis le Japon jusqu'au mont Atlas.

L'engloutissement de l'île Atlantide par l'Océan peut être regardé avec autant de raison comme un point d'histoire que comme une fable. Le peu de profondeur de la mer Atlantique jusqu'aux Canaries pourrait être une preuve de ce grand événement; et les îles Canaries pourraient bien être des restes de l'Atlantide.

Platon prétend, dans son *Timée*, que les prêtres d'Égypte, chez lesquels il a voyagé, conservaient d'anciens registres qui fesaient foi de la destruction de cette île abîmée dans la mer. Cette catastrophe, dit Platon, arriva neuf mille ans avant lui. Personne ne croira cette chronologie sur la foi seule de Platon; mais aussi personne ne peut apporter contre elle aucune preuve physique, ni même aucun témoignage historique tiré des écrivains profanes.

Pline, dans son livre III, dit que de tout temps les peuples des côtes espagnoles méridionales ont cru que la mer s'était fait un passage entre Calpé et Abila :
« Indigenæ columnas Herculis vocant, creduntque
« perfossas exclusa anteà admisisse maria et rerum
« naturæ mutasse faciem. »

Un voyageur attentif peut se convaincre par ses yeux que les Cyclades, les Sporades, fesaient autrefois partie du continent de la Grèce, et surtout que la Sicile était jointe à l'Apulie. Les deux volcans de l'Etna et du Vésuve, qui ont les mêmes fondements sous la mer, le petit gouffre de Carybde, seul endroit profond de cette mer, la parfaite ressemblance des deux terrains, sont des témoignages non récusables : les déluges de Deucalion et d'Ogygès sont assez connus; et les fables inventées d'après cette vérité sont encore l'entretien de tout l'Occident.

Les anciens ont fait mention de plusieurs autres déluges en Asie. Celui dont parle Bérose arriva, selon lui, en Chaldée environ quatre mille trois ou quatre cents ans avant notre ère vulgaire; et l'Asie fut inondée de fables au sujet de ce déluge, autant qu'elle le fut des débordements du Tigre et de l'Euphrate, et de tous les fleuves qui tombent dans le Pont-Euxin[a].

Il est vrai que ces débordements ne peuvent couvrir les campagnes que de quelques pieds d'eau; mais la stérilité qu'ils apportent, la destruction des maisons et des ponts, la mort des bestiaux, sont des pertes qui demandent près d'un siècle pour être réparées. On sait ce qu'il en a coûté à la Hollande; elle a perdu plus de la moitié d'elle-même depuis l'an 1050. Il faut encore qu'elle combatte tous les jours contre la mer qui la menace; et elle n'a jamais employé tant de soldats pour résister à ses ennemis, qu'elle emploie de travailleurs à se défendre continuellement des assauts d'une mer toujours prête à l'engloutir.

Le chemin par terre d'Égypte en Phénicie, en côtoyant le lac Sirbon, était autrefois très praticable; il ne l'est plus depuis très long-temps. Ce n'est plus qu'un sable mouvant abreuvé d'une eau croupissante. En un mot, une grande partie de la terre ne serait qu'un vaste marais empoisonné et habité par des monstres, sans le travail assidu de la race humaine.

On ne parlera point ici du déluge universel de Noé. Il suffit de lire la sainte Écriture avec soumission. Le

[a] Voyez l'article DÉLUGE UNIVERSEL.

déluge de Noé est un miracle incompréhensible, opéré surnaturellement par la justice et la bonté d'une Providence ineffable, qui voulait détruire tout le genre humain coupable, et former un nouveau genre humain innocent. Si la race humaine nouvelle fut plus méchante que la première, et si elle devint plus criminelle de siècle en siècle, et de réforme en réforme; c'est encore un effet de cette Providence dont il est impossible de sonder les profondeurs, et dont nous adorons comme nous le devons les inconcevables mystères, transmis aux peuples d'Occident, depuis quelques siècles, par la traduction latine des *Septante*. Nous n'entrons jamais dans ces sanctuaires redoutables; nous n'examinons dans nos Questions que la simple nature [1].

CHANT, MUSIQUE, MÉLOPÉE, GESTICULATION, SALTATION [2].

Questions sur ces objets.

Un Turc pourra-t-il concevoir que nous ayons une espèce de chant pour le premier de nos mystères, quand nous le célébrons en musique; une autre espèce, que nous appelons des *motets*, dans le même temple; une troisième espèce à l'Opéra; une quatrième à l'Opéra-Comique?

De même pouvons-nous imaginer comment les anciens soufflaient dans leurs flûtes, récitaient sur leurs

---

[1] Voyez la *Dissertation sur les changements arrivés dans le globe* (*Mélanges*, année 1746). B.

[2] *Questions sur l'Encyclopédie*, troisième partie, 1770. B.

théâtres, la tête couverte d'un énorme masque ; et comment leur déclamation était notée ?

On promulguait les lois dans Athènes à peu près comme on chante dans Paris un air du Pont-Neuf. Le crieur public chantait un édit en se fesant accompagner d'une lyre.

C'est ainsi qu'on crie dans Paris, *la rose et le bouton* sur un ton, *vieux passements d'argent à vendre* sur un autre ; mais dans les rues de Paris on se passe de lyre.

Après la victoire de Chéronée, Philippe, père d'Alexandre, se mit à chanter le décret par lequel Démosthène lui avait fait déclarer la guerre, et battit du pied la mesure. Nous sommes fort loin de chanter dans nos carrefours nos édits sur les finances et sur les deux sous pour livre.

Il est très vraisemblable que la *mélopée*, regardée par Aristote, dans sa *Poétique*, comme une partie essentielle de la tragédie, était un chant uni et simple comme celui de ce qu'on nomme la *préface* à la messe, qui est, à mon avis, le chant grégorien, et non l'ambrosien, mais qui est une vraie mélopée.

Quand les Italiens firent revivre la tragédie au seizième siècle, le récit était une mélopée, mais qu'on ne pouvait noter ; car qui peut noter des inflexions de voix qui sont des huitièmes, des seizièmes de ton ? on les apprenait par cœur. Cet usage fut reçu en France quand les Français commencèrent à former un théâtre, plus d'un siècle après les Italiens. La *Sophonisbe* de Mairet se chantait comme celle du Trissin, mais plus grossièrement ; car on avait alors le gosier un peu rude à Paris, ainsi que l'esprit. Tous les rôles des acteurs, mais surtout des actrices, étaient notés de mémoire par tradition. Mademoiselle Beauval, actrice du temps de Corneille, de Racine et de Molière, me récita, il y a quelque soixante ans et plus, le commencement du rôle d'Émilie dans *Cinna*, tel qu'il avait été débité dans les premières représentations par la Beaupré.

Cette mélopée ressemblait à la déclamation d'aujourd'hui beaucoup moins que notre récit moderne ne ressemble à la manière dont on lit la gazette.

Je ne puis mieux comparer cette espèce de chant, cette mélopée, qu'à l'admirable récitatif de Lulli, critiqué, par les adorateurs des doubles croches, qui n'ont aucune connaissance du génie de notre langue, et qui veulent ignorer combien cette mélodie fournit de secours à un acteur ingénieux et sensible.

La mélopée théâtrale périt avec la comédienne Duclos, qui n'ayant pour tout mérite qu'une belle voix, sans esprit et sans ame, rendit enfin ridicule ce qui avait été admiré dans la Des OEillets et dans la Champmêlé.

Aujourd'hui on joue la tragédie sèchement : si on ne la réchauffait point par le pathétique du spectacle et de l'action, elle serait très insipide. Notre siècle, recommandable par d'autres endroits, est le siècle de la sécheresse.

Est-il vrai que chez les Romains un acteur récitait, et un autre fesait les gestes ?

Ce n'est point par méprise que l'abbé Dubos imagina cette plaisante façon de déclamer. Tite-Live, qui ne néglige jamais de nous instruire des mœurs et des usages des Romains, et qui en cela est plus utile que l'ingénieux et satirique Tacite; Tite-Live, dis-je, nous apprend[a] qu'Andronicus, s'étant enroué en chantant dans les intermèdes, obtint qu'un autre chantât pour lui tandis qu'il exécuterait la danse, et que de là vint la coutume de partager les intermèdes entre les danseurs et les chanteurs. « Dicitur cantum egisse magis « vigente motu quum nihil vocis usus impediebat. » Il exprima le chant par la danse. « Cantum egisse ma- « gis vigente motu, » avec des mouvements plus vigoureux.

Mais on ne partagea point le récit de la pièce entre un acteur qui n'eût fait que gesticuler, et un autre qui n'eût que déclamé. La chose aurait été aussi ridicule qu'impraticable.

L'art des pantomimes, qui jouent sans parler, est tout différent, et nous en avons vu des exemples très frappants; mais cet art ne peut plaire que lorsqu'on représente une action marquée, un événement théâtral qui se dessine aisément dans l'imagination du spectateur. On peut représenter Orosmane tuant Zaïre, et se tuant lui-même; Sémiramis se traînant blessée sur les marches du tombeau de Ninus, et tendant les bras à son fils. On n'a pas besoin de vers pour exprimer ces situations par des gestes, au son d'une symphonie lugubre et terrible. Mais comment deux pantomimes peindront-ils la dissertation de Maxime et de Cinna sur les gouvernements monarchiques et populaires?

[a] Livre VII.

A propos de l'exécution théâtrale chez les Romains, l'abbé Dubos dit que les danseurs dans les intermèdes étaient toujours en robe. La danse exige un habit plus leste. On conserve précieusement dans le pays de Vaud une grande salle de bains bâtie par les Romains, dont le pavé est en mosaïque. Cette mosaïque, qui n'est point dégradée, représente des danseurs vêtus précisément comme les danseurs de l'Opéra. On ne fait pas ces observations pour relever des erreurs dans Dubos; il n'y a nul mérite dans le hasard d'avoir vu ce monument antique qu'il n'avait point vu; et on peut d'ailleurs être un esprit très solide et très juste, en se trompant sur un passage de Tite-Live.

CHARITÉ.

Maisons de charité, de bienfesance, hôpitaux, hôtels-dieu, etc. [1].

Cicéron parle en plusieurs endroits de la charité universelle, *charitas humani generis* [2]; mais on ne voit point que la police et la bienfesance des Romains aient établi de ces maisons de charité où les pauvres et les malades fussent soulagés aux dépens du public. Il y avait une maison pour les étrangers au port d'Ostia, qu'on appelait *Xenodochium*. Saint Jérôme rend aux Romains cette justice. Les hôpitaux pour les pauvres semblent avoir été inconnus dans l'ancienne Rome.

---

[1] *Questions sur l'Encyclopédie*, troisième partie, 1770. B.

[2] Cicéron n'a pas employé cette expression: il a dit *charitas liberorum* (*Brutus*, ep. 12), *charitas patriæ* (*Pro Sexto*, 53), *charitates patriæ* (*De officiis*, 1, 17). R.

Elle avait un usage plus noble, celui de fournir des blés au peuple. Trois cent vingt-sept greniers immenses étaient établis à Rome. Avec cette libéralité continuelle, on n'avait pas besoin d'hôpital, il n'y avait point de nécessiteux.

On ne pouvait fonder des maisons de charité pour les enfants trouvés; personne n'exposait ses enfants; les maîtres prenaient soin de ceux de leurs esclaves. Ce n'était point une honte à une fille du peuple d'accoucher. Les plus pauvres familles nourries par la république, et ensuite par les empereurs, voyaient la subsistance de leurs enfants assurée.

Le mot de *maison de charité* suppose, chez nos nations modernes, une indigence que la forme de nos gouvernements n'a pu prévenir.

Le mot d'*hôpital*, qui rappelle celui d'*hospitalité*, fait souvenir d'une vertu célèbre chez les Grecs, qui n'existe plus; mais aussi il exprime une vertu bien supérieure. La différence est grande entre loger, nourrir, guérir tous les malheureux qui se présentent, et recevoir chez vous deux ou trois voyageurs chez qui vous aviez aussi le droit d'être reçu. L'hospitalité, après tout, n'était qu'un échange. Les hôpitaux sont des monuments de bienfesance.

Il est vrai que les Grecs connaissaient les hôpitaux sous le nom de *Xenodokia* pour les étrangers, *Nozocomeia* pour les malades, et de *Ptókia* pour les pauvres. On lit dans Diogène de Laërce, concernant Bion, ce passage : « Il souffrit beaucoup par l'indigence de « ceux qui étaient chargés du soin des malades. »

L'hospitalité entre particuliers s'appelait *Idioxe-*

nia, et entre les étrangers *Proxenia*. De là on appelait *Proxenos* celui qui recevait et entretenait chez lui les étrangers au nom de toute la ville : mais cette institution paraît avoir été fort rare.

Il n'est guère aujourd'hui de ville en Europe sans hôpitaux. Les Turcs en ont, et même pour les bêtes, ce qui semble outrer la charité. Il vaudrait mieux oublier les bêtes et songer davantage aux hommes.

Cette prodigieuse multitude de maisons de charité prouve évidemment une vérité à laquelle on ne fait pas assez d'attention ; c'est que l'homme n'est pas si méchant qu'on le dit ; et que malgré toutes ses fausses opinions, malgré les horreurs de la guerre, qui le changent en bête féroce, on peut croire que cet animal est bon, et qu'il n'est méchant que quand il est effarouché, ainsi que les autres animaux : le mal est qu'on l'agace trop souvent.

Rome moderne a presque autant de maisons de charité que Rome antique avait d'arcs de triomphe et d'autres monuments de conquête. La plus considérable de ces maisons est une banque qui prête sur gages à deux pour cent, et qui vend les effets, si l'emprunteur ne les retire pas dans le temps marqué. On appelle cette maison l'*archiospedale*, l'archi-hôpital. Il est dit qu'il y a presque toujours deux mille malades, ce qui ferait la cinquantième partie des habitants de Rome pour cette seule maison, sans compter les enfants qu'on y élève, et les pèlerins qu'on y héberge. De quels calculs ne faut-il pas rabattre ?

N'a-t-on pas imprimé dans Rome que l'hôpital de la

Trinité avait couché et nourri pendant trois jours quatre cent quarante mille cinq cents pélerins, et vingt-cinq mille cinq cents pélerines, au jubilé de l'an 1600 ? Misson lui-même n'a-t-il pas dit que l'hôpital de l'Annonciade à Naples possède deux de nos millions de rente ?

Peut-être enfin qu'une maison de charité, fondée pour recevoir des pélerins qui sont d'ordinaire des vagabonds, est plutôt un encouragement à la fainéantise qu'un acte d'humanité. Mais ce qui est véritablement humain, c'est qu'il y a dans Rome cinquante maisons de charité de toutes les espèces. Ces maisons de charité, de bienfesance, sont aussi utiles et aussi respectables que les richesses de quelques monastères et de quelques chapelles sont inutiles et ridicules.

Il est beau de donner du pain, des vêtements, des remèdes, des secours en tout genre à ses frères ; mais quel besoin un saint a-t-il d'or et de diamants ? quel bien revient-il aux hommes que Notre-Dame de Lorette ait un plus beau trésor que le sultan des Turcs ? Lorette est une maison de vanité et non de charité.

Londres, en comptant les écoles de charité, a autant de maisons de bienfesance que Rome.

Le plus beau monument de bienfesance qu'on ait jamais élevé, est l'hôtel des Invalides, fondé par Louis XIV.

De tous les hôpitaux, celui où l'on reçoit journellement le plus de pauvres malades, est l'Hôtel-Dieu de Paris. Il y en a eu souvent entre quatre à cinq mille à-la-fois. Dans ces cas, la multitude nuit à la charité même. C'est en même temps le réceptacle de toutes les horribles misères humaines, et le temple de la vraie vertu qui consiste à les secourir.

Il faudrait avoir souvent dans l'esprit le contraste d'une fête de Versailles, d'un opéra de Paris, où tous les plaisirs et toutes les magnificences sont réunis avec tant d'art ; et d'un hôtel-dieu, où toutes les douleurs, tous les dégoûts et la mort, sont entassés avec tant d'horreur. C'est ainsi que sont composées les grandes villes.

Par une police admirable, les voluptés mêmes et le luxe servent la misère et la douleur. Les spectacles de Paris ont payé, année commune, un tribut de plus de cent mille écus à l'hôpital.

Dans ces établissements de charité, les inconvénients ont souvent surpassé les avantages. Une preuve des abus attachés à ces maisons, c'est que les malheureux qu'on y transporte craignent d'y être.

L'Hôtel-Dieu, par exemple, était très bien placé autrefois dans le milieu de la ville auprès de l'Évêché. Il l'est très mal quand la ville est trop grande, quand quatre ou cinq malades sont entassés dans chaque lit, quand un malheureux donne le scorbut à son voisin dont il reçoit la vérole, et qu'une atmosphère empestée répand les maladies incurables et la mort, non seulement dans cet hospice destiné pour rendre les hommes à la vie, mais dans une grande partie de la ville à la ronde.

L'inutilité, le danger même de la médecine en ce cas, sont démontrés. S'il est si difficile qu'un médecin connaisse et guérisse une maladie d'un citoyen bien soigné dans sa maison, que sera-ce de cette multitude de maux compliqués, accumulés les uns sur les autres dans un lieu pestiféré?

En tout genre souvent, plus le nombre est grand, plus mal on est.

M. de Chamousset, l'un des meilleurs citoyens et des plus attentifs au bien public, a calculé, par des relevés fidèles, qu'il meurt un quart des malades à l'Hôtel-Dieu, un huitième à l'hôpital de la Charité, un neuvième dans les hôpitaux de Londres, un trentième dans ceux de Versailles.

Dans le grand et célèbre hôpital de Lyon, qui a été long-temps un des mieux administrés de l'Europe, il ne mourait qu'un quinzième des malades, année commune.

On a proposé souvent de partager l'Hôtel-Dieu de Paris en plusieurs hospices mieux situés, plus aérés, plus salutaires; l'argent a manqué pour cette entreprise.

« Curtæ nescio quid semper abest rei. »
Hor., liv. III, od. xxiv.

On en trouve toujours quand il s'agit d'aller faire tuer des hommes sur la frontière; il n'y en a plus quand il faut les sauver. Cependant l'Hôtel-Dieu de Paris possède plus d'un million de revenu qui augmente chaque année, et les Parisiens l'ont doté à l'envi.

On ne peut s'empêcher de remarquer ici que Germain Brice, dans sa *Description de Paris*, en parlant de quelques legs faits par le premier président de Bellièvre, à la salle de l'Hôtel-Dieu nommée *Saint-Charles*, dit « qu'il faut lire cette belle inscription gravée en

« lettres d'or dans une grande table de marbre, de la
« composition d'Olivier Patru de l'académie française,
« un des plus beaux esprits de son temps, dont on a
« des plaidoyers fort estimés. »

« Qui que tu sois qui entres dans ce saint lieu, tu
« n'y verras presque partout que des fruits de la cha-
« rité du grand Pomponne. Les brocarts d'or et d'ar-
« gent, et les beaux meubles qui paraient autrefois sa
« chambre, par une heureuse métamorphose, servent
« maintenant aux nécessités des malades. Cet homme
« divin qui fut l'ornement et les délices de son siècle,
« dans le combat même de la mort, a pensé au soula-
« gement des affligés. Le sang de Bellièvre s'est mon-
« tré dans toutes les actions de sa vie. La gloire de ses
« ambassades n'est que trop connue, etc. »

L'utile Chamousset fit mieux que Germain Brice et
Olivier Patru, l'un des plus beaux esprits du temps;
voici le plan dont il proposa de se charger à ses frais,
avec une compagnie solvable.

Les administrateurs de l'Hôtel-Dieu portaient en
compte la valeur de cinquante livres pour chaque malade, ou mort, ou guéri. M. de Chamousset et sa compagnie offraient de gérer pour cinquante livres seulement par guérison. Les morts allaient par-dessus le
marché, et étaient à sa charge.

La proposition était si belle, qu'elle ne fut point acceptée. On craignit qu'il ne pût la remplir. Tout abus
qu'on veut réformer est le patrimoine de ceux qui ont
plus de crédit que les réformateurs.

Une chose non moins singulière, est que l'Hôtel-
Dieu a seul le privilége de vendre la chair en carême

à son profit, et il y perd. M. de Chamousset offrit de faire un marché où l'Hôtel-Dieu gagnerait: on le refusa, et on chassa le boucher qu'on soupçonna de lui avoir donné l'avis [1].

> Ainsi chez les humains, par un abus fatal,
> Le bien le plus parfait est la source du mal.
>
> *Henriade*, chant v, 43-44.

CHARLATAN [2].

L'article *Charlatan* du *Dictionnaire encyclopédique* est rempli de vérités utiles, agréablement énoncées. M. le chevalier de Jaucourt y a développé le charlatanisme de la médecine.

On prendra ici la liberté d'y ajouter quelques réflexions. Le séjour des médecins est dans les grandes villes; il n'y en a presque point dans les campagnes. C'est dans les grandes villes que sont les riches malades; la débauche, les excès de table, les passions, causent leurs maladies. Dumoulin, non pas le jurisconsulte, mais le médecin, qui était aussi bon praticien que l'autre, a dit en mourant qu'il laissait deux

---

[1] En 1775, sous l'administration de M. Turgot, ce privilége ridicule de l'Hôtel-Dieu fut détruit et remplacé par un impôt sur l'entrée de la viande. Le peuple de Paris était réduit auparavant à n'avoir pendant tout le carême qu'une nourriture malsaine et très chère. Cependant quelques hommes ont osé regretter cet ancien usage, non qu'ils le crussent utile, mais parcequ'il était un monument du pouvoir que le clergé avait eu trop long-temps sur l'ordre public, et que sa destruction avançait la décadence de ce pouvoir. En 1629, on tuait six bœufs à l'Hôtel-Dieu pendant le carême, deux cents en 1665, cinq cents en 1708, quinze cents en 1750; on en consomme aujourd'hui près de neuf mille. K.

[2] *Questions sur l'Encyclopédie*, troisième partie, 1770. B.

grands médecins après lui, la diète et l'eau de la rivière.

En 1728[1], du temps de Lass[2], le plus fameux des charlatans de la première espèce, un autre, nommé Villars, confia à quelques amis que son oncle qui avait vécu près de cent ans, et qui n'était mort que par accident, lui avait laissé le secret d'une eau qui pouvait aisément prolonger la vie jusqu'à cent cinquante années, pourvu qu'on fût sobre. Lorsqu'il voyait passer un enterrement, il levait les épaules de pitié : si le défunt, disait-il, avait bu de mon eau, il ne serait pas où il est. Ses amis auxquels il en donna généreusement, et qui observèrent un peu le régime prescrit, s'en trouvèrent bien, et le prônèrent. Alors il vendit la bouteille six francs; le débit en fut prodigieux. C'était de l'eau de la Seine avec un peu de nitre. Ceux qui en prirent et qui s'astreignirent à un peu de régime, surtout qui étaient nés avec un bon tempérament, recouvrèrent en peu de jours une santé parfaite. Il disait aux autres : C'est votre faute si vous n'êtes pas entièrement guéris. Vous avez été intempérants et incontinents : corrigez-vous de ces deux vices, et vous vivrez cent cinquante ans pour le moins. Quelques uns se corrigèrent; la fortune de ce bon charlatan s'augmenta comme sa réputation. L'abbé de Pons, l'enthousiaste, le mettait fort au-dessus du maréchal de Villars : il fait tuer des hommes, lui dit-il, et vous les faites vivre.

On sut enfin que l'eau de Villars n'était que de l'eau

---

[1] Toutes les éditions portent 1728; mais je pense qu'il faut 1718. B.
[2] Voyez, tome XXI, le chap. II du *Précis du siècle de Louis XV*. B.

de rivière; on n'en voulut plus, et on alla à d'autres charlatans.

Il est certain qu'il avait fait du bien, et qu'on ne pouvait lui reprocher que d'avoir vendu l'eau de la Seine un peu trop cher. Il portait les hommes à la tempérance, et par là il était supérieur à l'apothicaire Arnoult, qui a farci l'Europe de ses sachets contre l'apoplexie, sans recommander aucune vertu.

J'ai connu un médecin de Londres nommé Brown, qui pratiquait aux Barbades. Il avait une sucrerie et des nègres; on lui vola une somme considérable; il assemble ses nègres : Mes amis, leur dit-il, le grand serpent m'a apparu pendant la nuit; il m'a dit que le voleur aurait dans ce moment une plume de perroquet sur le bout du nez. Le coupable sur-le-champ porte la main à son nez. C'est toi qui m'as volé, dit le maître; le grand serpent vient de m'en instruire; et il reprit son argent. On ne peut guère condamner une telle charlatanerie; mais il fallait avoir affaire à des nègres.

Scipion le premier Africain, ce grand Scipion, fort différent d'ailleurs du médecin Brown, fesait croire volontiers à ses soldats qu'il était inspiré par les dieux. Cette grande charlatanerie était en usage dès long-temps. Peut-on blâmer Scipion de s'en être servi? il fut peut-être l'homme qui fit le plus d'honneur à la république romaine; mais pourquoi les dieux lui inspirèrent-ils de ne point rendre ses comptes?

Numa fit mieux; il fallait policer des brigands et un sénat qui était la portion de ces brigands la plus difficile à gouverner. S'il avait proposé ses lois aux tribus assemblées, les assassins de son prédécesseur lui auraient fait mille difficultés. Il s'adresse à la déesse Égérie, qui lui donne des pandectes de la part de Jupiter; il est obéi sans contradiction, et il règne heureux. Ses institutions sont bonnes, son charlatanisme fait du bien; mais si quelque ennemi secret avait découvert la fourberie, si on avait dit, Exterminons un fourbe qui prostitue le nom des dieux pour tromper les hommes, il courait risque d'être envoyé au ciel avec Romulus.

Il est probable que Numa prit très bien ses mesures, et qu'il trompa les Romains pour leur profit, avec une habileté convenable au temps, aux lieux, à l'esprit des premiers Romains.

Mahomet fut vingt fois sur le point d'échouer; mais enfin il réussit avec les Arabes de Médine; et on le crut intime ami de l'ange Gabriel. Si quelqu'un venait aujourd'hui annoncer dans Constantinople qu'il est le favori de l'ange Raphael, très supérieur à Gabriel en dignité, et que c'est à lui seul qu'il faut croire, il serait empalé en place publique. C'est aux charlatans à bien prendre leur temps.

N'y avait-il pas un peu de charlatanisme dans Socrate avec son démon familier, et la déclaration précise d'Apollon, qui le proclama le plus sage de tous les hommes? Comment Rollin, dans son histoire, peut-il raisonner d'après cet oracle? comment ne fait-il pas connaître à la jeunesse que c'était une pure charlatanerie? Socrate prit mal son temps. Peut-être cent ans plus tôt aurait-il gouverné Athènes.

Tout chef de secte en philosophie a été un peu charlatan : mais les plus grands de tous ont été ceux qui ont aspiré à la domination. Cromwell fut le plus terrible de tous nos charlatans. Il parut précisément dans le seul temps où il pouvait réussir : sous Élisabeth il aurait été pendu; sous Charles II il n'eût été que ridicule. Il vint heureusement dans le temps où l'on était dégoûté des rois; et son fils, dans le temps où l'on était las d'un protecteur.

DE LA CHARLATANERIE DES SCIENCES ET DE LA LITTÉRATURE.

Les sciences ne pouvaient guère être sans charlatanerie. On veut faire recevoir ses opinions; le docteur subtil veut éclipser le docteur angélique; le docteur profond veut régner seul. Chacun bâtit son système de physique, de métaphysique, de théologie scolastique; c'est à qui fera valoir sa marchandise. Vous avez des courtiers qui la vantent, des sots qui vous croient, des protecteurs qui vous appuient.

Y a-t-il une charlatanerie plus grande que de mettre les mots à la place des choses, et de vouloir que les autres croient ce que vous ne croyez pas vous-même?

L'un établit des tourbillons de matière subtile, rameuse, globuleuse, striée, cannelée; l'autre, des éléments de matière qui ne sont point matière, et une harmonie préétablie qui fait que l'horloge du corps sonne l'heure quand l'horloge de l'ame la montre par son aiguille. Ces chimères trouvent des partisans pendant quelques années. Quand ces drogues sont passées de mode, de nouveaux énergumènes montent sur le théâtre ambulant; ils bannissent les germes du monde, ils disent que la mer a produit les montagnes, et que les hommes ont autrefois été poissons.

Combien a-t-on mis de charlatanerie dans l'histoire, soit en étonnant le lecteur par des prodiges, soit en chatouillant la malignité humaine par des satires, soit en flattant des familles de tyrans par d'infames éloges?

La malheureuse espèce qui écrit pour vivre est charlatane d'une autre manière. Un pauvre homme qui n'a point de métier, qui a eu le malheur d'aller au collége, et qui croit savoir écrire, va faire sa cour à un marchand libraire, et lui demande à travailler. Le marchand libraire sait que la plupart des gens domiciliés veulent avoir de petites bibliothèques, qu'il leur faut des abrégés et des titres nouveaux; il ordonne à l'écrivain un abrégé de l'*Histoire de Rapin Thoyras*, un abrégé de l'*Histoire de l'Église*, un *Recueil de bons mots* tiré du *Ménagiana*, un *Dictionnaire des grands hommes*, où l'on place un pédant inconnu à côté de Cicéron, et un *sonettiero* d'Italie auprès de Virgile.

Un autre marchand libraire commande des romans, ou des traductions de romans. Si vous n'avez pas d'imagination, dit-il à son ouvrier, vous prendrez quelques aventures dans *Cyrus*, dans *Gusman d'Alfarache*, dans les *Mémoires secrets d'un homme de qualité*, ou *d'une femme de qualité*; et du total vous ferez un volume de quatre cents pages à vingt sous la feuille.

Un autre marchand libraire donne les gazettes et les almanachs de dix années à un homme de génie. Vous me ferez un extrait de tout cela, et vous me le rapporterez dans trois mois sous le nom d'*Histoire fidèle du temps*, par monsieur le chevalier de trois étoiles, lieutenant de vaisseau, employé dans les affaires étrangères.

De ces sortes de livres il y en a environ cinquante mille en Europe; et tout cela passe comme le secret de blanchir la peau, de noircir les cheveux, et la panacée universelle.

CHARLES IX[1].

Charles IX, roi de France, était, dit-on, un bon poëte. Il est sûr que ses vers étaient admirables de son vivant. Brantôme ne dit pas, à la vérité, que ce roi fût le meilleur poëte de l'Europe; mais il assure qu'il « faisoit des quadrains fort gentiment, prestement, et « in promptu, sans songer, comme j'en ay veu plu- « sieurs... quand il faisoit mauvais temps, ou de pluye « ou d'un extrême chaud, il envoyoit querir messieurs « les poëtes en son cabinet, et là passoit son temps avec « eux, etc.[2] »

S'il avait toujours passé son temps ainsi, et surtout s'il avait fait de bons vers, nous n'aurions pas eu la Saint-Barthélemi; il n'aurait pas tiré de sa fenêtre avec une carabine sur ses propres sujets[3] comme sur des perdreaux. Ne croyez-vous pas qu'il est impossible qu'un bon poëte soit un barbare? Pour moi, j'en suis persuadé.

---

[1] *Questions sur l'Encyclopédie*, troisième partie, 1770. B.

[2] Brantôme, *Vie des hommes illustres*, etc. Discours LXXXVIII. B.

[3] Cette circonstance horrible de la vie de Charles IX; révoquée en doute par quelques personnes, surtout depuis qu'on a abattu le poteau qui avait été mal placé sur le quai du Louvre, est rapportée par Brantôme. (Voyez tome IX, page 427 de l'édition de 1740 des OEuvres de cet auteur.) B.

On lui attribue ces vers, faits en son nom pour Ronsard :

> Ta lyre, qui ravit par de si doux accords,
> Te soumet les esprits dont je n'ai que les corps ;
> Le maître elle t'en rend, et te sait introduire
> Où le plus fier tyran ne peut avoir d'empire.

Ces vers sont bons, mais sont-ils de lui ? ne sont-ils pas de son précepteur ? En voici de son imagination royale qui sont un peu différents :

> Il faut suivre ton roi qui t'aime par sus tous,
> Pour les vers qui de toi coulent braves et doux ;
> Et crois, si tu ne viens me trouver à Pontoise,
> Qu'entre nous adviendra une très grande noise.

L'auteur de la Saint-Barthélemi pourrait bien avoir fait ceux-là. Les vers de César sur Térence sont écrits avec un peu plus d'esprit et de goût. Ils respirent l'urbanité romaine. Ceux de François Ier et de Charles IX se ressentent de la grossièreté welche. Plût à Dieu que Charles IX eût fait plus de vers, même mauvais ! Une application constante aux arts aimables adoucit les mœurs.

> « Emollit mores nec sinit esse feros. »
> OVID., II, *de Ponto*, IX, 48.

Au reste, la langue française ne commença à se dérouiller un peu que long-temps après Charles IX. Voyez les lettres qu'on nous a conservées de François Ier. *Tout est perdu fors l'honneur*[1], est d'un digne chevalier; mais en voici une qui n'est ni de Cicéron, ni de César.

---

[1] Ce ne sont pas tout-à-fait les expressions de François Ier : voyez ma note, tome XVII, page 204. B.

« Tout à steure ynsi que je me volois mettre o lit est
« arrivé Laval qui m'a aporté la serteneté du lèvement
« du siége. »

Nous avons quelques lettres de la main de Louis XIII, qui ne sont pas mieux écrites. On n'exige pas qu'un roi écrive des lettres comme Pline, ni qu'il fasse des vers comme Virgile; mais personne n'est dispensé de bien parler sa langue. Tout prince qui écrit comme une femme-de-chambre a été fort mal élevé.

CHEMINS[1].

Il n'y a pas long-temps que les nouvelles nations de l'Europe ont commencé à rendre les chemins praticables, et à leur donner quelque beauté. C'est un des grands soins des empereurs mogols et de ceux de la Chine. Mais ces princes n'ont pas approché des Romains. La voie Appienne, l'Aurélienne, la Flaminienne, l'Émilienne, la Trajane, subsistent encore. Les seuls Romains pouvaient faire de tels chemins, et seuls pouvaient les réparer.

Bergier, qui d'ailleurs a fait un livre utile[2], insiste beaucoup sur ce que Salomon employa trente mille Juifs pour couper du bois sur le Liban, quatre-vingt mille pour maçonner son temple, soixante et dix mille pour les charrois, et trois mille six cents pour présider aux travaux. Soit : mais il ne s'agissait pas là de grands chemins.

---

[1] *Questions sur l'Encyclopédie*, troisième partie, 1770. B.

[2] L'*Histoire des grands chemins de l'empire romain*, 1622, in-4°, réimprimé en 1728, 2 vol. in-4°, et 1736, 2 vol. in-4°. B.

Pline dit qu'on employa trois cent mille hommes pendant vingt ans pour bâtir une pyramide en Égypte : je le veux croire ; mais voilà trois cent mille hommes bien mal employés. Ceux qui travaillèrent aux canaux de l'Égypte, à la grande muraille, aux canaux et aux chemins de la Chine ; ceux qui construisirent les voies de l'empire romain, furent plus avantageusement occupés que les trois cent mille misérables qui bâtirent des tombeaux en pointe, pour faire reposer le cadavre d'un superstitieux égyptien.

On connaît assez les prodigieux ouvrages des Romains, les lacs creusés ou détournés, les collines aplanies, la montagne percée par Vespasien dans la voie Flaminienne l'espace de mille pieds de longueur, et dont l'inscription subsiste encore. Le Pausilippe n'en approche pas.

Il s'en faut beaucoup que les fondations de la plupart de nos maisons soient aussi solides que l'étaient les grands chemins dans le voisinage de Rome ; et ces voies publiques s'étendirent dans tout l'empire, mais non pas avec la même solidité : ni l'argent ni les hommes n'auraient pu y suffire.

Presque toutes les chaussées d'Italie étaient relevées sur quatre pieds de fondation. Lorsqu'on trouvait un marais sur le chemin, on le comblait. Si on rencontrait un endroit montagneux, on le joignait au chemin par une pente douce. On soutenait en plusieurs lieux ces chemins par des murailles.

Sur les quatre pieds de maçonnerie étaient posés de larges pierres de taille, des marbres épais de près d'un pied, et souvent larges de dix ; ils étaient piqués au ciseau, afin que les chevaux ne glissassent pas. On ne savait ce qu'on devait admirer davantage ou l'utilité ou la magnificence.

Presque toutes ces étonnantes constructions se firent aux dépens du trésor public. César répara et prolongea la voie Appienne de son propre argent; mais son argent n'était que celui de la république.

Quels hommes employait-on à ces travaux? les esclaves, les peuples domptés, les provinciaux qui n'étaient point citoyens romains. On travaillait par corvées, comme on fait en France et ailleurs, mais on leur donnait une petite rétribution.

Auguste fut le premier qui joignit les légions au peuple pour travailler aux grands chemins dans les Gaules, en Espagne, en Asie. Il perça les Alpes à la vallée qui porta son nom, et que les Piémontais et les Français appellent par corruption la *vallée d'Aoste*. Il fallut d'abord soumettre tous les sauvages qui habitaient ces cantons. On voit encore, entre le grand et le petit Saint-Bernard, l'arc de triomphe que le sénat lui érigea après cette expédition. Il perça encore les Alpes par un autre côté qui conduit à Lyon, et de là dans toute la Gaule. Les vaincus n'ont jamais fait pour eux-mêmes ce que firent les vainqueurs.

La chute de l'empire romain fut celle de tous les ouvrages publics, comme de toute police, de tout art, de toute industrie. Les grands chemins disparurent dans les Gaules, excepté quelques chaussées que la malheureuse reine Brunehaut fit réparer pour un peu de temps. A peine pouvait-on aller à cheval sur les anciennes voies, qui n'étaient plus que des abîmes de bourbe entremêlée de pierres. Il fallait passer par les champs labourables; les charrettes fesaient à peine en un mois le chemin qu'elles font aujourd'hui en une semaine. Le peu de commerce qui subsista fut borné à quelques draps, quelques toiles, un peu de mauvaise quincaillerie, qu'on portait à dos de mulet dans des prisons à créneaux et à mâchicoulis, qu'on appelait *châteaux*, situées dans des marais ou sur la cime des montagnes couvertes de neige.

Pour peu qu'on voyageât pendant les mauvaises saisons, si longues et si rebutantes dans les climats septentrionaux, il fallait ou enfoncer dans la fange, ou gravir sur des rocs. Telles furent l'Allemagne et la France entière jusqu'au milieu du dix-septième siècle. Tout le monde était en bottes; on allait dans les rues sur des échasses dans plusieurs villes d'Allemagne.

Enfin sous Louis XIV on commença les grands chemins que les autres nations ont imités. On en a fixé la largeur à soixante pieds en 1720. Ils sont bordés d'arbres en plusieurs endroits jusqu'à trente lieues de la capitale; cet aspect forme un coup d'œil admirable. Les voies militaires romaines n'étaient larges que de seize pieds, mais elles étaient infiniment plus solides. On n'était pas obligé de les réparer tous les ans comme les nôtres. Elles étaient embellies de monuments, de colonnes milliaires, et même de tombeaux superbes; car ni en Grèce ni en Italie il n'était permis de faire servir les villes de sépulture, encore moins les temples; c'eût été un sacrilége. Il n'en était pas comme dans nos églises, où une vanité de barbares fait ensevelir à prix d'argent des bourgeois riches qui infectent le lieu même où l'on vient adorer Dieu, et où l'encens ne semble brûler que pour déguiser les odeurs des cadavres, tandis que les pauvres pourrissent dans le cimetière attenant, et que les uns et les autres répandent les maladies contagieuses parmi les vivants.

Les empereurs furent presque les seuls dont les cendres reposèrent dans des monuments érigés à Rome.

Les grands chemins de soixante pieds de large occupent trop de terrain. C'est environ quarante pieds de trop. La France a près de deux cents lieues ou environ de l'embouchure du Rhône au fond de la Bretagne, autant de Perpignan à Dunkerque. En comptant la lieue à deux mille cinq cents toises, cela fait cent vingt millions de pieds carrés pour deux seuls grands chemins, perdus pour l'agriculture. Cette perte est très considérable dans un pays où les récoltes ne sont pas toujours abondantes.

On essaya de paver le grand chemin d'Orléans, qui n'était pas de cette largeur; mais on s'aperçut depuis que rien n'était plus mal imaginé pour une route couverte continuellement de gros chariots. De ces pavés posés tout simplement sur la terre, les uns se baissent, les autres s'élèvent, le chemin devient raboteux, et bientôt impraticable; il a fallu y renoncer.

Les chemins recouverts de gravier et de sable exigent un nouveau travail toutes les années. Ce travail nuit à la culture des terres, et ruine l'agriculteur.

M. Turgot, fils du prévôt des marchands, dont le

nom est en bénédiction à Paris, et l'un des plus éclairés magistrats du royaume et des plus zélés pour le bien public, et le bienfesant M. de Fontette, ont remédié autant qu'ils ont pu à ce fatal inconvénient dans les provinces du Limousin et de la Normandie [1].

On a prétendu [2] qu'on devait, à l'exemple d'Auguste et de Trajan, employer les troupes à la confection des chemins; mais alors il faudrait augmenter la paie du soldat; et un royaume qui n'était qu'une province de l'empire romain, et qui est souvent obéré, peut rarement entreprendre ce que l'empire romain fesait sans peine.

C'est une coutume assez sage dans les Pays-Bas d'exiger de toutes les voitures un péage modique pour l'entretien des voies publiques. Ce fardeau n'est point pesant. Le paysan est à l'abri des vexations. Les chemins y sont une promenade continue très agréable [3].

Les canaux sont beaucoup plus utiles. Les Chinois

---

[1] M. Turgot, étant contrôleur-général, obtint de la justice et de la bonté du roi un édit qui abolissait la corvée, et la remplaçait par un impôt général sur les terres. Mais on l'obligea d'exempter les biens du clergé de cet impôt, et d'en établir une partie sur les tailles. Malgré cela, c'était encore un des plus grands biens qu'on pût faire à la nation. Cet édit enregistré au lit de justice n'a subsisté que trois mois. Mais huit ou neuf généralités ont suivi l'exemple de celle de Limoges. On doit aussi à M. Turgot d'avoir restreint la largeur des routes dans les limites convenables. Les chemins qu'il a fait exécuter en Limousin sont des chefs-d'œuvre de construction, et sont formés sur les mêmes principes que les voies romaines dont on retrouve encore quelques restes dans les Gaules; tandis que les chemins faits par corvées, et nécessairement alors très mal construits, exigent d'éternelles réparations qui sont une nouvelle charge pour le peuple. K.

[2] Voltaire lui-même, dans le paragraphe vi de son *Fragment des instructions pour le prince royal de****. (Voyez les *Mélanges*, année 1767). B.

[3] Fin de l'article en 1770. L'alinéa qui le termine aujourd'hui fut ajouté en 1774. B.

surpassent tous les peuples par ces monuments qui exigent un entretien continuel. Louis XIV, Colbert, et Riquet, se sont immortalisés par le canal qui joint les deux mers; on ne les a pas encore imités. Il n'est pas difficile de traverser une grande partie de la France par des canaux. Rien n'est plus aisé en Allemagne que de joindre le Rhin au Danube; mais on a mieux aimé s'égorger et se ruiner pour la possession de quelques villages que de contribuer au bonheur du monde.

CHIEN[1].

Il semble que la nature ait donné le chien à l'homme pour sa défense et pour son plaisir. C'est de tous les animaux le plus fidèle : c'est le meilleur ami que puisse avoir l'homme.

Il paraît qu'il y en a plusieurs espèces absolument différentes. Comment imaginer qu'un lévrier vienne originairement d'un barbet? il n'en a ni le poil, ni les jambes, ni le corsage, ni la tête, ni les oreilles, ni la voix, ni l'odorat, ni l'instinct. Un homme qui n'aurait vu, en fait de chiens, que des barbets ou des épagneuls, et qui verrait un lévrier pour la première fois, le prendrait plutôt pour un petit cheval nain que pour un animal de la race épagneule. Il est bien vraisemblable que chaque race fut toujours ce qu'elle est, sauf le mélange de quelques unes en petit nombre.

Il est étonnant que le chien ait été déclaré immonde dans la loi juive, comme l'ixion, le griffon, le lièvre, le porc, l'anguille; il faut qu'il y ait quelque raison

[1] *Questions sur l'Encyclopédie*, troisième partie, 1770. B.

physique ou morale que nous n'ayons pu encore découvrir.

Ce qu'on raconte de la sagacité, de l'obéissance, de l'amitié, du courage des chiens, est prodigieux, et est vrai. Le philosophe militaire Ulloa nous assure [a] que dans le Pérou les chiens espagnols reconnaissent les hommes de race indienne, les poursuivent et les déchirent; que les chiens péruviens en font autant des Espagnols. Ce fait semble prouver que l'une et l'autre espèce de chiens retient encore la haine qui lui fut inspirée du temps de la découverte, et que chaque race combat toujours pour ses maîtres avec le même attachement et la même valeur.

Pourquoi donc le mot de *chien* est-il devenu une injure? on dit par tendresse, *mon moineau, ma colombe, ma poule*; on dit même *mon chat*, quoique cet animal soit traître. Et quand on est fâché, on appelle les gens *chiens!* Les Turcs, même sans être en colère, disent par une horreur mêlée au mépris, les *chiens de chrétiens*. La populace anglaise, en voyant passer un homme qui par son maintien, son habit, et sa perruque, a l'air d'être né vers les bords de le Seine ou de la Loire, l'appelle communément *French dog,* chien de Français. Cette figure de rhétorique n'est pas polie, et paraît injuste.

Le délicat Homère introduit d'abord le divin Achille disant au divin Agamemnon, qu'il *est impudent comme un chien.* Cela pourrait justifier la populace anglaise.

Les plus zélés partisans du chien doivent confesser que cet animal a de l'audace dans les yeux; que plu-

---

[a] *Voyage d'Ulloa au Pérou*, livre VI.

sieurs sont hargneux; qu'ils mordent quelquefois des inconnus en les prenant pour des ennemis de leurs maîtres, comme des sentinelles tirent sur les passants qui approchent trop de la contrescarpe. Ce sont là probablement les raisons qui ont rendu l'épithète de *chien* une injure; mais nous n'osons décider.

Pourquoi le chien a-t-il été adoré ou révéré (comme on voudra) chez les Égyptiens? C'est, dit-on, que le chien avertit l'homme. Plutarque nous apprend[a] qu'après que Cambyse eut tué leur bœuf Apis, et l'eut fait mettre à la broche, aucun animal n'osa manger les restes des convives, tant était profond le respect pour Apis; mais le chien ne fut pas si scrupuleux, il avala du dieu. Les Égyptiens furent scandalisés comme on le peut croire, et Anubis perdit beaucoup de son crédit.

Le chien conserva pourtant l'honneur d'être toujours dans le ciel sous le nom du *grand* et du *petit chien*. Nous eûmes constamment les jours caniculaires.

Mais de tous les chiens, Cerbère fut celui qui eut le plus de réputation; il avait trois gueules. Nous avons remarqué que tout allait par trois: Isis, Osiris, et Orus, les trois premières divinités égyptiaques; les trois frères, dieux du monde grec, Jupiter, Neptune, et Pluton; les trois parques; les trois furies; les trois juges d'enfer; les trois gueules du chien de là-bas.

Nous nous apercevons ici avec douleur que nous avons omis l'article des *chats;* mais nous nous conso-

---

[a] Plutarque, chap. d'*Isis* et d'*Osiris*.

lons en renvoyant à leur histoire [1]. Nous remarquerons seulement qu'il n'y a point de chats dans les cieux, comme il y a des chèvres, des écrevisses, des taureaux, des béliers, des aigles, des lions, des poissons, des lièvres, et des chiens. Mais en récompense, le chat fut consacré ou révéré, ou adoré du culte de dulie dans quelques villes, et peut-être de latrie par quelques femmes.

DE LA CHINE [2].

SECTION PREMIÈRE.

Nous avons assez remarqué ailleurs [3] combien il est téméraire et maladroit de disputer à une nation telle que la chinoise ses titres authentiques. Nous n'avons aucune maison en Europe dont l'antiquité soit aussi bien prouvée que celle de l'empire de la Chine. Figurons-nous un savant maronite du Mont-Athos, qui contesterait la noblesse des Morosini, des Tiepolo, et des autres anciennes maisons de Venise, des princes d'Allemagne, des Montmorenci, des Châtillon, des Talleyrand de France, sous prétexte qu'il n'en est parlé ni dans saint Thomas, ni dans saint Bonaventure. Ce maronite passerait-il pour un homme de bon sens ou de bonne foi ?

Je ne sais quels lettrés de nos climats se sont effrayés de l'antiquité de la nation chinoise. Mais ce n'est point

---

[1] Par Moncrif, de l'académie française. K.

[2] Cette première section formait tout l'article dans les *Questions sur l'Encyclopédie*, troisième partie, 1770. B.

[3] Voyez *Essai sur les mœurs*, tome XV, chap. 1, page 260. B.

ici une affaire de scolastique. Laissez tous les lettrés chinois, tous les mandarins, tous les empereurs reconnaître *Fo-hi* pour un des premiers qui donnèrent des lois à la Chine, environ deux mille cinq ou six cents ans avant notre ère vulgaire. Convenez qu'il faut qu'il y ait des peuples avant qu'il y ait des rois. Convenez qu'il faut un temps prodigieux avant qu'un peuple nombreux, ayant inventé les arts nécessaires, se soit réuni pour se choisir un maître. Si vous n'en convenez pas, il ne nous importe. Nous croirons toujours sans vous que deux et deux font quatre.

Dans une province d'Occident, nommée autrefois la *Celtique*, on a poussé le goût de la singularité et du paradoxe jusqu'à dire que les Chinois n'étaient qu'une colonie d'Égypte, ou bien, si l'on veut, de Phénicie. On a cru prouver, comme on prouve tant d'autres choses, qu'un roi d'Égypte appelé Ménès par les Grecs, était le roi de la Chine *Yu*, et qu'Atoès était *Ki*, en changeant seulement quelques lettres; et voici de plus comme on a raisonné.

Les Égyptiens allumaient des flambeaux quelquefois pendant la nuit; les Chinois allument des lanternes : donc les Chinois sont évidemment une colonie d'Égypte. Le jésuite Parennin, qui avait déjà vécu vingt-cinq ans à la Chine, et qui possédait également la langue et les sciences des Chinois, a réfuté toutes ces imaginations avec autant de politesse que de mépris. Tous les missionnaires, tous les Chinois à qui l'on conta qu'au bout de l'Occident on fesait la réforme de l'empire de la Chine, ne firent qu'en rire. Le P. Parennin répondit un peu plus sérieusement.

Vos Égyptiens, disait-il, passèrent apparemment par l'Inde pour aller peupler la Chine. L'Inde alors était-elle peuplée ou non ? si elle l'était, aurait-elle laissé passer une armée étrangère ? si elle ne l'était pas, les Égyptiens ne seraient-ils pas restés dans l'Inde ? auraient-ils pénétré par des déserts et des montagnes impraticables jusqu'à la Chine, pour y aller fonder des colonies, tandis qu'ils pouvaient si aisément en établir sur les rivages fertiles de l'Inde et du Gange ?

Les compilateurs d'une histoire universelle, imprimée en Angleterre, ont voulu aussi dépouiller les Chinois de leur antiquité, parceque les jésuites étaient les premiers qui avaient bien fait connaître la Chine. C'est là sans doute une bonne raison pour dire à toute une nation : *Vous en avez menti*.

Il y a, ce me semble, une réflexion bien importante à faire sur les témoignages que Confutzée, nommé parmi nous *Confucius*, rend à l'antiquité de sa nation ; c'est que Confutzée n'avait nul intérêt de mentir ; il ne fesait point le prophète ; il ne se disait point inspiré ; il n'enseignait point une religion nouvelle ; il ne recourait point aux prestiges ; il ne flatte point l'empereur sous lequel il vivait, il n'en parle seulement pas. C'est enfin le seul des instituteurs du monde qui ne se soit point fait suivre par des femmes.

J'ai connu un philosophe qui n'avait que le portrait de Confucius dans son arrière-cabinet ; il mit au bas ces quatre vers :

> De la seule raison salutaire interprète,
> Sans éblouir le monde, éclairant les esprits,

Il ne parla qu'en sage, et jamais en prophète;
Cependant on le crut, et même en son pays [1].

J'ai lu ses livres avec attention; j'en ai fait des extraits; je n'y ai trouvé que la morale la plus pure, sans aucune teinture de charlatanisme. Il vivait six cents ans avant notre ère vulgaire [2]. Ses ouvrages furent commentés par les plus savants hommes de la nation. S'il avait menti, s'il avait fait une fausse chronologie, s'il avait parlé d'empereurs qui n'eussent point existé, ne se serait-il trouvé personne dans une nation savante qui eût réformé la chronologie de Confutzée? Un seul Chinois a voulu le contredire, et il a été universellement bafoué.

Ce n'est pas ici la peine d'opposer le monument de la grande muraille de la Chine aux monuments des autres nations, qui n'en ont jamais approché; ni de redire que les pyramides d'Égypte ne sont que des masses inutiles et puériles en comparaison de ce grand ouvrage; ni de parler de trente-deux éclipses calculées dans l'ancienne chronique de la Chine, dont vingt-huit ont été vérifiées par les mathématiciens d'Europe; ni de faire voir combien le respect des Chinois pour leurs ancêtres assure l'existence de ces mêmes ancêtres; ni de répéter au long combien ce même respect

---

[1] Ces vers sont de Voltaire. En 1786 parut un *Abrégé historique des principaux traits de la vie de Confucius*, avec un portrait au bas duquel on les avait mis. A cette occasion une lettre fut insérée dans l'*Année littéraire*, 1786, VII, 234, où Voltaire est appelé l'*Aretin moderne:* l'auteur de la lettre s'écrie : *Quel poison est renfermé dans cette inscription!* B.

[2] La *Biographie universelle* dit que Confucius vécut de l'an 551 à l'an 479 avant notre ère. B.

à nui chez eux aux progrès de la physique, de la géométrie, et de l'astronomie.

On sait assez qu'ils sont encore aujourd'hui ce que nous étions tous il y a environ trois cents ans, des raisonneurs très ignorants. Le plus savant Chinois ressemble à un de nos savants du quinzième siècle qui possédait son Aristote. Mais on peut être un fort mauvais physicien et un excellent moraliste. Aussi c'est dans la morale et dans l'économie politique, dans l'agriculture, dans les arts nécessaires, que les Chinois se sont perfectionnés. Nous leur avons enseigné tout le reste; mais dans cette partie nous devions être leurs disciples.

DE L'EXPULSION DES MISSIONNAIRES DE LA CHINE.

Humainement parlant, et indépendamment des services que les jésuites pouvaient rendre à la religion chrétienne, n'étaient-ils pas bien malheureux d'être venus de si loin porter la discorde et le trouble dans le plus vaste royaume et le mieux policé de la terre? Et n'était-ce pas abuser horriblement de l'indulgence et de la bonté des peuples orientaux, surtout après les torrents de sang versés à leur occasion au Japon? scène affreuse dont cet empire n'a cru pouvoir prévenir les suites qu'en fermant ses ports à tous les étrangers.

Les jésuites avaient obtenu de l'empereur de la Chine Kang-hi la permission d'enseigner le catholicisme; ils s'en servirent pour faire croire à la petite portion du peuple dirigé par eux, qu'on ne pouvait servir d'autre maître que celui qui tenait la place de Dieu sur la terre, et qui résidait en Italie sur le bord d'une petite rivière nommée le *Tibre*; que toute autre opinion religieuse, tout autre culte, était abominable aux yeux de Dieu, et qu'il punirait éternellement quiconque ne croirait pas aux jésuites; que l'empereur Kang-hi, leur bienfaiteur, qui ne pouvait pas prononcer *christ*, parceque les Chinois n'ont point la lettre R, serait damné à tout jamais; que l'empereur Yong-tching, son fils, le serait sans miséricorde; que tous les ancêtres des Chinois et des Tartares l'étaient; que leurs descendants le seraient, ainsi que tout le reste de la terre; et que les révérends pères jésuites avaient une compassion vraiment paternelle de la damnation de tant d'ames.

Ils vinrent à bout de persuader trois princes du sang tartare. Cependant l'empereur Kang-hi mourut à la fin de 1722. Il laissa l'empire à son quatrième fils Yong-tching, qui a été si célèbre dans le monde entier par la justice et par la sagesse de son gouvernement, par l'amour de ses sujets, et par l'expulsion des jésuites.

Ils commencèrent par baptiser les trois princes et plusieurs personnes de leur maison : ces néophytes eurent le malheur de désobéir à l'empereur en quelques points qui ne regardaient que le service militaire. Pendant ce temps-là même l'indignation de tout l'empire éclata contre les missionnaires; tous les gouverneurs des provinces, tous les colaos, présentèrent contre eux des mémoires. Les accusations furent portées si loin, qu'on mit aux fers les trois princes disciples des jésuites.

Il est évident que ce n'était pas pour avoir été baptisés qu'on les traita si durement, puisque les jésuites eux-mêmes avouent dans leurs lettres que pour eux ils n'essuyèrent aucune violence, et que même ils furent admis à une audience de l'empereur, qui les honora de quelques présents. Il est donc prouvé que l'empereur Yong-tching n'était nullement persécuteur; et si les princes furent renfermés dans une prison vers la Tartarie, tandis qu'on traitait si bien leurs convertisseurs, c'est une preuve indubitable qu'ils étaient prisonniers d'état, et non pas martyrs.

L'empereur céda bientôt après aux cris de la Chine entière; on demandait le renvoi des jésuites, comme depuis en France et dans d'autres pays on a demandé leur abolition. Tous les tribunaux de la Chine voulaient qu'on les fît partir sur-le-champ pour Macao, qui est regardé comme une place séparée de l'empire, et dont on a laissé toujours la possession aux Portugais avec garnison chinoise.

Yong-tching eut la bonté de consulter les tribunaux et les gouverneurs, pour savoir s'il y aurait quelque danger à faire conduire tous les jésuites dans la province de Kanton. En attendant la réponse il fit venir trois jésuites en sa présence, et leur dit ces propres paroles que le P. Parennin rapporte avec beaucoup de bonne foi : « Vos Européans dans la province de « Fo-Kien voulaient anéantir nos lois[a], et troublaient

---

[a] Le pape y avait déjà nommé un évêque.

« nos peuples; les tribunaux me les ont déférés; j'ai
« dû pourvoir à ces désordres; il y va de l'intérêt de
« l'empire.... Que diriez-vous, si j'envoyais dans votre
« pays une troupe de bonzes et de lamas prêcher leur
« loi?. comment les recevriez-vous?... Si vous avez su
« tromper mon père, n'espérez pas me tromper de
« même... Vous voulez que les Chinois se fassent chré-
« tiens, votre loi le demande, je le sais bien; mais
« alors que deviendrions-nous? les sujets de vos rois.
« Les chrétiens ne croient que vous; dans un temps
« de trouble ils n'écouteraient d'autre voix que la vô-
« tre. Je sais bien qu'actuellement il n'y a rien à crain-
« dre; mais quand les vaisseaux viendront par mille
« et dix mille, alors il pourrait y avoir du désordre.

« La Chine au nord touche le royaume des Russes,
« qui n'est pas méprisable; elle a au sud les Européans
« et leurs royaumes, qui sont encore plus considéra-
« bles[a]; et à l'ouest les princes de Tartarie, qui nous
« font la guerre depuis huit ans.... Laurent Lange,
« compagnon du prince Ismaelof, ambassadeur du
« czar, demandait qu'on accordât aux Russes la per-
« mission d'avoir dans toutes les provinces une factore-
« rie; on ne le leur permit qu'à Pékin et sur les limites
« de Kalkas. Je vous permets de demeurer de même
« ici et à Kanton, tant que vous ne donnerez aucun
« sujet de plainte; et si vous en donnez, je ne vous
« laisserai ni ici ni à Kanton. »

On abattit leurs maisons et leurs églises dans toutes
les autres provinces. Enfin les plaintes contre eux re-

[a] Yong-tching entend par là les établissements des Européans dans l'Inde.

doublèrent. Ce qu'on leur reprochait le plus, c'était d'affaiblir dans les enfants le respect pour leurs pères, en ne rendant point les honneurs dus aux ancêtres; d'assembler indécemment les jeunes gens et les filles dans les lieux écartés qu'ils appelaient *églises;* de faire agenouiller les filles entre leurs jambes, et de leur parler bas en cette posture. Rien ne paraissait plus monstrueux à la délicatesse chinoise. L'empereur Yong-tching daigna même en avertir les jésuites; après quoi il renvoya la plupart des missionnaires à Macao, mais avec des politesses et des attentions dont les seuls Chinois peut-être sont capables.

Il retint à Pékin quelques jésuites mathématiciens, entre autres ce même Parennin dont nous avons déjà parlé, et qui, possédant parfaitement le chinois et le tartare, avait souvent servi d'interprète. Plusieurs jésuites se cachèrent dans des provinces éloignées, d'autres dans Kanton même; et on ferma les yeux.

Enfin l'empereur Yong-tching étant mort, son fils et son successeur Kien-Long acheva de contenter la nation, en fesant partir pour Macao tous les missionnaires déguisés qu'on put trouver dans l'empire. Un édit solennel leur en interdit à jamais l'entrée. S'il en vient quelques uns, on les prie civilement d'aller exercer leurs talents ailleurs. Point de traitement dur, point de persécution. On m'a assuré qu'en 1760, un jésuite de Rome étant allé à Kanton, et ayant été déféré par un facteur des Hollandais, le colao, gouverneur de Kanton, le renvoya avec un présent d'une pièce de soie, des provisions, et de l'argent.

DU PRÉTENDU ATHÉISME DE LA CHINE.

On a examiné plusieurs fois cette accusation d'athéisme, intentée par nos théologaux d'Occident contre le gouvernement chinois [a] à l'autre bout du monde; c'est assurément le dernier excès de nos folies et de nos contradictions pédantesques. Tantôt on prétendait dans une de nos facultés que les tribunaux ou parlements de la Chine étaient idolâtres, tantôt qu'ils ne reconnaissaient point de Divinité; et ces raisonneurs poussaient quelquefois leur fureur de raisonner jusqu'à soutenir que les Chinois étaient à-la-fois athées et idolâtres.

Au mois d'octobre 1700, la Sorbonne déclara hérétiques toutes les propositions qui soutenaient que l'empereur et les colaos [1] croyaient en Dieu. On fesait de gros livres dans lesquels on démontrait, selon la façon théologique de démontrer, que les Chinois n'adoraient que le ciel matériel.

« Nil præter nubes et cœli numen adorant [2].

Mais s'ils adoraient ce ciel matériel, c'était donc là leur dieu. Ils ressemblaient aux Perses qu'on dit avoir

---

[a] Voyez dans le *Siècle de Louis XIV*, chap. xxxix; dans l'*Essai sur les mœurs et l'esprit des nations*, chap. II (tome XV, page 275), et ailleurs.— Voltaire en avait déjà parlé: voyez tome XV, page 90; et dans les *Mélanges*, année 1763, la sixième des *Remarques sur l'Essai*; année 1769, le chap. IV de *Dieu et les hommes*... Il en a parlé depuis dans une note de son *Épître au roi de la Chine*, dans l'article XXII de ses *Fragments sur l'Inde* (*Mélanges*, année 1773), et dans la troisième de ses *Lettres chinoises*, etc. (*Mélanges*, année 1776). B.

[1] Voltaire a donné l'explication de ce mot, tome XV, page 274. B.
[2] Juvénal, XIV, 37. B.

adoré le soleil; ils ressemblaient aux anciens Arabes qui adoraient les étoiles; ils n'étaient donc ni fabricateurs d'idoles, ni athées. Mais un docteur n'y regarde pas de si près, quand il s'agit dans son tripot de déclarer une proposition hérétique et malsonnante.

Ces pauvres gens qui fesaient tant de fracas en 1700 sur le ciel matériel des Chinois, ne savaient pas qu'en 1689 les Chinois ayant fait la paix avec les Russes à Niptchou, qui est la limite des deux empires, ils érigèrent la même année, le 8 septembre, un monument de marbre sur lequel on grava en langue chinoise et en latin ces paroles mémorables:

« Si quelqu'un a jamais la pensée de rallumer le « feu de la guerre, nous prions le Seigneur souverain « de toutes choses, qui connaît les cœurs, de punir « ces perfides, etc.[a]. »

Il suffisait de savoir un peu de l'histoire moderne pour mettre fin à ces disputes ridicules; mais les gens qui croient que le devoir de l'homme consiste à commenter saint Thomas et Scot, ne s'abaissent pas à s'informer de ce qui se passe entre les plus grands empires de la terre.

SECTION II[1].

Nous allons chercher à la Chine de la terre, comme si nous n'en avions point; des étoffes, comme si nous

---

[a] Voyez (tome XXV) l'*Histoire de la Russie sous Pierre Ier*, écrite sur les Mémoires envoyés par l'impératrice Élisabeth. C'est au chap. vii de la première partie. B.

[1] Dans l'édition de 1764 du *Dictionnaire philosophique*, l'article entier se composait de ce qui forme cette seconde section, moins le dernier alinéa. B.

manquions d'étoffes ; une petite herbe pour infuser dans de l'eau, comme si nous n'avions point de simples dans nos climats. En récompense, nous voulons convertir les Chinois : c'est un zèle très louable ; mais il ne faut pas leur contester leur antiquité, et leur dire qu'ils sont des idolâtres. Trouverait-on bon, en vérité, qu'un capucin, ayant été bien reçu dans un château des Montmorenci, voulût leur persuader qu'ils sont nouveaux nobles, comme les secrétaires du roi, et les accuser d'être idolâtres, parcequ'il aurait trouvé dans ce château deux ou trois statues de connétables, pour lesquelles on aurait un profond respect ?

Le célèbre Wolf[1], professeur de mathématiques dans l'université de Hall, prononça un jour un très bon discours à la louange de la philosophie chinoise ; il loua cette ancienne espèce d'hommes, qui diffère de nous par la barbe, par les yeux, par le nez, par les oreilles, et par le raisonnement ; il loua, dis-je, les Chinois d'adorer un Dieu suprême, et d'aimer la vertu ; il rendait cette justice aux empereurs de la Chine, aux colaos, aux tribunaux, aux lettrés. La justice qu'on rend aux bonzes est d'une espèce différente.

Il faut savoir que ce Wolf attirait à Hall un millier d'écoliers de toutes les nations. Il y avait dans la même université un professeur de théologie nommé Lange, qui n'attirait personne ; cet homme, au désespoir de geler de froid seul dans son auditoire, voulut,

---

[1] Voltaire revient sur Wolf et Lange dans la sixième de ses *Lettres à S. A. monseigneur le prince de Brunswick* (*Mélanges*, année 1767). B.

comme de raison, perdre le professeur de mathématiques; il ne manqua pas, selon la coutume de ses semblables, de l'accuser de ne pas croire en Dieu.

Quelques écrivains d'Europe, qui n'avaient jamais été à la Chine, avaient prétendu que le gouvernement de Pékin était athée. Wolf avait loué les philosophes de Pékin, donc Wolf était athée; l'envie et la haine ne font jamais de meilleurs syllogismes. Cet argument de Lange, soutenu d'une cabale et d'un protecteur, fut trouvé concluant par le roi du pays, qui envoya un dilemme en forme au mathématicien; ce dilemme lui donnait le choix de sortir de Hall dans vingt-quatre heures, ou d'être pendu. Et comme Wolf raisonnait fort juste, il ne manqua pas de partir; sa retraite ôta au roi deux ou trois cent mille écus par an, que ce philosophe fesait entrer dans le royaume par l'affluence de ses disciples.

Cet exemple doit faire sentir aux souverains qu'il ne faut pas toujours écouter la calomnie, et sacrifier un grand homme à la fureur d'un sot. Revenons à la Chine.

De quoi nous avisons-nous, nous autres au bout de l'Occident, de disputer avec acharnement et avec des torrents d'injures, pour savoir s'il y avait eu quatorze princes, ou non, avant Fo-hi, empereur de la Chine, et si ce Fo-hi vivait trois mille, ou deux mille neuf cents ans, avant notre ère vulgaire? Je voudrais bien que deux Irlandais s'avisassent de se quereller à Dublin, pour savoir quel fut au douzième siècle le possesseur des terres que j'occupe aujourd'hui; n'est-il pas évident qu'ils devraient s'en rapporter à moi qui ai les archives entre mes mains? Il en est de même à mon gré des premiers empereurs de la Chine; il faut s'en rapporter aux tribunaux du pays.

Disputez tant qu'il vous plaira sur les quatorze princes qui régnèrent avant Fo-hi, votre belle dispute n'aboutira qu'à prouver que la Chine était très peuplée alors, et que les lois y régnaient. Maintenant, je vous demande si une nation assemblée, qui a des lois et des princes, ne suppose pas une prodigieuse antiquité? Songez combien de temps il faut pour qu'un concours singulier de circonstances fasse trouver le fer dans les mines, pour qu'on l'emploie à l'agriculture, pour qu'on invente la navette et tous les autres arts.

Ceux qui font les enfants à coups de plume ont imaginé un fort plaisant calcul. Le jésuite Pétau, par une belle supputation, donne à la terre, deux cent quatre-vingt-cinq ans après le déluge, cent fois plus d'habitants qu'on n'ose lui en supposer à présent. Les Cumberland et les Whiston ont fait des calculs aussi comiques; ces bonnes gens n'avaient qu'à consulter les registres de nos colonies en Amérique, ils auraient été bien étonnés, ils auraient appris combien peu le genre humain se multiplie, et qu'il diminue très souvent, au lieu d'augmenter.

Laissons donc, nous qui sommes d'hier, nous descendants des Celtes, qui venons de défricher les forêts de nos contrées sauvages; laissons les Chinois et les Indiens jouir en paix de leur beau climat et de leur antiquité. Cessons surtout d'appeler idolâtres l'empereur de la Chine et le soubab de Dékan. Il ne faut pas être fanatique du mérite chinois; la constitution de leur empire est à la vérité la meilleure qui soit au monde; la seule qui soit toute fondée sur le pouvoir paternel; la seule dans laquelle un gouverneur de province soit puni, quand en sortant de charge il n'a pas eu les acclamations du peuple; la seule qui ait institué des prix pour la vertu, tandis que partout ailleurs les lois se bornent à punir le crime; la seule qui ait fait adopter ses lois à ses vainqueurs, tandis que nous sommes encore sujets aux coutumes des Burgundiens, des Francs et des Goths, qui nous ont domptés. Mais on doit avouer que le petit peuple, gouverné par des bonzes, est aussi fripon que le nôtre; qu'on y vend tout fort cher aux étrangers, ainsi que chez nous; que dans les sciences, les Chinois sont encore au terme où nous étions il y a deux cents ans; qu'ils ont comme nous mille préjugés ridicules; qu'ils croient aux talismans, à l'astrologie judiciaire, comme nous y avons cru long-temps.

Avouons encore qu'ils ont été étonnés de notre thermomètre, de notre manière de mettre des liqueurs à la glace avec du salpêtre, et de toutes les expériences de Torricelli et d'Otto de Guericke, tout comme nous le fûmes lorsque nous vîmes ces amusements de physique pour la première fois; ajoutons que leurs médecins ne guérissent pas plus les maladies mortelles que les nôtres, et que la nature toute seule guérit à la Chine les petites maladies comme ici; mais tout cela n'empêche pas que les Chinois, il y a quatre mille ans, lorsque nous ne savions pas lire, ne sussent toutes les choses essentiellement utiles dont nous nous vantons aujourd'hui [1].

La religion des lettrés, encore une fois, est admirable. Point de superstitions, point de légendes absurdes, point de ces dogmes qui insultent à la raison et à la nature, et auxquels des bonzes donnent mille sens différents, parcequ'ils n'en ont aucun. Le culte le plus simple leur a paru le meilleur depuis plus de quarante siècles. Ils sont ce que nous pensons qu'étaient Seth, Énoch, et Noé; ils se contentent d'adorer un Dieu avec tous les sages de la terre, tandis qu'en Europe on se partage entre Thomas et Bonaventure, entre Calvin et Luther, entre Jansénius et Molina.

CHRÉTIENS CATHOLIQUES [2].

CHRISTIANISME [3].

SECTION PREMIÈRE [4].

Établissement du christianisme, dans son état civil et politique.

Dieu nous garde d'oser mêler ici le divin au pro-

---

[1] Fin de l'article en 1764. L'alinéa qui suit fut ajouté dans l'édition de 1767. B.

[2] Sous ce titre, une édition de 1825 a donné l'*Avis à tous les Orientaux*, que les éditeurs de Kehl avaient rangé parmi les facéties, et que j'ai mis dans les *Mélanges*, à sa date de 1767. B.

[3] Ces deux articles CHRISTIANISME, tirés de deux ouvrages différents, sont imprimés ici suivant l'ordre chronologique. On y voit comment M. de Voltaire s'enhardissait peu-à-peu à lever le voile dont il avait d'abord couvert ses opinions. K. — On verra, au contraire de ce qui est dit dans cette note, que les deux sections de cet article ne sont pas dans l'ordre chronologique. B.

[4] Cette première section composait tout l'article dans les *Questions sur l'Encyclopédie*, neuvième partie, 1772. B.

fane! nous ne sondons point les voies de la Providence. Hommes, nous ne parlons qu'à des hommes.

Lorsque Antoine et ensuite Auguste eurent donné la Judée à l'Arabe Hérode leur créature et leur tributaire, ce prince, étranger chez les Juifs, devint le plus puissant de tous leurs rois. Il eut des ports sur la Méditerranée, Ptolémaïde, Ascalon. Il bâtit des villes; il éleva un temple au dieu Apollon dans Rhodes, un temple à Auguste dans Césarée. Il bâtit de fond en comble celui de Jérusalem, et il en fit une très forte citadelle. La Palestine, sous son règne, jouit d'une profonde paix. Enfin, il fut regardé comme un messie, tout barbare qu'il était dans sa famille, et tout tyran de son peuple dont il dévorait la substance pour subvenir à ses grandes entreprises. Il n'adorait que César, et il fut presque adoré des hérodiens.

La secte des Juifs était répandue depuis long-temps dans l'Europe et dans l'Asie; mais ses dogmes étaient entièrement ignorés. Personne ne connaissait les livres juifs, quoique plusieurs fussent, dit-on, déjà traduits en grec dans Alexandrie. On ne savait des Juifs que ce que les Turcs et les Persans savent aujourd'hui des Arméniens, qu'ils sont des courtiers de commerce, des agents de change. Du reste, un Turc ne s'informe jamais si un Arménien est eutichéen, ou jacobite, ou chrétien de saint Jean, ou arien.

Le théisme de la Chine, et les respectables livres de Confutzée, qui vécut environ six cents ans avant Hérode, étaient encore plus ignorés des nations occidentales que les rites juifs.

Les Arabes, qui fournissaient les denrées précieuses

de l'Inde aux Romains, n'avaient pas plus d'idée de la théologie des brachmanes que nos matelots qui vont à Pondichéri ou à Madras. Les femmes indiennes étaient en possession de se brûler sur le corps de leurs maris de temps immémorial; et ces sacrifices étonnants, qui sont encore en usage, étaient aussi ignorés des Juifs que les coutumes de l'Amérique. Leurs livres, qui parlent de Gog et de Magog, ne parlent jamais de l'Inde.

L'ancienne religion de Zoroastre était célèbre, et n'en était pas plus connue dans l'empire romain. On savait seulement en général que les mages admettaient une résurrection, un paradis, un enfer; et il fallait bien que cette doctrine eût percé chez les Juifs voisins de la Chaldée, puisque la Palestine était partagée du temps d'Hérode entre les pharisiens qui commençaient à croire le dogme de la résurrection, et les saducéens qui ne regardaient cette doctrine qu'avec mépris.

Alexandrie, la ville la plus commerçante du monde entier, était peuplée d'Égyptiens qui adoraient Sérapis, et qui consacraient des chats; de Grecs qui philosophaient, de Romains qui dominaient, de Juifs qui s'enrichissaient. Tous ces peuples s'acharnaient à gagner de l'argent, à se plonger dans les plaisirs ou dans le fanatisme, à faire ou à défaire des sectes de religion, surtout dans l'oisiveté qu'ils goûtèrent dès qu'Auguste eut fermé le temple de Janus.

Les Juifs étaient divisés en trois factions principales: celle des Samaritains se disait la plus ancienne, parceque Samarie (alors Sebaste) avait subsisté pendant que Jérusalem fut détruite avec son temple sous les rois de Babylone; mais ces Samaritains étaient un mélange de Persans et de Palestins.

La seconde faction, et la plus puissante, était celle des Jérosolymites. Ces Juifs, proprement dits, détestaient ces Samaritains, et en étaient détestés. Leurs intérêts étaient tout opposés. Ils voulaient qu'on ne sacrifiât que dans le temple de Jérusalem. Une telle contrainte eût attiré beaucoup d'argent dans cette ville. C'était par cette raison-là même que les Samaritains ne voulaient sacrifier que chez eux. Un petit peuple, dans une petite ville, peut n'avoir qu'un temple; mais dès que ce peuple s'est étendu dans soixante et dix lieues de pays en long, et dans vingt-trois en large, comme fit le peuple juif; dès que son territoire est presque aussi grand et aussi peuplé que le Languedoc ou la Normandie, il est absurde de n'avoir qu'une église. Où en seraient les habitants de Montpellier, s'ils ne pouvaient entendre la messe qu'à Toulouse?

La troisième faction était des Juifs hellénistes, composée principalement de ceux qui commerçaient, et qui exerçaient des métiers en Égypte et en Grèce. Ceux-là avaient le même intérêt que les Samaritains. Onias, fils d'un grand-prêtre juif, et qui voulait être grand-prêtre aussi, obtint du roi d'Égypte Ptolémée Philométor, et surtout de Cléopâtre sa femme, la permission de bâtir un temple juif auprès de Bubaste. Il assura la reine Cléopâtre qu'Isaïe avait prédit qu'un jour le Seigneur aurait un temple dans cet endroit-là. Cléopâtre, à qui il fit un beau présent, lui manda que puisque Isaïe l'avait dit, il fallait l'en croire. Ce temple fut nommé l'*Onion ;* et si Onias ne fut pas grand-sacrificateur, il fut capitaine d'une troupe de milice. Ce temple fut construit cent soixante ans avant notre ère vulgaire. Les Juifs de Jérusalem eurent toujours cet Onion en horreur, aussi bien que la traduction dite des *Septante.* Ils instituèrent même une fête d'expiation pour ces deux prétendus sacriléges.

Les rabbins de l'Onion, mêlés avec les Grecs, devinrent plus savants (à leur mode) que les rabbins de Jérusalem et de Samarie; et ces trois factions commencèrent à disputer entre elles sur des questions de controverse qui rendent nécessairement l'esprit subtil, faux, et insociable.

Les Juifs égyptiens, pour égaler l'austérité des esséniens et des judaïtes de la Palestine, établirent, quelque temps avant le christianisme, la secte des thérapeutes, qui se vouèrent comme eux à une espèce de vie monastique et à des mortifications.

Ces différentes sociétés étaient des imitations des anciens mystères égyptiens, persans, thraciens, grecs, qui avaient inondé la terre depuis l'Euphrate et le Nil jusqu'au Tibre.

Dans les commencements, les initiés admis à ces confréries étaient en petit nombre, et regardés comme des hommes privilégiés, séparés de la multitude; mais du temps d'Auguste, leur nombre fut très considérable; de sorte qu'on ne parlait que de religion du fond de la Syrie au mont Atlas et à l'Océan germanique.

Parmi tant de sectes et de cultes s'était établie l'école de Platon, non seulement dans la Grèce, mais à

Rome, et surtout dans l'Égypte. Platon avait passé pour avoir puisé sa doctrine chez les Égyptiens ; et ceux-ci croyaient revendiquer leur propre bien en fesant valoir les idées archétypes platoniques, son verbe, et l'espèce de trinité qu'on débrouille dans quelques ouvrages de Platon.

Il paraît que cet esprit philosophique, répandu alors sur tout l'Occident connu, laissa du moins échapper quelques étincelles d'esprit raisonneur vers la Palestine.

Il est certain que, du temps d'Hérode, on disputait sur les attributs de la Divinité, sur l'immortalité de l'esprit humain, sur la résurrection des corps. Les Juifs racontent que la reine Cléopâtre leur demanda si on ressusciterait nu ou habillé.

Les Juifs raisonnaient donc à leur manière. L'exagérateur Josèphe était très savant pour un militaire. Il y avait d'autres savants dans l'état civil, puisqu'un homme de guerre l'était. Philon, son contemporain, aurait eu de la réputation parmi les Grecs. Gamaliel, le maître de saint Paul, était un grand controversiste. Les auteurs de la *Mishna* furent des polymathes.

La populace s'entretenait de religion chez les Juifs, comme nous voyons aujourd'hui en Suisse, à Genève, en Allemagne, en Angleterre, et surtout dans les Cévennes, les moindres habitants agiter la controverse. Il y a plus, des gens de la lie du peuple ont fondé des sectes : Fox en Angleterre, Muncer en Allemagne, les premiers réformés en France. Enfin, en fesant abstraction du grand courage de Mahomet, il n'était qu'un marchand de chameaux.

Ajoutons à tous ces préliminaires, que du temps d'Hérode on s'imagina que le monde était près de sa fin, comme nous l'avons déjà remarqué[a].

Ce fut dans ces temps préparés par la divine Providence, qu'il plut au Père éternel d'envoyer son Fils sur la terre; mystère adorable et incompréhensible auquel nous ne touchons pas.

Nous disons seulement que dans ces circonstances, si Jésus prêcha une morale pure; s'il annonça un prochain royaume des cieux pour la récompense des justes; s'il eut des disciples attachés à sa personne et à ses vertus; si ces vertus mêmes lui attirèrent les persécutions des prêtres; si la calomnie le fit mourir d'une mort infame, sa doctrine constamment annoncée par ses disciples dut faire un très grand effet dans le monde. Je ne parle, encore une fois, qu'humainement: je laisse à part la foule des miracles et des prophéties. Je soutiens que le christianisme dut plus réussir par sa mort que s'il n'avait pas été persécuté. On s'étonne que ses disciples aient fait de nouveaux disciples; je m'étonnerais bien davantage s'ils n'avaient pas attiré beaucoup de monde dans leur parti. Soixante et dix personnes convaincues de l'innocence de leur chef, de la pureté de ses mœurs et de la barbarie de ses juges, doivent soulever bien des cœurs sensibles.

Le seul Saul Paul, devenu l'ennemi de Gamaliel son maître (quelle qu'en ait été la raison), devait, humainement parlant, attirer mille hommages à Jésus, quand même Jésus n'aurait été qu'un homme de bien opprimé. Saint Paul était savant, éloquent, véhément,

[a] Voyez l'article FIN DU MONDE.

infatigable, instruit dans la langue grecque, secondé de zélateurs bien plus intéressés que lui à défendre la réputation de leur maître. Saint Luc était un Grec d'Alexandrie[a], homme de lettres puisqu'il était médecin.

Le premier chapitre de saint Jean est d'une sublimité platonicienne qui dut plaire aux platoniciens d'Alexandrie. Et en effet il se forma bientôt dans cette ville une école fondée par Luc, ou par Marc (soit l'évangéliste, soit un autre), perpétuée par Athénagore, Panthène, Origène, Clément, tous savants, tous éloquents. Cette école une fois établie, il était impossible que le christianisme ne fît pas des progrès rapides.

La Grèce, la Syrie, l'Égypte, étaient les théâtres de ces célèbres anciens mystères qui enchantaient les peuples. Les chrétiens eurent leurs mystères comme eux. On dut s'empresser à s'y faire initier, ne fût-ce d'abord que par curiosité; et bientôt cette curiosité devint persuasion. L'idée de la fin du monde prochaine devait surtout engager les nouveaux disciples à mépriser les biens passagers de la terre, qui allaient périr avec eux. L'exemple des thérapeutes invitait à une vie solitaire et mortifiée : tout concourait donc puissamment à l'établissement de la religion chrétienne.

Les divers troupeaux de cette grande société naissante ne pouvaient, à la vérité, s'accorder entre eux.

---

[a] Le titre de l'évangile syriaque de saint Luc porte, *Evangile de Luc l'évangéliste, qui évangélisa en grec dans Alexandrie la grande.* On trouve encore ces mots dans les Constitutions apostoliques, *Le second évêque d'Alexandrie fut Avilius institué par Luc.*

Cinquante-quatre sociétés eurent cinquante-quatre Évangiles différents, tous secrets comme leurs mystères, tous inconnus aux Gentils, qui ne virent nos quatre Évangiles canoniques qu'au bout de deux cent cinquante années. Ces différents troupeaux, quoique divisés, reconnaissaient le même pasteur. Ébionites opposés à saint Paul; nazaréens, disciples d'Hymeneos, d'Alexandros, d'Hermogènes; carpocratiens, basilidiens, valentiniens, marcionites, sabelliens, gnostiques, montanistes; cent sectes élevées les unes contre les autres : toutes en se fesant des reproches mutuels, étaient cependant toutes unies en Jésus, invoquaient Jésus, voyaient en Jésus l'objet de leurs pensées et le prix de leurs travaux.

L'empire romain, dans lequel se formèrent toutes ces sociétés, n'y fit pas d'abord attention. On ne les connut à Rome que sous le nom général de Juifs, auxquels le gouvernement ne prenait pas garde. Les Juifs avaient acquis par leur argent le droit de commercer. On en chassa de Rome quatre mille sous Tibère. Le peuple les accusa de l'incendie de Rome sous Néron, eux et les nouveaux Juifs demi-chrétiens.

On les avait chassés encore sous Claude; mais leur argent les fit toujours revenir. Ils furent méprisés et tranquilles. Les chrétiens de Rome furent moins nombreux que ceux de Grèce, d'Alexandrie et de Syrie. Les Romains n'eurent ni Pères de l'Église, ni hérésiarques dans les premiers siècles. Plus ils étaient éloignés du berceau du christianisme, moins on vit chez eux de docteurs et d'écrivains. L'Église était grecque, et tellement grecque, qu'il n'y eut pas un seul mystère, un seul rite, un seul dogme, qui ne fût exprimé en cette langue.

Tous les chrétiens, soit grecs, soit syriens, soit romains, soit égyptiens, étaient partout regardés comme des demi-juifs. C'était encore une raison de plus pour ne pas communiquer leurs livres aux Gentils, pour rester unis entre eux et impénétrables. Leur secret était plus inviolablement gardé que celui des mystères d'Isis et de Cérès. Ils fesaient une république à part, un état dans l'état. Point de temples, point d'autels, nul sacrifice, aucune cérémonie publique. Ils élisaient leurs supérieurs secrets à la pluralité des voix. Ces supérieurs, sous le nom d'anciens, de prêtres, d'évêques, de diacres, ménageaient la bourse commune, avaient soin des malades, pacifiaient leurs querelles. C'était une honte, un crime parmi eux, de plaider devant les tribunaux, de s'enrôler dans la milice; et pendant cent ans il n'y eut pas un chrétien dans les armées de l'empire.

Ainsi retirés au milieu du monde, et inconnus même en se montrant, ils échappaient à la tyrannie des proconsuls et des préteurs, et vivaient libres dans le public esclavage.

On ignore l'auteur du fameux livre intitulé : Τῶν ἀποστόλων διαταγὰι, les Constitutions apostoliques; de même qu'on ignore les auteurs des cinquante Évangiles non reçus, et des Actes de saint Pierre, et du Testament des douze patriarches, et de tant d'autres écrits des premiers chrétiens. Mais il est vraisemblable que ces Constitutions sont du second siècle. Quoiqu'elles soient faussement attribuées aux apôtres, elles sont très précieuses. On y voit quels étaient les devoirs d'un évêque élu par les chrétiens ; quel respect ils devaient avoir pour lui, quels tributs ils devaient lui payer.

L'évêque ne pouvait avoir qu'une épouse qui eût bien soin de sa maison[a] : Μιᾶς ἄνδρα γεγενημένον γυναικὸς μονογάμου, καλῶς τοῦ ἰδίου οἴκου προεστῶτα.

On exhortait les chrétiens riches à adopter les enfants des pauvres. On fesait des collectes pour les veuves et les orphelins ; mais on ne recevait point l'argent des pécheurs, et nommément il n'était pas permis à un cabaretier de donner son offrande. Il est dit [b] qu'on les regardait comme des fripons. C'est pourquoi très peu de cabaretiers étaient chrétiens. Cela même empêchait les chrétiens de fréquenter les tavernes, et les éloignait de toute société avec les Gentils.

Les femmes pouvant parvenir à la dignité de diaconesses, en étaient plus attachées à la confraternité chrétienne. On les consacrait ; l'évêque les oignait d'huile au front, comme on avait huilé autrefois les rois juifs. Que de raisons pour lier ensemble les chrétiens par des nœuds indissolubles !

Les persécutions, qui ne furent jamais que passagères, ne pouvaient servir qu'à redoubler le zèle et à enflammer la ferveur ; de sorte que sous Dioclétien un tiers de l'empire se trouva chrétien.

Voilà une petite partie des causes humaines qui contribuèrent au progrès du christianisme. Joignez-y les causes divines qui sont à elles comme l'infini est à

---

[a] Liv. II, chap. II. — [b] Liv. IV, chap. VI.

l'unité, et vous ne pourrez être surpris que d'une seule chose, c'est que cette religion si vraie ne se soit pas étendue tout d'un coup dans les deux hémisphères, sans en excepter l'île la plus sauvage.

Dieu lui-même étant descendu du ciel, étant mort pour racheter tous les hommes, pour extirper à jamais le péché sur la face de la terre, a cependant laissé la plus grande partie du genre humain en proie à l'erreur, au crime, et au diable. Cela paraît une fatale contradiction à nos faibles esprits; mais ce n'est pas à nous d'interroger la Providence; nous ne devons que nous anéantir devant elle.

SECTION II[1].

Recherches historiques sur le christianisme.

Plusieurs savants ont marqué leur surprise de ne trouver dans l'historien Josèphe aucune trace de Jésus-Christ; car tous les vrais savants conviennent aujourd'hui que le petit passage où il en est question dans son histoire, est interpolé[a]. Le père de Flavius

---

[1] *Dictionnaire philosophique*, 1764. B.

[a] Les chrétiens, par une de ces fraudes qu'on appelle pieuses, falsifièrent grossièrement un passage de Josèphe. Ils supposent à ce Juif si entêté de sa religion, quatre lignes ridiculement interpolées; et au bout de ce passage ils ajoutent, *Il était le Christ*. Quoi! si Josèphe avait entendu parler de tant d'événements qui étonnent la nature, Josèphe n'en aurait dit que la valeur de quatre lignes dans l'histoire de son pays! Quoi! ce Juif obstiné aurait dit, *Jésus était le Christ*. Eh! si tu l'avais cru *Christ*, tu aurais donc été chrétien. Quelle absurdité de faire parler Josèphe en chrétien! Comment se trouve-t-il encore des théologiens assez imbéciles ou assez insolents pour essayer de justifier cette imposture des premiers chrétiens, reconnus pour fabricateurs d'impostures cent fois plus fortes!—Cette note a été ajoutée en 1769. B.

Josèphe avait dû cependant être un des témoins de tous les miracles de Jésus. Josèphe était de race sacerdotale, parent de la reine Mariamne, femme d'Hérode; il entre dans les plus grands détails sur toutes les actions de ce prince; cependant il ne dit pas un mot ni de la vie ni de la mort de Jésus; et cet historien qui ne dissimule aucune des cruautés d'Hérode, ne parle point du massacre de tous les enfants, ordonné par lui, en conséquence de la nouvelle à lui parvenue, qu'il était né un roi des Juifs. Le calendrier grec compte quatorze mille enfants égorgés dans cette occasion.

C'est de toutes les actions de tous les tyrans, la plus horrible. Il n'y en a point d'exemple dans l'histoire du monde entier.

Cependant, le meilleur écrivain qu'aient jamais eu les Juifs, le seul estimé des Romains et des Grecs, ne fait nulle mention de cet événement aussi singulier qu'épouvantable. Il ne parle point de la nouvelle étoile qui avait paru en Orient après la naissance du Sauveur; phénomène éclatant, qui ne devait pas échapper à la connaissance d'un historien aussi éclairé que l'était Josèphe. Il garde encore le silence sur les ténèbres qui couvrirent toute la terre, en plein midi, pendant trois heures, à la mort du Sauveur; sur la grande quantité de tombeaux qui s'ouvrirent dans ce moment; et sur la foule des justes qui ressuscitèrent.

Les savants ne cessent de témoigner leur surprise, de voir qu'aucun historien romain n'a parlé de ces prodiges, arrivés sous l'empire de Tibère, sous les yeux d'un gouverneur romain, et d'une garnison romaine, qui devait avoir envoyé à l'empereur et au sénat un détail circonstancié du plus miraculeux événement dont les hommes aient jamais entendu parler. Rome elle-même devait avoir été plongée pendant trois heures dans d'épaisses ténèbres ; ce prodige devait avoir été marqué dans les fastes de Rome, et dans ceux de toutes les nations. Dieu n'a pas voulu que ces choses divines aient été écrites par des mains profanes.

Les mêmes savants trouvent encore quelques difficultés dans l'histoire des Évangiles. Ils remarquent que dans saint Matthieu, Jésus-Christ dit aux scribes et aux pharisiens que tout le sang innocent qui a été répandu sur la terre doit retomber sur eux, depuis le sang d'Abel le juste, jusqu'à Zacharie, fils de Barac, qu'ils ont tué entre le temple et l'autel.

Il n'y a point, disent-ils, dans l'histoire des Hébreux, de Zacharie tué dans le temple avant la venue du Messie, ni de son temps : mais on trouve dans l'histoire du siége de Jérusalem par Josèphe, un Zacharie, fils de Barac, tué au milieu du temple par la faction des zélotes. C'est au chapitre xix du livre iv. De là ils soupçonnent que l'Évangile selon saint Matthieu a été écrit après la prise de Jérusalem par Titus. Mais tous les doutes et toutes les objections de cette espèce s'évanouissent, dès qu'on considère la différence infinie qui doit être entre les livres divinement inspirés, et les livres des hommes. Dieu voulut envelopper d'un nuage aussi respectable qu'obscur, sa naissance, sa vie et sa mort. Ses voies sont en tout différentes des nôtres.

Les savants se sont aussi fort tourmentés sur la différence des deux généalogies de Jésus-Christ. Saint Matthieu donne pour père à Joseph, Jacob; à Jacob, Mathan; à Mathan, Éléazar. Saint Luc au contraire dit que Joseph était fils d'Héli; Héli, de Matat; Matat, de Lévi; Lévi, de Melchi; etc.[1]. Ils ne veulent pas concilier les cinquante-six ancêtres que Luc donne à Jésus depuis Abraham, avec les quarante-deux ancêtres différents que Matthieu lui donne depuis le même Abraham. Et ils sont effarouchés que Matthieu, en parlant de quarante-deux générations, n'en rapporte pourtant que quarante et une.

Ils forment encore des difficultés sur ce que Jésus n'est point fils de Joseph, mais de Marie. Ils élèvent aussi quelques doutes sur les miracles de notre Sauveur, en citant saint Augustin, saint Hilaire, et d'autres, qui ont donné aux récits de ces miracles un sens mystique, un sens allégorique : comme au figuier maudit et séché pour n'avoir pas porté de figues, quand ce n'était pas le temps des figues; aux démons envoyés dans les corps des cochons, dans un pays où l'on ne nourrissait point de cochons; à l'eau changée en vin sur la fin d'un repas où les convives étaient déjà échauffés. Mais toutes ces critiques des savants sont confondues par la foi, qui n'en devient que plus pure. Le but de cet article est uniquement de suivre le

---

[1] La fin de cet alinéa fut ajoutée en 1765. B.

fil historique, et de donner une idée précise des faits sur lesquels personne ne dispute.

Premièrement, Jésus naquit sous la loi mosaïque, il fut circoncis suivant cette loi, il en accomplit tous les préceptes, il en célébra toutes les fêtes, et il ne prêcha que la morale; il ne révéla point le mystère de son incarnation ; il ne dit jamais aux Juifs qu'il était né d'une vierge; il reçut la bénédiction de Jean dans l'eau du Jourdain, cérémonie à laquelle plusieurs Juifs se soumettaient, mais il ne baptisa jamais personne; il ne parla point des sept sacrements, il n'institua point de hiérarchie ecclésiastique de son vivant. Il cacha à ses contemporains qu'il était fils de Dieu, éternellement engendré, consubstantiel à Dieu, et que le Saint-Esprit procédait du Père et du Fils. Il ne dit point que sa personne était composée de deux natures et de deux volontés; il voulut que ces grands mystères fussent annoncés aux hommes dans la suite des temps, par ceux qui seraient éclairés des lumières du Saint-Esprit. Tant qu'il vécut, il ne s'écarta en rien de la loi de ses pères; il ne montra aux hommes qu'un juste agréable à Dieu, persécuté par ses envieux, et condamné à la mort par des magistrats prévenus. Il voulut que sa sainte Église, établie par lui, fit tout le reste.

Josèphe, au chapitre XII de son histoire, parle d'une secte de Juifs rigoristes, nouvellement établie par un nommé Juda galiléen. *Ils méprisent*, dit-il, *les maux de la terre*, etc [1].

---

[1] Ici se trouvait, dans l'édition de 1764 du *Dictionnaire philosophique*, un morceau que l'auteur a, en 1771, reproduit dans l'article ÉGLISE de ses

Il faut voir dans quel état était alors la religion de l'empire romain. Les mystères et les expiations étaient accrédités dans presque toute la terre. Les empereurs, il est vrai, les grands et les philosophes n'avaient nulle foi à ces mystères; mais le peuple, qui en fait de religion donne la loi aux grands, leur imposait la nécessité de se conformer en apparence à son culte. Il faut, pour l'enchaîner, paraître porter les mêmes chaînes que lui. Cicéron lui-même fut initié aux mystères d'Éleusine. La connaissance d'un seul Dieu était le principal dogme qu'on annonçait dans ces fêtes mystérieuses et magnifiques. Il faut avouer que les prières et les hymnes qui nous sont restés de ces mystères sont ce que le paganisme a de plus pieux et de plus admirable.

Les chrétiens, qui n'adoraient aussi qu'un seul Dieu, eurent par là plus de facilité de convertir plusieurs Gentils. Quelques philosophes de la secte de Platon devinrent chrétiens. C'est pourquoi les Pères de l'Église des trois premiers siècles furent tous platoniciens.

Le zèle inconsidéré de quelques uns ne nuisit point aux vérités fondamentales. On a reproché à saint Justin, l'un des premiers Pères, d'avoir dit, dans son *Commentaire sur Isaïe*, que les saints jouiraient, dans un règne de mille ans sur la terre, de tous les biens sensuels. On lui a fait un crime d'avoir dit, dans son *Apologie du Christianisme*, que Dieu ayant fait la terre,

Questions sur l'Encyclopédie, avec des différences que j'indiquerai. En le supprimant ici, où il fesait double emploi, j'ai suivi l'avis des éditeurs de Kehl. B.

en laissa le soin aux anges, lesquels étant devenus amoureux des femmes, leur firent des enfants qui sont les démons.

On a condamné Lactance et d'autres Pères, pour avoir supposé des oracles de sibylles. Il prétendait que la sibylle Érythrée avait fait ces quatre vers grecs [1], dont voici l'explication littérale :

> Avec cinq pains et deux poissons
> Il nourrira cinq mille hommes au désert;
> Et en ramassant les morceaux qui resteront,
> Il en remplira douze paniers.

On reprocha aussi aux premiers chrétiens la supposition de quelques vers acrostiches d'une ancienne sibylle, lesquels commençaient tous par les lettres initiales du nom de Jésus-Christ, chacune dans leur ordre [2]. On leur reprocha d'avoir forgé des lettres de Jésus-Christ au roi d'Édesse, dans le temps qu'il n'y

---

[1] Voyez ma note au mot APOCRYPHES, tome XXVI, page 478. B.

[2] Dans l'édition de 1764 du *Dictionnaire philosophique*, au lieu de ce qui suit, on lisait : « Les chrétiens célébrèrent d'abord leurs mystères dans des « maisons retirées, dans des caves, pendant la nuit ; de là leur vint le titre de « lucifugaces (selon Minutius Félix) ; Philon les appelle gesséens. Leurs noms « les plus communs, dans les quatre premiers siècles, chez les gentils, étaient « ceux de galiléens et de nazaréens ; mais celui de chrétiens a prévalu sur les « autres.

« Ni la hiérarchie, ni les usages ne furent établis tout d'un coup ; les « temps apostoliques furent différents des temps qui les suivirent. Saint Paul, « dans sa première aux Corinthiens, nous apprend que les frères, soit circon- « cis soit incirconcis, étant assemblés, quand plusieurs prophètes voulaient « parler, il fallait qu'il n'y en eût que deux ou trois qui parlassent, et que si « quelqu'un, pendant ce temps-là, avait une révélation, le prophète qui « avait pris la parole devait se taire.

« C'est sur cet usage de l'Église primitive que se fondent encore aujour- « d'hui quelques communions chrétiennes qui tiennent des assemblées sans « hiérarchie. Il était permis à tout le monde de parler dans l'église, excepté

avait point de roi à Édesse ; d'avoir forgé des lettres de Marie, des lettres de Sénèque à Paul, des lettres et des actes de Pilate, de faux évangiles, de faux miracles, et mille autres impostures.

Nous avons encore l'histoire ou l'Évangile de la nativité et du mariage de la vierge Marie, où il est dit qu'on la mena au temple, âgée de trois ans[1], et qu'elle monta les degrés toute seule. Il y est rapporté qu'une colombe descendit du ciel pour avertir que c'était Joseph qui devait épouser Marie. Nous avons le protévangile de Jacques[2], frère de Jésus, du premier mariage de Joseph. Il y est dit que quand Marie fut enceinte en l'absence de son mari, et que son mari s'en plaignit, les prêtres firent boire de l'eau de jalousie à l'un et à l'autre, et que tous deux furent déclarés innocents.

Nous avons l'Évangile de l'enfance[3] attribué à saint

« aux femmes : ce qui est aujourd'hui la sainte messe qui se célèbre au ma-
« tin, etc. »

Voyez la suite dans l'article ÉGLISE, où Voltaire l'a reproduite en 1771, ainsi que quelques-unes des phrases ci-dessus.

Ce qui, en 1764, était dans le *Dictionnaire philosophique*, vient jusqu'à ces mots de l'article ÉGLISE : « Sitôt que ces chrétiens furent en liberté
« d'agir. »

Immédiatement après ces mots on lisait alors : *Constantin convoqua, etc.* Voyez ci-après, page 75.

Le texte de 1764 se retrouve encore dans l'édition de 1767 du *Dictionnaire philosophique*. Mais dans la septième édition qui porte aussi le titre de *La raison par alphabet* et la date de 1770, il fut remplacé par ce qu'on lit aujourd'hui. B.

[1] Voyez dans les *Mélanges*, année 1769, la *Collection d'anciens évangiles*, paragr. VI de l'*Évangile de la naissance de Marie*. B.

[2] Voyez la *Collection d'anciens évangiles*, dans les *Mélanges*, année 1769. B.

[3] Id. ibid. B.

Thomas. Selon cet Évangile, Jésus, à l'âge de cinq ans, se divertissait avec des enfants de son âge à pétrir de la terre glaise, dont il formait de petits oiseaux ; on l'en reprit, et alors il donna la vie aux oiseaux, qui s'envolèrent. Une autre fois un petit garçon l'ayant battu, il le fit mourir sur-le-champ. Nous avons encore en arabe un autre Évangile de l'enfance [1] qui est plus sérieux.

Nous avons un Évangile de Nicodème [2]. Celui-là semble mériter une plus grande attention, parcequ'on y trouve les noms de ceux qui accusèrent Jésus devant Pilate ; c'étaient les principaux de la synagogue, Anne, Caïphe, Summas, Datam, Gamaliel, Juda, Nephtalim. Il y a dans cette histoire des choses qui se concilient assez avec les Évangiles reçus, et d'autres qui ne se voient point ailleurs. On y lit que la femme guérie d'un flux de sang s'appelait Véronique. On y voit tout ce que Jésus fit dans les enfers quand il y descendit.

Nous avons ensuite les deux lettres [3] qu'on suppose que Pilate écrivit à Tibère touchant le supplice de Jésus ; mais le mauvais latin dans lequel elles sont écrites découvre assez leur fausseté.

On poussa le faux zèle jusqu'à faire courir plusieurs lettres de Jésus-Christ. On a conservé la lettre qu'on dit qu'il écrivit à Abgare, roi d'Édesse ; mais alors il n'y avait plus de roi d'Édesse.

On fabriqua cinquante Évangiles qui furent ensuite déclarés apocryphes. Saint Luc [4] nous apprend lui-

---

[1] Voyez la *Collection d'anciens évangiles*, dans les *Mélanges*, année 1769. — [2] Id. ibid. — [3] Id. ibid. B. — [4] I, 1. B.

même que beaucoup de personnes en avaient composé. On a cru qu'il y en avait un nommé l'*Évangile éternel*, sur ce qu'il est dit dans l'*Apocalypse*, chap. xiv[1] : « J'ai vu un ange volant au milieu des « cieux, et portant l'Évangile éternel. » Les cordeliers abusant de ces paroles, au treizième siècle, composèrent un *Évangile éternel*, par lequel le règne du Saint-Esprit devait être substitué à celui de Jésus-Christ; mais il ne parut jamais dans les premiers siècles de l'Église aucun livre sous ce titre.

On supposa encore des lettres de la Vierge[2], écrites à saint Ignace le martyr, aux habitants de Messine, et à d'autres.

Abdias, qui succéda immédiatement aux apôtres, fit leur histoire, dans laquelle il mêla des fables si absurdes, que ces histoires ont été avec le temps entièrement décréditées; mais elles eurent d'abord un grand cours. C'est Abdias qui rapporte le combat de saint Pierre avec Simon le magicien. Il y avait en effet à Rome un mécanicien fort habile, nommé Simon, qui non seulement fesait exécuter des vols sur les théâtres, comme on le fait aujourd'hui, mais qui lui-même renouvela le prodige attribué à Dédale. Il se fit des ailes, il vola, et il tomba comme Icare; c'est ce que rapportent Pline et Suétone.

Abdias, qui était dans l'Asie, et qui écrivait en hébreu, prétend que saint Pierre et Simon se rencontrèrent à Rome du temps de Néron. Un jeune homme, proche parent de l'empereur, mourut; toute la cour

---

[1] Verset 6. B.
[2] Voyez l'article APOCRYPHES, tome XXVI, page 474. B.

pria Simon de le ressusciter. Saint Pierre de son côté se présenta pour faire cette opération. Simon employa toutes les règles de son art; il parut réussir, le mort remua la tête. Ce n'est pas assez, cria saint Pierre, il faut que le mort parle; que Simon s'éloigne du lit, et on verra si le jeune homme est en vie : Simon s'éloigna, le mort ne remua plus, et Pierre lui rendit la vie d'un seul mot.

Simon alla se plaindre à l'empereur qu'un misérable Galiléen s'avisait de faire de plus grands prodiges que lui. Pierre comparut avec Simon, et ce fut à qui l'emporterait dans son art. Dis-moi ce que je pense, cria Simon à Pierre. Que l'empereur, répondit Pierre, me donne un pain d'orge, et tu verras si je sais ce que tu as dans l'ame. On lui donne un pain. Aussitôt Simon fait paraître deux grands dogues qui veulent le dévorer. Pierre leur jette le pain; et tandis qu'ils le mangent : Eh bien! dit-il, ne savais-je pas ce que tu pensais? tu voulais me faire dévorer par tes chiens.

Après cette première séance, on proposa à Simon et à Pierre le combat du vol, et ce fut à qui s'élèverait le plus haut dans l'air. Simon commença, saint Pierre fit le signe de la croix, et Simon se cassa les jambes. Ce conte était imité de celui qu'on trouve dans le *Sepher toldos Jeschut,* où il est dit que Jésus lui-même vola, et que Judas, qui en voulut faire autant, fut précipité.

Néron, irrité que Pierre eût cassé les jambes à son favori Simon, fit crucifier Pierre la tête en bas; et c'est de là que s'établit l'opinion du séjour de Pierre à Rome, de son supplice, et de son sépulcre.

C'est ce même Abdias qui établit encore la créance que saint Thomas alla prêcher le christianisme aux Grandes-Indes, chez le roi Gondafer, et qu'il y alla en qualité d'architecte.

La quantité de livres de cette espèce écrits dans les premiers siècles du christianisme est prodigieuse. Saint Jérôme, et saint Augustin même, prétendent que les lettres de Sénèque et de saint Paul sont très authentiques. Dans la première lettre, Sénèque souhaite que son frère Paul se porte bien : *Bene te valere, frater, cupio.* Paul ne parle pas tout-à-fait si bien latin que Sénèque. J'ai reçu vos lettres hier, dit-il, avec joie, *Litteras tuas hilaris accepi;* et j'y aurais répondu aussitôt si j'avais eu la présence du jeune homme que je vous aurais envoyé, *si præsentiam juvenis habuissem.* Au reste, ces lettres, qu'on croirait devoir être instructives, ne sont que des complimens.

Tant de mensonges forgés par des chrétiens mal instruits et faussement zélés, ne portèrent point préjudice à la vérité du christianisme, ils ne nuisirent point à son établissement; au contraire, ils font voir que la société chrétienne augmentait tous les jours, et que chaque membre voulait servir à son accroissement.

Les *Actes des apôtres* ne disent point que les apôtres fussent convenus d'un *Symbole.* Si effectivement ils avaient rédigé le Symbole, le *Credo,* tel que nous l'avons, saint Luc n'aurait pas omis dans son histoire ce fondement essentiel de la religion chrétienne; la substance du *Credo* est éparse dans les Évangiles, mais les articles ne furent réunis que long-temps après.

Notre Symbole, en un mot, est incontestablement la créance des apôtres, mais n'est pas une pièce écrite par eux. Rufin, prêtre d'Aquilée, est le premier qui en parle; et une homélie attribuée à saint Augustin est le premier monument qui suppose la manière dont ce *Credo* fut fait. Pierre dit dans l'assemblée, *Je crois en Dieu père tout puissant;* André dit, *et en Jésus-Christ;* Jacques ajoute, *qui a été conçu du Saint-Esprit;* et ainsi du reste.

Cette formule s'appelait *symbolos* en grec, en latin *collatio*. Il est seulement à remarquer que le grec porte, *Je crois en Dieu père tout puissant, feseur du ciel et de la terre :* Πιστεύω εἰς ἕνα θεὸν πατέρα παντοκράτορα, ποιητὴν οὐρανοῦ καὶ γῆς; le latin traduit *feseur, formateur,* par *creatorem*. Mais depuis, en traduisant le symbole du premier concile de Nicée, on mit *factorem* [1].

Constantin convoqua, assembla dans Nicée, vis-à-vis de Constantinople, le premier concile œcuménique, auquel présida Ozius. On y décida la grande question qui agitait l'Église touchant la divinité de Jésus-Christ; les uns se prévalaient de l'opinion d'Origène, qui dit au chap. VI contre Celse : « Nous présentons « nos prières à Dieu par Jésus, qui tient le milieu « entre les natures créées et la nature incréée, qui

---

[1] L'édition de 1770 du *Dictionnaire philosophique* ou *Raison par alphabet*, contient ici un passage que l'auteur a, en 1771, transporté au mot ÉGLISE (*Précis de l'histoire de l'église chrétienne*). C'est celui qui commence par ces mots : *Le christianisme s'établit*, et finit par ceux-ci, *liberté d'agir*. B.

« nous apporte la grace de son père, et présente nos
« prières au grand Dieu en qualité de notre pontife. »
Ils s'appuyaient aussi sur plusieurs passages de saint
Paul, dont on a rapporté quelques uns. Ils se fondaient surtout sur ces paroles de Jésus-Christ[1], « Mon
« père est plus grand que moi; » et ils regardaient
Jésus comme le premier-né de la création, comme la
pure émanation de l'Être suprême, mais non pas précisément comme Dieu.

Les autres, qui étaient orthodoxes, alléguaient des
passages plus conformes à la divinité éternelle de Jésus, comme celui-ci[2], « Mon père et moi nous sommes
« la même chose »; paroles que les adversaires inter-
prétaient comme signifiant, « Mon père et moi nous
« avons le même dessein, la même volonté; je n'ai
« point d'autres desirs que ceux de mon père. » Alexandre, évêque d'Alexandrie, et, après lui, Athanase,
étaient à la tête des orthodoxes; et Eusèbe, évêque de
Nicomédie, avec dix-sept autres évêques, le prêtre
Arius, et plusieurs prêtres, étaient dans le parti opposé. La querelle fut d'abord envenimée, parceque
saint Alexandre traita ses adversaires d'antechrists.

Enfin, après bien des disputes, le Saint-Esprit décida ainsi dans le concile, par la bouche de deux cent
quatre-vingt-dix-neuf évêques, contre dix-huit : « Jésus
« est fils unique de Dieu, engendré du Père, c'est-à-
« dire de la substance du Père, Dieu de Dieu, lumière
« de lumière, vrai Dieu de vrai Dieu, consubstantiel
« au Père; nous croyons aussi au Saint-Esprit, etc. »

---

[1] Saint Jean, xiv, 28. B.
[2] Id., x, 30. B.

Ce fut la formule du concile. On voit par cet exemple combien les évêques l'emportaient sur les simples prêtres. Deux mille personnes du second ordre étaient de l'avis d'Arius, au rapport de deux patriarches d'Alexandrie, qui ont écrit la chronique d'Alexandrie, en arabe. Arius fut exilé par Constantin ; mais Athanase le fut aussi bientôt après, et Arius fut rappelé à Constantinople. Alors saint Macaire pria Dieu si ardemment de faire mourir Arius avant que ce prêtre pût entrer dans la cathédrale, que Dieu exauça sa prière. Arius mourut en allant à l'église, en 330. L'empereur Constantin finit sa vie en 337. Il mit son testament entre les mains d'un prêtre arien, et mourut entre les bras du chef des ariens Eusèbe, évêque de Nicomédie, ne s'étant fait baptiser qu'au lit de mort, et laissant l'Église triomphante, mais divisée.

Les partisans d'Athanase et ceux d'Eusèbe se firent une guerre cruelle; et ce qu'on appelle l'arianisme fut long-temps établi dans toutes les provinces de l'empire.

Julien le philosophe, surnommé *l'apostat*, voulut étouffer ces divisions, et ne put y parvenir.

Le second concile général fut tenu à Constantinople, en 381. On y expliqua ce que le concile de Nicée n'avait pas jugé à propos de dire sur le Saint-Esprit; et on ajouta à la formule de Nicée « que le Saint-Esprit « est Seigneur vivifiant qui procède du Père, et qu'il « est adoré et glorifié avec le Père et le Fils. »

Ce ne fut que vers le neuvième siècle que l'Église latine statua par degrés que le Saint-Esprit procède du Père et du Fils.

En 431, le troisième concile général tenu à Éphèse décida que Marie était véritablement mère de Dieu, et que Jésus avait deux natures et une personne. Nestorius, évêque de Constantinople, qui voulait que la sainte Vierge fût appelée mère de Christ, fut déclaré Judas par le concile, et les deux natures furent encore confirmées par le concile de Chalcédoine.

Je passerai légèrement sur les siècles suivants, qui sont assez connus. Malheureusement il n'y eut aucune de ces disputes qui ne causât des guerres, et l'Église fut toujours obligée de combattre. Dieu permit encore, pour exercer la patience des fidèles, que les Grecs et les Latins rompissent sans retour au neuvième siècle : il permit encore qu'en Occident il y eût vingt-neuf schismes sanglants pour la chaire de Rome.

Cependant l'Église grecque presque tout entière, et toute l'Église d'Afrique, devinrent esclaves sous les Arabes, et ensuite sous les Turcs[1].

S'il y a environ seize cents millions d'hommes sur la terre, comme quelques doctes le prétendent, la sainte Église romaine catholique universelle en possède à peu près soixante millions; ce qui fait plus de la vingt-sixième partie des habitants du monde connu[a].

---

[1] Ici, dans l'édition de 1764 du *Dictionnaire philosophique*, était le morceau que l'auteur a depuis transporté au mot ÉGLISE jusqu'à ces mots, *mais peu d'élus;* après quoi l'article était terminé par l'alinéa qui le termine aussi aujourd'hui. B.

[a] Voyez le *Précis de l'histoire de l'Église chrétienne*, au mot ÉGLISE.

CHRONOLOGIE[1].

On dispute depuis long-temps sur l'ancienne chronologie, mais y en a-t-il une?

Il faudrait que chaque peuplade considérable eût possédé et conservé des registres authentiques bien attestés. Mais combien peu de peuplades savaient écrire! et dans le petit nombre d'hommes qui cultivèrent cet art si rare, s'en est-il trouvé qui prissent la peine de marquer deux dates avec exactitude?

Nous avons, à la vérité, dans des temps très récents, les observations célestes des Chinois et des Chaldéens. Elles ne remontent qu'environ deux mille ans plus ou moins avant notre ère vulgaire. Mais quand les premières annales se bornent à nous instruire qu'il y eut une éclipse sous un tel prince, c'est nous apprendre que ce prince existait, et non pas ce qu'il a fait.

De plus, les Chinois comptent l'année de la mort d'un empereur tout entière, fût-il mort le premier jour de l'an; et son successeur date l'année suivante du nom de son prédécesseur. On ne peut montrer plus de respect pour ses ancêtres; mais on ne peut supputer le temps d'une manière plus fautive en comparaison de nos nations modernes.

Ajoutez que les Chinois ne commencent leur cycle sexagénaire, dans lequel ils ont mis de l'ordre, qu'à l'empereur Iao, deux mille trois cent cinquante-sept

---

[1] *Questions sur l'Encyclopédie*, troisième partie, 1770. B.

ans avant notre ère vulgaire. Tout le temps qui précède cette époque est d'une obscurité profonde.

Les hommes se sont toujours contentés de l'à-peu-près en tout genre. Par exemple, avant les horloges on ne savait qu'à peu près les heures du jour et de la nuit. Si on bâtissait, les pierres n'étaient qu'à peu près taillées, les bois à peu près équarris, les membres des statues à peu près dégrossis : on ne connaissait qu'à peu près ses plus proches voisins; et malgré la perfection où nous avons tout porté, c'est ainsi qu'on en use encore dans la plus grande partie de la terre.

Ne nous étonnons donc pas s'il n'y a nulle part de vraie chronologie ancienne. Ce que nous avons des Chinois est beaucoup, si vous le comparez aux autres nations.

Nous n'avons rien des Indiens ni des Perses, presque rien des anciens Égyptiens. Tous nos systèmes inventés sur l'histoire de ces peuples se contredisent autant que nos systèmes métaphysiques.

Les olympiades des Grecs ne commencent que sept cent vingt-huit ans avant notre manière de compter. On voit seulement vers ce temps-là quelques flambeaux dans la nuit, comme l'ère de Nabonassar, la guerre de Lacédémone et de Messène; encore dispute-t-on sur ces époques.

Tite Live n'a garde de dire en quelle année Romulus commença son prétendu règne. Les Romains, qui savaient combien cette époque est incertaine, se seraient moqués de lui s'il eût voulu la fixer.

Il est prouvé que les deux cent quarante ans qu'on

attribue aux sept premiers rois de Rome sont le calcul le plus faux.

Les quatre premiers siècles de Rome sont absolument dénués de chronologie.

Si quatre siècles de l'empire le plus mémorable de la terre ne forment qu'un amas indigeste d'événements mêlés de fables, sans presque aucune date, que sera-ce de petites nations resserrées dans un coin de terre, qui n'ont jamais fait aucune figure dans le monde, malgré tous leurs efforts pour remplacer en charlataneries et en prodiges ce qui leur manquait en puissance et en culture des arts ?

DE LA VANITÉ DES SYSTÈMES, SURTOUT EN CHRONOLOGIE.

M. l'abbé de Condillac rendit un très grand service à l'esprit humain, quand il fit voir le faux de tous les systèmes. Si on peut espérer de rencontrer un jour un chemin vers la vérité, ce n'est qu'après avoir bien reconnu tous ceux qui mènent à l'erreur. C'est du moins une consolation d'être tranquille, de ne plus chercher, quand on voit que tant de savants ont cherché en vain.

La chronologie est un amas de vessies remplies de vent. Tous ceux qui ont cru y marcher sur un terrain solide sont tombés. Nous avons aujourd'hui quatre-vingts systèmes, dont il n'y en a pas un de vrai.

Les Babyloniens disaient : Nous comptons quatre cent soixante et treize mille années d'observations célestes. Vient un Parisien qui leur dit : Votre compte est juste ; vos années étaient d'un jour solaire ; elles reviennent à douze cent quatre-vingt-dix-sept des nôtres, depuis Atlas, roi d'Afrique, grand astronome, jusqu'à l'arrivée d'Alexandre à Babylone.

Mais jamais, quoi qu'en dise notre Parisien, aucun peuple n'a pris un jour pour un an; et le peuple de Babylone encore moins que personne. Il fallait seulement que ce nouveau venu de Paris dît aux Chaldéens : Vous êtes des exagérateurs, et nos ancêtres des ignorants; les nations sont sujettes à trop de révolutions pour conserver des quatre mille sept cent trente-six siècles de calculs astronomiques. Et quant au roi des Maures Atlas, personne ne sait en quel temps il a vécu. Pythagore avait autant de raison de prétendre avoir été coq, que vous de vous vanter de tant d'observations [1].

Le grand ridicule de toutes ces chronologies fantastiques, est d'arranger toutes les époques de la vie d'un homme, sans savoir si cet homme a existé.

Lenglet répète après quelques autres, dans sa *Compilation chronologique de l'histoire universelle*, que précisément dans le temps d'Abraham, six ans après la mort de Sara, très peu connue des Grecs, Jupiter, âgé de soixante et deux ans, commença à régner en Thessalie; que son règne fut de soixante ans; qu'il

---

[1] Plusieurs savants ont imaginé que ces prétendues époques chronologiques n'étaient que des périodes astronomiques imaginées pour comparer entre elles les révolutions des planètes et celle des étoiles fixes. Ces périodes, dont les prêtres astronomes et philosophes avaient seuls le secret, étant venues à la connaissance du peuple et des étrangers, on les prit pour des époques réelles, et on y arrangea des événements miraculeux, des dynasties de rois qui régnaient chacun des milliers d'années, etc., etc.; cette opinion assez probable est la seule idée raisonnable qu'on ait eue sur cette question.

épousa sa sœur Junon; qu'il fut obligé de céder les côtes maritimes à son frère Neptune; que les Titans lui firent la guerre. Mais y a-t-il eu un Jupiter? C'était par là qu'il fallait commencer.

CICÉRON [1].

C'est dans le temps de la décadence des beaux-arts en France, c'est dans le siècle des paradoxes, et dans l'avilissement de la littérature et de la philosophie persécutée, qu'on veut flétrir Cicéron; et quel est l'homme qui essaie de déshonorer sa mémoire? c'est un de ses disciples; c'est un homme qui prête, comme lui, son ministère à la défense des accusés; c'est un avocat qui a étudié l'éloquence chez ce grand maître; c'est un citoyen qui paraît animé comme Cicéron même de l'amour du bien public [2].

Dans un livre intitulé *Canaux navigables*, livre rempli de vues patriotiques et grandes plus que praticables, on est bien étonné de lire cette philippique contre Cicéron, qui n'a jamais fait creuser de canaux.

---

[1] *Questions sur l'Encyclopédie*, quatrième partie, 1771. B.

[2] M. Linguet. Cette satire de Cicéron est l'effet de ce secret penchant qui porte un grand nombre d'écrivains à combattre, non les préjugés populaires, mais les opinions des hommes éclairés. Ils semblent dire comme César, J'aimerais mieux être le premier dans une bicoque que le second dans Rome. Pour acquérir quelque gloire en suivant les traces des hommes éclairés, il faut ajouter des vérités nouvelles à celles qu'ils ont établies; il faut saisir ce qui leur est échappé, voir mieux et plus loin qu'eux. Il faut être né avec du génie, le cultiver par des études assidues, se livrer à des travaux opiniâtres, et savoir enfin attendre la réputation. Au contraire, en combattant leurs opinions, on est sûr d'acquérir à meilleur marché une gloire plus prompte et plus brillante; et si on aime mieux compter les suffrages que de les peser, il n'y a point à balancer entre ces deux partis. K.

« Le trait le plus glorieux de l'histoire de Cicéron,
« c'est la ruine de la conjuration de Catilina; mais, à le
« bien prendre, elle ne fit du bruit à Rome qu'autant
« qu'il affecta d'y mettre de l'importance. Le danger
« existait dans ses discours bien plus que dans la chose.
« C'était une entreprise d'hommes ivres qu'il était
« facile de déconcerter. Ni le chef ni les complices
« n'avaient pris la moindre mesure pour assurer le
« succès de leur crime. Il n'y eut d'étonnant dans
« cette étrange affaire que l'appareil dont le consul
« chargea toutes ses démarches, et la facilité avec la-
« quelle on lui laissa sacrifier à son amour-propre tant
« de rejetons des plus illustres familles.

« D'ailleurs, la vie de Cicéron est pleine de traits
« honteux; son éloquence était vénale autant que son
« ame était pusillanime. Si ce n'était pas l'intérêt qui
« dirigeait sa langue, c'était la frayeur ou l'espérance.
« Le desir de se faire des appuis le portait à la tribune
« pour y défendre sans pudeur des hommes plus dés-
« honorés, plus dangereux cent fois que Catilina.
« Parmi ses clients, on ne voit presque que des scélé-
« rats; et par un trait singulier de la justice divine, il
« reçut enfin la mort des mains d'un de ces misérables
« que son art avait dérobés aux rigueurs de la justice
« humaine. »

A le bien prendre, la conjuration de Catilina fit à Rome plus que *du bruit;* elle la plongea dans le plus grand trouble et dans le plus grand danger. Elle ne fut terminée que par une bataille si sanglante, qu'il n'est aucun exemple d'un pareil carnage, et peu d'un courage aussi intrépide. Tous les soldats de Catilina, après avoir tué la moitié de l'armée de Petreius, furent tués jusqu'au dernier; Catilina périt percé de coups sur un monceau de morts, et tous furent trouvés le visage tourné contre l'ennemi. Ce n'était pas là une entreprise si facile à déconcerter; César la favorisait; elle apprit à César à conspirer un jour plus heureusement contre sa patrie.

« Cicéron défendait sans pudeur des hommes plus
« déshonorés, plus dangereux cent fois que Catilina. »

Est-ce quand il défendait dans la tribune la Sicile contre Verrès, et la république romaine contre Antoine? est-ce quand il réveillait la clémence de César en faveur de Ligarius et du roi Déjotare? ou lorsqu'il obtenait le droit de cité pour le poëte Archias? ou lorsque, dans sa belle oraison pour la loi Manilia, il emportait tous les suffrages des Romains en faveur du grand Pompée?

Il plaida pour Milon, meurtrier de Clodius; mais Clodius avait mérité sa fin tragique par ses fureurs. Clodius avait trempé dans la conjuration de Catilina; Clodius était son plus mortel ennemi; il avait soulevé Rome contre lui, et l'avait puni d'avoir sauvé Rome; Milon était son ami.

Quoi! c'est de nos jours qu'on ose dire que Dieu punit Cicéron d'avoir plaidé pour un tribun militaire, nommé Popilius Léna, et que la vengeance céleste le fit assassiner par ce Popilius Léna même! Personne ne sait si Popilius Léna était coupable ou non du crime dont Cicéron le justifia quand il le défendit; mais tous les hommes savent que ce monstre fut coupable de la plus horrible ingratitude, de la plus infâme avarice et de la plus détestable barbarie, en assassinant son bienfaiteur pour gagner l'argent de trois monstres comme lui. Il était réservé à notre siècle de vouloir faire regarder l'assassinat de Cicéron comme un acte de la justice divine. Les triumvirs ne l'auraient pas osé. Tous les siècles jusqu'ici ont détesté et pleuré sa mort.

On reproche à Cicéron de s'être vanté trop souvent d'avoir sauvé Rome, et d'avoir trop aimé la gloire. Mais ses ennemis voulaient flétrir cette gloire. Une faction tyrannique le condamnait à l'exil, et abattait sa maison, parcequ'il avait préservé toutes les maisons de Rome de l'incendie que Catilina leur préparait. Il vous est permis, c'est même un devoir de vanter vos services quand on les méconnaît, et surtout quand on vous en fait un crime.

On admire encore Scipion de n'avoir répondu à ses accusateurs que par ces mots : « C'est à pareil jour que « j'ai vaincu Annibal; allons rendre grace aux dieux. » Il fut suivi par tout le peuple au Capitole, et nos cœurs l'y suivent encore en lisant ce trait d'histoire; quoique après tout il eût mieux valu rendre ses comptes que se tirer d'affaire par un bon mot.

Cicéron fut admiré de même par le peuple romain le jour qu'à l'expiration de son consulat, étant obligé de faire les serments ordinaires, et se préparant à haranguer le peuple selon la coutume, il en fut empêché par le tribun Métellus, qui voulait l'outrager. Cicéron avait commencé par ces mots : *Je jure;* le tribun l'interrompit, et déclara qu'il ne lui permettrait pas de haranguer. Il s'éleva un grand murmure. Cicéron s'arrêta un moment; et, renforçant sa voix noble et sonore, il dit pour toute harangue : « Je jure que j'ai « sauvé la patrie. » L'assemblée enchantée s'écria : « Nous jurons qu'il a dit la vérité. » Ce moment fut le plus beau de sa vie. Voilà comme il faut aimer la gloire.

Je ne sais où j'ai lu autrefois ces vers ignorés :

> Romains, j'aime la gloire et ne veux point m'en taire;
> Des travaux des humains c'est le digne salaire :
> Ce n'est qu'en vous servant qu'il la faut acheter :
> Qui n'ose la vouloir n'ose la mériter [1].

Peut-on mépriser Cicéron si on considère sa conduite dans son gouvernement de la Cilicie, qui était alors une des plus importantes provinces de l'empire romain, en ce qu'elle confinait à la Syrie et à l'empire des Parthes? Laodicée, l'une des plus belles villes d'Orient, en était la capitale : cette province était aussi florissante qu'elle est dégradée aujourd'hui sous le gouvernement des Turcs, qui n'ont jamais eu de Cicéron.

Il commence par protéger le roi de Cappadoce Ariobarzane, et il refuse les présents que ce roi veut lui faire. Les Parthes viennent attaquer en pleine paix Antioche; Cicéron y vole, il atteint les Parthes après des marches forcées par le mont Taurus; il les fait

---

[1] *Rome sauvée*, acte V, scène II. Ces vers sont si peu ignorés, que tout Français qui a l'esprit cultivé les sait par cœur. M. de Voltaire a corrigé ainsi le troisième vers dans les dernières éditions de la pièce,

Sénat, en vous servant il la faut acheter. K.

fuir, il les poursuit dans leur retraite; Orzace [1] leur général est tué avec une partie de son armée.

De là il court à Pendenissum, capitale d'un pays allié des Parthes, il la prend; cette province est soumise. Il tourne aussitôt contre les peuples appelés Tiburaniens, il les défait; et ses troupes lui défèrent le titre d'empereur qu'il garda toute sa vie. Il aurait obtenu à Rome les honneurs du triomphe sans Caton qui s'y opposa, et qui obligea le sénat à ne décerner que des réjouissances publiques, et des remercîments aux dieux, lorsque c'était à Cicéron qu'on devait en faire.

Si on se représente l'équité, le désintéressement de Cicéron dans son gouvernement, son activité, son affabilité, deux vertus si rarement compatibles, les bienfaits dont il combla les peuples dont il était le souverain absolu, il faudra être bien difficile pour ne pas accorder son estime à un tel homme.

Si vous faites réflexion que c'est là ce même Romain qui le premier introduisit la philosophie dans Rome, que ses *Tusculanes* et son livre *de la Nature des dieux* sont les deux plus beaux ouvrages qu'ait jamais écrits la sagesse qui n'est qu'humaine, et que son *Traité des Offices* est le plus utile que nous ayons en morale, il sera encore plus malaisé de mépriser Cicéron. Plaignons ceux qui ne le lisent pas, plaignons encore plus ceux qui ne lui rendent pas justice.

---

[1] L'*Art de vérifier les dates* (avant J.-C.) écrit aussi *Orsace :* cependant on lit *Osaces* dans Cicéron lui-même (*Lettres à Atticus*, v, 20) et dans d'autres auteurs. B.

Opposons au détracteur français les vers de l'Espagnol Martial dans son épigramme contre Antoine (L. v, épig. 69):

> « Quid prosunt sacræ pretiosa silentia linguæ?
> « Incipient omnes pro Cicerone loqui. »

Ta prodigue fureur acheta son silence,
Mais l'univers entier parle à jamais pour lui.

[1] Voyez surtout ce que dit Juvénal (sat. VIII, 244):

> « Roma patrem patriæ Ciceronem libera dixit. »

CIEL MATÉRIEL [2].

Les lois de l'optique, fondées sur la nature des choses, ont ordonné que de notre petit globe nous verrons toujours le ciel matériel comme si nous en étions le centre, quoique nous soyons bien loin d'être centre;

Que nous le verrons toujours comme une voûte surbaissée, quoiqu'il n'y ait d'autre voûte que celle de notre atmosphère, laquelle n'est point surbaissée;

Que nous verrons toujours les astres roulant sur cette voûte, et comme dans un même cercle, quoiqu'il n'y ait que cinq planètes principales, et dix lunes, et un anneau, qui marchent ainsi que nous dans l'espace;

Que notre soleil et notre lune nous paraîtront toujours d'un tiers plus grands à l'horizon qu'au zénith, quoiqu'ils soient plus près de l'observateur au zénith qu'à l'horizon.

[1] Addition de 1774. B.
[2] *Questions sur l'Encyclopédie*, troisième partie, 1770. B.

90 CIEL MATÉRIEL.

Voici l'effet que font nécessairement les astres sur nos yeux :

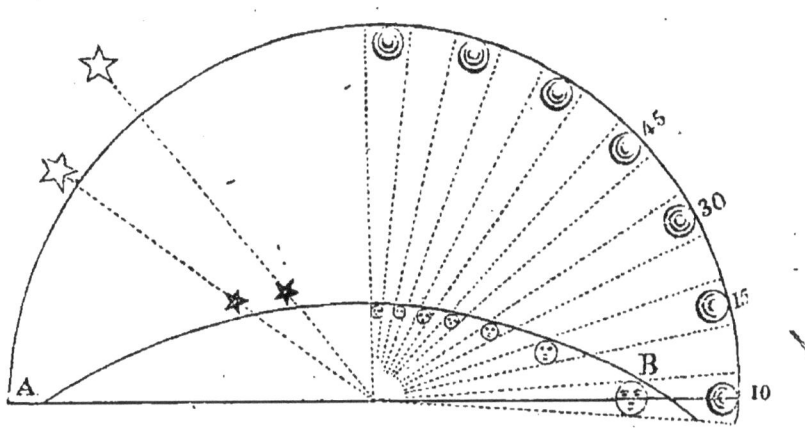

« ¹ Cette figure représente à peu près en quelle pro-
« portion le soleil et la lune doivent être aperçus dans
« la courbe AB, et comment les astres doivent paraî-
« tre plus rapprochés les uns des autres dans la même
« courbe. »

1° Telles sont les lois de l'optique, telle est la nature de vos yeux, que premièrement le ciel matériel, les nuages, la lune, le soleil qui est si loin de vous, les planètes qui dans leur apogée en sont encore plus loin, tous les astres placés à des distances encore plus immenses, comètes, météores, tout doit vous paraître dans cette voûte surbaissée composée de votre atmosphère.

2° Pour moins compliquer cette vérité, observons

---

¹ Le texte de cet alinéa et la figure qui le précède sont conformes aux éditions de 1770, 1771 et 1775. L'édition in-4° de 1774 diffère pour la figure et pour l'explication qui la suit. B.

seulement ici le soleil, qui semble parcourir le cercle A B.

Il doit vous paraître au zénith plus petit qu'à quinze degrés au-dessous, à trente degrés encore plus gros, et enfin à l'horizon encore davantage; tellement que ses dimensions dans le ciel inférieur décroissent en raison de ses hauteurs dans la progression suivante :

A l'horizon. . . . . 100.
A quinze degrés. . . . . 68.
A trente degrés. . . . . 50.
A quarante-cinq degrés. . . . . 40.

Ses grandeurs apparentes dans la voûte surbaissée sont comme ses hauteurs apparentes; et il en est de même de la lune et d'une comète[a].

3° Ce n'est point l'habitude, ce n'est point l'interposition des terres, ce n'est point la réfraction de l'atmosphère, qui causent cet effet. Malebranche et Régis ont disputé l'un contre l'autre; mais Robert Smith a calculé[1].

4° Observez les deux étoiles qui étant à une prodigieuse distance l'une de l'autre et à des profondeurs très différentes dans l'immensité de l'espace, sont considérées ici comme placées dans le cercle

---

[a] Voyez l'optique de Robert Smith.

[1] L'opinion de Smith est au fond la même que celle de Malebranche : puisque les astres au zénith et à l'horizon sont vus sous un angle à peu près égal, la différence apparente de grandeur ne peut venir que de la même cause qui nous fait juger un corps de cent pouces, vu à cent pieds, plus grand qu'un corps d'un pouce, vu à un pied; et cette cause ne peut être qu'un jugement de l'ame devenu habituel, et dont par cette raison nous avons cessé d'avoir une conscience distincte. K.

que le soleil semble parcourir. Vous les voyez distantes l'une de l'autre dans le grand cercle, se rapprochant dans le petit par les mêmes lois.

C'est ainsi que vous voyez le ciel matériel. C'est par ces règles invariables de l'optique que vous voyez les planètes tantôt rétrogrades, tantôt stationnaires; elles ne sont rien de tout cela. Si vous étiez dans le soleil, vous verriez toutes les planètes et les comètes rouler régulièrement autour de lui dans les ellipses que Dieu leur assigne. Mais vous êtes sur la planète de la terre, dans un coin où vous ne pouvez jouir de tout le spectacle.

N'accusons donc point les erreurs de nos sens avec Malebranche; des lois constantes de la nature, émanées de la volonté immuable du Tout-Puissant, et proportionnées à la constitution de nos organes, ne peuvent être des erreurs.

Nous ne pouvons voir que les apparences des choses, et non les choses mêmes. Nous ne sommes pas plus trompés quand le soleil, ouvrage de Dieu, cet astre un million de fois aussi gros que notre terre, nous paraît plat et large de deux pieds, que lorsque dans un miroir convexe, ouvrage de nos mains, nous voyons un homme sous la dimension de quelques pouces.

Si les mages chaldéens furent les premiers qui se servirent de l'intelligence que Dieu leur donna pour mesurer et mettre à leur place les globes célestes, d'autres peuples plus grossiers ne les imitèrent pas.

Ces peuples enfants et sauvages imaginèrent la terre plate, soutenue dans l'air, je ne sais comment, par son propre poids; le soleil, la lune, et les étoiles, marchant continuellement sur un cintre solide qu'on appela *plaque*, *firmament*; ce cintre portant des eaux, et ayant des portes d'espace en espace; les eaux sortant par ces portes pour humecter la terre.

Mais comment le soleil, la lune, et tous les astres, reparaissent-ils après s'être couchés? on n'en savait rien. Le ciel touchait à la terre plate; il n'y avait pas moyen que le soleil, la lune et les étoiles tournassent sous la terre, et allassent se lever à l'orient après s'être couchés à l'occident. Il est vrai que ces ignorants avaient raison par hasard, en ne concevant pas que le soleil et les étoiles fixes tournassent autour de la terre. Mais ils étaient bien loin de soupçonner le soleil immobile, et la terre avec son satellite tournant autour de lui dans l'espace avec les autres planètes. Il y avait plus loin de leurs fables au vrai système du monde, que des ténèbres à la lumière.

Ils croyaient que le soleil et les étoiles revenaient par des chemins inconnus, après s'être délassés de leur course dans la mer Méditerranée, on ne sait pas précisément dans quel endroit. Il n'y avait pas d'autre astronomie, du temps même d'Homère, qui est si nouveau: car les Chaldéens tenaient leur science secrète pour se faire plus respecter des peuples. Homère dit plus d'une fois que le soleil se plonge dans l'Océan (et encore cet océan c'est le Nil); c'est là qu'il répare par la fraîcheur des eaux, pendant la nuit, l'épuisement du jour; après quoi il va se rendre au lieu de son lever par des routes inconnues aux mortels. Cette idée ressemble beaucoup à celle du baron de Fœneste, qui dit que si on ne voit pas le soleil quand il revient, « c'est qu'il revient de nuit[1]. »

Comme alors la plupart des peuples de Syrie et les Grecs connaissaient un peu l'Asie et une petite partie de l'Europe, et qu'ils n'avaient aucune notion de tout ce qui est au nord du Pont-Euxin, et au midi du Nil, ils établirent d'abord que la terre était plus longue que large d'un grand tiers; par conséquent le ciel qui touchait à la terre, et qui l'embrassait, était aussi plus long que large. De là nous vinrent les degrés de longitude et de latitude, dont nous avons toujours conservé les noms, quoique nous ayons réformé la chose.

Le livre de Job, composé par un ancien Arabe, qui avait quelque connaissance de l'astronomie, puisqu'il parle des constellations, s'exprime pourtant ainsi[2] : « Où étiez-vous quand je jetais les fondements « de la terre? qui en a pris les dimensions? sur quoi « ses bases portent-elles? qui a posé sa pierre angu-« laire? »

Le moindre écolier lui répondrait aujourd'hui : La terre n'a ni pierre angulaire, ni base, ni fondement; et à l'égard de ses dimensions, nous les connaissons très bien, puisque depuis Magellan jusqu'à M. de Bougainville, plus d'un navigateur en a fait le tour.

Le même écolier fermerait la bouche au déclamateur Lactance, et à tous ceux qui ont dit avant et après lui que la terre est fondée sur l'eau, et que le

---

[1] *Aventures du baron de Fœneste*, par Th. Agr. d'Aubigné, l. III, ch. vIII. B.
[2] Job, xxxvIII, 4-6. B.

ciel ne peut être au-dessous de la terre; et que par conséquent il est ridicule et impie de soupçonner qu'il y ait des antipodes.

C'est une chose curieuse de voir avec quel dédain, avec quelle pitié Lactance regarde tous les philosophes qui, depuis quatre cents ans, commençaient à connaître le cours apparent du soleil et des planètes, la rondeur de la terre, la liquidité, la non-résistance des cieux, au travers desquels les planètes couraient dans leurs orbites, etc. Il recherche[a] « par quels de- « grés les philosophes sont parvenus à cet excès de « folie de faire de la terre une boule, et d'entourer « cette boule du ciel. »

Ces raisonnements sont dignes de tous ceux qu'il fait sur les sibylles.

Notre écolier dirait à tous ces docteurs : Apprenez qu'il n'y a point de cieux solides placés les uns sur les autres, comme on vous l'a dit; qu'il n'y a point de cercles réels dans lesquels les astres courent sur une prétendue plaque; que le soleil est le centre de notre monde planétaire; que la terre et les planètes roulent autour de lui dans l'espace, non pas en traçant des cercles, mais des ellipses. Apprenez qu'il n'y a ni dessus ni dessous, mais que les planètes, les comètes tendent toutes vers le soleil leur centre, et que le soleil tend vers elles, par une gravitation éternelle.

---

[a] Lactance, liv. III, ch. xxiv. Et le clergé de France assemblé solennellement en 1770, dans le dix-huitième siècle, citait sérieusement comme un Père de l'Église ce Lactance, dont les élèves de l'école d'Alexandrie se seraient moqués de son temps, s'ils avaient daigné jeter les yeux sur ses rapsodies.

Lactance et les autres babillards seraient bien étonnés en voyant le système du monde tel qu'il est.

CIEL DES ANCIENS[1].

Si un ver à soie donnait le nom de *ciel* au petit duvet qui entoure sa coque, il raisonnerait aussi bien que firent tous les anciens, en donnant le nom de *ciel* à l'atmosphère, qui est, comme dit très bien M. de Fontenelle dans ses *Mondes*, le duvet de notre coque.

Les vapeurs qui sortent de nos mers et de notre terre, et qui forment les nuages, les météores, et les tonnerres, furent pris d'abord pour la demeure des dieux. Les dieux descendent toujours dans des nuages d'or chez Homère; c'est de là que les peintres les peignent encore aujourd'hui assis sur une nuée. Comment est-on assis sur l'eau? Il était bien juste que le maître des dieux fût plus à son aise que les autres: on lui donna un aigle pour le porter, parceque l'aigle vole plus haut que les autres oiseaux.

Les anciens Grecs voyant que les maîtres des villes demeuraient dans des citadelles, au haut de quelque montagne, jugèrent que les dieux pouvaient avoir une citadelle aussi, et la placèrent en Thessalie sur le mont Olympe, dont le sommet est quelquefois caché dans les nues; de sorte que leur palais était de plain-pied à leur ciel.

Les étoiles et les planètes, qui semblent attachées

[1] *Dictionnaire philosophique*, 1764. B.

à la voûte bleue de notre atmosphère, devinrent ensuite les demeures des dieux; sept d'entre eux eurent chacun leur planète, les autres logèrent où ils purent: le conseil général des dieux se tenait dans une grande salle, à laquelle on allait par la voie lactée; car il fallait bien que les dieux eussent une salle en l'air, puisque les hommes avaient des hôtels de ville sur la terre.

Quand les Titans, espèce d'animaux entre les dieux et les hommes, déclarèrent une guerre assez juste à ces dieux-là, pour réclamer une partie de leur héritage du côté paternel, étant fils du Ciel et de la Terre, ils ne mirent que deux ou trois montagnes les unes sur les autres, comptant que c'en était bien assez pour se rendre maîtres du ciel et du château de l'Olympe.

« Neve foret terris securior arduus æther,
« Affectasse ferunt regnum cœleste gigantes,
« Altaque congestos struxisse ad sidera montes. »
OVID., Met., 1, 151-153.

On attaqua le ciel aussi bien que la terre [1];
Les géants chez les dieux osant porter la guerre,
Entassèrent des monts jusqu'aux astres des nuits.

Il y a pourtant des six cents millions de lieues de ces astres-là, et beaucoup plus loin encore de plusieurs étoiles au mont Olympe.

Virgile (écl. v, 57) ne fait point de difficulté de dire:

« Sub pedibusque videt nubes et sidera Daphnis. »
Daphnis voit sous ses pieds les astres et les nues.

---

[1] Ces trois vers français et ce qui suit, jusqu'aux mots: *cette physique d'enfants*, furent ajoutés en 1770. B.

Mais où donc était Daphnis ?

A l'Opéra, et dans des ouvrages plus sérieux, on fait descendre des dieux au milieu des vents, des nuages et du tonnerre, c'est-à-dire qu'on promène Dieu dans les vapeurs de notre petit globe. Ces idées sont si proportionnées à notre faiblesse, qu'elles nous paraissent grandes.

Cette physique d'enfants et de vieilles était prodigieusement ancienne: cependant on croit que les Chaldéens avaient des idées presque aussi saines que nous de ce qu'on appelle le *ciel;* ils plaçaient le soleil au centre de notre monde planétaire, à peu près à la distance de notre globe que nous avons reconnue; ils fesaient tourner la terre et quelques planètes autour de cet astre; c'est ce que nous apprend Aristarque de Samos : c'est à peu près le système du monde que Copernic a perfectionné depuis; mais les philosophes gardaient le secret pour eux, afin d'être plus respectés des rois et du peuple, ou plutôt pour n'être pas persécutés.

Le langage de l'erreur est si familier aux hommes, que nous appelons encore nos vapeurs, et l'espace de la terre à la lune, du nom de *ciel;* nous disons, monter au ciel, comme nous disons que le soleil tourne, quoiqu'on sache bien qu'il ne tourne pas. Nous sommes probablement le ciel pour les habitants de la lune, et chaque planète place son ciel dans la planète voisine.

Si on avait demandé à Homère dans quel ciel était allée l'ame de Sarpédon, et où était celle d'Hercule, Homère eût été bien embarrassé; il eût répondu par des vers harmonieux.

Quelle sûreté avait-on que l'ame aérienne d'Hercule se fût trouvée plus à son aise dans Vénus, dans Saturne, que sur notre globe? Aurait-elle été dans le soleil? la place ne paraît pas tenable dans cette fournaise. Enfin, qu'entendaient les anciens par le ciel? ils n'en savaient rien; ils criaient toujours *le ciel et la terre*; c'est comme si l'on criait l'infini et un atome. Il n'y a point, à proprement parler, de ciel; il y a une quantité prodigieuse de globes qui roulent dans l'espace vide, et notre globe roule comme les autres.

Les anciens croyaient qu'aller dans les cieux c'était monter; mais on ne monte point d'un globe à un autre; les globes célestes sont tantôt au-dessus de notre horizon, tantôt au-dessous. Ainsi, supposons que Vénus étant venue à Paphos, retournât dans sa planète quand cette planète était couchée, la déesse Vénus ne montait point alors par rapport à notre horizon; elle descendait, et on devait dire en ce cas, *descendre au ciel*. Mais les anciens n'y entendaient pas tant de finesse; ils avaient des notions vagues, incertaines, contradictoires sur tout ce qui tenait à la physique. On a fait des volumes immenses pour savoir ce qu'ils pensaient sur bien des questions de cette sorte. Quatre mots auraient suffi: *Ils ne pensaient pas*. Il faut toujours en excepter un petit nombre de sages, mais ils sont venus tard; peu ont expliqué leurs pensées, et quand ils l'ont fait, les charlatans de la terre les ont envoyés au ciel par le plus court chemin.

Un écrivain qu'on nomme, je crois, Pluche, a prétendu faire de Moïse un grand physicien; un autre avait auparavant concilié Moïse avec Descartes, et avait imprimé le *Cartesius mosaïzans*[1]; selon lui, Moïse avait inventé le premier les tourbillons et la matière subtile : mais on sait assez que Dieu, qui fit de Moïse un grand législateur, un grand prophète, ne voulut point du tout en faire un professeur de physique ; il instruisit les Juifs de leur devoir, et ne leur enseigna pas un mot de philosophie. Calmet, qui a beaucoup compilé, et qui n'a raisonné jamais, parle du système des Hébreux ; mais ce peuple grossier était bien loin d'avoir un système ; il n'avait pas même d'école de géométrie ; le nom leur en était inconnu ; leur seule science était le métier de courtier et l'usure.

On trouve dans leurs livres quelques idées louches, incohérentes, et dignes en tout d'un peuple barbare, sur la structure du ciel. Leur premier ciel était l'air ; le second, le firmament, où étaient attachées les étoiles ; ce firmament était solide et de glace, et portait les eaux supérieures, qui s'échappèrent de ce réservoir par des portes, des écluses, des cataractes, au temps du déluge.

Au-dessus de ce firmament, ou de ces eaux supérieures, était le troisième ciel, ou l'empyrée, où saint Paul fut ravi. Le firmament était une espèce de demi-voûte qui embrassait la terre. Le soleil ne fesait point le tour d'un globe qu'ils ne connaissaient pas. Quand il était parvenu à l'occident, il revenait à l'orient par un chemin inconnu ; et si on ne le voyait pas, c'était,

---

[1] Jean Amerpoel est auteur du *Cartesius mosaïzans, seu evidens et facilis conciliatio philosophiæ Cartesii cum historia creationis primo capite Geneseos per Mosem tradita*, Leuwarden, 1669, in-12. B.

comme le dit le baron de Fœneste, parcequ'il revenait de nuit [1].

Encore les Hébreux avaient-ils pris ces rêveries des autres peuples. La plupart des nations, excepté l'école des Chaldéens, regardaient le ciel comme solide; la terre fixe et immobile était plus longue d'orient en occident, que du midi au nord, d'un grand tiers; de là viennent ces expressions de longitude et de latitude que nous avons adoptées. On voit que dans cette opinion il était impossible qu'il y eût des antipodes. Aussi saint Augustin traite l'idée des antipodes *d'absurdité*; et Lactance, que nous avons déjà cité, dit expressément: « Y a-t-il des gens assez fous pour croire qu'il « y ait des hommes dont la tête soit plus basse que les « pieds ? etc. »

Saint Chrysostôme s'écrie dans sa quatorzième homélie : « Où sont ceux qui prétendent que les cieux « sont mobiles, et que leur forme est circulaire ? »

Lactance dit encore au livre III de ses Institutions :
« Je pourrais vous prouver par beaucoup d'arguments « qu'il est impossible que le ciel entoure la terre. »

L'auteur du *Spectacle de la nature* pourra dire à M. le chevalier, tant qu'il voudra, que Lactance et saint Chrysostôme étaient de grands philosophes; on lui répondra qu'ils étaient de grands saints, et qu'il n'est point du tout nécessaire, pour être un saint, d'être un bon astronome. On croira qu'ils sont au ciel, mais on avouera qu'on ne sait pas dans quelle partie du ciel précisément.

[1] Voyez ma note, page 94. B.

CIRCONCISION[1].

Lorsque Hérodote raconte ce que lui ont dit les barbares chez lesquels il a voyagé, il raconte des sottises; et c'est ce que font la plupart de nos voyageurs : aussi n'exige-t-il pas qu'on le croie, quand il parle de l'aventure de Gigès et de Candaule ; d'Arion porté sur un dauphin; et de l'oracle consulté pour savoir ce que fesait Crésus; qui répondit qu'il fesait cuire alors une tortue dans un pot couvert; et du cheval de Darius qui, ayant henni le premier de tous, déclara son maître roi ; et de cent autres fables propres à amuser des enfants, et à être compilées par des rhéteurs : mais quand il parle de ce qu'il a vu, des coutumes des peuples qu'il a examinées, de leurs antiquités qu'il a consultées, il parle alors à des hommes.

« Il semble, dit-il au livre d'Euterpe, que les habi-
« tants de la Colchide sont originaires d'Égypte : j'en
« juge par moi-même plutôt que par ouï-dire; car j'ai
« trouvé qu'en Colchide on se souvenait bien plus des
« anciens Égyptiens qu'on ne se ressouvenait des an-
« ciennes coutumes de Colchos en Égypte.

« Ces habitants des bords du Pont-Euxin préten-
« daient être une colonie établie par Sésostris; pour
« moi, je le conjecturerais non seulement parcequ'ils
« sont basanés, et qu'ils ont les cheveux frisés, mais
« parceque les peuples de Colchide, d'Égypte et d'É-
« thiopie, sont les seuls sur la terre qui se sont fait
« circoncire de tout temps; car les Phéniciens, et ceux

[1] *Dictionnaire philosophique*, 1764. B.

« de la Palestine, avouent qu'ils ont pris la circonci-
« sion des Égyptiens. Les Syriens qui habitent aujour-
« d'hui sur les rivages du Thermodon et de Pathenie,
« et les Macrons leurs voisins, avouent qu'il n'y a pas
« long-temps qu'ils se sont conformés à cette coutume
« d'Égypte; c'est par là principalement qu'ils sont re-
« connus pour Égyptiens d'origine.

« A l'égard de l'Éthiopie et de l'Égypte, comme cette
« cérémonie est très ancienne chez ces deux nations,
« je ne saurais dire qui des deux tient la circoncision
« de l'autre; il est toutefois vraisemblable que les
« Éthiopiens la prirent des Égyptiens; comme, au
« contraire, les Phéniciens ont aboli l'usage de cir-
« concire les enfants nouveau-nés, depuis qu'ils ont
« eu plus de commerce avec les Grecs. »

Il est évident, par ce passage d'Hérodote, que plusieurs peuples avaient pris la circoncision de l'Égypte; mais aucune nation n'a jamais prétendu avoir reçu la circoncision des Juifs. A qui peut-on donc attribuer l'origine de cette coutume, ou à la nation de qui cinq ou six autres confessent la tenir, ou à une autre nation bien moins puissante, moins commerçante, moins guerrière, cachée dans un coin de l'Arabie Pétrée, qui n'a jamais communiqué le moindre de ses usages à aucun peuple?

Les Juifs disent qu'ils ont été reçus autrefois par charité dans l'Égypte; n'est-il pas bien vraisemblable que le petit peuple a imité un usage du grand peuple, et que les Juifs ont pris quelques coutumes de leurs maîtres?

Clément d'Alexandrie rapporte que Pythagore,

voyageant chez les Égyptiens, fut obligé de se faire circoncire, pour être admis à leurs mystères; il fallait donc absolument être circoncis pour être au nombre des prêtres d'Égypte. Ces prêtres existaient lorsque Joseph arriva en Égypte; le gouvernement était très ancien, et les cérémonies antiques de l'Égypte observées avec la plus scrupuleuse exactitude.

Les Juifs avouent qu'ils demeurèrent pendant deux cent cinq ans en Égypte; ils disent qu'ils ne se firent point circoncire dans cet espace de temps : il est donc clair que, pendant deux cent cinq ans, les Égyptiens n'ont pas reçu la circoncision des Juifs; l'auraient-ils prise d'eux, après que les Juifs leur eurent volé tous les vases qu'on leur avait prêtés, et se furent enfuis dans le désert avec leur proie, selon leur propre témoignage ? Un maître adoptera-t-il la principale marque de la religion de son esclave voleur et fugitif ? Cela n'est pas dans la nature humaine.

Il est dit, dans le livre de Josué[1], que les Juifs furent circoncis dans le désert: « Je vous ai délivrés de « ce qui fesait votre opprobre chez les Égyptiens. » Or, quel pouvait être cet opprobre pour des gens qui se trouvaient entre les peuples de Phénicie, les Arabes et les Égyptiens, si ce n'est ce qui les rendait méprisables à ces trois nations ? cômment leur ôte-t-on cet opprobre ? en leur ôtant un peu de prépuce : n'est-ce pas là le sens naturel de ce passage ?

La *Genèse*[2] dit qu'Abraham avait été circoncis auparavant; mais Abraham voyagea en Égypte, qui

[1] v, 9. B.
[2] xvii, 26. B.

était depuis long-temps un royaume florissant, gouverné par un puissant roi ; rien n'empêche que dans un royaume si ancien la circoncision ne fût établie. De plus, la circoncision d'Abraham n'eut point de suite ; sa postérité ne fut circoncise que du temps de Josué.

Or, avant Josué, les Israélites, de leur aveu même, prirent beaucoup de coutumes des Égyptiens ; ils les imitèrent dans plusieurs sacrifices, dans plusieurs cérémonies, comme dans les jeûnes qu'on observait les veilles des fêtes d'Isis, dans les ablutions, dans la coutume de raser la tête des prêtres ; l'encens, le candelabre, le sacrifice de la vache rousse, la purification avec de l'hysope, l'abstinence du cochon, l'horreur des ustensiles de cuisine des étrangers, tout atteste que le petit peuple hébreu, malgré son aversion pour la grande nation égyptienne, avait retenu une infinité d'usages de ses anciens maîtres. Ce bouc Hazazel qu'on envoyait dans le désert, chargé des péchés du peuple, était une imitation visible d'une pratique égyptienne ; les rabbins conviennent même que le mot d'Hazazel n'est point hébreu. Rien n'empêche donc que les Hébreux n'aient imité les Égyptiens dans la circoncision, comme fesaient les Arabes leurs voisins.

Il n'est point extraordinaire que Dieu, qui a sanctifié le baptême, si ancien chez les Asiatiques, ait sanctifié aussi la circoncision, non moins ancienne chez les Africains. On a déjà remarqué qu'il est le maître d'attacher ses graces aux signes qu'il daigne choisir.

Au reste, depuis que, sous Josué, le peuple juif eut été circoncis, il a conservé cet usage jusqu'à nos jours ;

les Arabes y ont aussi toujours été fidèles ; mais les Égyptiens, qui dans les premiers temps circoncisaient les garçons et les filles, cessèrent avec le temps de faire aux filles cette opération, et enfin la restreignirent aux prêtres, aux astrologues, et aux prophètes. C'est ce que Clément d'Alexandrie et Origène nous apprennent. En effet, on ne voit point que les Ptolémées aient jamais reçu la circoncision.

Les auteurs latins qui traitent les Juifs avec un si profond mépris qu'ils les appellent *curtus apella*, par dérision, *credat Judæus apella*, *curti Judæi*, ne donnent point de ces épithètes aux Égyptiens. Tout le peuple d'Égypte est aujourd'hui circoncis, mais par une autre raison, parceque le mahométisme adopta l'ancienne circoncision de l'Arabie.

C'est cette circoncision arabe qui a passé chez les Éthiopiens, où l'on circoncit encore les garçons et les filles.

Il faut avouer que cette cérémonie de la circoncision paraît d'abord bien étrange ; mais on doit remarquer que de tout temps les prêtres de l'Orient se consacraient à leurs divinités par des marques particulières. On gravait avec un poinçon une feuille de lierre sur les prêtres de Bacchus. Lucien nous dit que les dévots à la déesse Isis s'imprimaient des caractères sur le poignet et sur le cou. Les prêtres de Cybèle se rendaient eunuques.

Il y a grande apparence que les Égyptiens, qui révéraient l'instrument de la génération, et qui en portaient l'image en pompe dans leurs processions, imaginèrent d'offrir à Isis et Osiris, par qui tout s'engendrait sur la terre, une partie légère du membre par qui ces dieux avaient voulu que le genre humain se perpétuât. Les anciennes mœurs orientales sont si prodigieusement différentes des nôtres, que rien ne doit paraître extraordinaire à quiconque a un peu de lecture. Un Parisien est tout surpris quand on lui dit que les Hottentots font couper à leurs enfants mâles un testicule. Les Hottentots sont peut-être surpris que les Parisiens en gardent deux.

CIRUS, *voyez* CYRUS.

CLERC[1].

Il y aurait peut-être encore quelque chose à dire sur ce mot, même après le *Dictionnaire de Du Cange*, et celui de l'*Encyclopédie*. Nous pouvons, par exemple, observer qu'on était si savant vers le dixième et onzième siècle, qu'il s'introduisit une coutume ayant force de loi en France, en Allemagne, en Angleterre, de faire grace de la corde à tout criminel condamné qui savait lire; tant un homme de cette érudition était nécessaire à l'état.

Guillaume-le-Bâtard, conquérant de l'Angleterre, y porta cette coutume. Cela s'appelait bénéfice de clergie, *beneficium clericorum aut clergicorum*.

Nous avons remarqué[2] en plus d'un endroit que de vieux usages perdus ailleurs se retrouvent en Angleterre, comme on retrouva dans l'île de Samothrace les

---

[1] *Questions sur l'Encyclopédie*, quatrième partie, 1771. B.
[2] Voyez l'article Poëtes; et l'*Histoire du Parlement*, ch. III. B.

anciens mystères d'Orphée. Aujourd'hui même encore ce bénéfice de clergie subsiste chez les Anglais dans toute sa force pour un meurtre commis sans dessein, et pour un premier vol qui ne passe pas cinq cents livres sterling. Le criminel qui sait lire demande le bénéfice de clergie ; on ne peut le lui refuser. Le juge qui était réputé par l'ancienne loi ne savoir pas lire lui-même, s'en rapporte encore au chapelain de la prison, qui présente un livre au condamné. Ensuite il demande au chapelain : *Legit ? lit-il ?* Le chapelain répond : *Legit ut clericus*, il lit *comme un clerc ;* et alors on se contente de faire marquer d'un fer chaud le criminel à la paume de la main. On a eu soin de l'enduire de graisse ; le fer fume et produit un sifflement sans faire aucun mal au patient réputé clerc.

DU CÉLIBAT DES CLERCS.

On demande si dans les premiers siècles de l'Église le mariage fut permis aux clercs, et dans quel temps il fut défendu.

Il est avéré que les clercs, loin d'être engagés au célibat dans la religion juive, étaient tous au contraire excités au mariage, non seulement par l'exemple de leurs patriarches, mais par la honte attachée à vivre sans postérité.

Toutefois, dans les temps qui précédèrent les derniers malheurs des Juifs, il s'éleva des sectes de rigoristes esséniens, judaïtes, thérapeutes, hérodiens ; et dans quelques unes, comme celles des esséniens et des thérapeutes, les plus dévots ne se mariaient pas. Cette continence était une imitation de la chasteté des vestales établies par Numa Pompilius, de la fille de Pythagore qui institua un couvent, des prêtresses de Diane, de la pythie de Delphes, et plus anciennement de Cassandre et de Chrysis, prêtresses d'Apollon, et même des prêtresses de Bacchus.

Les prêtres de Cybèle non seulement fesaient vœu de chasteté, mais de peur de violer leurs vœux ils se rendaient eunuques.

Plutarque, dans sa huitième question des propos de table, dit qu'il y a des colléges de prêtres en Égypte qui renoncent au mariage.

Les premiers chrétiens, quoique fesant profession d'une vie aussi pure que celle des esséniens et des thérapeutes, ne firent point une vertu du célibat. Nous avons vu que presque tous les apôtres et les disciples étaient mariés. Saint Paul écrit à Tite[a] : « Choisissez « pour prêtre celui qui n'aura qu'une femme ayant des « enfants fidèles et non accusés de luxure. »

Il dit la même chose à Timothée[b] : « Que le surveil-« lant soit mari d'une seule femme. »

Il semble faire si grand cas du mariage, que dans la même lettre à Timothée, il dit[c] : « La femme ayant « prévariqué se sauvera en fesant des enfants. »

Ce qui arriva dans le fameux concile de Nicée au sujet des prêtres mariés, mérite une grande attention. Quelques évêques, au rapport de Sozomène et de Socrate[d], proposèrent une loi qui défendît aux évêques et aux prêtres de toucher dorénavant à leurs femmes ; mais saint Paphnuce le martyr, évêque de Thèbes en

---

[a] *Épître à Tite*, ch. 1, v. 6. — [b] I *à Timothée*, ch. III, v. 2. — [c] Ch. II, v. 15. — [d] Sozom., liv. I. Socrate, liv. I.

Égypte, s'y opposa fortement, disant « que coucher « avec sa femme c'est chasteté ; » et son avis fut suivi par le concile.

Suidas, Gelase Cyzicène, Cassiodore et Nicéphore Caliste, rapportent précisément la même chose.

Le concile seulement défendit aux ecclésiastiques d'avoir chez eux des agapètes, des associées, autres que leurs propres femmes, excepté leurs mères, leurs sœurs, leurs tantes, et des vieilles hors de tout soupçon.

Depuis ce temps, le célibat fut recommandé sans être ordonné. Saint Jérôme, voué à la solitude, fut celui de tous les Pères qui fit les plus grands éloges du célibat des prêtres : cependant il prend hautement le parti de Cartérius, évêque d'Espagne, qui s'était remarié deux fois. « Si je voulais nommer, dit-il, tous « les évêques qui ont passé à de secondes noces, j'en « trouverais plus qu'il n'y eut d'évêques au concile de « Rimini[a]. » « Tantus numerus congregabitur ut Rimi- « nensis synodus superetur. »

Les exemples des clercs mariés et vivant avec leurs femmes, sont innombrables. Sydonius, évêque de Clermont en Auvergne au cinquième siècle, épousa Papianilla, fille de l'empereur Avitus ; et la maison de Polignac a prétendu en descendre. Simplicius, évêque de Bourges, eut deux enfants de sa femme Palladia.

Saint Grégoire de Nazianze était fils d'un autre Grégoire, évêque de Nazianze, et de Nonna, dont cet évêque eut trois enfants, savoir : Césarius, Gorgonia, et le saint.

On trouve dans le décret romain, au canon Ozius,

[a] Lettre LXVII à Oceanus.

une liste très longue d'évêques enfants de prêtres. Le pape Ozius lui-même était fils du sous-diacre Étienne, et le pape Boniface Ier, fils du prêtre Joconde. Le pape Félix III fut fils du prêtre Félix, et devint lui-même un des aïeux de Grégoire-le-Grand. Jean II eut pour père le prêtre Projectus, Agapet le prêtre Gordien. Le pape Silvestre était fils du pape Hormisdas. Théodore Ier naquit du mariage de Théodore, patriarche de Jérusalem ; ce qui devait réconcilier les deux Églises.

Enfin, après plus d'un concile tenu inutilement sur le célibat qui devait toujours accompagner le sacerdoce, le pape Grégoire VII excommunia tous les prêtres mariés, soit pour rendre l'Église plus respectable par une discipline plus rigoureuse, soit pour attacher plus étroitement à la cour de Rome les évêques et les prêtres des autres pays qui n'auraient d'autre famille que l'Église.

Cette loi ne s'établit pas sans de grandes contradictions.

C'est une chose très remarquable que le concile de Basle ayant déposé, du moins en paroles, le pape Eugène IV, et élu Amédée de Savoie ; plusieurs évêques ayant objecté que ce prince avait été marié, Énéas Silvius, depuis pape sous le nom de Pie II, soutint l'élection d'Amédée, par ces propres paroles : « Non « solum qui uxorem habuit, sed uxorem habens potest « assumi. » « Non seulement celui qui a été marié, mais « celui qui l'est peut être pape. »

Ce Pie II était conséquent. Lisez ses Lettres à sa maîtresse dans le recueil de ses œuvres. Il était persuadé qu'il y a de la démence à vouloir frauder la nature, qu'il faut la guider, et non chercher à l'anéantir[a].

Quoi qu'il en soit, depuis le concile de Trente il n'y a plus de dispute sur le célibat des clercs dans l'Église catholique romaine; il n'y a plus que des desirs.

Toutes les communions protestantes se sont séparées de Rome sur cet article.

Dans l'Église grecque, qui s'étend aujourd'hui des frontières de la Chine au cap de Matapan, les prêtres se marient une fois. Partout les usages varient, la discipline change selon les temps et selon les lieux. Nous ne fesons ici que raconter, et nous ne controversons jamais [1].

DES CLERCS DU SECRET,
DEVENUS DEPUIS SECRÉTAIRES D'ÉTAT ET MINISTRES.

Les clercs du secret, clercs du roi, qui sont devenus depuis secrétaires d'état en France et en Angleterre, étaient originairement notaires du roi; ensuite on les nomma *secrétaires des commandements*. C'est le savant et laborieux Pasquier qui nous l'apprend. Il était bien instruit, puisqu'il avait sous ses yeux les registres de la chambre des comptes, qui de nos jours ont été consumés par un incendie.

A la malheureuse paix du Cateau-Cambresis en 1558, un clerc de Philippe II ayant pris le titre de *secrétaire d'état*, L'Aubépine, qui était clerc secrétaire des commandements du roi de France et son notaire, prit

---

[a] Voyez les articles ONAN, ONANISME.
[1] Fin de l'article en 1771; ce qui suit fut ajouté en 1774. B.

aussi le titre de *secrétaire d'état*, afin que les dignités fussent égales, si les avantages de la paix ne l'étaient pas.

En Angleterre, avant Henri VIII, il n'y avait qu'un secrétaire du roi, qui présentait debout les mémoires et requêtes au conseil. Henri VIII en créa deux, et leur donna les mêmes titres et les mêmes prérogatives qu'en Espagne. Les grands seigneurs alors n'acceptaient pas ces places; mais avec le temps elles sont devenues si considérables, que les pairs du royaume et les généraux des armées en ont été revêtus. Ainsi tout change. Il ne reste rien en France du gouvernement de Hugues surnommé *Capet*, ni en Angleterre de l'administration de Guillaume surnommé *le Bâtard*.

CLIMAT[1].

« Hic segetes, illic veniunt felicius uvæ:
« Arborei fœtus alibi atque injussa virescunt
« Gramina. Nonne vides, croceos ut Tmolus odores,
« India mittit ebur, molles sua thura Sabæi?
« At Chalybes nudi ferrum, virosaque Pontus
« Castorea, Eliadum palmas Epirus equarum? »
  Georg, I, 54 et seq.

Il faut ici se servir de la traduction de M. l'abbé Delille, dont l'élégance en tant d'endroits est égale au mérite de la difficulté surmontée.

Ici sont des vergers qu'enrichit la culture,
Là règne un vert gazon qu'entretient la nature;
Le Tmole est parfumé d'un safran précieux;
Dans les champs de Saba l'encens croît pour les dieux;

[1] *Questions sur l'Encyclopédie*, quatrième partie, 1771. B.

L'Euxin voit le castor se jouer dans ses ondes;
Le Pont s'enorgueillit de ses mines profondes;
L'Inde produit l'ivoire; et dans ses champs guerriers
L'Épire pour l'Élide exerce ses coursiers.

Il est certain que le sol et l'atmosphère signalent leur empire sur toutes les productions de la nature, à commencer par l'homme, et à finir par les champignons.

Dans le grand siècle de Louis XIV, l'ingénieux Fontenelle a dit [1]:

« On pourrait croire que la zone torride et les deux
« glaciales ne sont pas fort propres pour les sciences.
« Jusqu'à présent elles n'ont point passé l'Égypte et la
« Mauritanie d'un côté, et de l'autre la Suède. Peut-
« être n'a-ce pas été par hasard qu'elles se sont tenues
« entre le mont Atlas et la mer Baltique. On ne sait si
« ce ne sont point là les bornes que la nature leur a
« posées, et si l'on peut espérer de voir jamais de grands
« auteurs lapons ou nègres. »

Chardin, l'un de ces voyageurs qui raisonnent et qui approfondissent, va encore plus loin que Fontenelle en parlant de la Perse [a]. « La température des climats
« chauds, dit-il, énerve l'esprit comme le corps, et
« dissipe ce feu nécessaire à l'imagination pour l'in-
« vention. On n'est pas capable dans ces climats-là de
« longues veilles, et de cette forte application qui en-
« fante les ouvrages des arts libéraux et des arts mé-
« caniques, etc. »

Chardin ne songeait pas que Sadi et Lokman étaient

---

[1] *Digression sur les anciens et les modernes.* B.
[a] Chardin, chap. vii.

persans. Il ne fesait pas attention qu'Archimède était de Sicile, où la chaleur est plus grande que dans les trois quarts de la Perse. Il oubliait que Pythagore apprit autrefois la géométrie chez les brachmanes.

L'abbé Dubos soutint et développa autant qu'il le put ce sentiment de Chardin.

Cent cinquante ans avant eux, Bodin en avait fait la base de son système, dans sa *République* et dans sa *Méthode de l'histoire* ; il dit que l'influence du climat est le principe du gouvernement des peuples et de leur religion.

Diodore de Sicile fut de ce sentiment long-temps avant Bodin.

L'auteur de l'*Esprit des lois*[1], sans citer personne, poussa cette idée encore plus loin que Dubos, Chardin et Bodin. Une certaine partie de la nation l'en crut l'inventeur, et lui en fit un crime. C'est ainsi que cette partie de la nation est faite. Il y a partout des gens qui ont plus d'enthousiasme que d'esprit.

On pourrait demander à ceux qui soutiennent que l'atmosphère fait tout, pourquoi l'empereur Julien dit dans son *Misopogon* que ce qui lui plaisait dans les Parisiens c'était la gravité de leurs caractères et la sévérité de leurs mœurs ; et pourquoi ces Parisiens, sans que le climat ait changé, sont aujourd'hui des enfants badins à qui le gouvernement donne le fouet en riant, et qui eux-mêmes rient le moment d'après, en chansonnant leurs précepteurs ?

Pourquoi les Égyptiens, qu'on nous peint encore plus graves que les Parisiens, sont aujourd'hui le

[1] Livre XIV.

peuple le plus mou, le plus frivole, et le plus lâche, après avoir, dit-on, conquis autrefois toute la terre pour leur plaisir, sous un roi nommé Sésostris?

Pourquoi, dans Athènes, n'y a-t-il plus d'Anacréon, ni d'Aristote, ni de Zeuxis?

D'où vient que Rome a pour ses Cicéron, ses Caton, et ses Tite-Live, des citoyens qui n'osent parler, et une populace de gueux abrutis, dont le suprême bonheur est d'avoir quelquefois de l'huile à bon marché, et de voir défiler des processions?

Cicéron plaisante beaucoup sur les Anglais dans ses lettres. Il prie Quintus, son frère, lieutenant de César, de lui mander s'il a trouvé de grands philosophes parmi eux dans l'expédition d'Angleterre. Il ne se doutait pas qu'un jour ce pays pût produire des mathématiciens qu'il n'aurait jamais pu entendre. Cependant le climat n'a point changé; et le ciel de Londres est tout aussi nébuleux qu'il l'était alors.

Tout change dans les corps et dans les esprits avec le temps. Peut-être un jour les Américains viendront enseigner les arts aux peuples de l'Europe.

Le climat a quelque puissance, le gouvernement cent fois plus; la religion jointe au gouvernement encore davantage.

INFLUENCE DU CLIMAT.

Le climat influe sur la religion en fait de cérémonies et d'usages. Un législateur n'aura pas eu de peine à faire baigner des Indiens dans le Gange à certains temps de la lune; c'est un grand plaisir pour eux. On l'aurait lapidé s'il eût proposé le même bain aux peuples qui habitent les bords de la Duina, vers Archangel. Défendez le porc à un Arabe, qui aurait la lèpre s'il mangeait de cette chair très mauvaise et très dégoûtante dans son pays, il vous obéira avec joie. Faites la même défense à un Vestphalien, il sera tenté de vous battre.

L'abstinence du vin est un bon précepte de religion dans l'Arabie, où les eaux d'orange, de citron, de limon, sont nécessaires à la santé. Mahomet n'aurait pas peut-être défendu le vin en Suisse, surtout avant d'aller au combat.

Il y a des usages de pure fantaisie. Pourquoi les prêtres d'Égypte imaginèrent-ils la circoncision? ce n'est pas pour la santé. Cambyse qui les traita comme ils le méritaient, eux et leur bœuf Apis, les courtisans de Cambyse, les soldats de Cambyse, n'avaient point fait rogner leurs prépuces, et se portaient fort bien. La raison du climat ne fait rien aux parties génitales d'un prêtre. On offrait son prépuce à Isis, probablement comme on présenta partout les prémices des fruits de la terre. C'était offrir les prémices du fruit de la vie.

Les religions ont toujours roulé sur deux pivots; observance et croyance : l'observance tient en grande partie au climat; la croyance n'en dépend point. On fera tout aussi bien recevoir un dogme sous l'équateur et sous le cercle polaire. Il sera ensuite également rejeté à Batavia et aux Orcades, tandis qu'il sera soutenu *unguibus et rostro* à Salamanque. Cela ne dépend point du sol et de l'atmosphère, mais uniquement de l'opinion, cette reine inconstante du monde.

Certaines libations de vin seront de précepte dans un pays de vignoble; et il ne tombera point dans l'esprit d'un législateur d'instituer en Norvége des mystères sacrés qui ne pourraient s'opérer sans vin.

Il sera expressément ordonné de brûler de l'encens dans le parvis d'un temple où l'on égorge des bêtes à l'honneur de la Divinité, et pour le souper des prêtres. Cette boucherie appelée *temple* serait un lieu d'infection abominable, si on ne le purifiait pas continuellement : et sans le secours des aromates, la religion des anciens aurait apporté la peste. On ornait même l'intérieur des temples de festons de fleurs pour rendre l'air plus doux.

On ne sacrifiera point de vache dans le pays brûlant de la presqu'île des Indes, parceque cet animal, qui nous fournit un lait nécessaire, est très rare dans une campagne aride, que sa chair y est sèche, coriace, très peu nourrissante, et que les brachmanes feraient très mauvaise chère. Au contraire, la vache deviendra sacrée, attendu sa rareté et son utilité.

On n'entrera que pieds nus dans le temple de Jupiter-Ammon, où la chaleur est excessive : il faudra être bien chaussé pour faire ses dévotions à Copenhague.

Il n'en est pas ainsi du dogme. On a cru au polythéisme dans tous les climats; et il est aussi aisé à un Tartare de Crimée qu'à un habitant de la Mecque de reconnaître un Dieu unique, incommunicable, non-engendré, et non-engendreur. C'est par le dogme encore plus que par les rites qu'une religion s'étend d'un climat à un autre. Le dogme de l'unité de Dieu passa bientôt de Médine au mont Caucase ; alors le climat cède à l'opinion.

Les Arabes dirent aux Turcs : « Nous nous fesions « circoncire en Arabie sans savoir trop pourquoi ; « c'était une ancienne mode des prêtres d'Égypte « d'offrir à Oshireth ou Osiris une petite partie de « ce qu'ils avaient de plus précieux. Nous avions « adopté cette coutume trois mille ans avant d'être « mahométans. Vous serez circoncis comme nous ; « vous serez obligés comme nous de coucher avec une « de vos femmes tous les vendredis, et de donner par « an deux et demi pour cent de votre revenu aux « pauvres. Nous ne buvons que de l'eau et du sorbet ; « toute liqueur enivrante nous est défendue ; elles « sont pernicieuses en Arabie. Vous embrasserez ce « régime, quoique vous aimiez le vin passionnément, « et que même il vous soit souvent nécessaire sur les « bords du Phase et de l'Araxe. Enfin, si vous voulez « aller au ciel, et y être bien placés, vous prendrez « le chemin de la Mecque. »

Les habitants du nord du Caucase se soumettent à ces lois, et embrassent dans toute son étendue une religion qui n'était pas faite pour eux.

En Égypte, le culte emblématique des animaux succéda aux dogmes de Thaut. Les dieux des Romains partagèrent ensuite l'Égypte avec les chiens, les chats et les crocodiles. A la religion romaine succéda le christianisme ; il fut entièrement chassé par le mahométisme, qui cédera peut-être la place à une religion nouvelle.

Dans toutes ces vicissitudes le climat n'est entré

pour rien : le gouvernement a tout fait. Nous ne considérons ici que les causes secondes, sans lever des yeux profanes vers la Providence qui les dirige. La religion chrétienne, née dans la Syrie, ayant reçu ses principaux accroissements dans Alexandrie, habite aujourd'hui les pays où Teutate, Irminsul, Frida, Odin, étaient adorés.

Il y a des peuples dont ni le climat ni le gouvernement n'ont fait la religion. Quelle cause a détaché le nord de l'Allemagne, le Danemarck, les trois quarts de la Suisse, la Hollande, l'Angleterre, l'Écosse, l'Irlande, de la communion romaine?.... la pauvreté. On vendait trop cher les indulgences et la délivrance du purgatoire à des ames dont les corps avaient alors très peu d'argent. Les prélats, les moines, engloutissaient tout le revenu d'une province. On prit une religion à meilleur marché. Enfin, après vingt guerres civiles, on a cru que la religion du pape était fort bonne pour les grands seigneurs, et la réformée pour les citoyens. Le temps fera voir qui doit l'emporter vers la mer Égée et le Pont-Euxin, de la religion grecque, ou de la religion turque.

CLOU[1].

Nous ne nous arrêterons pas à remarquer la barbarie agreste qui fit clou de *clavus*, et Cloud de *Clodoaldus*, et *clou* de girofle, quoique le girofle ressemble fort mal à un clou, et *clou*, maladie de l'œil, et *clou*, tumeur de la peau, etc. Ces expressions

---

[1] *Questions sur l'Encyclopédie*, quatrième partie, 1771. B.

viennent de la négligence, et de la stérilité de l'imagination; c'est la honte d'un langage.

Nous demandons seulement ici aux réviseurs de livres la permission de transcrire ce que le missionnaire Labat, dominicain, provéditeur du saint-office, a écrit sur les clous de la croix, à laquelle il est plus que probable que jamais aucun clou ne fut attaché.

« [a] Le religieux italien qui nous conduisait eut as-
« sez de crédit pour nous faire voir entre autres un des
« clous dont notre Seigneur fut attaché à la croix. Il
« me parut bien différent de celui que les bénédictins
« font voir à Saint-Denys. Peut-être que celui de Saint-
« Denys avait servi pour les pieds, et qu'il devait être
« plus grand que celui des mains. Il fallait pourtant
« que ceux des mains fussent assez grands et assez
« forts pour soutenir tout le poids du corps. Mais il
« faut que les Juifs aient employé plus de quatre
« clous, ou que quelques uns de ceux qu'on expose à
« la vénération des fidèles ne soient pas bien authen-
« tiques; car l'histoire rapporte que sainte Hélène en
« jeta un dans la mer pour apaiser une tempête fu-
« rieuse qui agitait son vaisseau. Constantin se servit
« d'un autre pour faire le mors de la bride de son
« cheval. On en montre un tout entier à Saint-Denys
« en France, et un autre aussi tout entier à Sainte-
« Croix de Jérusalem à Rome. Un auteur romain de
« notre siècle, très célèbre, assure que la couronne
« de fer dont on couronne les empereurs en Italie,
« est faite d'un de ces clous. On voit à Rome et à

---

[a] *Voyages du jacobin Labat*, tome VIII, pages 34 et 35.

« Carpentras deux mors de bride aussi faits de ces
« clous, et on en fait voir encore en d'autres endroits.
« Il est vrai qu'on a la discrétion de dire de quelques
« uns, tantôt que c'est la pointe, et tantôt que c'est
« la tête. »

Le missionnaire parle sur le même ton de toutes les reliques. Il dit au même endroit que lorsqu'on apporta de Jérusalem à Rome le corps du premier diacre saint Étienne, et qu'on le mit dans le tombeau du diacre saint Laurent, en 557, « saint Laurent se retira de lui-
« même pour donner la droite à son hôte; action qui
« lui acquit le surnom de civil Espagnol[a]. »

Ne fesons sur ces passages qu'une réflexion, c'est que si quelque philosophe s'était expliqué dans l'*En-*

---

[a] Ce même missionnaire Labat, frère prêcheur, providéteur du saint-office, qui ne manque pas une occasion de tomber rudement sur les reliques et sur les miracles des autres moines, ne parle qu'avec une noble assurance de tous les prodiges et de toutes les prééminences de l'ordre de saint Dominique. Nul écrivain monastique n'a jamais poussé si loin la vigueur de l'amour-propre conventuel. Il faut voir comme il traite les bénédictins et le P. Martène. « *Ingrats bénédictins!... Ah P. Martène!...* noire ingratitude, « que toute l'eau du déluge ne peut effacer!... vous enchérissez sur les *Lettres provinciales,* et vous retenez le bien des jacobins! Tremblez, révérends bénédictins de la congrégation de Saint-Vannes... Si P. Martène n'est pas content, il n'a qu'à parler. »

C'est bien pis quand il punit le très judicieux et très plaisant voyageur Misson, de n'avoir pas excepté les jacobins de tous les moines auxquels il accorde beaucoup de ridicule. Labat traite Misson de *bouffon ignorant qui ne peut être lu que de la canaille anglaise.* Et ce qu'il y a de mieux, c'est que ce moine fait tous ses efforts pour être plus hardi et plus drôle que Misson. Au surplus, c'était un des plus effrontés convertisseurs que nous eussions; mais en qualité de voyageur il ressemble à tous les autres, qui croient que tout l'univers a les yeux ouverts sur tous les cabarets où ils ont couché, et sur leurs querelles avec les commis de la douane.

* *Voyages de Labat* (en Espagne et en Italie), tome V, depuis la page 303 jusqu'à la page 313. — Cette citation est de Voltaire. B.

cyclopédie comme le missionnaire dominicain Labat, une foule de Pâtouillets et de Nonottes, de Chiniacs, de Chaumeix, et d'autres polissons, auraient crié au déiste, à l'athée, au géomètre.

> Selon ce que l'on peut être
> Les choses changent de nom.
> AMPHITRYON, *Prologue.*

COHÉRENCE, COHÉSION, ADHÉSION[1].

Force par laquelle les parties des corps tiennent ensemble. C'est le phénomène le plus commun et le plus inconnu. Newton se moque des atomes crochus par lesquels on a voulu expliquer la *cohérence;* car il resterait à savoir pourquoi ils sont crochus, et pourquoi ils cohèrent.

Il ne traite pas mieux ceux qui ont expliqué la *cohésion* par le repos : « C'est, dit-il, une qualité occulte. »

Il a recours à une attraction; mais cette attraction qui peut exister, et qui n'est point du tout démontrée, n'est-elle pas une qualité occulte? La grande attraction des globes célestes est démontrée et calculée. Celle des corps adhérents est incalculable : or, comment admettre une force immensurable qui serait de la même nature que celle qu'on mesure?

Néanmoins, il est démontré que la force d'attraction agit sur toutes les planètes et sur tous les corps graves, proportionnellement à leur solidité; donc elle agit sur toutes les particules de la matière; donc il est très vraisemblable qu'en résidant dans chaque

---

[1] *Questions sur l'Encyclopédie,* quatrième partie, 1771. B.

partie par rapport au tout, elle réside aussi dans chaque partie par rapport à la continuité ; donc la cohérence peut être l'effet de l'attraction.

Cette opinion paraît admissible jusqu'à ce qu'on trouve mieux ; et le mieux n'est pas facile à rencontrer.

COLIMAÇONS[1]. — COMMERCE[2].

CONCILES[3].

SECTION PREMIÈRE.

Assemblée d'ecclésiastiques convoquée pour résoudre des doutes ou des questions sur les points de foi ou de discipline.

L'usage des conciles n'était pas inconnu aux sectateurs de l'ancienne religion de Zerdusht que nous appelons Zoroastre[a]. Vers l'an 200 de notre ère vulgaire, le roi de Perse Ardeshir-Babecan assembla quarante mille prêtres pour les consulter sur des doutes qu'il avait touchant le paradis et l'enfer qu'ils nomment la

---

[1] L'article que les *Questions sur l'Encyclopédie* comprenaient sous ce titre avait deux sections : la première se composait de la première *Lettre du R. P. Lescarbotier* (voyez *Mélanges*, année 1768) ; la seconde, d'un fragment de la *Dissertation d'un physicien de Saint-Flour*, fesant partie de la troisième *Lettre du R. P.*, et d'un fragment de la *Réflexion de l'éditeur.* B.

[2] Cet article, que les éditeurs de Kehl n'ont donné que dans leur *errata*, se composait de la dixième des *Lettres philosophiques* (*Mélanges*, année 1734). B.

[3] Comme le fond de ces trois sections de l'article CONCILES est absolument le même, nous croyons devoir répéter ici que les différentes sections qui composent chaque article, tirées presque toujours d'ouvrages publiés séparément, doivent renfermer quelques répétitions ; mais comme le ton de chaque article, les réflexions, ou la manière de les présenter, diffèrent presque toujours, nous avons conservé ces articles dans leur entier. K.

[a] Hyde, *Religion des Persans*, chap. XXI.

géhenne, terme que les Juifs adoptèrent pendant leur captivité de Babylone, ainsi que les noms des anges et des mois. Le plus célèbre des mages Erdaviraph ayant bu trois verres d'un vin soporifique, eut une extase qui dura sept jours et sept nuits, pendant laquelle son ame fut transportée vers Dieu. Revenu de ce ravissement, il raffermit la foi du roi en racontant le grand nombre de merveilles qu'il avait vues dans l'autre monde, et en les fesant mettre par écrit.

On sait que Jésus fut appelé Christ, mot grec qui signifie *oint*, et sa doctrine *christianisme*, ou bien évangile, c'est-à-dire bonne nouvelle, parcequ'un jour[a] de sabbat, étant entré, selon sa coutume, dans la synagogue de Nazareth, où il avait été élevé, il se fit à lui-même l'application de ce passage d'Isaïe[b] qu'il venait de lire : « L'esprit du Seigneur est sur « moi, c'est pourquoi il m'a rempli de son onction, « et m'a envoyé prêcher l'Évangile aux pauvres. » Il est vrai que tous ceux de la synagogue le chassèrent hors de leur ville, et le conduisirent jusqu'à la pointe de la montagne sur laquelle elle était bâtie, pour le précipiter[c], et ses proches vinrent pour se saisir de lui : car ils disaient et on leur disait qu'il avait perdu l'esprit. Or il n'est pas moins certain que Jésus déclara constamment[d] qu'il n'était pas venu détruire la loi ou les prophètes, mais les accomplir.

Cependant comme il ne laissa rien par écrit[e], ses premiers disciples furent partagés sur la fameuse

---

[a] Luc, chap. IV, v. 16. — [b] Isaïe, ch. LXI, v. 1; Luc, ch. IV, v. 18. — [c] Marc, ch. III, v. 21. — [d] Matthieu, ch. V, v. 17. — [e] Saint Jérôme, sur le chapitre XLIV, v. 29 d'Ézéchiel.

question s'il fallait circoncire les gentils, et leur ordonner de garder la loi mosaïque[a]. Les apôtres et les prêtres s'assemblèrent donc à Jérusalem pour examiner cette affaire ; et après en avoir beaucoup conféré, ils écrivirent aux frères d'entre les gentils qui étaient à Antioche, en Syrie et en Cilicie, une lettre dont voici le précis : « Il a semblé bon au Saint-Esprit et à « nous de ne vous point imposer d'autre charge que « celles-ci qui sont nécessaires : savoir, de vous absté« nir des viandes immolées aux idoles, et du sang, et « de la chair étouffée, et de la fornication. »

La décision de ce concile n'empêcha pas que[b] Pierre étant à Antioche ne discontinua de manger avec les gentils que lorsque plusieurs circoncis qui venaient d'auprès de Jacques furent arrivés. Mais Paul voyant qu'il ne marchait pas droit selon la vérité de l'Évangile, lui résista en face, et lui dit devant tout le monde[1] : Si vous, qui êtes Juif, vivez comme les gentils, et non pas comme les Juifs, pourquoi contraignez-vous les gentils à judaïser? Pierre en effet vivait comme les gentils depuis que, dans un ravissement d'esprit[c], il avait vu le ciel ouvert, et comme une grande nappe qui descendait par les quatre coins du ciel en terre, dans laquelle il y avait de toutes sortes d'animaux terrestres à quatre pieds, de reptiles et d'oiseaux du ciel ; et qu'il avait ouï une voix qui lui avait dit : Levez-vous, Pierre, tuez et mangez.

---

[a] *Actes,* ch. xv, v. 5. — [b] Galat., ch. ii, v. 11-12.
[1] Galat., ch. ii, v. 14. B.
[c] *Actes,* ch. x, v. 10-13.

Paul, qui reprenait si hautement Pierre d'user de cette dissimulation pour faire croire qu'il observait encore la loi, se servit lui-même à Jérusalem d'une feinte semblable[a]. Se voyant accusé d'enseigner aux Juifs qui étaient parmi les gentils à renoncer à Moïse, il s'alla purifier dans le temple pendant sept jours, afin que tous sussent que ce qu'ils avaient ouï dire de lui était faux, mais qu'il continuait à garder la loi; et cela par le conseil de tous les prêtres assemblés chez Jacques, et ces prêtres étaient les mêmes qui avaient décidé avec le Saint-Esprit que ces observances légales n'étaient pas nécessaires.

On distingua depuis les conciles en particuliers et en généraux. Les particuliers sont de trois sortes : les nationaux convoqués par le prince, par le patriarche ou par le primat; les provinciaux assemblés par le métropolitain ou l'archevêque; et les diocésains ou synodes célébrés par chaque évêque. Le décret suivant est tiré d'un de ces conciles tenus à Mâcon. « Tout « laïque qui rencontrera en chemin un prêtre ou un « diacre, lui présentera le cou pour s'appuyer; si le « laïque et le prêtre sont tous deux à cheval, le laïque « s'arrêtera et saluera révéremment le prêtre; enfin si « le prêtre est à pied, et le laïque à cheval, le laïque « descendra et ne remontera que lorsque l'ecclésias- « tique sera à une certaine distance. Le tout sous peine « d'être interdit pendant aussi long-temps qu'il plaira « au métropolitain. »

La liste des conciles tient plus de seize pages in-

---

[a] *Actes*, ch. XXI, v. 23.

folio dans le *Dictionnaire de Moréri* ; les auteurs ne convenant pas d'ailleurs du nombre des conciles généraux, bornons-nous ici au résultat des huit premiers qui furent assemblés par ordre des empereurs.

Deux prêtres d'Alexandrie ayant voulu savoir si Jésus était Dieu ou créature, ce ne fut pas seulement les évêques et les prêtres qui disputèrent, les peuples entiers furent divisés; le désordre vint à un tel point que les païens sur leurs théâtres tournaient en raillerie le christianisme. L'empereur Constantin commença par écrire en ces termes à l'évêque Alexander et au prêtre Arius, auteurs de la division : « Ces « questions qui ne sont point nécessaires, et qui ne « viennent que d'une oisiveté inutile, peuvent être « faites pour exercer l'esprit; mais elles ne doivent « pas être portées aux oreilles du peuple. Étant divisés « pour un si petit sujet, il n'est pas juste que vous « gouverniez selon vos pensées une si grande mul- « titude du peuple de Dieu. Cette conduite est basse et « puérile, indigne de prêtres et d'hommes sensés. Je « ne le dis pas pour vous contraindre à vous accorder « entièrement sur cette question frivole, quelle qu'elle « soit. Vous pouvez conserver l'unité avec un diffé- « rent particulier, pourvu que ces diverses opinions « et ces subtilités demeurent secrètes dans le fond de « la pensée. »

L'empereur ayant appris le peu d'effet de sa lettre, résolut, par le conseil des évêques, de convoquer un concile œcuménique, c'est-à-dire de toute la terre habitable, et choisit, pour le lieu de l'assemblée, la ville de Nicée en Bithynie. Il s'y trouva deux mille quarante-huit évêques, qui tous, au rapport d'Eutychius[a], furent de sentiments et d'avis différents[b]. Ce prince ayant eu la patience de les entendre disputer sur cette matière, fut très surpris de trouver parmi eux si peu d'unanimité; et l'auteur de la préface arabe de ce concile dit que les actes de ces disputes formaient quarante volumes.

Ce nombre prodigieux d'évêques ne paraîtra pas incroyable, si l'on fait attention à ce que rapporte Usser cité par Selden[c], que saint Patrice, qui vivait dans le cinquième siècle, fonda 365 églises, et ordonna un pareil nombre d'évêques, ce qui prouve qu'alors chaque église avait son évêque, c'est-à-dire son surveillant. Il est vrai que par le canon XIII du concile d'Ancyre, on voit que les évêques des villes firent leur possible pour ôter les ordinations aux évêques de village, et les réduire à la condition de simples prêtres.

On lut dans le concile de Nicée une lettre d'Eusèbe de Nicomédie, qui contenait l'hérésie manifestement, et découvrait la cabale du parti d'Arius. Il y disait, entre autres choses, que si l'on reconnaissait Jésus fils de Dieu incréé, il faudrait aussi le reconnaître consubstantiel au père. Voilà pourquoi Athanase, diacre d'Alexandrie, persuada aux Pères de s'arrêter au mot de consubstantiel, qui avait été rejeté comme impropre par le concile d'Antioche, tenu contre Paul de Samosate; mais c'est qu'il le prenait d'une manière grossière, et marquant de la division, comme on dit que plusieurs pièces de monnaie sont d'un

---

[a] *Annales d'Alexandrie*, page 440. — [b] Selden, *des Origines d'Alexandrie*, page 76. — [c] Page 86.

même métal; au lieu que les orthodoxes expliquèrent si bien le terme de consubstantiel, que l'empereur lui-même comprit qu'il n'enfermait aucune idée corporelle, qu'il ne signifiait aucune division de la substance du père absolument immatérielle et spirituelle, et qu'il fallait l'entendre d'une manière divine et ineffable. Ils montrèrent encore l'injustice des ariens de rejeter ce mot, sous prétexte qu'il n'est pas dans l'Écriture, eux qui employaient tant de mots qui n'y sont point, en disant que le fils de Dieu était tiré du néant, et n'avait pas toujours été.

Alors Constantin écrivit en même temps deux lettres pour publier les ordonnances du concile, et les faire connaître à ceux qui n'y avaient pas assisté. La première, adressée aux Églises en général, dit en beaucoup de paroles que la question de la foi a été examinée, et si bien éclaircie qu'il n'y est resté aucune difficulté. Dans la seconde, il dit entre autres à l'Église d'Alexandrie en particulier : Ce que trois cents évêques ont ordonné n'est autre chose que la sentence du fils unique de Dieu; le Saint-Esprit a déclaré la volonté de Dieu par ces grands hommes qu'il inspirait : donc que personne ne doute, que personne ne diffère; mais revenez tous de bon cœur dans le chemin de la vérité.

Les écrivains ecclésiastiques ne sont pas d'accord sur le nombre des évêques qui souscrivirent à ce concile. Eusèbe n'en compte que deux cent cinquante[1];

---

[1] Le reste des 2048 n'eut point apparemment le temps de rester jusqu'à la fin du concile, ou peut-être ce nombre se doit-il entendre de ceux qui furent convoqués, et non de ceux qui purent se rendre à Nicée. K.

Eustathe d'Antioche, cité par Théodoret, deux cent soixante et dix; saint Athanase, dans son Épître aux solitaires, trois cents, comme Constantin; mais dans sa lettre aux Africains, il parle de trois cent dix-huit. Ces quatre auteurs sont cependant témoins oculaires, et très dignes de foi.

Ce nombre de trois cent dix-huit, que le pape[a] saint Léon appelle mystérieux, a été adopté par la plupart des Pères de l'Église. Saint Ambroise assure[b] que le nombre de trois cent dix-huit évêques fut une preuve de la présence du Seigneur Jésus dans son concile de Nicée, parceque la croix désigne trois cents, et le nom de Jésus dix-huit. Saint Hilaire, en défendant le mot de consubstantiel approuvé dans le concile de Nicée quoique condamné cinquante-cinq ans auparavant dans le concile d'Antioche, raisonne ainsi[c] : Quatre-vingts évêques ont rejeté le mot de consubstantiel, mais trois cent dix-huit l'ont reçu. Or, ce dernier nombre est pour moi un nombre saint, parceque c'est celui des hommes qui accompagnèrent Abraham, lorsque victorieux des rois impies il fut béni par celui qui est la figure du sacerdoce éternel. Enfin Selden[d] rapporte que Dorothée, métropolitain de Monembase, disait qu'il y avait eu précisément trois cent dix-huit Pères à ce concile, parcequ'il s'était écoulé trois cent dix-huit ans depuis l'incarnation. Tous les chronologistes placent ce concile à l'an 325 de l'ère vulgaire, mais Dorothée en retranche sept ans pour faire cadrer sa comparaison; ce n'est là qu'une bagatelle:

---

[a] Lettre cxxxii. — [b] L. I, ch. ix, *de la Foi*. — [c] Page 393 du *Synode*. — [d] Page 80.

d'ailleurs on ne commença à compter les années depuis l'incarnation de Jésus qu'au concile de Lestines, l'an 743. Denys-le-Petit avait imaginé cette époque dans son cycle solaire de l'an 526, et Bède l'avait employée dans son *Histoire ecclésiastique*.

Au reste on ne sera point étonné que Constantin ait adopté le sentiment de ces trois cents ou trois cent dix-huit évêques qui tenaient pour la divinité de Jésus, si l'on fait attention qu'Eusèbe de Nicomédie, un des principaux chefs du parti arien, avait été complice de la cruauté de Licinius, dans les massacres des évêques et dans la persécution des chrétiens. C'est l'empereur lui-même qui l'en accuse dans la lettre particulière qu'il écrivit à l'Église de Nicomédie. «Il a, dit-il, en-
« voyé contre moi des espions pendant les troubles,
« et il ne lui manquait que de prendre les armes pour
« le tyran. J'en ai des preuves par les prêtres et les
« diacres de sa suite que j'ai pris. Pendant le concile
« de Nicée, avec quel empressement et quelle impu-
« dence a-t-il soutenu, contre le témoignage de sa
« conscience, l'erreur convaincue de tous côtés, tantôt
« en implorant ma protection, de peur qu'étant con-
« vaincu d'un si grand crime, il ne fût privé de sa di-
« gnité! Il m'a circonvenu et surpris honteusement,
« et a fait passer toutes choses comme il a voulu. En-
« core depuis peu, voyez ce qu'il a fait avec Théognis.»

Constantin veut parler de la fraude dont Eusèbe de Nicomédie et Théognis de Nicée usèrent en souscrivant. Dans le mot *omousios* ils insérèrent un *iota* qui fesait *omoiousios*, c'est-à-dire semblable en substance, au lieu que le premier signifie de même substance. On voit par là que ces évêques cédèrent à la crainte d'être déposés et bannis; car l'empereur avait menacé d'exil ceux qui ne voudraient pas souscrire. Aussi l'autre Eusèbe, évêque de Césarée, approuva le mot de consubstantiel, après l'avoir combattu le jour précédent.

Cependant Théonas de Marmarique et Second de Ptolémaïque demeurèrent opiniâtrément attachés à Arius; et le concile les ayant condamnés avec lui, Constantin les exila, et déclara, par un édit, qu'on punirait de mort quiconque serait convaincu d'avoir caché quelque écrit d'Arius, au lieu de le brûler. Trois mois après, Eusèbe de Nicomédie et Théognis furent aussi envoyés en exil dans les Gaules. On dit qu'ayant gagné celui qui gardait les actes du concile par ordre de l'empereur, ils avaient effacé leurs souscriptions, et s'étaient mis à enseigner publiquement qu'il ne faut pas croire que le Fils soit consubstantiel au Père.

Heureusement, pour remplacer leurs signatures et conserver le nombre mystérieux de trois cent dix-huit, on imagina de mettre le livre où étaient ces actes divisés par sessions, sur le tombeau de Chrysante et de Misonius, qui étaient morts pendant la tenue du concile; on y passa la nuit en oraison, et le lendemain il se trouva que ces deux évêques avaient signé [a].

Ce fut par un expédient à peu près semblable que les Pères du même concile firent la distinction des livres authentiques de l'Écriture d'avec les apocry-

---

[a] Nicéphore, liv. VIII, ch. XXIII. *Baronius* et *Aurelius Peruginus* sur l'année 325.

phes[a] : les ayant placés tous pêle-mêle sur l'autel, les apocryphes tombèrent d'eux-mêmes par terre.

Deux autres conciles assemblés l'an 359, par l'empereur Constance, l'un de plus de quatre cents évêques à Rimini, et l'autre de plus de cent cinquante à Séleucie, rejetèrent après de longs débats le mot *consubstantiel*, déjà condamné par un concile d'Antioche, comme nous l'avons dit [1]; mais ces conciles ne sont reconnus que par les sociniens.

Les Pères de Nicée avaient été si occupés de la consubstantialité du Fils, que sans faire aucune mention de l'Église dans leur symbole, ils s'étaient contentés de dire : Nous croyons aussi au Saint-Esprit. Cet oubli fut réparé au second concile général convoqué à Constantinople, l'an 381, par Théodose. Le Saint-Esprit y fut déclaré Seigneur et vivifiant, qui procède du Père, qui est adoré et glorifié avec le Père et le Fils, qui a parlé par les prophètes. Dans la suite l'Église latine voulut que le Saint-Esprit procédât encore du Fils, et le *filioque* fut ajouté au symbole, d'abord en Espagne, l'an 447, puis en France au concile de Lyon, l'an 1274, et enfin à Rome, malgré les plaintes des Grecs contre cette innovation.

La divinité de Jésus une fois établie, il était naturel de donner à sa mère le titre de mère de Dieu : cependant le patriarche de Constantinople Nestorius soutint, dans ses sermons, que ce serait justifier la folie des païens, qui donnaient des mères à leurs dieux. Théodose-le-Jeune, pour décider cette grande

[a] *Conciles de Labbe*, tome I, page 84.
[1] Page 129, ligne 25. B.

question, fit assembler le troisième concile général à Éphèse, l'an 431, où Marie fut reconnue mère de Dieu.

Une autre hérésie de Nestorius, également condamnée à Éphèse, était de reconnaître deux personnes en Jésus. Cela n'empêcha pas le patriarche Flavien de reconnaître dans la suite deux natures en Jésus. Un moine nommé Eutichès, qui avait déjà beaucoup crié contre Nestorius, assura, pour mieux les contredire l'un et l'autre, que Jésus n'avait aussi qu'une nature. Cette fois-ci le moine se trompa. Quoique son sentiment eût été soutenu l'an 449, à coups de bâton, dans un nombreux concile à Éphèse, Eutichès n'en fut pas moins anathématisé deux ans après par le quatrième concile général que l'empereur Marcien fit tenir à Chalcédoine, où deux natures furent assignées à Jésus.

Restait à savoir combien, avec une personne et deux natures, Jésus devait avoir de volontés. Le cinquième concile général, qui, l'an 553, assoupit, par ordre de Justinien, les contestations touchant la doctrine de trois évêques, n'eut pas le loisir d'entamer cet important objet. Ce ne fut que l'an 680 que le sixième concile général, convoqué aussi à Constantinople par Constantin Pogonat, nous apprit que Jésus a précisément deux volontés; et ce concile, en condamnant les monothélites qui n'en admettaient qu'une, n'excepta pas de l'anathème le pape Honorius Ier qui, dans une lettre rapportée par Baronius[a], avait dit au patriarche de Constantinople : « Nous confessons une

[a] Sur l'année 636.

« seule volonté dans Jésus-Christ. Nous ne voyons
« point que les conciles ni l'Écriture nous autorisent
« à penser autrement ; mais de savoir si, à cause des
« œuvres de divinité et d'humanité qui sont en lui, on
« doit entendre une ou deux opérations, c'est ce que je
« laisse aux grammairiens, et ce qui n'importe guère. »
Ainsi Dieu permit que l'Église grecque et l'Église latine
n'eussent rien à se reprocher à cet égard. Comme le
patriarche Nestorius avait été condamné pour avoir
reconnu deux personnes en Jésus, le pape Honorius
le fut à son tour pour n'avoir confessé qu'une volonté
dans Jésus.

Le septième concile général, ou second de Nicée,
fut assemblé, l'an 787, par Constantin [1], fils de Léon
et d'Irène, pour rétablir l'adoration des images. Il faut
savoir que deux conciles de Constantinople, le premier l'an 730, sous l'empereur Léon, et l'autre vingt-quatre ans après, sous Constantin Copronyme, s'étaient avisés de proscrire les images, conformément
à la loi mosaïque et à l'usage des premiers siècles du
christianisme. Aussi le décret de Nicée où il est dit que
quiconque ne rendra pas aux images des saints le service, l'adoration, comme à la Trinité, sera jugé anathème, éprouva d'abord des contradictions ; les évêques qui voulurent le faire recevoir l'an 789, dans un
concile de Constantinople, en furent chassés par des
soldats. Le même décret fut encore rejeté avec mépris,
l'an 794, par le concile de Francfort et par les livres
carolins que Charlemagne fit publier. Mais enfin le
second concile de Nicée fut confirmé à Constantinople

[1] Voyez ci-après, page 142. B.

sous l'empereur Michel et Théodora sa mère, l'an 842, par un nombreux concile qui anathématisa les ennemis des saintes images. Il est remarquable que ce furent deux femmes, les impératrices Irène et Théodora, qui protégèrent les images.

Passons au huitième concile général. Sous l'empereur Basile, Photius, ordonné à la place d'Ignace patriarche de Constantinople, fit condamner l'Église latine sur le *filioque*, et autres pratiques, par un concile de l'an 866; mais Ignace ayant été rappelé l'année suivante (le 23 novembre), un autre concile déposa Photius; et l'an 869 les Latins à leur tour condamnèrent l'Église grecque dans un concile appelé par eux huitième général, tandis que les Orientaux donnent ce nom à un autre concile, qui dix ans après annula ce qu'avait fait le précédent, et rétablit Photius.

Ces quatre conciles se tinrent à Constantinople; les autres appelés généraux par les Latins, n'ayant été composés que des seuls évêques d'Occident, les papes, à la faveur des fausses décrétales, s'arrogèrent insensiblement le droit de les convoquer. Le dernier, assemblé à Trente depuis l'an 1545 jusqu'en 1563, n'a servi ni à ramener les ennemis de la papauté, ni à les subjuguer. Ses décrets sur la discipline n'ont été admis chez presque aucune nation catholique, et il n'a produit d'autre effet que de vérifier ces paroles de saint Grégoire de Nazianze[a] : « Je n'ai jamais vu de concile « qui ait eu une bonne fin et qui n'ait augmenté les « maux plutôt que de les guérir. L'amour de la dispute

---

[a] Lettre LV.

« et l'ambition règnent au-delà de ce qu'on peut dire « dans toute assemblée d'évêques. »

Cependant le concile de Constance, l'an 1415, ayant décidé qu'un concile général reçoit immédiatement de Jésus-Christ son autorité, à laquelle toute personne, de quelque état et dignité qu'elle soit, est obligée d'obéir dans ce qui concerne la foi; le concile de Basle ayant ensuite confirmé ce décret qu'il tient pour article de foi, et qu'on ne peut négliger sans renoncer au salut, on sent combien chacun est intéressé à se soumettre aux conciles.

SECTION II[1].

Notice des conciles généraux.

Assemblée, conseil d'état, parlement, états-généraux, c'était autrefois la même chose parmi nous. On n'écrivait ni en celte, ni en germain, ni en espagnol, dans nos premiers siècles. Le peu qu'on écrivait était conçu en langue latine par quelques clercs; ils exprimaient toute assemblée de leudes, de herren, ou de ricos-hombres, ou de quelques prélats, par le mot de *concilium*. De là vient qu'on trouve, dans les sixième, septième et huitième siècles, tant de conciles qui n'étaient précisément que des conseils d'état.

Nous ne parlerons ici que des grands conciles appelés *généraux* soit par l'Église grecque, soit par l'Église latine; on les nomma *synodes* à Rome comme en Orient dans les premiers siècles; car les Latins empruntèrent des Grecs les noms et les choses.

---

[1] Cette section composait tout l'article dans les *Questions sur l'Encyclopédie*, quatrième partie, 1771. B.

En 325, grand concile dans la ville de Nicée, convoqué par Constantin. La formule de la décision est : « Nous croyons Jésus consubstantiel au Père, Dieu « de Dieu, lumière de lumière, engendré et non fait. « Nous croyons aussi au Saint-Esprit[a]. »

Il est dit dans le supplément appelé *appendix*, que les Pères du concile voulant distinguer les livres canoniques des apocryphes, les mirent tous sur l'autel, et que les apocryphes tombèrent par terre d'eux-mêmes.

Nicéphore assure[b] que deux évêques, Chrysante et Misonius, morts pendant les premières sessions, ressuscitèrent pour signer la condamnation d'Arius, et remoururent incontinent après.

Baronius soutient le fait[c], mais Fleury n'en parle pas.

En 359, l'empereur Constance assemble le grand concile de Rimini et de Séleucie, au nombre de six cents évêques, et d'un nombre prodigieux de prêtres. Ces deux conciles, correspondant ensemble, défont tout ce que le concile de Nicée a fait, et proscrivent la consubstantialité. Aussi fut-il regardé depuis comme faux concile.

En 381, par les ordres de l'empereur Théodose, grand concile à Constantinople, de cent cinquante évêques, qui anathématisent le concile de Rimini. Saint Grégoire de Nazianze[d] y préside; l'évêque de

---

[a] Voyez l'article ARIANISME.

[b] L. VIII, ch. xxiii. — [c] Tome IV, n° 82.

[d] Voyez la lettre de saint Grégoire de Nazianze à Procope; il dit : « Je « crains les conciles, je n'en ai jamais vu qui n'aient fait plus de mal que de « bien, et qui aient eu une bonne fin; l'esprit de dispute, la vanité, l'ambi-

Rome y envoie des députés. On ajoute au symbole de Nicée : « Jésus-Christ s'est incarné par le Saint-Esprit « et de la Vierge Marie. — Il a été crucifié pour nous « sous Ponce Pilate. — Il a été enseveli, et il est res-« suscité le troisième jour, suivant les Écritures. — Il « est assis à la droite du Père. — Nous croyons aussi « au Saint-Esprit, seigneur vivifiant qui procède du « Père. »

En 431, grand concile d'Éphèse, convoqué par l'empereur Théodose II. Nestorius, évêque de Constantinople, ayant persécuté violemment tous ceux qui n'étaient pas de son opinion sur des points de théologie, essuya des persécutions à son tour, pour avoir soutenu que la sainte Vierge Marie, mère de Jésus-Christ, n'était point mère de Dieu, parceque, disait-il, Jésus-Christ étant le verbe fils de Dieu consubstantiel à son père, Marie ne pouvait pas être à-la-fois la mère de Dieu le père et de Dieu le fils. Saint Cyrille s'éleva hautement contre lui. Nestorius demanda un concile œcuménique; il l'obtint. Nestorius fut condamné; mais Cyrille fut déposé par un comité du concile. L'empereur cassa tout ce qui s'était fait dans ce concile, ensuite permit qu'on se rassemblât. Les députés de Rome arrivèrent fort tard. Les troubles augmentant, l'empereur fit arrêter Nestorius et Cyrille. Enfin, il ordonna à tous les évêques de s'en retourner chacun dans son église, et il n'y eut point de conclusion. Tel fut le fameux concile d'Éphèse.

« tion, y dominent; celui qui veut y réformer les méchants s'expose à être « accusé sans les corriger. »

Ce saint savait que les Pères des conciles sont hommes.

En 449, grand concile encore à Éphèse, surnommé depuis *le brigandage*. Les évêques furent au nombre de cent trente. Dioscore, évêque d'Alexandrie, y présida. Il y eut deux députés de l'Église de Rome, et plusieurs abbés de moines. Il s'agissait de savoir si Jésus-Christ avait deux natures. Les évêques et tous les moines d'Égypte s'écrièrent qu'*il fallait déchirer en deux tous ceux qui diviseraient en deux Jésus-Christ*. Les deux natures furent anathématisées. On se battit en plein concile, ainsi qu'on s'était battu au petit concile de Cirthe, en 355, et au petit concile de Carthage.

En 451, grand concile de Chalcédoine convoqué par Pulchérie, qui épousa Marcien, à condition qu'il ne serait que son premier sujet. Saint Léon, évêque de Rome, qui avait un très grand crédit, profitant des troubles que la querelle des deux natures excitait dans l'empire, présida au concile par ses légats ; c'est le premier exemple que nous en ayons. Mais les Pères du concile craignant que l'Église d'Occident ne prétendît par cet exemple la supériorité sur celle d'Orient, décidèrent par le vingt-huitième canon que le siége de Constantinople et celui de Rome auraient également les mêmes avantages et les mêmes priviléges. Ce fut l'origine de la longue inimitié qui régna et qui règne encore entre les deux Églises.

Ce concile de Chalcédoine établit les deux natures et une seule personne.

Nicéphore rapporte [a] qu'à ce même concile, les évêques, après une longue dispute au sujet des images,

---

[a] Liv. XV, ch. v.

mirent chacun leur opinion par écrit dans le tombeau de sainte Euphémie, et passèrent la nuit en prières. Le lendemain les billets orthodoxes furent trouvés en la main de la sainte, et les autres à ses pieds.

En 553, grand concile à Constantinople, convoqué par Justinien, qui se mêlait de théologie. Il s'agissait de trois petits écrits différents qu'on ne connaît plus aujourd'hui. On les appela *les trois chapitres*. On disputait aussi sur quelques passages d'Origène.

L'évêque de Rome Vigile voulut y aller en personne; mais Justinien le fit mettre en prison. Le patriarche de Constantinople présida. Il n'y eut personne de l'Église latine, parcequ'alors le grec n'était plus entendu dans l'Occident, devenu tout-à-fait barbare.

En 680, encore un concile général à Constantinople, convoqué par l'empereur Constantin-le-Barbu. C'est le premier concile appelé par les Latins *in trullo*, parcequ'il fut tenu dans un salon du palais impérial. L'empereur y présida lui-même. A sa droite étaient les patriarches de Constantinople et d'Antioche; à sa gauche les députés de Rome et de Jérusalem. On y décida que Jésus-Christ avait deux volontés. On y condamna le pape Honorius Ier comme monothélite, c'est-à-dire, qui voulait que Jésus-Christ n'eût eu qu'une volonté.

En 787, second concile de Nicée, convoqué par Irène sous le nom de l'empereur Constantin son fils, auquel elle fit crever les yeux. Son mari Léon avait aboli le culte des images, comme contraire à la simplicité des premiers siècles, et favorisant l'idolâtrie : Irène le rétablit; elle parla elle-même dans le concile.

C'est le seul qui ait été tenu par une femme. Deux légats du pape Adrien IV y assistèrent et ne parlèrent point, parcequ'ils n'entendaient point le grec; ce fut le patriarche Tarèze qui fit tout.

Sept ans après, les Francs ayant entendu dire qu'un concile à Constantinople avait ordonné l'adoration des images, assemblèrent par l'ordre de Charles, fils de Pepin, nommé depuis *Charlemagne*, un concile assez nombreux à Francfort. On y traita le second concile de Nicée de « synode impertinent et arrogant, « tenu en Grèce pour adorer des peintures. »

En 842, grand concile à Constantinople, convoqué par l'impératrice Théodora. Culte des images solennellement établi. Les Grecs ont encore une fête en l'honneur de ce grand concile, qu'on appelle l'orthodoxie. Théodora n'y présida pas.

En 861, grand concile à Constantinople, composé de trois cent dix-huit évêques, convoqué par l'empereur Michel. On y déposa saint Ignace, patriarche de Constantinople, et on élut Photius.

En 869, autre grand concile à Constantinople, où le pape Nicolas Ier est déposé par contumace et excommunié.

En 866, autre grand concile à Constantinople, où Photius est excommunié et déposé à son tour, et saint Ignace rétabli.

En 879, autre grand concile à Constantinople, où Photius, déjà rétabli, est reconnu pour vrai patriarche par les légats du pape Jean VIII. On y traite de conciliabule le grand concile œcuménique où Photius avait été déposé.

Le pape Jean VIII déclare Judas tous ceux qui disent que le Saint-Esprit procède du Père et du Fils.

En 1122 et 23, grand concile à Rome, tenu dans l'église de Saint-Jean de Latran, par le pape Calixte II. C'est le premier concile général que les papes convoquèrent. Les empereurs d'Occident n'avaient presque plus d'autorité; et les empereurs d'Orient, pressés par les mahométans et par les croisés, ne tenaient plus que de chétifs petits conciles.

Au reste, on ne sait pas trop ce que c'est que Latran. Quelques petits conciles avaient été déjà convoqués dans Latran. Les uns disent que c'était une maison bâtie par un nommé Latranus, du temps de Néron; les autres, que c'est l'église de Saint-Jean même bâtie par l'évêque Silvestre.

Les évêques, dans ce concile, se plaignirent fortement des moines : « Ils possèdent, disent-ils, les « églises, les terres, les châteaux, les dîmes, les offrandes des vivants et des morts; il ne leur reste « plus qu'à nous ôter la crosse et l'anneau. » Les moines restèrent en possession.

En 1139, autre grand concile de Latran, par le pape Innocent II; il y avait, dit-on, mille évêques. C'est beaucoup. On y déclara les dîmes ecclésiastiques de *droit divin*, et on excommunia les laïques qui en possédaient.

En 1179, autre grand concile de Latran, par le pape Alexandre III; il y eut trois cent deux évêques latins et un abbé grec. Les décrets furent tous de discipline. La pluralité des bénéfices y fut défendue.

En 1215, dernier concile général de Latran, par

Innocent III ; quatre cent douze évêques, huit cents abbés. Dès ce temps, qui était celui des croisades, les papes avaient établi un patriarche latin à Jérusalem, et un à Constantinople. Ces patriarches vinrent au concile. Ce grand concile dit que « Dieu ayant donné « aux hommes la doctrine salutaire par Moïse, fit « naître enfin son fils d'une vierge pour montrer le « chemin plus clairement; que personne ne peut être « sauvé hors de l'Église catholique. »

Le mot de *transsubstantiation* ne fut connu qu'après ce concile. Il y fut défendu d'établir de nouveaux ordres religieux : mais depuis ce temps on en a formé quatre-vingts.

Ce fut dans ce concile qu'on dépouilla Raimond, comte de Toulouse, de toutes ses terres.

En 1245, grand concile à Lyon, ville impériale. Innocent IV y mène l'empereur de Constantinople, Jean Paléologue, qu'il fait asseoir à côté de lui. Il y dépose l'empereur Frédéric II, comme *félon* ; il donne un chapeau rouge aux cardinaux, signe de guerre contre Frédéric. Ce fut la source de trente ans de guerres civiles.

En 1274, autre concile général à Lyon. Cinq cents évêques, soixante et dix gros abbés, et mille petits. L'empereur grec Michel Paléologue, pour avoir la protection du pape, envoie son patriarche grec Théophane et un évêque de Nicée pour se réunir en son nom à l'Église latine. Mais ces évêques sont désavoués par l'Église grecque.

En 1311, le pape Clément V indique un concile général dans la petite ville de Vienne en Dauphiné. Il y abolit l'ordre des Templiers. On ordonne de brûler les bégares, béguins et béguines, espèce d'hérétiques auxquels on imputait tout ce qu'on avait imputé autrefois aux premiers chrétiens.

En 1414, grand concile de Constance, convoqué enfin par un empereur qui rentre dans ses droits. C'est Sigismond. On y dépose le pape Jean XXIII, convaincu de plusieurs crimes. On y brûle Jean Hus et Jérôme de Prague, convaincus d'opiniâtreté.

En 1431, grand concile de Basle, où l'on dépose en vain le pape Eugène IV, qui fut plus habile que le concile.

En 1438, grand concile à Ferrare, transféré à Florence, où le pape excommunié excommunie le concile, et le déclare criminel de lèse-majesté. On y fit une réunion feinte avec l'Église grecque, écrasée par les synodes turcs qui se tenaient le sabre à la main.

Il ne tint pas au pape Jules II que son concile de Latran, en 1512, ne passât pour un concile œcuménique. Ce pape y excommunia solennellement le roi de France Louis XII, mit la France en interdit, cita tout le parlement de Provence à comparaître devant lui; il excommunia tous les philosophes, parceque la plupart avaient pris le parti de Louis XII. Cependant, ce concile n'a point le titre de *brigandage* comme celui d'Éphèse.

En 1537, concile de Trente, convoqué d'abord par le pape Paul III, à Mantoue, et ensuite à Trente, en

1545, terminé en décembre 1563, sous Pie IV. Les princes catholiques le reçurent quant au dogme, et deux ou trois quant à la discipline.

On croit qu'il n'y aura désormais pas plus de conciles généraux qu'il n'y aura d'états généraux en France et en Espagne.

Il y a dans le Vatican un beau tableau qui contient la liste des conciles généraux. On n'y a inscrit que ceux qui sont approuvés par la cour de Rome : chacun met ce qu'il veut dans ses archives.

SECTION III[1].

Tous les conciles sont infaillibles, sans doute; car ils sont composés d'hommes.

Il est impossible que jamais les passions, les intrigues, l'esprit de dispute, la haine, la jalousie, le préjugé, l'ignorance, règnent dans ces assemblées.

Mais pourquoi, dira-t-on, tant de conciles ont-ils été opposés les uns aux autres? C'est pour exercer notre foi; ils ont tous eu raison chacun dans leur temps.

On ne croit aujourd'hui, chez les catholiques romains, qu'aux conciles approuvés dans le Vatican; et on ne croit, chez les catholiques grecs, qu'à ceux approuvés dans Constantinople. Les protestants se moquent des uns et des autres; ainsi tout le monde doit être content.

[1] Ce fut dans l'édition de 1767 du *Dictionnaire philosophique* que parut un article Conciles, composé de ce qui forme aujourd'hui cette troisième section. B.

Nous ne parlerons ici que des grands conciles; les petits n'en valent pas la peine.

Le premier est celui de Nicée. Il fut assemblé en 325 de l'ère vulgaire, après que Constantin eut écrit et envoyé par Ozius cette belle lettre au clergé un peu brouillon d'Alexandrie : « Vous vous querellez pour « un sujet bien mince. Ces subtilités sont indignes de « gens raisonnables. » Il s'agissait de savoir si Jésus était créé, ou incréé. Cela ne touchait en rien la morale, qui est l'essentiel. Que Jésus ait été dans le temps, ou avant le temps, il n'en faut pas moins être homme de bien. Après beaucoup d'altercations, il fut enfin décidé que le Fils était aussi ancien que le Père, et *consubstantiel* au Père. Cette décision ne s'entend guère; mais elle n'en est que plus sublime. Dix-sept évêques protestent contre l'arrêt, et une ancienne chronique d'Alexandrie, conservée à Oxford, dit que deux mille prêtres protestèrent aussi; mais les prélats ne font pas grand cas des simples prêtres, qui sont d'ordinaire pauvres. Quoi qu'il en soit, il ne fut point du tout question de la Trinité dans ce premier concile. La formule porte : « Nous croyons Jésus con- « substantiel au Père, Dieu de Dieu, lumière de lu- « mière, engendré et non fait; nous croyons aussi au « Saint-Esprit. » Le Saint-Esprit, il faut l'avouer, fut traité bien cavalièrement.

Il est rapporté dans le supplément du concile de Nicée, que les Pères étant fort embarrassés pour savoir quels étaient les livres cryphes ou apocryphes de l'ancien et du nouveau *Testament*, les mirent tous pêle-mêle sur un autel; et les livres à rejeter tombèrent par terre. C'est dommage que cette belle recette soit perdue de nos jours.

Après le premier concile de Nicée, composé de trois cent dix-sept évêques infaillibles, il s'en tint un autre à Rimini; et le nombre des infaillibles fut cette fois de quatre cents, sans compter un gros détachement à Séleucie d'environ deux cents. Ces six cents évêques, après quatre mois de querelles, ôtèrent unanimement à Jésus sa *consubstantialité*. Elle lui a été rendue depuis, excepté chez les sociniens : ainsi tout va bien.

Un des grands conciles est celui d'Éphèse, en 431; l'évêque de Constantinople Nestorius, grand persécuteur d'hérétiques, fut condamné lui-même comme hérétique, pour avoir soutenu qu'à la vérité Jésus était bien-Dieu, mais que sa mère n'était pas absolument mère de Dieu, mais mère de Jésus. Ce fut saint Cyrille qui fit condamner Nestorius; mais aussi les partisans de Nestorius firent déposer saint Cyrille dans le même concile; ce qui embarrassa fort le Saint-Esprit.

Remarquez ici, lecteur, bien soigneusement, que l'Évangile n'a jamais dit un mot, ni de la consubstantialité du Verbe, ni de l'honneur qu'avait eu Marie d'être mère de Dieu, non plus que des autres disputes qui ont fait assembler des conciles infaillibles.

Eutichès était un moine qui avait beaucoup crié contre Nestorius, dont l'hérésie n'allait pas moins qu'à supposer deux personnes en Jésus; ce qui est épouvantable. Le moine, pour mieux contredire son adversaire, assure que Jésus n'avait qu'une nature.

Un Flavien, évêque de Constantinople, lui soutint qu'il fallait absolument qu'il y eût deux natures en Jésus. On assemble un concile nombreux à Éphèse, en 449; celui-là se tint à coups de bâton, comme le petit concile de Cirthe, en 355, et certaine conférence à Carthage. La nature de Flavien fut moulue de coups, et deux natures furent assignées à Jésus. Au concile de Chalcédoine, en 451, Jésus fut réduit à une nature.

Je passe des conciles tenus pour des minuties, et je viens au sixième concile général de Constantinople, assemblé pour savoir au juste si Jésus, qui, après n'avoir eu qu'une nature pendant quelque temps, en avait deux alors, avait aussi deux volontés. On sent combien cela est important pour plaire à Dieu.

Ce concile fut convoqué par Constantin-le-Barbu, comme tous les autres l'avaient été par les empereurs précédents : les légats de l'évêque de Rome eurent la gauche; les patriarches de Constantinople et d'Antioche eurent la droite. Je ne sais si les caudataires à Rome prétendent que la gauche est la place d'honneur. Quoi qu'il en soit, Jésus, de cette affaire-là, obtint deux volontés.

La loi mosaïque avait défendu les images. Les peintres et les sculpteurs n'avaient pas fait fortune chez les Juifs. On ne voit pas que Jésus ait jamais eu de tableaux, excepté peut-être celui de Marie, peinte par Luc. Mais enfin Jésus-Christ ne recommande nulle part qu'on adore les images. Les chrétiens les adorèrent pourtant vers la fin du quatrième siècle, quand ils se furent familiarisés avec les beaux-arts. L'abus fut porté si loin au huitième siècle, que Constantin Copronyme assembla à Constantinople un concile de trois cent vingt évêques, qui anathématisa le culte des images, et qui le traita d'idolâtrie.

L'impératrice Irène, la même qui depuis fit arracher les yeux à son fils, convoqua le second concile de Nicée en 787 : l'adoration des images y fut rétablie. On veut aujourd'hui justifier ce concile, en disant que cette adoration était un culte de *dulie*, et non de *latrie*.

Mais, soit de latrie, soit de dulie, Charlemagne, en 794, fit tenir à Francfort un autre concile qui traita le second de Nicée d'idolâtrie. Le pape Adrien IV y envoya deux légats, et ne le convoqua pas.

Le premier grand concile convoqué par un pape fut le premier de Latran, en 1139[1]; il y eut environ mille évêques; mais on n'y fit presque rien, sinon qu'on anathématisa ceux qui disaient que l'Église était trop riche.

Autre concile de Latran, en 1179, tenu par le pape Alexandre III, où les cardinaux, pour la première fois, prirent le pas sur les évêques : il ne fut question que de discipline.

Autre grand concile de Latran, en 1215. Le pape Innocent III y dépouilla le comte de Toulouse de tous ses biens, en vertu de l'excommunication. C'est le premier concile qui ait parlé de *transsubstantiation*.

En 1245, concile général de Lyon, ville alors im-

---

[1] Voltaire, page 144, n'en parle que comme d'un *second* concile; il avait, même page, parlé du *premier*, tenu en 1123. B.

périale, dans laquelle le pape Innocent IV excommunia l'empereur Frédéric II, et par conséquent le déposa, et lui interdit le feu et l'eau : c'est dans ce concile qu'on donna aux cardinaux un chapeau rouge, pour les faire souvenir qu'il faut se baigner dans le sang des partisans de l'empereur. Ce concile fut la cause de la destruction de la maison de Souabe, et de trente ans d'anarchie dans l'Italie et dans l'Allemagne.

Concile général à Vienne en Dauphiné, en 1311, où l'on abolit l'ordre des Templiers, dont les principaux membres avaient été condamnés aux plus horribles supplices, sur les accusations les moins prouvées.

En 1414, le grand concile de Constance, où l'on se contenta de démettre le pape Jean XXIII, convaincu de mille crimes, et où l'on brûla Jean Hus et Jérôme de Prague, pour avoir été opiniâtres, attendu que l'opiniâtreté est un bien plus grand crime que le meurtre, le rapt, la simonie, et la sodomie.

En 1431, le grand concile de Basle, non reconnu à Rome, parcequ'on y déposa le pape Eugène IV, qui ne se laissa point déposer.

Les Romains comptent pour concile général le cinquième concile de Latran, en 1512, convoqué contre Louis XII, roi de France, par le pape Jules II; mais ce pape guerrier étant mort, ce concile s'en alla en fumée.

Enfin, nous avons le grand concile de Trente, qui n'est pas reçu en France pour la discipline; mais le dogme en est incontestable, puisque le Saint-Esprit arrivait de Rome à Trente, toutes les semaines, dans la malle du courrier, à ce que dit Fra-Paolo Sarpi ; mais Fra-Paolo Sarpi sentait un peu l'hérésie[1].

CONFESSION[2].

Le repentir de ses fautes peut seul tenir lieu d'innocence. Pour paraître s'en repentir, il faut commencer par les avouer. La confession est donc presque aussi ancienne que la société civile.

On se confessait dans tous les mystères d'Égypte, de Grèce, de Samothrace. Il est dit dans la Vie de Marc-Aurèle, que lorsqu'il daigna s'associer aux mystères d'Éleusine, il se confessa à l'hiérophante, quoiqu'il

---

[1] Dans l'édition de 1767 du *Dictionnaire philosophique*, cet article était signé : *Par M. Abausit le cadet.* B.

[2] Cet article parut pour la première fois dans une édition de 1765 du *Dictionnaire philosophique*. Il commençait alors ainsi :

« C'est encore un problème si la confession, à ne la considérer qu'en po-
« litique, a fait plus de bien que de mal.

« On se confessait dans les mystères d'Isis, d'Orphée et de Cérès, devant
« l'hiérophante et les initiés ; car puisque ces mystères étaient des expiations,
« il fallait bien avouer qu'on avait des crimes à expier.

« Les chrétiens adoptèrent la confession dans les premiers siècles de
« l'Église, ainsi qu'ils prirent peu à peu les rites de l'antiquité, comme
« les temples, les autels, l'encens, les cierges ; les processions, l'eau lustrale,
« les habits sacerdotaux, et plusieurs formules de mystères ; le *Sursum*
« *corda*, l'*Ite missa est*, et tant d'autres. Le scandale de la confession pu-
« blique d'une femme, arrivé à Constantinople au quatrième siècle, fit abo-
« lir la confession.

« La confession secrète qu'un homme fait à un autre homme ne fut ad-
« mise dans notre Occident que vers le septième siècle. Les abbés commen-
« cèrent par exiger que leurs moines, etc. »

La version actuelle parut en 1771 dans la quatrième partie des *Questions sur l'Encyclopédie*, sauf quelques alinéa qui furent ajoutés en 1774. B.

fût l'homme du monde qui eût le moins besoin de confession.

[1] Cette cérémonie pouvait être très salutaire; elle pouvait aussi être très dangereuse : c'est le sort de toutes les institutions humaines. On sait la réponse de ce Spartiate à qui un hiérophante voulait persuader de se confesser : A qui dois-je avouer mes fautes? est-ce à Dieu ou à toi?—C'est à Dieu, dit le prêtre. — Retire-toi donc, homme. (Plutarque, *Dits notables des Lacédémoniens.*)

Il est difficile de dire en quel temps cette pratique s'établit chez les Juifs, qui prirent beaucoup de rites de leurs voisins. La *Mishna*, qui est le recueil des lois juives[a], dit que souvent on se confessait en mettant la main sur un veau appartenant au prêtre, ce qui s'appelait *la confession des veaux.*

Il est dit dans la même *Mishna*[b], que tout accusé qui avait été condamné à la mort, s'allait confesser devant témoins dans un lieu écarté, quelques moments avant son supplice. S'il se sentait coupable, il devait dire : « Que ma mort expie tous mes pé-« chés »; s'il se sentait innocent, il prononçait : « Que « ma mort expie mes péchés, hors celui dont on m'ac-« cuse. »

Le jour de la fête que l'on appelait chez les Juifs *l'expiation solennelle*[c], les Juifs dévots se confessaient les uns les autres, en spécifiant leurs péchés. Le confesseur récitait trois fois treize mots du psaume LXXVII,

---

[1] Alinéa ajouté en 1774. B.
[a] *Mishna*, tome II, page 394.—[b] Tome IV, page 134.—[c] *Synagogue judaïque*, ch. XXXV.

ce qui fait trente-neuf; et pendant ce temps il donnait trente-neuf coups de fouet au confessé, lequel les lui rendait à son tour; après quoi ils s'en retournaient quitte à quitte. On dit que cette cérémonie subsiste encore.

On venait en foule se confesser à saint Jean pour la réputation de sa sainteté, comme on venait se faire baptiser par lui du baptême de justice, selon l'ancien usage; mais il n'est point dit que saint Jean donnât trente-neuf coups de fouet à ses pénitents.

[1] La confession alors n'était point un sacrement; il y en a plusieurs raisons. La première est que le mot de *sacrement* était alors inconnu; cette raison dispense de déduire les autres. Les chrétiens prirent la confession dans les rites juifs, et non pas dans les mystères d'Isis et de Cérès. Les Juifs se confessaient à leurs camarades, et les chrétiens aussi. Il parut dans la suite plus convenable que ce droit appartînt aux prêtres. Nul rite, nulle cérémonie ne s'établit qu'avec le temps. Il n'était guère possible qu'il ne restât quelque trace de l'ancien usage des laïques de se confesser les uns aux autres:

[2] Voyez le paragraphe ci-dessous, *Si les laïques, etc.*, page 160.

Du temps de Constantin, on confessa[3] d'abord publiquement ses fautes publiques.

Au cinquième siècle, après le schisme de Novatus

---

[1] Alinéa ajouté en 1774. B.

[2] Id. B.

[3] On lisait en 1771: « Dans l'ancienne Église chrétienne, on con-« fessa, etc. » B.

et de Novatien, on établit les pénitenciers pour absoudre ceux qui étaient tombés dans l'idolâtrie. Cette confession aux prêtres pénitenciers fut abolie sous l'empereur Théodose[a]. Une femme [1] s'étant accusée tout haut au pénitencier de Constantinople d'avoir couché avec le diacre, cette indiscrétion causa tant de scandale et de trouble dans toute la ville[b], que Nectarius permit à tous les fidèles de s'approcher de la sainte table sans confession, et de n'écouter que leur conscience pour communier. C'est pourquoi saint Jean Chrysostôme, qui succéda à Nectarius, dit au peuple dans sa cinquième *Homélie :* « Confessez-vous
« continuellement à Dieu; je ne vous produis pas sur
« un théâtre avec vos compagnons de service pour
« leur découvrir vos fautes. Montrez à Dieu vos blessures, et demandez-lui les remèdes; avouez vos péchés à celui qui ne les reproche point devant les
« hommes. Vous les céleriez en vain à celui qui connaît toutes choses, etc. »

On prétend que la confession auriculaire ne commença en Occident que vers le septième siècle, et qu'elle fut instituée par les abbés, qui exigèrent que leurs moines vinssent deux fois par an leur avouer toutes leurs fautes. Ce furent ces abbés qui inventèrent cette formule : « Je t'absous autant que je le
« peux et que tu en as besoin. » Il semble qu'il eût été

---

[a] Socrate, liv. V. Sozomène, liv. VII.

[1] Voltaire a raconté cela avec un peu plus de détail dans ses *Éclaircissements historiques.* (Voyez les *Mélanges,* année 1763.) B.

[b] En effet, comment cette indiscrétion aurait-elle causé un scandale public, si elle avait été secrète ?

plus respectueux pour l'Être suprême, et plus juste de dire : « Puisse-t-il pardonner à tes fautes et aux « miennes ! »

Le bien que la confession a fait est d'avoir obtenu quelquefois des restitutions de petits voleurs. Le mal est d'avoir quelquefois, dans les troubles des états, forcé les pénitents à être rebelles et sanguinaires en conscience. Les prêtres guelfes refusaient l'absolution aux gibelins, et les prêtres gibelins se gardaient bien d'absoudre les guelfes [1].

Le conseiller d'état Lénet rapporte, dans ses Mémoires, que tout ce qu'il put obtenir en Bourgogne pour faire soulever les peuples en faveur du prince de Condé, détenu à Vincennes par le Mazarin, « fut de lâ- « cher des prêtres dans les confessionnaux. » C'est en parler comme de chiens enragés qui pouvaient souffler la rage de la guerre civile dans le secret du confessionnal.

Au siége de Barcelonne, les moines refusèrent l'absolution à tous ceux qui restaient fidèles à Philippe V.

Dans la dernière révolution de Gênes, on avertis-

[1] Dans l'édition de 1765 l'article se terminait ainsi :

« Les assassins des Sforces, des Médicis, des princes d'Orange, des rois « de France, se préparèrent aux parricides par le sacrement de la con- « fession.

« Louis XI, La Brinvilliers, se confessaient dès qu'ils avaient commis un « grand crime, et se confessaient souvent, comme les gourmands prennent « médecine pour avoir plus d'appétit.

« Si on pouvait être étonné de quelque chose, on le serait d'une bulle du « pape Grégoire XV, émanée de sa sainteté le 30 août 1622, par laquelle il « ordonne de révéler les confessions en certain cas.

« La réponse du jésuite Coton à Henri IV durera plus que l'ordre des jé- « suites. Révéleriez-vous la confession d'un homme résolu de m'assassiner ?

« — Non ; mais je me mettrais entre vous et lui. » B.

sait toutes les consciences qu'il n'y avait point de salut pour quiconque ne prendrait pas les armes contre les Autrichiens.

Ce remède salutaire se tourna de tout temps en poison. Les assassins des Sforces, des Médicis, des princes d'Orange, des rois de France, se préparèrent aux parricides par le sacrement de la confession.

Louis XI, la Brinvilliers, se confessaient dès qu'ils avaient commis un grand crime, et se confessaient souvent, comme les gourmands prennent médecine pour avoir plus d'appétit.

DE LA RÉVÉLATION DE LA CONFESSION[1].

La réponse du jésuite Coton à Henri IV durera plus que l'ordre des jésuites. Révéleriez-vous la confession d'un homme résolu de m'assassiner? « Non; mais je « me mettrais entre vous et lui. »

On n'a pas toujours suivi la maxime du P. Coton. Il y a dans quelques pays des mystères d'état inconnus au public, dans lesquels les révélations des confessions entrent pour beaucoup. On sait, par le moyen des confesseurs attitrés, les secrets des prisonniers. Quelques confesseurs, pour accorder leur intérêt avec le sacrilége, usent d'un singulier artifice. Ils rendent compte, non pas précisément de ce que le prisonnier leur a dit, mais de ce qu'il ne leur a pas dit. S'ils sont chargés, par exemple, de savoir si un accusé a pour com-

---

[1] En 1771, dans la quatrième partie des *Questions sur l'Encyclopédie*, le commencement de ce morceau était la répétition du paragraphe XVI du *Commentaire sur le livre des délits et des peines*, moins les deux premiers alinéa. Voyez *Mélanges*, année 1766. B.

plice un Français ou un Italien, ils disent à l'homme qui les emploie : Le prisonnier m'a juré qu'aucun Italien n'a été informé de ses desseins. De là on juge que c'est le Français soupçonné qui est coupable.

Bodin s'exprime ainsi dans son Livre de la république[a] : « Aussi ne faut-il pas dissimuler si le coupable
« est découvert avoir conjuré contre la vie du souve-
« rain, ou même l'avoir voulu. Comme il advint à un
« gentilhomme de Normandie de confesser à un reli-
« gieux qu'il avait voulu tuer le roi François Ier. Le
« religieux avertit le roi qui envoya le gentilhomme à
« la cour du parlement, où il fut condamné à la mort,
« comme je l'ai appris de M. Canaye, avocat en parle-
« ment. »

L'auteur de cet article a été presque témoin lui-même d'une révélation encore plus forte et plus singulière.

On connaît la trahison que fit Daubenton, jésuite, à Philippe V, roi d'Espagne, dont il était confesseur. Il crut, par une politique très mal entendue, devoir rendre compte des secrets de son pénitent au duc d'Orléans, régent du royaume, et eut l'imprudence de lui écrire ce qu'il n'aurait dû confier à personne de vive voix. Le duc d'Orléans envoya sa lettre au roi d'Espagne; le jésuite fut chassé, et mourut quelque temps après. C'est un fait avéré[1].

---

[a] Liv. IV, ch. vii.

[1] Voyez le *Précis du Siècle de Louis XV*, chap. 1er. — Voltaire reparle encore de la trahison de Daubenton, dans l'analyse qu'il donna des *Mémoires d'Adrien Maurice de Noailles* : voyez dans les *Mélanges*, année 1777, les *Articles extraits du Journal de politique et de littérature*. B.

On ne laisse pas d'être fort en peine pour décider formellement dans quel cas il faut révéler la confession; car si on décide que c'est pour le crime de lèse-majesté humaine, il est aisé d'étendre bien loin ce crime de lèse-majesté, et de le porter jusqu'à la contrebande du sel et des mousselines, attendu que ce délit offense précisément les majestés. A plus forte raison faudra-t-il révéler les crimes de lèse-majesté divine; et cela peut aller jusqu'aux moindres fautes, comme d'avoir manqué vêpres et le salut.

Il serait donc très important de bien convenir des confessions qu'on doit révéler, et de celles qu'on doit taire; mais une telle décision serait encore très dangereuse. Que de choses il ne faut pas approfondir!

Pontas, qui décide en trois volumes in-folio de tous les cas possibles de la conscience des Français, et qui est ignoré dans le reste de la terre, dit qu'en aucune occasion on ne doit révéler la confession. Les parlements ont décidé le contraire. A qui croire de Pontas ou des gardiens des lois du royaume, qui veillent sur la vie des rois et sur le salut de l'état[a]?

SI LES LAÏQUES ET LES FEMMES ONT ÉTÉ CONFESSEURS ET CONFESSEUSES.

De même que dans l'ancienne loi les laïques se confessaient les uns aux autres, les laïques dans la nouvelle loi eurent long-temps ce droit par l'usage. Il suffit, pour le prouver, de citer le célèbre Joinville, qui dit expressément, « que le connétable de Chypre se con-

---

[a] Voyez Pontas, à l'article CONFESSEUR.

« fessa à lui, et qu'il lui donna l'absolution suivant le
« droit qu'il en avait. »

Saint Thomas s'exprime ainsi dans sa Somme[a] :
« Confessio ex defectu sacerdotis laïco facta sacramen-
« talis est quodam modo. » « La confession faite à un
« laïque au défaut d'un prêtre est sacramentale en
« quelque façon. » On voit dans la Vie de Saint Bur-
gundofare[b], et dans la Règle d'un inconnu, que les
religieuses se confessaient à leur abbesse des péchés
les plus graves. La Règle de Saint Donat[c] ordonne
que les religieuses découvriront trois fois chaque jour
leurs fautes à la supérieure. Les Capitulaires de nos
rois[d] disent qu'il faut interdire aux abbesses le droit
qu'elles se sont arrogé, contre la coutume de la sainte
Église, de donner des bénédictions et d'imposer les
mains; ce qui paraît signifier donner l'absolution, et
suppose la confession des péchés. Marc, patriarche
d'Alexandrie, demande à Balzamon, célèbre canoniste
grec de son temps, si on doit accorder aux abbesses
la permission d'entendre les confessions; à quoi Balzamon répond négativement. Nous avons dans le droit
canonique un décret du pape Innocent III qui enjoint
aux évêques de Valence et de Burgos en Espagne d'empêcher certaines abbesses de bénir leurs religieuses, de
les confesser, et de prêcher publiquement. « Quoique,
« dit-il[e], la bienheureuse Vierge Marie ait été supé-
« rieure à tous les apôtres en dignité et en mérite, ce

[a] Troisième partie, page 255, édition de Lyon, 1738.— [b] Mabil., ch. vიიი
et xიიი.— [c] Chap. xxიიი.— [d] Liv. I, ch. ιxxvი.— [e] *C. Nova X. Extra de pœnit.
et remiss.*

« n'est pas néanmoins à elle, mais aux apôtres, que le
« Seigneur a confié les clefs du royaume des cieux. »

Ce droit était si ancien, qu'on le trouve établi dans les Règles de saint Basile[a]. Il permet aux abbesses de confesser leurs religieuses conjointement avec un prêtre.

Le P. Martène, dans ses *Rites de l'Église*[b], convient que les abbesses confessèrent long-temps leurs nonnes; mais il ajoute qu'elles étaient si curieuses, qu'on fut obligé de leur ôter ce droit.

L'ex-jésuite nommé Nonotte doit se confesser et faire pénitence, non pas d'avoir été un des plus grands ignorants qui aient jamais barbouillé du papier, car ce n'est pas un péché; non pas d'avoir appelé du nom d'*erreurs*[1] des vérités qu'il ne connaissait pas; mais d'avoir calomnié avec la plus stupide insolence l'auteur de cet article, et d'avoir appelé son frère *raca*, en niant tous ces faits et beaucoup d'autres dont il ne savait pas un mot. Il s'est rendu coupable de la *géhenne du feu*; il faut espérer qu'il demandera pardon à Dieu de ses énormes sottises : nous ne demandons point la mort du pécheur, mais sa conversion.

On a long-temps agité pourquoi trois hommes assez fameux dans cette petite partie du monde où la confession est en usage, sont morts sans ce sacrement. Ce sont le pape Léon X, Pellisson, et le cardinal Dubois.

---

[a] Tome II, page 453. — [b] Tome II, page 39.

[1] Allusion à l'ouvrage de Nonotte, intitulé : *Les Erreurs de M. de Voltaire*. B.

Ce cardinal se fit ouvrir le périnée par le bistouri de La Peyronie; mais il pouvait se confesser et communier avant l'opération.

Pellisson, protestant jusqu'à l'âge de quarante ans, s'était converti pour être maître des requêtes, et pour avoir des bénéfices.

A l'égard du pape Léon X, il était si occupé des affaires temporelles quand il fut surpris par la mort, qu'il n'eut pas le temps de songer aux spirituelles.

DES BILLETS DE CONFESSION.

Dans les pays protestants on se confesse à Dieu, et dans les pays catholiques aux hommes. Les protestants disent qu'on ne peut tromper Dieu, au lieu qu'on ne dit aux hommes que ce qu'on veut. Comme nous ne traitons jamais la controverse, nous n'entrons point dans cette ancienne dispute. Notre société littéraire est composée de catholiques et de protestants réunis par l'amour des lettres. Il ne faut pas que les querelles ecclésiastiques y sèment la zizanie.

[1] Contentons-nous de la belle réponse de ce Grec dont nous avons déjà parlé[2], et qu'un prêtre voulait confesser aux mystères de Cérès : Est-ce à Dieu ou à toi que je dois parler? — C'est à Dieu. — Retire-toi donc, ô homme!

En Italie, et dans les pays d'obédience, il faut que tout le monde, sans distinction, se confesse et communie. Si vous avez par-devers vous des péchés énor-

---

[1] Cet alinéa n'existait pas en 1771; il fut ajouté en 1774. B.
[2] Ci-dessus, page 154, ligne 5. B.

mes, vous avez aussi les grands-pénitenciers pour vous absoudre. Si votre confession ne vaut rien, tant pis pour vous. On vous donne à bon compte un reçu imprimé moyennant quoi vous communiez, et on jette tous les reçus dans un ciboire; c'est la règle.

On ne connaissait point à Paris ces billets au porteur, lorsque, vers l'an 1750, un archevêque de Paris imagina d'introduire une espèce de banque spirituelle pour extirper le jansénisme, et pour faire triompher la bulle *Unigenitus*[1]. Il voulut qu'on refusât l'extrême-onction et le viatique à tout malade qui ne remettait pas un billet de confession signé d'un prêtre constitutionnaire.

C'était refuser les sacrements aux neuf dixièmes de Paris. On lui disait en vain : Songez à ce que vous faites : ou ces sacrements sont nécessaires pour n'être point damné, ou l'on peut être sauvé sans eux avec la foi, l'espérance, la charité, les bonnes œuvres, et les mérites de notre Sauveur. Si l'on peut être sauvé sans ce viatique, vos billets sont inutiles. Si les sacrements sont absolument nécessaires, vous damnez tous ceux que vous en privez; vous faites brûler pendant toute l'éternité six à sept cent mille ames, supposé que vous viviez assez long-temps pour les enterrer : cela est violent; calmez-vous, et laissez mourir chacun comme il peut.

Il ne répondit point à ce dilemme; mais il persista. C'est une chose horrible d'employer pour tourmenter les hommes la religion qui les doit consoler. Le par-

[1] Voyez le chap. xxxvi du *Précis du Siècle de Louis XV*, et le chap. lxv de l'*Histoire du Parlement*. B.

lement qui a la grande police, et qui vit la société troublée, opposa, selon la coutume, des arrêts aux mandements. La discipline ecclésiastique ne voulut point céder à l'autorité légale. Il fallut que la magistrature employât la force, et qu'on envoyât des archers pour faire confesser, communier et enterrer les Parisiens à leur gré.

Dans cet excès de ridicule dont il n'y avait point encore d'exemple, les esprits s'aigrirent; on cabala à la cour, comme s'il s'était agi d'une place de fermier général, ou de faire disgracier un ministre. Le royaume fut troublé d'un bout à l'autre. Il entre toujours dans une cause des incidents qui ne sont pas du fond : il s'en mêla tant que tous les membres du parlement furent exilés, et que l'archevêque le fut à son tour.

Ces billets de confession auraient fait naître une guerre civile dans les temps précédents; mais dans le nôtre ils ne produisirent heureusement que des tracasseries civiles. L'esprit philosophique, qui n'est autre chose que la raison, est devenu chez tous les honnêtes gens le seul antidote dans ces maladies épidémiques.

CONFIANCE EN SOI-MÊME[1].

CONFISCATION[2].

On a très bien remarqué dans le *Dictionnaire Encyclopédique*, à l'article *Confiscation*, que le fisc, soit

---

[1] Sous ce titre, Voltaire avait reproduit, dans ses *Questions sur l'Encyclopédie*, son conte ou roman de *Memnon*. Voyez tome XXXIII.
[2] *Questions sur l'Encyclopédie*, quatrième partie, 1771. B.

public, soit royal, soit seigneurial, soit impérial, soit déloyal, était un petit panier de jonc ou d'osier, dans lequel on mettait autrefois le peu d'argent qu'on avait pu recevoir ou extorquer. Nous nous servons aujourd'hui de sacs; le fisc royal est le sac royal.

C'est une maxime reçue dans plusieurs pays de l'Europe, que qui confisque le corps confisque les biens. Cet usage est surtout établi dans les pays où la coutume tient lieu de loi; et une famille entière est punie dans tous les cas pour la faute d'un seul homme.

Confisquer le corps n'est pas mettre le corps d'un homme dans le panier de son seigneur suzerain; c'est, dans le langage barbare du barreau, se rendre maître du corps d'un citoyen, soit pour lui ôter la vie, soit pour le condamner à des peines aussi longues que sa vie : on s'empare de ses biens si on le fait périr, ou s'il évite la mort par la fuite.

Ainsi, ce n'est pas assez de faire mourir un homme pour ses fautes, il faut encore faire mourir de faim ses enfants.

La rigueur de la coutume confisque, dans plus d'un pays, les biens d'un homme qui s'est arraché volontairement aux misères de cette vie; et ses enfants sont réduits à la mendicité parceque leur père est mort.

Dans quelques provinces catholiques romaines, on condamne aux galères perpétuelles, par une sentence arbitraire, un père de famille[a], soit pour avoir donné

---

[a] Voyez l'édit de 1724. 14 mai, publié à la sollicitation du cardinal de Fleury, et revu par lui.

retraite chez soi à un prédicant, soit pour avoir écouté son sermon dans quelque caverne ou dans quelque désert : alors la femme et les enfants sont réduits à mendier leur pain.

Cette jurisprudence, qui consiste à ravir la nourriture aux orphelins, et à donner à un homme le bien d'autrui, fut inconnue dans tout le temps de la république romaine. Sylla l'introduisit dans ses proscriptions. Il faut avouer qu'une rapine inventée par Sylla n'était pas un exemple à suivre. Aussi cette loi, qui semblait n'être dictée que par l'inhumanité et l'avarice, ne fut suivie ni par César, ni par le bon empereur Trajan, ni par les Antonins, dont toutes les nations prononcent encore le nom avec respect et avec amour. Enfin, sous Justinien, la confiscation n'eut lieu que pour le crime de lèse-majesté. Comme ceux qui en étaient accusés étaient pour la plupart de grands seigneurs, il semble que Justinien n'ordonna la confiscation que par avarice. Il semble aussi que dans les temps de l'anarchie féodale, les princes et les seigneurs des terres étant très peu riches, cherchassent à augmenter leur trésor par les condamnations de leurs sujets, et qu'on voulût leur faire un revenu du crime. Les lois chez eux étant arbitraires, et la jurisprudence romaine ignorée, les coutumes ou bizarres ou cruelles prévalurent. Mais aujourd'hui que la puissance des souverains est fondée sur des richesses immenses et assurées, leur trésor n'a pas besoin de s'enfler des faibles débris d'une famille malheureuse. Ils sont abandonnés pour l'ordinaire au premier qui les demande. Mais est-ce à un citoyen à s'engraisser des restes du sang d'un autre citoyen?

La confiscation n'est point admise dans les pays où le droit romain est établi, excepté le ressort du parlement de Toulouse. Elle ne l'est point dans quelques pays coutumiers, comme le Bourbonnais, le Berri, le Maine, le Poitou, la Bretagne, où au moins elle respecte les immeubles. Elle était établie autrefois à Calais, et les Anglais l'abolirent lorsqu'ils en furent les maîtres. Il est assez étrange que les habitants de la capitale vivent sous une loi plus rigoureuse que ceux de ces petites villes : tant il est vrai que la jurisprudence a été souvent établie au hasard, sans régularité, sans uniformité, comme on bâtit des chaumières dans un village.

Voici comment l'avocat-général Omer Talon parla en plein parlement dans le plus beau siècle de la France, en 1673, au sujet des biens d'une demoiselle de Canillac qui avaient été confisqués. Lecteur, faites attention à ce discours; il n'est pas dans le style des Oraisons de Cicéron, mais il est curieux [1].

CONQUÊTE.

Réponse à un questionneur sur ce mot.

Quand les Silésiens et les Saxons disent, « Nous « sommes la conquête du roi de Prusse, » cela ne veut

---

[1] Voyez ce morceau dans le *Commentaire sur le livre des délits et des peines*, depuis l'alinéa qui commence par ces mots : *Au chapitre* XIII *du Deutéronome*, jusqu'à la fin du paragraphe XX (*Mélanges*, année 1766). B.

pas dire, le roi de Prusse nous a plu; mais seulement, il nous a subjugués.

Mais quand une femme dit, Je suis la *conquête* de M. l'abbé, de M. le chevalier, cela veut dire aussi, il m'a subjuguée : or, on ne peut subjuguer madame sans lui plaire; mais aussi madame ne peut être subjuguée sans avoir plu à monsieur; ainsi, selon toutes les règles de la logique, et encore plus de la physique, quand madame est la *conquête* de quelqu'un, cette expression emporte évidemment que monsieur et madame se plaisent l'un à l'autre : j'ai fait la conquête de monsieur, signifie, il m'aime; et je suis sa *conquête*, veut dire nous nous aimons. M. Tascher s'est adressé, dans cette importante question, à un homme désintéressé, qui n'est la conquête ni d'un roi ni d'une dame, et qui présente ses respects à celui qui a bien voulu le consulter.

CONSCIENCE[1].

SECTION PREMIÈRE.

De la conscience du bien et du mal.

Locke a démontré (s'il est permis de se servir de ce terme en morale et en métaphysique) que nous n'avons ni idées innées, ni principes innés; et il a été obligé de le démontrer trop au long, parcequ'alors l'erreur contraire était universelle.

De là il suit évidemment que nous avons le plus

---

[1] Les quatre sections de cet article parurent en 1771, dans la quatrième partie des *Questions sur l'Encyclopédie.* Une version de la quatrième section est de 1767. B.

grand besoin qu'on nous mette de bonnes idées et de bons principes dans la tête, dès que nous pouvons faire usage de la faculté de l'entendement.

Locke apporte l'exemple des sauvages qui tuent et qui mangent leur prochain sans aucun remords de conscience, et des soldats chrétiens bien élevés, qui, dans une ville prise d'assaut, pillent, égorgent, violent, non seulement sans remords, mais avec un plaisir charmant, avec honneur et gloire, avec les applaudissements de tous leurs camarades.

Il est très sûr que dans les massacres de la Saint-Barthélemi, et dans les *autos-da-fé*, dans les saints actes de foi de l'inquisition, nulle conscience de meurtrier ne se reprocha jamais d'avoir massacré hommes, femmes, enfants; d'avoir fait crier, évanouir, mourir dans les tortures des malheureux qui n'avaient d'autres crimes que de faire la pâque différemment des inquisiteurs.

Il résulte de tout cela que nous n'avons point d'autre conscience que celle qui nous est inspirée par le temps, par l'exemple, par notre tempérament, par nos réflexions.

L'homme n'est né avec aucun principe, mais avec la faculté de les recevoir tous. Son tempérament le rendra plus enclin à la cruauté ou à la douceur; son entendement lui fera comprendre un jour que le carré de douze est cent quarante-quatre, qu'il ne faut pas faire aux autres ce qu'il ne voudrait pas qu'on lui fît; mais il ne comprendra pas de lui-même ces vérités dans son enfance; il n'entendra pas la première, et il ne sentira pas la seconde.

Un petit sauvage qui aura faim, et à qui son père aura donné un morceau d'un autre sauvage à manger, en demandera autant le lendemain, sans imaginer qu'il ne faut pas traiter son prochain autrement qu'on ne voudrait être traité soi-même. Il fait machinalement, invinciblement, tout le contraire de ce que cette éternelle vérité enseigne.

La nature a pourvu à cette horreur; elle a donné à l'homme la disposition à la pitié, et le pouvoir de comprendre la vérité. Ces deux présents de Dieu sont le fondement de la société civile. C'est ce qui fait qu'il y a toujours eu peu d'anthropophages; c'est ce qui rend la vie un peu tolérable chez les nations civilisées. Les pères et les mères donnent à leurs enfants une éducation qui les rend bientôt sociables; et cette éducation leur donne une conscience.

Une religion pure, une morale pure, inspirées de bonne heure, façonnent tellement la nature humaine, que depuis environ sept ans jusqu'à seize ou dix-sept, on ne fait pas une mauvaise action sans que la conscience en fasse un reproche. Ensuite viennent les violentes passions qui combattent la conscience, et qui l'étouffent quelquefois. Pendant le conflit, les hommes tourmentés par cet orage consultent en quelques occasions d'autres hommes, comme dans leurs maladies ils consultent ceux qui ont l'air de se bien porter.

C'est ce qui a produit des casuistes, c'est-à-dire des gens qui décident des cas de conscience. Un des plus sages casuistes a été Cicéron dans son livre des *Offices*, c'est-à-dire des devoirs de l'homme. Il examine les points les plus délicats; mais, long-temps avant lui, Zoroastre avait paru régler la conscience par le plus beau des préceptes : « Dans le doute si une action « est bonne ou mauvaise, abstiens-toi, » Porte XXX. Nous en parlons ailleurs [1].

SECTION II [2].

Si un juge doit juger selon sa conscience ou selon les preuves.

Thomas d'Aquin, vous êtes un grand saint, un grand théologien; et il n'y a point de dominicain qui ait pour vous plus de vénération que moi. Mais vous avez décidé dans votre *Somme*, qu'un juge doit donner sa voix selon les allégations et les prétendues preuves contre un accusé dont l'innocence lui est parfaitement connue. Vous prétendez que les dépositions des témoins qui ne peuvent être que fausses, les preuves résultantes du procès qui sont impertinentes, doivent l'emporter sur le témoignage de ses yeux mêmes. Il a vu commettre le crime par un autre; et, selon vous, il doit en conscience condamner l'accusé quand sa conscience lui dit que cet accusé est innocent.

Il faudrait donc, selon vous, que si le juge lui-même avait commis le crime dont il s'agit, sa conscience l'obligeât de condamner l'homme faussement accusé de ce même crime.

En conscience, grand saint, je crois que vous vous êtes trompé de la manière la plus absurde et la plus

---

[1] Voyez dans le présent dictionnaire les articles BEAU, JUSTE, RELIGION, section II, et ZOROASTRE; et encore dans les *Mélanges*, année 1768, le dialogue *A B C*, dixième entretien. B.

[2] Voyez ma note, page 169. B.

CONSCIENCE. 173

horrible : c'est dommage qu'en possédant si bien le droit canon, vous ayez si mal connu le droit naturel. Le premier devoir d'un magistrat est d'être juste avant d'être formaliste : si en vertu des preuves, qui ne sont jamais que des probabilités, je condamnais un homme dont l'innocence me serait démontrée, je me croirais un sot et un assassin.

Heureusement, tous les tribunaux de l'univers pensent autrement que vous. Je ne sais pas si Farinacius et Grillandus sont de votre avis. Quoi qu'il en soit, si vous rencontrez jamais Cicéron, Ulpien, Tribonien, Dumoulin, le chancelier de L'Hospital, le chancelier d'Aguesseau, demandez-leur bien pardon de l'erreur où vous êtes tombé.

SECTION III[1].

De la conscience trompeuse.

Ce qu'on a peut-être jamais dit de mieux sur cette question importante, se trouve dans le livre comique de *Tristram Shandy*, écrit par un curé nommé Sterne, le second[2] Rabelais d'Angleterre; il ressemble à ces petits satyres de l'antiquité qui renfermaient des essences précieuses.

Deux vieux capitaines à demi-paie, assistés du doc-

---

[1] Voyez ma note page 169. B.
[2] L'autre Rabelais anglais est Swift : voyez dans les *Mélanges*, année 1734, la vingt-deuxième des *Lettres philosophiques*; Voltaire a aussi parlé de Swift dans la cinquième de ses *Lettres à son altesse monseigneur le prince de*** (voyez les *Mélanges*, année 1767). Il parle de *Tristram Shandy* dans l'un des *Articles* fournis par lui au *Journal de politique et de littérature* : (voyez les *Mélanges*, année 1777). B.

teur Slop, font les questions les plus ridicules. Dans ces questions, les théologiens de France ne sont pas épargnés. On insiste particulièrement sur un Mémoire présenté à la Sorbonne par un chirurgien, qui demande la permission de baptiser les enfants dans le ventre de leurs mères, au moyen d'une canule qu'il introduira proprement dans l'utérus, sans blesser la mère ni l'enfant.

Enfin, ils se font lire par un caporal un ancien sermon sur la conscience, composé par ce même curé Sterne.

Parmi plusieurs peintures, supérieures à celles de Rembrandt et au crayon de Callot, il peint un honnête homme du monde passant ses jours dans les plaisirs de la table, du jeu et de la débauche, ne fesant rien que la bonne compagnie puisse lui reprocher, et par conséquent ne se reprochant rien. Sa conscience et son honneur l'accompagnent aux spectacles, au jeu, et surtout lorsqu'il paie libéralement la fille qu'il entretient. Il punit sévèrement, quand il est en charge, les petits larcins du commun peuple; il vit gaiement, et meurt sans le moindre remords.

Le docteur Slop interrompt le lecteur pour dire que cela est impossible dans l'Église anglicane, et ne peut arriver que chez des papistes.

Enfin, le curé Sterne cite l'exemple de David, qui a, dit-il, tantôt une conscience délicate et éclairée, tantôt une conscience très dure et très ténébreuse.

Lorsqu'il peut tuer son roi dans une caverne, il se contente de lui couper un pan de sa robe : voilà une conscience délicate. Il passe une année entière sans avoir le moindre remords de son adultère avec Bethsabée et du meurtre d'Urie : voilà la même conscience endurcie et privée de lumière.

Tels sont, dit-il, la plupart des hommes. Nous avouons à ce curé que les grands du monde sont très souvent dans ce cas : le torrent des plaisirs et des affaires les entraîne ; ils n'ont pas le temps d'avoir de la conscience, cela est bon pour le peuple ; encore n'en a-t-il guère quand il s'agit de gagner de l'argent. Il est donc très bon de réveiller souvent la conscience des couturières et des rois par une morale qui puisse faire impression sur eux ; mais pour faire cette impression, il faut mieux parler qu'on ne parle aujourd'hui.

SECTION IV*1.

Liberté de conscience.

TRADUIT DE L'ALLEMAND.

Nous n'adoptons pas tout ce paragraphe ; mais comme il y a quelques vérités, nous n'avons pas cru devoir l'omettre ; et nous ne nous chargeons pas de justifier ce qui peut s'y trouver de peu mesuré et de trop dur *2.

L'aumônier du prince de***, lequel prince est catholique romain, menaçait un anabaptiste de le chasser

---

*1 Cette section, avec les variantes qui suivent, était reproduite plus loin sous le mot LIBERTÉ DE CONSCIENCE. Elle était dans les *Questions sur l'Encyclopédie*, (4ᵉ partie) 1771, telle que je la laisse ici.—.Ce morceau avait déjà paru avec le texte que je mets en variante, à la suite du *Fragment des instructions pour le prince royal de**** (voyez les *Mélanges*, année 1767), et avait été reproduit dans les *Nouveaux Mélanges*, partie IXᵉ, 1770. B.

*2 Il est assez singulier que cette note ait été mise à celle des deux versions de l'article qui est la plus mesurée, ainsi qu'on peut en juger. B.

des petits états du prince; il lui disait qu'il n'y a que trois sectes autorisées dans l'empire*¹ ; que pour lui, anabaptiste, qui était d'une quatrième, il n'était pas digne de vivre dans les terres de monseigneur; et enfin, la conversation s'échauffant, l'aumônier menaça l'anabaptiste de le faire pendre. Tant pis*² pour son altesse, répondit l'anabaptiste; je suis un gros manufacturier; j'emploie deux cents ouvriers; je fais entrer deux cent mille écus par an dans ses états; ma famille ira s'établir*³ ailleurs; monseigneur y perdra.

Et si monseigneur fait pendre tes deux cents ouvriers et ta famille? reprit l'aumônier; et s'il donne ta manufacture à de bons catholiques?

Je l'en défie, dit le vieillard; on ne donne pas une manufacture comme une métairie, parcequ'on ne donne pas l'industrie. Cela serait beaucoup plus fou que s'il fesait tuer tous ses chevaux*⁴ parceque l'un d'eux t'aura jeté par terre, et que tu es un mauvais écuyer. L'intérêt de monseigneur n'est pas que je mange*⁵ du pain sans levain ou levé : il est que je procure à ses sujets de quoi manger, et que j'augmente

---

*¹ VARIANTE... *dans l'empire,* celle qui mange Jésus-Christ sur la foi seule, dans un morceau de pain en buvant un coup; celle qui mange Jésus-Christ Dieu avec du pain; et celle qui mange Jésus-Christ Dieu en corps et en ame, sans pain ni vin; que pour lui, anabaptiste qui ne mange Dieu en aucune façon, *il n'était pas digne, etc.*

*² VAR. Ma foi *tant pis,* etc.

*³ VAR. *Ma famille* s'établira ailleurs; monseigneur y perdra plus que moi.

*⁴ VAR. *Tous ses* veaux qui ne communient pas plus que moi. *L'intérêt,* etc.

*⁵ VAR. *Que je mange* Dieu; *il est,* etc.

ses revenus par mon travail. Je suis un honnête homme; et quand j'aurais le malheur de n'être pas né tel, ma profession me forcerait à le devenir; car dans les entreprises de négoce, ce n'est pas comme dans celles de cour[*1] et dans les tiennes : point de succès sans probité. Que t'importe que j'aie été baptisé dans l'âge qu'on appelle de raison, tandis que tu l'as été sans le savoir? Que t'importe que j'adore Dieu[*2] à la manière de mes pères? Si tu suivais tes belles maximes, si tu avais la force en main, tu irais donc d'un bout de l'univers à l'autre, fesant pendre à ton plaisir le Grec qui ne croit pas que l'Esprit procède du Père et du Fils; tous les Anglais; tous les Hollandais, Danois, Suédois, Islandais, Prussiens, Hanovriens, Saxons, Holstenois, Hessois, Virtembergeois, Bernois, Hambourgeois, Cosaques, Valaques, Russes, qui ne croient pas le pape infaillible; tous les musulmans qui croient un seul Dieu[*3], et les Indiens dont la religion est plus ancienne que la juive, et les lettrés chinois, qui, depuis quatre mille [*4] ans, servent un Dieu unique sans superstition et sans fanatisme? Voilà donc ce que tu ferais si tu étais le maître? Assurément, dit le moine[5]; car je suis dévoré

[*1] Var. *Celles de cour; point de succès*, etc.

[*2] Var. *Que t'importe que j'adore Dieu sans le manger, tandis que tu le fais, que tu le manges, et que tu le digères? Si tu suivais*, etc.

[*3] Var. *Un seul Dieu, et qui ne lui donnent ni père ni mère; et les Indiens*, etc.

[*4] Var. *Depuis* cinq *mille*.

[*5] Var. *Dit le* prêtre; *car*, etc.

du zèle de la maison du Seigneur : *Zelus domus suœ comedit me*[1].

Çà, dis-moi un peu, cher aumônier, repartit l'anabaptiste, es-tu dominicain, ou jésuite, ou diable? Je suis jésuite, dit l'autre. Eh! mon ami, si tu n'es pas diable, pourquoi dis-tu des choses si diaboliques?

C'est que le révérend père recteur m'a ordonné de les dire.

Et qui a ordonné cette abomination au révérend père recteur?

C'est le provincial.

De qui le provincial a-t-il reçu cet ordre?

De notre général, et le tout pour plaire[2] à un plus grand seigneur que lui.

Dieux de la terre, qui avec trois doigts avez trouvé le secret de vous rendre maîtres d'une grande partie du genre humain, si dans le fond du cœur vous avouez que vos richesses et votre puissance ne sont point essentielles à votre salut et au nôtre, jouissez-en avec modération. Nous ne voulons pas vous démitrer, vous détiarer : mais ne nous écrasez pas. Jouissez et laissez-nous paisibles; démêlez vos intérêts avec les rois, et laissez-nous nos manufactures.

---

[1] VAR. *Zelus domus* tuæ *comedit me.* (Psalm. LXVIII, 10.)

Étrange secte! ou plutôt infernale horreur! s'écria le bon père de famille. Quelle religion que celle qui ne se soutiendrait que par des bourreaux, et qui ferait à Dieu l'outrage de lui dire: Tu n'es pas assez puissant pour soutenir par toi-même ce que nous appelons ton véritable culte, il faut que nous t'aidions; tu ne peux rien sans nous, et nous ne pouvons rien sans tortures, sans échafauds, et sans bûchers!

Çà, *dis-moi un peu,* sanguinaire *aumônier, es-tu dominicain,* etc.

[2] VAR. *Pour plaire* au pape.

Le pauvre anabaptiste s'écria : Sacrés papes qui êtes à Rome sur le trône

CONSEILLER OU JUGE[1].

BARTOLOMÉ.

Quoi! il n'y a que deux ans que vous étiez au collége, et vous voilà déjà conseiller de la cour de Naples?

GERONIMO.

Oui, c'est un arrangement de famille: il m'en a peu coûté.

BARTOLOMÉ.

Vous êtes donc devenu bien savant depuis que je ne vous ai vu?

GERONIMO.

Je me suis quelquefois fait inscrire dans l'école de droit, où l'on m'apprenait que le droit naturel est commun aux hommes et aux bêtes, et que le droit des gens n'est que pour les gens. On me parlait de l'édit du préteur, et il n'y a plus de préteur; des fonctions des édiles, et il n'y a plus d'édiles; du pouvoir des maîtres sur les esclaves, et il n'y a plus d'esclaves. Je ne sais presque rien des lois de Naples, et me voilà juge.

des Césars, archevêques, évêques, abbés devenus souverains, je vous respecte et je vous fuis. Mais si dans le fond du cœur vous avouez que vos richesses et votre puissance ne sont fondées que sur l'ignorance et la bêtise de nos pères, jouissez-en du moins avec modération. Nous ne voulons point vous détrôner, mais ne nous écrasez pas. Jouissez, et laissez-nous paisibles. Sinon craignez qu'à la fin la patience n'échappe aux peuples, et qu'on ne vous réduise, pour le bien de vos ames, à la condition des apôtres, dont vous prétendez être les successeurs.

Ah, misérable! tu voudrais que le pape et l'évêque de Vurtzbourg gagnassent le ciel par la pauvreté évangélique!

Ah, mon révérend père, tu voudrais me faire pendre!

[1] *Questions sur l'Encyclopédie,* quatrième partie, 1771. B.

BARTOLOMÉ.

Ne tremblez-vous pas d'être chargé de décider du sort des familles, et ne rougissez-vous pas d'être si ignorant?

GERONIMO.

Si j'étais savant, je rougirais peut-être davantage. J'entends dire aux savants que presque toutes les lois se contredisent; que ce qui est juste à Gaiette[1] est injuste à Otrante; que dans la même juridiction on perd à la seconde chambre le même procès qu'on gagne à la troisième. J'ai toujours dans l'esprit ce beau discours d'un avocat vénitien : « Illustrissimi si-« gnori, l'anno passato avete giudicato così ; e questo « anno nella medesima lite avete giudicato tutto il « contrario; e sempre ben[2]. »

Le peu que j'ai lu de nos lois m'a paru souvent très embrouillé. Je crois que si je les étudiais pendant quarante ans, je serais embarrassé pendant quarante ans : cependant je les étudie ; mais je pense qu'avec du bon sens et de l'équité, on peut être un très bon magistrat, sans être profondément savant. Je ne connais point de meilleur juge que Sancho Pança : cependant il ne savait pas un mot du code de l'île de Barataria. Je ne chercherai point à accorder ensemble Cujas et Camille Descurtis[3], ils ne sont point mes législateurs. Je ne connais de lois que celles qui ont la sanction du souverain. Quand elles seront claires, je les sui-

---

[1] *Gaëte*, en italien *Gajetta*. B.

[2] Ces mots ont déjà été cités et traduits dans un fragment d'une lettre de Voltaire qui fait partie de l'*Avertissement* mis par les éditeurs de Kehl à la tragédie d'*Adélaïde Du Guesclin*. B.

[3] Camille Descurtis ou de Curte, jurisconsulte vénitien. B.

vrai à la lettre; quand elles seront obscures, je suivrai les lumières de ma raison, qui sont celles de ma conscience.

BARTOLOMÉ.

Vous me donnez envie d'être ignorant, tant vous raisonnez bien. Mais comment vous tirerez-vous des affaires d'état, de finance, de commerce?

GERONIMO.

Dieu merci, nous ne nous en mêlons guère à Naples. Une fois le marquis de Carpi, notre vice-roi, voulut nous consulter sur les monnaies; nous parlâmes de l'*æs grave* des Romains, et les banquiers se moquèrent de nous. On nous assembla dans un temps de disette pour régler le prix du blé; nous fûmes assemblés six semaines, et on mourait de faim. On consulta enfin deux forts laboureurs et deux bons marchands de blé, et il y eut dès le lendemain plus de pain au marché qu'on n'en voulait.

Chacun doit se mêler de son métier; le mien est de juger les contestations, et non pas d'en faire naître: mon fardeau est assez grand.

CONSÉQUENCE[1].

Quelle est donc notre nature, et qu'est-ce que notre chétif esprit? Quoi! l'on peut tirer les conséquences les plus justes, les plus lumineuses, et n'avoir pas le sens commun? Cela n'est que trop vrai. Le fou d'Athènes qui croyait que tous les vaisseaux qui abordaient au Pirée lui appartenaient, pouvait calculer

[1] *Questions sur l'Encyclopédie*, quatrième partie, 1771. B.

merveilleusement combien valait le chargement de ces vaisseaux, et en combien de jours ils pouvaient arriver de Smyrne au Pirée.

Nous avons vu des imbéciles qui ont fait des calculs et des raisonnements bien plus étonnants. Ils n'étaient donc pas imbéciles, me dites-vous. Je vous demande pardon, ils l'étaient. Ils posaient tout leur édifice sur un principe absurde; ils enfilaient régulièrement des chimères. Un homme peut marcher très bien et s'égarer, et alors mieux il marche et plus il s'égare.

Le Fo des Indiens eut pour père un éléphant qui daigna faire un enfant à une princesse indienne, laquelle accoucha du dieu Fo par le côté gauche. Cette princesse était la propre sœur d'un empereur des Indes : donc Fo était le neveu de l'empereur; et les petits-fils de l'éléphant et du monarque étaient cousins issus de germain; donc, selon les lois de l'état, la race de l'empereur étant éteinte, ce sont les descendants de l'éléphant qui doivent succéder. Le principe reçu, on ne peut mieux conclure.

Il est dit que l'éléphant divin était haut de neuf pieds de roi. Tu présumes avec raison que la porte de son écurie devait avoir plus de neuf pieds, afin qu'il pût y entrer à son aise. Il mangeait cinquante livres de riz par jour, vingt-cinq livres de sucre, et buvait vingt-cinq livres d'eau. Tu trouves par ton arithmétique qu'il avalait trente-six mille cinq cents livres pesant par année; on ne peut compter mieux. Mais ton éléphant a-t-il existé? était-il beau-frère de l'empereur? sa femme a-t-elle fait un enfant par le côté gauche? c'est là ce qu'il fallait examiner. Vingt auteurs qui vivaient à la Cochinchine l'ont écrit l'un après l'autre; tu devais confronter ces vingt auteurs, peser leurs témoignages, consulter les anciennes archives, voir s'il est question de cet éléphant dans les registres, examiner si ce n'est point une fable que des imposteurs ont eu intérêt d'accréditer. Tu es parti d'un principe extravagant pour en tirer des conclusions justes.

C'est moins la logique qui manque aux hommes que la source de la logique. Il ne s'agit pas de dire, Six vaisseaux qui m'appartiennent sont chacun de deux cents tonneaux, le tonneau est de deux mille livres pesant; donc j'ai douze cent mille livres de marchandises au port de Pirée. Le grand point est de savoir si ces vaisseaux sont à toi. Voilà le principe dont ta fortune dépend; tu compteras après [1].

Un ignorant fanatique et conséquent est souvent un homme à étouffer. Il aura lu que Phinées, transporté d'un saint zèle, ayant trouvé un Juif couché avec une Madianite, les tua tous deux, et fut imité par les lévites, qui massacrèrent tous les ménages moitié madianites et moitié juifs. Il sait que son voisin catholique couche avec sa voisine huguenote; il les tuera tous deux sans difficulté : on ne peut agir plus conséquemment. Quel est le remède à cette maladie horrible de l'ame? C'est d'accoutumer de bonne heure les enfants à ne rien admettre qui choque la raison; de ne leur conter jamais d'histoires de revenants, de fantômes, de sorciers, de possédés, de prodiges ridicules.

[1] Voyez l'article PRINCIPE.

Une fille d'une imagination tendre et sensible entend parler de possessions; elle tombe dans une maladie de nerfs, elle a des convulsions, elle se croit possédée. J'en ai vu mourir une de la révolution que ces abominables histoires avaient faite dans ses organes[a].

CONSPIRATIONS CONTRE LES PEUPLES,

ou

PROSCRIPTIONS[1].

CONSTANTIN[2].

SECTION PREMIÈRE.

Du siècle de Constantin.

Parmi les siècles qui suivirent celui d'Auguste, vous avez raison de distinguer celui de Constantin. Il est à jamais célèbre par les grands changements qu'il apporta sur la terre. Il commençait, il est vrai, à ramener la barbarie : non seulement on ne retrouvait plus des Cicérons, des Horaces et des Virgiles, mais

[a] Voyez l'article ESPRIT, section IV; et l'article FANATISME, section II.

[1] Sous ce mot, Voltaire avait reproduit, dans ses *Questions sur l'Encyclopédie*, son opuscule sous le même titre, qui se trouve dans les *Mélanges*, année 1766. Il avait mis en tête les deux phrases que voici :

« Il y a des choses qu'il faut sans cesse mettre sous les yeux des hommes.
« Ayant retrouvé ce morceau, qui intéresse l'humanité entière, nous avons
« cru que c'était ici sa place, d'autant plus qu'il y a quelques additions. »

Il y en avait en effet; et elles font partie de l'article imprimé. B.

[2] Ce morceau historique avait été fait pour madame Du Châtelet. K. — Il avait été imprimé dans la *Suite des Mélanges* (4ᵉ partie), 1756. B.

il n'y avait pas même de Lucains, ni de Sénèques; pas un historien sage et exact : on ne voit que des satires suspectes, ou des panégyriques encore plus hasardés.

Les chrétiens commençaient alors à écrire l'histoire ; mais ils n'avaient pris ni Tite-Live ni Thucydide pour modèle. Les sectateurs de l'ancienne religion de l'empire n'écrivaient ni avec plus d'éloquence ni avec plus de vérité. Les deux partis, animés l'un contre l'autre, n'examinaient pas bien scrupuleusement les calomnies dont on chargeait leurs adversaires. De là vient que le même homme est regardé tantôt comme un dieu, tantôt comme un monstre.

La décadence en toute chose, et dans les moindres arts mécaniques comme dans l'éloquence et dans la vertu, arriva après Marc-Aurèle. Il avait été le dernier empereur de cette secte stoïque qui élevait l'homme au-dessus de lui-même en le rendant dur pour lui seul, et compatissant pour les autres. Ce ne fut plus, depuis la mort de cet empereur vraiment philosophe, que tyrannie et confusion. Les soldats disposaient souvent de l'empire. Le sénat tomba dans un tel mépris, que du temps de Gallien il fut défendu par une loi expresse aux sénateurs d'aller à la guerre. On vit à-la-fois trente chefs de partis prendre le titre d'*empereur*, dans trente provinces de l'empire. Les Barbares fondaient déjà de tous côtés, au milieu du troisième siècle, sur cet empire déchiré. Cependant il subsista par la seule discipline militaire qui l'avait fondé.

Pendant tous ces troubles, le christianisme s'établissait par degrés, surtout en Égypte, dans la Syrie, et sur les côtes de l'Asie-Mineure. L'empire romain admettait toutes sortes de religions, ainsi que toutes sortes de sectes philosophiques. On permettait le culte d'Osiris; on laissait même aux Juifs de grands priviléges, malgré leurs révoltes; mais les peuples s'élevèrent souvent dans les provinces contre les chrétiens. Les magistrats les persécutaient, et on obtint même souvent contre eux des édits émanés des empereurs. Il ne faut pas être étonné de cette haine générale qu'on portait d'abord au christianisme, tandis qu'on tolérait tant d'autres religions. C'est que ni les Égyptiens, ni les Juifs, ni les adorateurs de la déesse de Syrie, et de tant d'autres dieux étrangers, ne déclaraient une guerre ouverte aux dieux de l'empire. Ils ne s'élevaient point contre la religion dominante; mais un des premiers devoirs des chrétiens était d'exterminer le culte reçu dans l'empire. Les prêtres des dieux jetaient des cris quand ils voyaient diminuer les sacrifices et les offrandes; le peuple, toujours fanatique et toujours emporté, se soulevait contre les chrétiens : cependant plusieurs empereurs les protégèrent. Adrien défendit expressément qu'on les persécutât. Marc-Aurèle ordonna qu'on ne les poursuivît point pour cause de religion. Caracalla, Héliogabale, Alexandre, Philippe, Gallien, leur laissèrent une liberté entière; ils avaient au troisième siècle des églises publiques très fréquentées et très riches, et leur liberté fut si grande, qu'ils tinrent seize conciles dans ce siècle. Le chemin des dignités étant fermé aux premiers chrétiens, qui étaient presque tous d'une condition obscure, ils se jetèrent dans le commerce, et il y en eut qui amassèrent de grandes richesses. C'est la ressource de toutes les sociétés qui ne peuvent avoir de charges dans l'état : c'est ainsi qu'en ont usé les calvinistes en France, tous les non-conformistes en Angleterre, les catholiques en Hollande, les Arméniens en Perse, les Banians dans l'Inde, et les Juifs dans toute la terre. Cependant à la fin la tolérance fut si grande, et les mœurs du gouvernement si douces, que les chrétiens furent admis à tous les honneurs et à toutes les dignités. Ils ne sacrifiaient point aux dieux de l'empire ; on ne s'embarrassait pas s'ils allaient aux temples, ou s'ils les fuyaient ; il y avait parmi les Romains une liberté absolue sur les exercices de leur religion ; personne ne fut jamais forcé de les remplir. Les chrétiens jouissaient donc de la même liberté que les autres : il est si vrai qu'ils parvinrent aux honneurs, que Dioclétien et Galérius les en privèrent en 303, dans la persécution dont nous parlerons.

Il faut adorer la Providence dans toutes ses voies ; mais je me borne, selon vos ordres, à l'histoire politique.

Manès, sous le règne de Probus, vers l'an 278, forma une religion nouvelle dans Alexandrie. Cette secte était composée des anciens principes des Persans, et de quelques dogmes du christianisme. Probus et son successeur Carus laissèrent en paix Manès et les chrétiens. Numérien leur laissa une liberté entière. Dioclétien protégea les chrétiens, et toléra les manichéens pendant douze années ; mais, en 296, il donna un édit contre les manichéens, et les proscrivit comme des ennemis de l'empire attachés aux Perses. Les chrétiens ne furent point compris dans l'édit; ils demeurèrent tranquilles sous Dioclétien, et firent une profession ouverte de leur religion dans tout l'empire, jusqu'aux deux dernières années du règne de ce prince.

Pour achever l'esquisse du tableau que vous demandez, il faut vous représenter quel était alors l'empire romain. Malgré toutes les secousses intérieures et étrangères, malgré les incursions des Barbares, il comprenait tout ce que possède aujourd'hui le sultan des Turcs, excepté l'Arabie; tout ce que possède la maison d'Autriche en Allemagne, et toutes les provinces d'Allemagne jusqu'à l'Elbe; l'Italie, la France, l'Espagne, l'Angleterre, et la moitié de l'Écosse; toute l'Afrique jusqu'au désert de Darha, et même les îles Canaries. Tant de pays étaient tenus sous le joug par des corps d'armée moins considérables que l'Allemagne et la France n'en mettent aujourd'hui sur pied quand elles sont en guerre.

Cette grande puissance s'affermit et s'augmenta même depuis César jusqu'à Théodose, autant par les lois, par la police et par les bienfaits, que par les armes et par la terreur. C'est encore un sujet d'étonnement, qu'aucun de ces peuples conquis n'ait pu, depuis qu'ils se gouvernent par eux-mêmes, ni construire des grands chemins, ni élever des amphithéâtres et des bains publics, tels que leurs vainqueurs leur en donnèrent. Des contrées qui sont aujourd'hui presque barbares et désertes, étaient peuplées et policées; telles furent l'Épire, la Macédoine, la Thessalie, l'Illyrie, la Pannonie, surtout l'Asie-Mineure et les côtes de l'Afrique; mais aussi il s'en fallait beaucoup que l'Allemagne, la France et l'Angleterre fussent ce qu'elles sont aujourd'hui. Ces trois états sont ceux qui ont le plus gagné à se gouverner par eux-mêmes; encore a-t-il fallu près de douze siècles pour mettre ces royaumes dans l'état florissant où nous les voyons: mais il faut avouer que tout le reste a beaucoup perdu à passer sous d'autres lois. Les ruines de l'Asie-Mineure et de la Grèce, la dépopulation de l'Égypte, et la barbarie de l'Afrique, attestent aujourd'hui la grandeur romaine. Le grand nombre des villes florissantes qui couvraient ces pays est changé en villages malheureux; et le terrain même est devenu stérile sous les mains des peuples abrutis [1].

SECTION II [2].

Je ne parlerai point ici de la confusion qui agita l'empire depuis l'abdication de Dioclétien. Il y eut après sa mort six empereurs à-la-fois. Constantin triompha d'eux tous, changea la religion et l'empire, et fut l'auteur non seulement de cette grande révolution, mais de toutes celles qu'on a vues depuis dans l'Occident. Vous voudriez savoir quel était son caractère: demandez-le à Julien, à Zosime, à Sozomène, à Victor; ils vous diront qu'il agit d'abord en grand

---

[1] Dans l'édition de 1756 on lisait encore:

« Il faut maintenant tâcher de vous donner quelques éclaircissements sur « Dioclétien, qui fut un des plus puissants empereurs de Rome, et dont on « a dit tant de bien et tant de mal. »

Après quoi venait le morceau qui forme ci-après l'article DIOCLÉTIEN. B.

[2] *Suite des Mélanges* (4ᵉ partie), 1756. B.

prince, ensuite en voleur public, et que la dernière partie de sa vie fut d'un voluptueux, d'un efféminé, et d'un prodigue. Ils le peindront toujours ambitieux, cruel, et sanguinaire. Demandez-le à Eusèbe, à Grégoire de Nazianze, à Lactance; ils vous diront que c'était un homme parfait. Entre ces deux extrêmes, il n'y a que les faits avérés qui puissent vous faire trouver la vérité. Il avait un beau-père, il l'obligea de se pendre; il avait un beau-frère, il le fit étrangler; il avait un neveu de douze à treize ans, il le fit égorger; il avait un fils aîné, il lui fit couper la tête; il avait une femme, il la fit étouffer dans un bain. Un vieil auteur gaulois dit *qu'il aimait à faire maison nette.*

Si vous ajoutez à toutes ces affaires domestiques, qu'ayant été sur les bords du Rhin à la chasse de quelques hordes de Francs qui habitaient dans ces quartiers-là, et ayant pris leurs rois, qui probablement étaient de la famille de notre Pharamond et de notre Clodion-le-Chevelu, il les exposa aux bêtes pour son divertissement; vous pourrez inférer de tout cela, sans craindre de vous tromper, que ce n'était pas l'homme du monde le plus accommodant.

Examinons à présent les principaux événements de son règne. Son père Constance Chlore était au fond de l'Angleterre, où il avait pris pour quelques mois le titre d'empereur. Constantin était à Nicomédie, auprès de l'empereur Galère; il lui demanda la permission d'aller trouver son père, qui était malade; Galère n'en fit aucune difficulté : Constantin partit avec les relais de l'empire qu'on appelait *Veredarii.* On pourrait dire qu'il était aussi dangereux d'être cheval de poste, que d'être de la famille de Constantin; car il fesait couper les jarrets à tous les chevaux après s'en être servi, de peur que Galère ne révoquât sa permission, et ne le fît revenir à Nicomédie. Il trouva son père mourant, et se fit reconnaître empereur par le petit nombre de troupes romaines qui étaient alors en Angleterre.

Une élection d'un empereur romain faite à York par cinq ou six mille hommes, ne devait guère paraître légitime à Rome : il y manquait au moins la formule du *senatus populusque romanus*. Le sénat, le peuple, et les gardes prétoriennes, élurent d'un consentement unanime Maxence, fils du césar Maximien Hercule, déjà césar lui-même, et frère de cette Fausta que Constantin avait épousée, et qu'il fit depuis étouffer. Ce Maxence est appelé tyran, usurpateur, par nos historiens, qui sont toujours pour les gens heureux. Il était le protecteur de la religion païenne contre Constantin, qui déjà commençait à se déclarer pour les chrétiens. Païen et vaincu, il fallait bien qu'il fût un homme abominable.

Eusèbe nous dit que Constantin, en allant à Rome combattre Maxence, vit dans les nuées, aussi bien que toute son armée, la grande enseigne des empereurs nommée le *Labarum*, surmontée d'un *P* latin, ou d'un grand *R* grec, avec une croix en sautoir, et deux mots grecs qui signifiaient, *Tu vaincras par ceci*. Quelques auteurs prétendent que ce signe lui apparut à Besançon, d'autres disent à Cologne, quelques uns à Trèves, d'autres à Troyes. Il est étrange que le ciel se soit expliqué en grec dans tous ces pays-là. Il eût paru plus naturel aux faibles lumières des hommes que ce signe eût paru en Italie le jour de la bataille; mais alors il eût fallu que l'inscription eût été en latin. Un savant antiquaire, nommé Loisel, a réfuté cette antiquité; mais on l'a traité de scélérat.

On pourrait cependant considérer que cette guerre n'était pas une guerre de religion, que Constantin n'était pas un saint, qu'il est mort soupçonné d'être arien, après avoir persécuté les orthodoxes; et qu'ainsi on n'a pas un intérêt bien évident à soutenir ce prodige.

Après sa victoire, le sénat s'empressa d'adorer le vainqueur et de détester la mémoire du vaincu. On se hâta de dépouiller l'arc de triomphe de Marc-Aurèle, pour orner celui de Constantin; on lui dressa une statue d'or, ce qu'on ne fesait que pour les dieux; il la reçut malgré le *Labarum*, et reçut encore le titre de *grand-pontife*, qu'il garda toute sa vie. Son premier soin, à ce que disent Zonare et Zosime, fut d'exterminer toute la race du tyran et ses principaux amis; après quoi il assista très humainement aux spectacles et aux jeux publics.

Le vieux Dioclétien était mourant alors dans sa retraite de Salone. Constantin aurait pu ne se pas tant presser d'abattre ses images dans Rome; il eût pu se souvenir que cet empereur oublié avait été le bienfaiteur de son père, et qu'il lui devait l'empire. Vainqueur de Maxence, il lui restait à se défaire de Licinius son beau-frère, auguste comme lui; et Licinius songeait à se défaire de Constantin, s'il pouvait. Cependant leurs querelles n'éclatant pas encore, ils donnèrent conjointement, en 313, à Milan, le fameux édit de liberté de conscience. « Nous donnons, disent-ils, à « tout le monde la liberté de suivre telle religion que « chacun voudra, afin d'attirer la bénédiction du ciel « sur nous et sur tous nos sujets; nous déclarons que « nous avons donné aux chrétiens la faculté libre et « absolue d'observer leur religion; bien entendu que « tous les autres auront la même liberté, pour mainte- « nir la tranquillité de notre règne. » On pourrait faire un livre sur un tel édit; mais je ne veux pas seulement y hasarder deux lignes.

Constantin n'était pas encore chrétien. Licinius, son collègue, ne l'était pas non plus. Il y avait encore un empereur ou un tyran à exterminer; c'était un païen déterminé, nommé Maximin. Licinius le combattit avant de combattre Constantin. Le ciel lui fut encore plus favorable qu'à Constantin même; car celui-ci n'avait eu que l'apparition d'un étendard, et Licinius eut celle d'un ange. Cet ange lui apprit une prière avec laquelle il vaincrait sûrement le barbare Maximin. Licinius la mit par écrit, la fit réciter trois fois à son armée, et remporta une victoire complète. Si ce Licinius, beau-frère de Constantin, avait régné heureusement, on n'aurait parlé que de son ange : mais Constantin l'ayant fait pendre, ayant égorgé son jeune fils, étant devenu maître absolu de tout, on ne parle que du Labarum de Constantin.

On croit qu'il fit mourir son fils aîné Crispus, et sa femme Fausta, la même année qu'il assembla le concile de Nicée. Zosime et Sozomène prétendent que les prêtres des dieux lui ayant dit qu'il n'y avait pas d'expiations pour de si grands crimes, il fit alors profession ouverte du christianisme, et démolit plusieurs temples dans l'Orient. Il n'est guère vraisemblable que des pontifes païens eussent manqué une si belle occasion d'amener à eux leur grand-pontife qui les abandonnait. Cependant il n'est pas impossible qu'il s'en fût trouvé quelques uns de sévères ; il y a partout des hommes difficiles. Ce qui est bien plus étrange, c'est que Constantin chrétien n'ait fait aucune pénitence de ses parricides. Ce fut à Rome qu'il commit cette barbarie; et depuis ce temps le séjour de Rome lui devint odieux; il la quitta pour jamais, et alla fonder Constantinople. Comment ose-t-il dire dans un de ses rescrits, qu'il transporte le siége de l'empire à Constantinople *par ordre de Dieu même?* n'est-ce pas se jouer impudemment de la Divinité et des hommes? Si Dieu lui avait donné quelque ordre, ne lui aurait-il pas donné celui de ne point assassiner sa femme et son fils?

Dioclétien avait déjà donné l'exemple de la translation de l'empire vers les côtes de l'Asie. Le faste, le despotisme et les mœurs asiatiques effarouchaient encore les Romains, tout corrompus et tout esclaves qu'ils étaient. Les empereurs n'avaient osé se faire baiser les pieds dans Rome, et introduire une foule d'eunuques dans leurs palais; Dioclétien commença dans Nicomédie, et Constantin acheva dans Constantinople, de mettre la cour romaine sur le pied de celle des Perses. Rome languit dès-lors dans la décadence. L'ancien esprit romain tomba avec elle. Ainsi Constantin fit à l'empire le plus grand mal qu'il pouvait lui faire.

De tous les empereurs ce fut sans contredit le plus absolu. Auguste avait laissé une image de liberté ; Tibère, Néron même, avaient ménagé le sénat et le peuple romain : Constantin ne ménagea personne. Il avait affermi d'abord sa puissance dans Rome, en cassant ces fiers prétoriens, qui se croyaient les maîtres des empereurs. Il sépara entièrement la robe et l'épée. Les dépositaires des lois, écrasés alors par le militaire, ne furent plus que des jurisconsultes esclaves. Les provinces de l'empire furent gouvernées sur un plan nouveau.

La grande vue de Constantin était d'être le maître en tout; il le fut dans l'Église comme dans l'état. On le voit convoquer et ouvrir le concile de Nicée, entrer au milieu des Pères tout couvert de pierreries, le diadème sur la tête, prendre la première place, exiler indifféremment tantôt Arius, tantôt Athanase. Il se mettait à la tête du christianisme sans être chrétien : car c'était ne pas l'être dans ce temps-là, que de n'être pas baptisé; il n'était que catéchumène. L'usage même d'attendre les approches de la mort pour se faire plonger dans l'eau de régénération, commençait à s'abolir pour les particuliers. Si Constantin, en différant son baptême jusqu'à la mort, crut pouvoir tout faire impunément dans l'espérance d'une expiation entière, il était triste pour le genre humain qu'une telle opinion eût été mise dans la tête d'un homme tout puissant.

CONTRADICTIONS.

SECTION PREMIÈRE[1].

Plus on voit ce monde, et plus on le voit plein de contradictions et d'inconséquences. A commencer par le Grand-Turc, il fait couper toutes les têtes qui lui déplaisent, et peut rarement conserver la sienne.

Si du Grand-Turc nous passons au Saint-Père, il confirme l'élection des empereurs, il a des rois pour vassaux, mais il n'est pas si puissant qu'un duc de Savoie. Il expédie des ordres pour l'Amérique et pour l'Afrique, et il ne pourrait pas ôter un privilége à la république de Lucques. L'empereur est roi des Romains; mais le droit de leur roi consiste à tenir l'étrier du pape, et à lui donner à laver à la messe.

Les Anglais servent leur monarque à genoux, mais ils le déposent, l'emprisonnent, et le font périr sur l'échafaud.

Des hommes qui font vœu de pauvreté, obtiennent, en vertu de ce vœu, jusqu'à deux cent mille écus de rente, et, en conséquence de leur vœu d'humilité, sont des souverains despotiques. On condamne hautement à Rome la pluralité des bénéfices avec charge d'ames; et on donne tous les jours des bulles à un Allemand pour cinq ou six évêchés à-la-fois. C'est, dit-on, que

---

[1] Ce morceau est imprimé dans le tome V de l'édition de 1742 des OEuvres de Voltaire. L'auteur le comprit dans son édition de 1756 parmi les Mélanges, 3ᵉ partie. Ce sont les éditeurs de Kehl qui l'ont placé ici.

On peut voir dans les Mélanges de la présente édition, année 1727, un fragment sur les contradictions, qui, disent les éditeurs de Kehl, semble avoir fait partie d'une lettre écrite d'Angleterre. B.

les évêques allemands n'ont point charge d'ames. Le chancelier de France est la première personne de l'état; il ne peut manger avec le roi, du moins jusqu'à présent, et un colonel à peine gentilhomme a cet honneur. Une intendante est reine en province, et bourgeoise à la cour.

On cuit en place publique ceux qui sont convaincus du péché de non-conformité, et on explique gravement dans tous les colléges la seconde églogue de Virgile, avec la déclaration d'amour de Corydon au bel Alexis : « Formosum pastor Corydon ardebat Alexin; » et on fait remarquer aux enfants que quoique Alexis soit blond et qu'Amyntas soit brun, cependant Amyntas pourrait bien avoir la préférence.

Si un pauvre philosophe, qui ne pense point à mal, s'avise de vouloir faire tourner la terre, ou d'imaginer que la lumière vient du soleil, ou de supposer que la matière pourrait bien avoir quelques autres propriétés que celles que nous connaissons, on crie à l'impie, au perturbateur du repos public; et on traduit [1], *ad usum Delphini*, les *Tusculanes* de Cicéron et Lucrèce, qui sont deux cours complets d'irréligion.

Les tribunaux ne croient plus aux possédés, on se moque des sorciers; mais on a brûlé Gaufridi et Grandier pour sortilége; et en dernier lieu la moitié d'un parlement voulait condamner au feu un religieux, accusé d'avoir ensorcelé une fille de dix-huit ans, en soufflant sur elle [a].

[1] Les éditions *ad usum Delphini* ont des commentaires latins et point de traductions. B.

[a] C'est le procès du P. Girard et de La Cadière. Rien n'a tant déshonoré l'humanité.

Le sceptique philosophe Bayle a été persécuté même en Hollande. La Mothe Le Vayer, plus sceptique et moins philosophe, a été précepteur du roi Louis XIV et du frère du roi. Gourville était à-la-fois pendu en effigie à Paris, et ministre de France en Allemagne.

Le fameux athée Spinosa vécut et mourut tranquille. Vanini, qui n'avait écrit que contre Aristote, fut brûlé comme athée : il a l'honneur, en cette qualité, de remplir un article dans les histoires des gens de lettres et dans tous les dictionnaires, immenses archives de mensonges et d'un peu de vérité : ouvrez ces livres, vous y verrez que non seulement Vanini enseignait publiquement l'athéisme dans ses écrits, mais encore que douze professeurs de sa secte étaient partis de Naples avec lui dans le dessein de faire partout des prosélytes; ouvrez ensuite les livres de Vanini, vous serez bien surpris de ne voir que des preuves de l'existence de Dieu. Voici ce qu'on lit dans son *Amphitheatrum*, ouvrage également condamné et ignoré : « Dieu est son principe et son terme, sans fin et sans
« commencement, n'ayant besoin ni de l'un ni de
« l'autre, et père de tout commencement et de toute
« fin; il existe toujours, mais dans aucun temps; pour
« lui le passé ne fut point, et l'avenir ne viendra point;
« il règne partout sans être dans un lieu; immobile
« sans s'arrêter, rapide sans mouvement; il est tout,
« et hors de tout; il est dans tout, mais sans être enfermé;
« hors de tout, mais sans être exclus d'aucune
« chose; bon, mais sans qualité; entier, mais sans
« parties; immuable en variant tout l'univers; sa vo-
« lonté est sa puissance; simple, il n'y a rien en lui de

« purement possible, tout y est réel; il est le premier, « le moyen, le dernier acte; enfin étant tout, il est au-« dessus de tous les êtres, hors d'eux, dans eux, au-« delà d'eux, à jamais devant et après eux. » C'est après une telle profession de foi que Vanini fut déclaré athée. Sur quoi fut-il condamné? sur la simple déposition d'un nommé Françon [1]. En vain ses livres déposaient pour lui. Un seul ennemi lui a coûté la vie, et l'a flétri dans l'Europe.

Le petit livre de *Cymbalum mundi* [2], qui n'est qu'une imitation froide de Lucien, et qui n'a pas le plus léger, le plus éloigné rapport au christianisme, a été aussi condamné aux flammes. Mais Rabelais a été imprimé avec privilége, et on a très tranquillement laissé un libre cours à l'*Espion turc* [3], et même aux *Lettres persanes*, à ce livre léger, ingénieux et hardi, dans lequel il y a une lettre tout entière en faveur du suicide [4]; une autre où l'on trouve ces propres mots [5], « Si l'on suppose une religion; » une autre [6] où il est dit expressément que les évêques n'ont « d'au-« tres fonctions que de dispenser d'accomplir la loi; » une autre [7] enfin où il est dit que le pape est un ma-

---

[1] Voyez ATHÉISME, section III. B.

[2] Le *Cymbalum mundi*, ouvrage de Bonaventure Des Périers (dont Voltaire parle assez longuement dans la septième de ses *Lettres à son altesse monseigneur le prince de****, voyez les *Mélanges*, année 1767), imprimé en 1537, réimprimé en 1538, l'a été encore en 1711 et en 1732, petit in-12. Voltaire lui-même l'a fait réimprimer en 1770 dans le tome III du recueil intitulé: *Les choses utiles et agréables*. B.

[3] Voyez ma note sur la seconde des *Honnêtetés littéraires*, dans les *Mélanges*, année 1767. B.

[4] Lettre LXXVI. B. — [5] Lettre XLVI. B. — [6] Lettre XXIX. B. — [7] Lettre XXIV. B.

gicien qui fait accroire que trois ne sont qu'un, que le pain qu'on mange n'est pas du pain, etc.

L'abbé de Saint-Pierre, homme qui a pu se tromper souvent, mais qui n'a jamais écrit qu'en vue du bien public, et dont les ouvrages étaient appelés par le cardinal Dubois, *les rêves d'un bon citoyen;* l'abbé de Saint-Pierre, dis-je, a été exclus de l'académie française d'une voix unanime, pour avoir, dans un ouvrage de politique, préféré l'établissement des conseils sous la régence aux bureaux des secrétaires d'état qui gouvernaient sous Louis XIV, et pour avoir dit que les finances avaient été malheureusement administrées sur la fin de ce glorieux règne. L'auteur des *Lettres persanes* n'avait parlé de Louis XIV, dans son livre, que pour dire que ce roi était un « magi-
« cien [1], qui fesait accroire à ses sujets que du papier
« était de l'argent; qu'il n'aimait que le gouvernement
« turc [2]; qu'il préférait un homme qui lui donnait la
« serviette, à un homme qui lui avait gagné des ba-
« tailles; qu'il avait donné une pension à un homme
« qui avait fui deux lieues, et un gouvernement à un
« homme qui en avait fui quatre; qu'il était accablé
« de pauvreté;» quoiqu'il soit dit dans la même Lettre que ses finances sont inépuisables. Voilà, encore une fois, tout ce que cet auteur, dans son seul livre alors connu, avait dit de Louis XIV, protecteur de l'académie française; et ce livre est le seul titre sur lequel l'auteur a été effectivement reçu dans l'académie française. On peut ajouter encore, pour comble de contra-

---

[1] Lettre xxiv. B.
[2] Lettre xxxvii. B.

diction, que cette compagnie le reçut pour en avoir été tournée en ridicule. Car de tous les livres où on s'est réjoui aux dépens de cette académie, il n'y en a guère où elle soit traitée plus mal que dans les *Lettres persanes*. Voyez la lettre [1] où il est dit : « Ceux qui com-
« posent ce corps n'ont d'autres fonctions que de ja-
« ser sans cesse. L'éloge vient se placer comme de
« lui-même dans leur babil éternel, etc. » Après avoir ainsi traité cette compagnie, il fut loué par elle, à sa réception, du talent de faire des portraits ressemblants [2].

Si je voulais continuer à examiner les contrariétés qu'on trouve dans l'empire des lettres, il faudrait écrire l'histoire de tous les savants et de tous les beaux-esprits; de même que si je voulais détailler les contrariétés dans la société, il faudrait écrire l'histoire du genre humain. Un Asiatique qui voyagerait en Europe pourrait bien nous prendre pour des païens. Nos jours de la semaine portent les noms de Mars, de Mercure, de Jupiter, de Vénus; les noces de Cupidon et de Psyché sont peintes dans la maison des papes : mais surtout si cet Asiatique voyait notre opéra, il ne douterait pas que ce ne fût une fête à l'honneur des dieux du paganisme. S'il s'informait un peu plus exactement de nos mœurs, il serait bien plus étonné; il verrait en Espagne qu'une loi sévère défend qu'aucun étranger ait la moindre part indi-

[1] Lettre LXXIII. B.
[2] Cette phrase ne se trouve point dans le discours imprimé de M. Mallet, alors directeur : ainsi, ou la mémoire de M. de Voltaire l'a mal servi, ou cette phrase ayant été remarquée à la lecture publique, on l'aura supprimée dans l'impression. K.

recte au commerce de l'Amérique, et que cependant les étrangers y font, par les facteurs espagnols, un commerce de cinquante millions par an, de sorte que l'Espagne ne peut s'enrichir que par la violation de la loi, toujours subsistante et toujours méprisée. Il verrait qu'en un autre pays le gouvernement fait fleurir une compagnie des Indes, et que les théologiens ont déclaré le dividende des actions criminel devant Dieu. Il verrait qu'on achète le droit de juger les hommes, celui de commander à la guerre, celui d'entrer au conseil ; il ne pourrait comprendre pourquoi il est dit dans les patentes qui donnent ces places, qu'elles ont été accordées gratis et sans brigue, tandis que la quittance de finance est attachée aux lettres de provision. Notre Asiatique ne serait-il pas surpris de voir des comédiens gagés par les souverains, et excommuniés par les curés ? Il demanderait pourquoi un lieutenant général roturier, qui aura gagné des batailles[a], sera mis à la taille comme un paysan, et qu'un échevin sera noble comme les Montmorenci ? Pourquoi, tandis qu'on interdit les spectacles réguliers, dans une semaine consacrée à l'édification, on permet des bateleurs qui offensent les oreilles les moins délicates ? Il verrait presque toujours nos usages en contradiction avec nos lois ; et si nous voyagions en Asie, nous y trouverions à peu près les mêmes incompatibilités.

Les hommes sont partout également fous ; ils ont fait des lois à mesure, comme on répare des brèches

---

[a] Cette ridicule coutume a été enfin abolie en 1751. Les lieutenants généraux des armées ont été déclarés nobles comme les échevins. — Voyez *Essai sur les Mœurs*, ch. xcviii, tome XVII, page 17. B.

de murailles. Ici les fils aînés ont ôté tout ce qu'ils ont pu aux cadets, là les cadets partagent également. Tantôt l'Église a ordonné le duel, tantôt elle l'a anathématisé. On a excommunié tour-à-tour les partisans et les ennemis d'Aristote, et ceux qui portaient des cheveux longs et ceux qui les portaient courts. Nous n'avons dans le monde de loi parfaite que pour régler une espèce de folie, qui est le jeu. Les règles du jeu sont les seules qui n'admettent ni exception, ni relâchement, ni variété, ni tyrannie. Un homme qui a été laquais, s'il joue au lansquenet avec des rois, est payé sans difficulté quand il gagne; partout ailleurs la loi est un glaive dont le plus fort coupe par morceaux le plus faible.

Cependant ce monde subsiste comme si tout était bien ordonné; l'irrégularité tient à notre nature; notre monde politique est comme notre globe, quelque chose d'informe qui se conserve toujours. Il y aurait de la folie à vouloir que les montagnes, les mers, les rivières, fussent tracées en belles figures régulières; il y aurait encore plus de folie de demander aux hommes une sagesse parfaite; ce serait vouloir donner des ailes à des chiens, ou des cornes à des aigles.

SECTION II[1].

Exemples tirés de l'histoire, de la sainte Écriture, de plusieurs écrivains, du fameux curé Meslier, d'un prédicant nommé Antoine, etc.

On vient de montrer les contradictions de nos

---

[1] En 1771, dans la 4ᵉ partie des *Questions sur l'Encyclopédie*, cette sec-

usages, de nos mœurs, de nos lois : on n'en a pas dit assez.

Tout a été fait, surtout dans notre Europe, comme l'habit d'Arlequin : son maître n'avait point de drap ; quand il fallut l'habiller, il prit des vieux lambeaux de toutes couleurs : Arlequin fut ridicule, mais il fut vêtu.

Où est le peuple dont les lois et les usages ne se contredisent pas ? Y a-t-il une contradiction plus frappante et en même temps plus respectable que le saint empire romain ? en quoi est-il saint ? en quoi est-il empire ? en quoi est-il romain ?

Les Allemands sont une brave nation que ni les Germanicus, ni les Trajan, ne purent jamais subjuguer entièrement. Tous les peuples germains qui habitaient au-delà de l'Elbe furent toujours invincibles, quoique mal armés ; c'est en partie de ces tristes climats que sortirent les vengeurs du monde. Loin que l'Allemagne soit l'empire romain, elle a servi à le détruire.

Cet empire était réfugié à Constantinople, quand un Allemand, un Austrasien alla d'Aix-la-Chapelle à Rome, dépouiller pour jamais les césars grecs de ce qui leur restait en Italie. Il prit le nom de césar, d'*imperator*; mais ni lui ni ses successeurs n'osèrent jamais résider à Rome. Cette capitale ne peut ni se vanter ni se plaindre que depuis Augustule, dernier excrément

---

tion formait tout l'article, qui alors commençait ainsi : « On a déjà montré ail-
« leurs les contradictions de nos usages, etc. »
Le sommaire de l'article fut ajouté en 1774, dans l'édition in-4°. B.

de l'empire romain, aucun césar ait vécu et soit enterré dans ses murs.

Il est difficile que l'empire soit *saint*, parcequ'il professe trois religions, dont deux sont déclarées impies, abominables, damnables et damnées, par la cour de Rome, que toute la cour impériale regarde comme souveraine sur ces cas.

Il n'est certainement pas romain, puisque l'empereur n'a pas dans Rome une maison.

En Angleterre on sert les rois à genoux. La maxime constante est que le roi ne peut jamais faire mal : *The king can do no wrong*. Ses ministres seuls peuvent avoir tort; il est infaillible dans ses actions comme le pape dans ses jugements. Telle est la loi fondamentale, la loi salique d'Angleterre. Cependant le parlement juge son roi Édouard II vaincu et fait prisonnier par sa femme : on déclare qu'il a tous les torts du monde, et qu'il est déchu de tous droits à la couronne. Guillaume Trussel vient dans sa prison lui faire le compliment suivant :

« Moi, Guillaume Trussel, procureur du parlement
« et de toute la nation anglaise, je révoque l'hommage
« à toi fait autrefois; je te défie, et je te prive du pou-
« voir royal, et nous ne tiendrons plus à toi dores-
« navant[a]. »

Le parlement juge et condamne le roi Richard II, fils du grand Édouard III. Trente et un chefs d'accusation sont produits contre lui, parmi lesquels on en trouve deux singuliers : Qu'il avait emprunté de l'ar-

---

[a] Rapin Thoyras n'a pas traduit littéralement cet acte.

gent sans payer, et qu'il avait dit en présence de témoins qu'il était le maître de la vie et des biens de ses sujets.

Le parlement dépose Henri VI qui avait un très grand tort, mais d'une autre espèce, celui d'être imbécile.

Le parlement déclare Édouard IV traître, confisque tous ses biens; et ensuite le rétablit quand il est heureux.

Pour Richard III, celui-là eut véritablement tort plus que tous les autres : c'était un Néron, mais un Néron courageux; et le parlement ne déclara ses torts que quand il eut été tué.

La chambre représentant le peuple d'Angleterre imputa plus de torts à Charles Ier qu'il n'en avait, et le fit périr sur un échafaud. Le parlement jugea que Jacques II avait de très grands torts, et surtout celui de s'être enfui. Il déclara la couronne vacante, c'est-à-dire, il le déposa.

Aujourd'hui Junius écrit au roi d'Angleterre que ce monarque a tort d'être bon et sage. Si ce ne sont pas là des contradictions, je ne sais où l'on peut en trouver.

DES CONTRADICTIONS DANS QUELQUES RITES.

Après ces grandes contradictions politiques qui se divisent en cent mille petites contradictions, il n'y en a point de plus forte que celle de quelques uns de nos rites. Nous détestons le judaïsme; il n'y a pas quinze ans qu'on brûlait encore les Juifs. Nous les regardons comme les assassins de notre Dieu, et nous nous assemblons tous les dimanches pour psalmodier des cantiques juifs : si nous ne les récitons pas en hébreu, c'est que nous sommes des ignorants. Mais les quinze premiers évêques, prêtres, diacres et troupeau de Jérusalem, berceau de la religion chrétienne, récitèrent toujours les psaumes juifs dans l'idiome juif de la langue syriaque; et jusqu'au temps du calife Omar, presque tous les chrétiens depuis Tyr jusqu'à Alep priaient dans cet idiome juif. Aujourd'hui qui réciterait les psaumes tels qu'ils ont été composés, qui les chanterait dans la langue juive, serait soupçonné d'être circoncis et d'être juif : il serait brûlé comme tel; il l'aurait été du moins il y a vingt ans, quoique Jésus-Christ ait été circoncis, quoique les apôtres et les disciples aient été circoncis. Je mets à part tout le fond de notre sainte religion, tout ce qui est un objet de foi, tout ce qu'il ne faut considérer qu'avec une soumission craintive; je n'envisage que l'écorce, je ne touche qu'à l'usage; je demande s'il y en eut jamais un plus contradictoire?

DES CONTRADICTIONS DANS LES AFFAIRES ET DANS LES HOMMES.

Si quelque société littéraire veut entreprendre le dictionnaire des contradictions, je souscris pour vingt volumes *in-folio*.

Le monde ne subsiste que de contradictions; que faudrait-il pour les abolir? assembler les états du genre humain. Mais de la manière dont les hommes sont faits, ce serait une nouvelle contradiction s'ils étaient d'accord. Assemblez tous les lapins de l'univers, il n'y aura pas deux avis différents parmi eux.

Je ne connais que deux sortes d'êtres immuables sur la terre, les géomètres et les animaux; ils sont conduits par deux règles invariables, la démonstration et l'instinct: et encore les géomètres ont-ils eu quelques disputes, mais les animaux n'ont jamais varié.

DES CONTRADICTIONS DANS LES HOMMES ET DANS LES AFFAIRES.

Les contrastes, les jours et les ombres sous lesquels on représente dans l'histoire les hommes publics, ne sont pas des contradictions, ce sont des portraits fidèles de la nature humaine.

Tous les jours on condamne et on admire Alexandre le meurtrier de Clitus, mais le vengeur de la Grèce, le vainqueur des Perses, et le fondateur d'Alexandrie;

César le débauché, qui vole le trésor public de Rome pour asservir sa patrie mais dont la clémence égale la valeur, et dont l'esprit égale le courage;

Mahomet, imposteur, brigand; mais le seul des législateurs religieux qui ait eu du courage, et qui ait fondé un grand empire;

L'enthousiaste Cromwell, fourbe dans le fanatisme même, assassin de son roi en forme juridique, mais aussi profond politique que valeureux guerrier.

Mille contrastes se présentent souvent en foule, et ces contrastes sont dans la nature; ils ne sont pas plus étonnants qu'un beau jour suivi de la tempête.

DES CONTRADICTIONS APPARENTES DANS LES LIVRES.

Il faut soigneusement distinguer dans les écrits, et surtout dans les livres sacrés, les contradictions apparentes et les réelles. Il est dit dans le *Pentateuque* que Moïse était le plus doux des hommes, et qu'il fit égorger vingt-trois mille Hébreux qui avaient adoré le veau d'or, et vingt-quatre mille qui avaient ou épousé comme lui, ou fréquenté des femmes madianites; mais de sages commentateurs ont prouvé solidement que Moïse était d'un naturel très doux, et qu'il n'avait fait qu'exécuter les vengeances de Dieu en fesant massacrer ces quarante-sept mille Israélites coupables, comme nous l'avons déjà vu[1].

Des critiques hardis ont cru apercevoir une contradiction dans le récit où il est dit que Moïse changea toutes les eaux de l'Égypte en sang, et que les magiciens de Pharaon firent ensuite le même prodige, sans que l'*Exode* mette aucun intervalle entre le miracle de Moïse et l'opération magique des enchanteurs.

Il paraît d'abord impossible que ces magiciens changent en sang ce qui est déjà devenu sang; mais cette difficulté peut se lever en supposant que Moïse avait laissé les eaux reprendre leur première nature, pour donner au pharaon le temps de rentrer en lui-même. Cette supposition est d'autant plus plausible, que si le texte ne la favorise pas expressément, il ne lui est pas contraire.

Les mêmes incrédules demandent comment tous les chevaux ayant été tués par la grêle dans la sixième plaie, Pharaon put poursuivre la nation juive avec de la cavalerie? Mais cette contradiction n'est pas même apparente, puisque la grêle, qui tua tous les chevaux

[1] Tome XV, page 177. B.

qui étaient aux champs, ne put tomber sur ceux qui étaient dans les écuries.

Une des plus fortes contradictions qu'on ait cru trouver dans l'histoire des *Rois*, est la disette totale d'armes offensives et défensives chez les Juifs à l'avénement de Saül, comparée avec l'armée de trois cent trente mille combattants que Saül conduit contre les Ammonites qui assiégeaient Jabès en Galaad.

Il est rapporté en effet qu'alors[a], et même après cette bataille, il n'y avait pas une lance, pas une seule épée chez tout le peuple hébreu; que les Philistins empêchaient les Hébreux de forger des épées et des lances; que les Hébreux étaient obligés d'aller chez les Philistins pour faire aiguiser le soc de leurs charrues[b], leurs hoyaux, leurs cognées, et leurs serpettes.

Cet aveu semble prouver que les Hébreux étaient en très petit nombre, et que les Philistins étaient une nation puissante, victorieuse, qui tenait les Israélites sous le joug, et qui les traitait en esclaves; qu'enfin il n'était pas possible que Saül eût assemblé trois cent trente mille combattants, etc.

Le révérend père dom Calmet dit[c] « qu'il est croya« ble qu'il y a un peu d'exagération dans ce qui est dit « ici de Saül et de Jonathas; » mais ce savant homme oublie que les autres commentateurs attribuent les premières victoires de Saül et de Jonathas à un de ces miracles évidents que Dieu daigna faire si souvent en faveur de son pauvre peuple. Jonathas, avec son seul

---

[a] I. *Rois*, ch. xiii, v. 22. — [b] Chap. xiii, v. 19, 20, et 21. — [c] Note de dom Calmet sur le verset 19.

écuyer, tua d'abord vingt ennemis; et les Philistins, étonnés, tournèrent leurs armes les uns contre les autres. L'auteur du livre des *Rois* dit positivement[a] que ce fut comme un miracle de Dieu, *accidit quasi miraculum a Deo.* Il n'y a donc point là de contradiction.

Les ennemis de la religion chrétienne, les Celse, les Porphyre, les Julien, ont épuisé la sagacité de leur esprit sur cette matière. Des auteurs juifs se sont prévalus de tous les avantages que leur donnait la supériorité de leurs connaissances dans la langue hébraïque pour mettre au jour ces contradictions apparentes; ils ont été suivis même par des chrétiens tels que milord Herbert, Wollaston, Tindal, Toland, Collins, Shaftesbury, Woolston, Gordon, Bolingbroke, et plusieurs auteurs de divers pays. Fréret, secrétaire perpétuel de l'académie des belles-lettres de France, le savant Leclerc même, Simon de l'Oratoire, ont cru apercevoir quelques contradictions qu'on pouvait attribuer aux copistes. Une foule d'autres critiques ont voulu relever et réformer des contradictions qui leur ont paru inexplicables.

On lit dans un livre dangereux fait avec beaucoup d'art[b] : « Saint Matthieu et saint Luc donnent chacun

---

[a] Chap. xiv, v. 15.

[b] *Analyse de la religion chrétienne,* page 22, attribuée à Saint-Évremond. — L'*Analyse de la Religion chrétienne* fait partie d'un volume intitulé *Recueil nécessaire,* dont on croit que Voltaire fut l'éditeur; mais je remarquerai que l'*Analyse* y est imprimée sous le nom de Dumarsais; et ici Voltaire donne cet ouvrage à Saint-Évremond. L'*Analyse de la Religion chrétienne* n'est peut-être ni de Dumarsais ni de Saint-Évremond. B.

« une généalogie de Jésus-Christ différente; et pour
« qu'on ne croie pas que ce sont de ces différences lé-
« gères qu'on peut attribuer à méprise ou inadvertance,
« il est aisé de s'en convaincre par ses yeux en lisant
« Matthieu au chap. I, et Luc au chap. III : on verra
« qu'il y a quinze générations de plus dans l'une que
« dans l'autre; que depuis David elles se séparent ab-
« solument; qu'elles se réunissent à Salathiel; mais
« qu'après son fils elles se séparent de nouveau, et ne
« se réunissent plus qu'à Joseph.

« Dans la même généalogie, saint Matthieu tombe
« encore dans une contradiction manifeste; car il dit
« qu'Osias était père de Jonathan; et dans les *Parali-*
« *pomènes*, livre Ier, chap III, v. 11 et 12, on trouve trois
« générations entre eux : savoir, Joas, Amazias, Aza-
« rias, desquels Luc ne parle pas plus que Matthieu.
« De plus, cette généalogie ne fait rien à celle de Jésus,
« puisque, selon notre loi, Joseph n'avait eu aucun
« commerce avec Marie. »

Pour répondre à cette objection faite depuis le temps
d'Origène, et renouvelée de siècle en siècle, il faut lire
Julius Africanus. Voici les deux généalogies conciliées
dans la table suivante, telle qu'elle se trouve dans la
Bibliothèque des auteurs ecclésiastiques.

DAVID.

Salomon et ses descendants, rapportés par saint Matthieu.		Nathan et ses descendants, rapportés par saint Luc.
	ESTHA.	
Mathan, premier mari.		Melchi, ou plutôt Mathat, second mari.
Jacob, fils de Mathan, premier mari.	Leur femme commune, dont on ne sait point le nom; mariée premièrement à Héli, dont elle n'a point eu d'enfant, et ensuite à Jacob son frère.	Héli.
Joseph, fils naturel de Jacob.		Fils d'Héli, selon la loi.

Il y a une autre manière de concilier les deux généalogies par saint Épiphane.

Suivant lui, Jacob Panther, descendu de Salomon, est père de Joseph et de Cléophas.

Joseph a de sa première femme six enfants, Jacques, Josué, Siméon, Juda, Marie, et Salomé.

Il épouse ensuite la vierge Marie, mère de Jésus, fille de Joachim et d'Anne.

Il y a plusieurs autres manières d'expliquer ces deux généalogies. Voyez l'ouvrage de dom Calmet, intitulé: *Dissertation où l'on essaie de concilier saint Matthieu avec saint Luc sur la généalogie de Jésus-Christ.*

Les mêmes savants incrédules qui ne sont occupés qu'à comparer des dates, à examiner les livres et les médailles, à confronter les anciens auteurs, à chercher la vérité avec la prudence humaine, et qui perdent par leur science la simplicité de la foi, reprochent à saint Luc de contredire les autres Évangiles, et de s'être trompé dans ce qu'il avance sur la naissance du Sauveur. Voici comme s'en explique témérairement l'auteur de l'*Analyse de la religion chrétienne* (page 23).

« Saint Luc dit que Cyrénius avait le gouverne-
« ment de Syrie lorsque Auguste fit faire le dénombre-
« ment de tout l'empire. On va voir combien il se ren-
« contre de faussetés évidentes dans ce peu de mots.
« 1° Tacite et Suétone, les plus exacts de tous les his-
« toriens, ne disent pas un mot du prétendu dénom-
« brement de tout l'empire, qui assurément eût été
« un événement bien singulier, puisqu'il n'y en eut
« jamais sous aucun empereur; du moins aucun au-
« teur ne rapporte qu'il y en ait eu. 2° Cyrénius ne
« vint dans la Syrie que dix ans après le temps mar-
« qué par Luc; elle était alors gouvernée par Quinti-
« lius Varus, comme Tertullien le rapporte; et comme
« il est confirmé par les médailles. »

On avouera qu'en effet il n'y eut jamais de dénombrement de tout l'empire romain, et qu'il n'y eut qu'un cens de citoyens romains, selon l'usage. Il se peut que des copistes aient écrit *dénombrement* pour *cens*. A l'égard de Cyrénius, que les copistes ont transcrit Cyrinus, il est certain qu'il n'était pas gouverneur de la Syrie dans le temps de la naissance de notre Sauveur, et que c'était alors Quintilius Varus; mais il est très naturel que Quintilius Varus ait envoyé en Judée ce même Cyrénius qui lui succéda, dix ans après, dans le gouvernement de la Syrie. On ne doit point dissimuler que cette explication laisse encore quelques difficultés.

Premièrement, le cens fait sous Auguste ne se rapporte point au temps de la naissance de Jésus-Christ.

Secondement, les Juifs n'étaient point compris dans ce cens. Joseph et son épouse n'étaient point citoyens romains. Marie ne devait donc point, dit-on, partir de Nazareth, qui est à l'extrémité de la Judée, à quelques milles du mont Thabor, au milieu du désert, pour aller accoucher à Bethléem, qui est à quatre-vingts milles de Nazareth.

Mais il se peut très aisément que Cyrinus ou Cyrénius étant venu à Jérusalem de la part de Quintilius Varus pour imposer un tribut par tête, Joseph et Marie eussent reçu l'ordre du magistrat de Bethléem de venir se présenter pour payer le tribut dans le bourg de Bethléem, lieu de leur naissance; il n'y a rien là qui soit contradictoire.

Les critiques peuvent tâcher d'infirmer cette solution, en représentant que c'était Hérode seul qui imposait les tributs; que les Romains ne levaient rien alors sur la Judée; qu'Auguste laissait Hérode maître absolu chez lui, moyennant le tribut que cet Iduméen payait à l'empire. Mais on peut dans un besoin s'arranger avec un prince tributaire, et lui envoyer un intendant pour établir de concert avec lui la nouvelle taxe.

Nous ne dirons point ici, comme tant d'autres, que les copistes ont commis beaucoup de fautes, et qu'il y en a plus de dix mille dans la version que nous avons.

Nous aimons mieux dire avec les docteurs et les plus éclairés, que les Évangiles nous ont été donnés pour nous enseigner à vivre saintement, et non pas à critiquer savamment.

Ces prétendues contradictions firent un effet bien terrible sur le déplorable Jean Meslier, curé d'Étrepigni et de But en Champagne : cet homme vertueux, à la vérité, et très charitable, mais sombre et mélancolique, n'ayant guère d'autres livres que la Bible et quelques Pères, les lut avec une attention qui lui devint fatale; il ne fut pas assez docile, lui qui devait enseigner la docilité à son troupeau. Il vit les contradictions apparentes, et ferma les yeux sur la conciliation. Il crut voir des contradictions affreuses entre Jésus né Juif, et ensuite reconnu Dieu ; entre ce Dieu connu d'abord pour le fils de Joseph, charpentier, et le frère de Jacques, mais descendu d'un empyrée qui n'existe point, pour détruire le péché sur la terre, et la laissant couverte de crimes; entre ce Dieu né d'un vil artisan, et descendant de David par son père qui n'était pas son père; entre le créateur de tous les mondes, et le petit-fils de l'adultère Bethsabée, de l'impudente Ruth, de l'incestueuse Thamar, de la prostituée de Jéricho, et de la femme d'Abraham ravie par un roi d'Égypte, ravie ensuite à l'âge de quatre-vingt-dix ans.

Meslier étale avec une impiété monstrueuse toutes ces prétendues contradictions qui le frappèrent, et dont il lui aurait été aisé de voir la solution, pour peu qu'il eût eu l'esprit docile. Enfin sa tristesse s'augmentant dans sa solitude, il eut le malheur de prendre en horreur la sainte religion qu'il devait prêcher et aimer; et, n'écoutant plus que sa raison séduite, il abjura le christianisme par un testament olographe, dont il laissa trois copies à sa mort, arrivée en 1732. L'extrait de ce testament [1] a été imprimé plusieurs fois, et c'est un scandale bien cruel. Un curé qui demande pardon à Dieu et à ses paroissiens, en mourant, de leur avoir enseigné des dogmes chrétiens! un curé charitable qui a le christianisme en exécration, parceque plusieurs chrétiens sont méchants, que le faste de Rome le révolte, et que les difficultés des saints livres l'irritent! un curé qui parle du christianisme comme Porphyre, Jamblique, Épictète, Marc-Aurèle, Julien! et cela lorsqu'il est prêt de paraître devant Dieu! Quel coup funeste pour lui et pour ceux que son exemple peut égarer!

C'est ainsi que le malheureux prédicant Antoine [2], trompé par les contradictions apparentes qu'il crut voir entre la nouvelle loi et l'ancienne, entre l'olivier franc et l'olivier sauvage, eut le malheur de quitter la religion chrétienne pour la religion juive; et, plus hardi que Jean Meslier, il aima mieux mourir que se rétracter.

On voit, par le testament de Jean Meslier, que c'étaient surtout les contrariétés apparentes des Évangiles qui avaient bouleversé l'esprit de ce malheureux

---

[1] Voyez cet *Extrait* du testament de Meslier dans les *Mélanges*, année 1762. B.

[2] Voyez l'article MIRACLES, section IV, et dans les *Mélanges*, année 1766, le paragraphe VII du *Commentaire sur le livre des délits et des peines*. B.

pasteur, d'ailleurs d'une vertu rigide, et qu'on ne peut regarder qu'avec compassion. Meslier est profondément frappé des deux généalogies qui semblent se combattre ; il n'en avait pas vu la conciliation ; il se soulève, il se dépite, en voyant que saint Matthieu fait aller le père, la mère, et l'enfant en Égypte, après avoir reçu l'hommage des trois mages ou rois d'Orient, et pendant que le vieil Hérode, craignant d'être détrôné par un enfant qui vient de naître à Bethléem, fait égorger tous les enfants du pays pour prévenir cette révolution. Il est étonné que ni saint Luc, ni saint Jean, ni saint Marc, ne parlent de ce massacre. Il est confondu quand il voit que saint Luc fait rester saint Joseph, la bienheureuse vierge Marie, et Jésus notre Sauveur, à Bethléem, après quoi ils se retirèrent à Nazareth. Il devait voir que la sainte famille pouvait aller d'abord en Égypte, et quelque temps après à Nazareth sa patrie.

Si saint Matthieu seul parle des trois mages et de l'étoile qui les conduisit du fond de l'Orient à Bethléem, et du massacre des enfants ; si les autres évangélistes n'en parlent pas, ils ne contredisent point saint Matthieu ; le silence n'est point une contradiction.

Si les trois premiers évangélistes, saint Matthieu, saint Marc et saint Luc, ne font vivre Jésus-Christ que trois mois depuis son baptême en Galilée jusqu'à son supplice à Jérusalem ; et si saint Jean le fait vivre trois ans et trois mois, il est aisé de rapprocher saint Jean des trois autres évangélistes, puisqu'il ne dit point expressément que Jésus-Christ prêcha en Galilée pendant trois ans et trois mois, et qu'on l'infère seulement de ses récits. Fallait-il renoncer à sa religion sur de simples inductions, sur de simples raisons de controverse, sur des difficultés de chronologie?

Il est impossible, dit Meslier, d'accorder saint Matthieu et saint Luc, quand le premier dit que Jésus en sortant du désert alla à Capharnaüm, et le second qu'il alla à Nazareth.

Saint Jean dit que ce fut André qui s'attacha le premier à Jésus-Christ; les trois autres évangélistes disent que ce fut Simon Pierre.

Il prétend encore qu'ils se contredisent sur le jour où Jésus célébra sa pâque, sur l'heure de son supplice, sur le lieu, sur le temps de son apparition, de sa résurrection. Il est persuadé que des livres qui se contredisent ne peuvent être inspirés par le Saint-Esprit; mais il n'est pas de foi que le Saint-Esprit ait inspiré toutes les syllabes; il ne conduisit pas la main de tous les copistes, il laissa agir les causes secondes : c'était bien assez qu'il daignât nous révéler les principaux mystères, et qu'il instituât dans la suite des temps une Église pour les expliquer. Toutes ces contradictions, reprochées si souvent aux Évangiles avec une si grande amertume, sont mises au grand jour par les sages commentateurs; loin de se nuire, elles s'expliquent chez eux l'une par l'autre; elles se prêtent un mutuel secours dans les concordances, et dans l'harmonie des quatre Évangiles.

Et s'il y a plusieurs difficultés qu'on ne peut expliquer, des profondeurs qu'on ne peut comprendre, des aventures qu'on ne peut croire, des prodiges qui révoltent la faible raison humaine, des contradictions qu'on ne peut concilier, c'est pour exercer notre foi, et pour humilier notre esprit.

CONTRADICTIONS DANS LES JUGEMENTS SUR LES OUVRAGES.

J'ai quelquefois entendu dire d'un bon juge plein de goût: Cet homme ne décide que par humeur; il trouvait hier le Poussin un peintre admirable; aujourd'hui il le trouve très médiocre. C'est que le Poussin en effet a mérité de grands éloges et des critiques.

On ne se contredit point quand on est en extase devant les belles scènes d'Horace et de Curiace, du Cid et de Chimène, d'Auguste et de Cinna, et qu'on voit ensuite, avec un soulèvement de cœur mêlé de la plus vive indignation, quinze tragédies de suite sans aucun intérêt, sans aucune beauté, et qui ne sont pas même écrites en français.

C'est l'auteur qui se contredit : c'est lui qui a le malheur d'être entièrement différent de lui-même. Le juge se contredirait, s'il applaudissait également l'excellent et le détestable. Il doit admirer dans Homère la peinture des Prières qui marchent après l'Injure, les yeux mouillés de pleurs; la ceinture de Vénus; les adieux d'Hector et d'Andromaque; l'entrevue d'Achille et de Priam. Mais doit-il applaudir de même à des dieux qui se disent des injures, et qui se battent; à l'uniformité des combats qui ne décident rien; à la brutale férocité des héros; à l'avarice qui les domine presque tous; enfin à un poëme qui finit par une trêve de onze jours, laquelle fait sans doute attendre la continuation de la guerre et la prise de Troie, que cependant on ne trouve point?

Le bon juge passe souvent de l'approbation au blâme, quelque bon livre qu'il puisse lire[1].

CONTRASTE[2].

Contraste; opposition de figures, de situations, de fortune, de mœurs, etc. Une bergère ingénue fait un beau contraste dans un tableau avec une princesse orgueilleuse. Le rôle de l'Imposteur et celui de Cléante font un contraste admirable dans le *Tartufe*.

Le petit peut contraster avec le grand dans la peinture, mais on ne peut dire qu'il lui est contraire. Les oppositions de couleurs contrastent; mais aussi il y a des couleurs contraires les unes aux autres, c'est-à-dire qui font un mauvais effet parcequ'elles choquent les yeux lorsqu'elles sont rapprochées.

Contradictoire ne peut se dire que dans la dialectique. Il est contradictoire qu'une chose soit et ne soit pas, qu'elle soit en plusieurs lieux à-la-fois, qu'elle soit d'un tel nombre, d'une telle grandeur, et qu'elle n'en soit pas. Cette opinion, ce discours, cet arrêt, sont contradictoires.

Les diverses fortunes de Charles XII ont été contraires, mais non pas contradictoires; elles forment dans l'histoire un beau contraste.

C'est un grand contraste, et ce sont deux choses

---

[1] Voyez l'article GOUT.
[2] *Questions sur l'Encyclopédie*, quatrième partie, 1771. B.

bien contraires; mais il n'est point contradictoire que le pape ait été adoré à Rome, et brûlé à Londres le même jour, et que pendant qu'on l'appelait *vice-Dieu* en Italie, il ait été représenté en cochon dans les rues de Moscou, pour l'amusement de Pierre-le-Grand.

Mahomet mis à la droite de Dieu dans la moitié du globe, et damné dans l'autre, est le plus grand des contrastes.

Voyagez loin de votre pays, tout sera contraste pour vous.

Le blanc qui le premier vit un nègre fut bien étonné; mais le premier raisonneur qui dit que ce nègre venait d'une paire blanche m'étonne bien davantage, son opinion est contraire à la mienne. Un peintre qui représente des blancs, des nègres, et des olivâtres, peut faire de beaux contrastes.

CONVULSIONS[1].

On dansa, vers l'an 1724[2], sur le cimetière de Saint-Médard; il s'y fit beaucoup de miracles : en voici un rapporté dans une chanson de madame la duchesse du Maine :

>   Un décrotteur à la royale,
>   Du talon gauche estropié,

---

[1] *Dictionnaire philosophique*, 1764. B.

[2] Le diacre Pâris, sur le tombeau duquel se firent les miracles, n'est mort que le 1er mai 1727 : Voltaire en a déjà parlé au chapitre xxxvii du *Siècle de Louis XIV*. Il parle des convulsionnaires de Saint-Médard dans les notes du *Pauvre diable* et des *Cabales*, ainsi que dans une note de la *Pucelle*, chant III.

Il a parlé des convulsionnaires de Dijon au neuvième siècle, dans le chapitre xxxi de l'*Essai sur les mœurs*, tome XV, page 518. B.

> Obtint pour grace spéciale
> D'être boiteux de l'autre pied.

Les convulsions miraculeuses, comme on sait, continuèrent jusqu'à ce qu'on eût mis une garde au cimetière.

> De par le roi, défense à Dieu
> De faire miracle en ce lieu.

Les jésuites, comme on le sait encore, ne pouvant plus faire de tels miracles depuis que leur Xavier avait épuisé les graces de la Compagnie à ressusciter neuf morts de compte fait, s'avisèrent, pour balancer le crédit des jansénistes, de faire graver une estampe de Jésus-Christ habillé en jésuite. Un plaisant du parti janséniste, comme on le sait encore, mit au bas de l'estampe :

> Admirez l'artifice extrême
> De ces moines ingénieux;
> Ils vous ont habillé comme eux,
> Mon Dieu, de peur qu'on ne vous aime.

Les jansénistes, pour mieux prouver que jamais Jésus-Christ n'avait pu prendre l'habit de jésuite, remplirent Paris de convulsions, et attirèrent le monde à leur préau. Le conseiller au parlement Carré de Montgeron alla présenter au roi un recueil in-4° de tous ces miracles, attestés par mille témoins. Il fut mis, comme de raison, dans un château, où l'on tâcha de rétablir son cerveau par le régime; mais la vérité l'emporte toujours sur les persécutions; les miracles se perpétuèrent trente ans de suite, sans discontinuer. On fesait venir chez soi sœur Rose, sœur Illuminée, sœur Promise, sœur Confite; elles se fesaient fouetter, sans qu'il y parût le lendemain : on leur donnait des coups de bûche sur leur estomac bien cuirassé, bien rembourré, sans leur faire de mal; on les couchait devant un grand feu, le visage frotté de pommade, sans qu'elles brûlassent; enfin, comme tous les arts se perfectionnent, on a fini par leur enfoncer des épées dans les chairs, et par les crucifier. Un fameux maître d'école[1] même a eu aussi l'avantage d'être mis en croix; tout cela pour convaincre le monde qu'une certaine bulle était ridicule, ce qu'on aurait pu prouver sans tant de frais. Cependant, et jésuites et jansénistes se réunirent tous contre l'*Esprit des lois*, et contre... et contre... et contre... et contre... Et nous osons après cela nous moquer des Lapons, des Samoïèdes et des Nègres, ainsi que nous l'avons dit tant de fois!

COQUILLES (DES),

ET DES SYSTÈMES BATIS SUR DES COQUILLES[2].

CORPS[3].

Corps et matière, c'est ici même chose, quoiqu'il n'y ait pas de synonyme à la rigueur. Il y a eu des gens qui par ce mot *corps* ont aussi entendu esprit. Ils ont dit : Esprit signifie originairement *souffle*, il n'y a

---

[1] Abraham Chaumeix : voyez la note qui le concerne à la suite du *Russe à Paris*, dans les *Poésies*. B.

[2] Cet article se composait des chapitres XII, XIII, XV, XVI, XVII, XVIII des *Singularités de la nature*. (Voyez *Mélanges*, année 1768.) B.

[3] Voyez la note suivante. B.

qu'un corps qui puisse souffler; donc esprit et corps pourraient bien au fond être la même chose. C'est dans ce sens que La Fontaine disait au célèbre duc de La Rochefoucauld :

> J'entends les esprits corps et pétris de matière.
> Fable 15 du liv. X.

C'est dans le même sens qu'il dit à madame de La Sablière :

> Je subtiliserais un morceau de matière....
> Quintessence d'atome, extrait de la lumière,
> Je ne sais quoi plus vif et plus mobile encor.
> Fable 1 du liv. X.

Personne ne s'avisa de harceler le bon La Fontaine, et de lui faire un procès sur ces expressions. Si un pauvre philosophe et même un poëte en disait autant aujourd'hui, que de gens pour se faire de fête, que de folliculaires pour vendre douze sous leurs extraits, que de fripons, uniquement dans le dessein de faire du mal, crieraient au philosophe, au péripatéticien, au disciple de Gassendi, à l'écolier de Locke et des premiers Pères, au damné !

[1] De même que nous ne savons ce que c'est qu'un esprit, nous ignorons ce que c'est qu'un corps : nous voyons quelques propriétés; mais quel est ce sujet en qui ces propriétés résident ? Il n'y a que des corps, disaient Démocrite et Épicure; il n'y a point de corps, disaient les disciples de Zénon d'Élée.

L'évêque de Cloyne, Berkeley, est le dernier qui,

---

[1] C'était ici qu'en 1764 commençait cet article dans le *Dictionnaire philosophique*. Ce qui précède fut ajouté en 1771 dans la 4ᵉ partie des *Questions sur l'Encyclopédie*. B.

par cent sophismes captieux, a prétendu prouver que les corps n'existent pas. Ils n'ont, dit-il, ni couleurs, ni odeurs, ni chaleur; ces modalités sont dans vos sensations, et non dans les objets. Il pouvait s'épargner la peine de prouver cette vérité; elle était assez connue. Mais de là il passe à l'étendue, à la solidité, qui sont des essences du corps, et il croit prouver qu'il n'y a pas d'étendue dans une pièce de drap vert, parceque ce drap n'est pas vert en effet; cette sensation du vert n'est qu'en vous; donc cette sensation de l'étendue n'est aussi qu'en vous. Et après avoir ainsi détruit l'étendue, il conclut que la solidité qui y est attachée tombe d'elle-même, et qu'ainsi il n'y a rien au monde que nos idées. De sorte que, selon ce docteur, dix mille hommes tués par dix mille coups de canon ne sont dans le fond que dix mille appréhensions de notre entendement; et quand un homme fait un enfant à sa femme, ce n'est qu'une idée qui se loge dans une autre idée dont il naîtra une troisième idée.

Il ne tenait qu'à M. l'évêque de Cloyne de ne point tomber dans l'excès de ce ridicule. Il croit montrer qu'il n'y a point d'étendue, parcequ'un corps lui a paru avec sa lunette quatre fois plus gros qu'il ne l'était à ses yeux, et quatre fois plus petit à l'aide d'un autre verre. De là il conclut qu'un corps ne pouvant avoir à-la-fois quatre pieds, seize pieds, et un seul pied d'étendue, cette étendue n'existe pas; donc il n'y a rien. Il n'avait qu'à prendre une mesure, et dire : De quelque étendue qu'un corps me paraisse, il est étendu de tant de ces mesures.

Il lui était bien aisé de voir qu'il n'en est pas de

l'étendue et de la solidité comme des sons, des couleurs, des saveurs, des odeurs, etc. Il est clair que ce sont en nous des sentiments excités par la configuration des parties; mais l'étendue n'est point un sentiment. Que ce bois allumé s'éteigne, je n'ai plus chaud; que cet air ne soit plus frappé, je n'entends plus; que cette rose se fane, je n'ai plus d'odorat pour elle : mais ce bois, cet air, cette rose, sont étendus sans moi. Le paradoxe de Berkeley ne vaut pas la peine d'être réfuté.

C'est ainsi que les Zénon d'Élée, les Parménide, argumentaient autrefois; et ces gens-là avaient beaucoup d'esprit : ils vous prouvaient qu'une tortue doit aller aussi vite qu'Achille, qu'il n'y a point de mouvement; ils agitaient cent autres questions aussi utiles. La plupart des Grecs jouèrent des gobelets avec la philosophie, et transmirent leurs tréteaux à nos scolastiques. Bayle lui-même a été quelquefois de la bande; il a brodé des toiles d'araignées comme un autre; il argumente, à l'article *Zénon*, contre l'étendue divisible de la matière et la contiguïté des corps; il dit tout ce qu'il ne serait pas permis de dire à un géomètre de six mois.

Il est bon de savoir ce qui avait entraîné l'évêque Berkeley dans ce paradoxe. J'eus, il y a long-temps, quelques conversations avec lui; il me dit que l'origine de son opinion venait de ce qu'on ne peut concevoir ce que c'est que ce sujet qui reçoit l'étendue. Et en effet, il triomphe dans son livre, quand il demande à Hilas ce que c'est que ce sujet, ce *substratum*, cette substance. C'est le corps étendu, répond Hilas. Alors l'évêque, sous le nom de Philonoüs, se moque de lui;

et le pauvre Hilas voyant qu'il a dit que l'étendue est le sujet de l'étendue, et qu'il a dit une sottise, demeure tout confus, et avoue qu'il n'y comprend rien; qu'il n'y a point de corps, que le monde matériel n'existe pas, qu'il n'y a qu'un monde intellectuel.

Hilas devait dire seulement à Philonoüs : Nous ne savons rien sur le fond de ce sujet, de cette substance étendue, solide, divisible, mobile, figurée, etc.; je ne la connais pas plus que le sujet pensant, sentant et voulant; mais ce sujet n'en existe pas moins, puisqu'il a des propriétés essentielles dont il ne peut être dépouillé[1].

Nous sommes tous comme la plupart des dames de Paris, elles font grande chère sans savoir ce qui entre dans les ragoûts; de même nous jouissons des corps sans savoir ce qui les compose. De quoi est fait le corps? de parties, et ces parties se résolvent en d'autres parties. Que sont ces dernières parties? toujours des corps; vous divisez sans cesse, et vous n'avancez jamais.

Enfin, un subtil philosophe, remarquant qu'un tableau est fait d'ingrédients dont aucun n'est un tableau, et une maison de matériaux dont aucun n'est une maison, imagina que les corps sont bâtis d'une infinité de petits êtres qui ne sont pas corps; et cela s'appelle des *monades*. Ce système ne laisse pas d'a-

---

[1] Voyez sur cet objet l'article EXISTENCE dans l'*Encyclopédie*; c'est le seul ouvrage où la question de l'existence des objets extérieurs ait été bien éclaircie, et où l'on trouve les principes qui peuvent conduire à la résoudre. K. — L'article EXISTENCE dont il est question dans cette note est du chevalier de Jaucourt. B.

voir son bon, et s'il était révélé, je le croirais très possible; tous ces petits êtres seraient des points mathématiques, des espèces d'ames qui n'attendraient qu'un habit pour se mettre dedans : ce serait une métempsycose continuelle. Ce système en vaut bien un autre; je l'aime bien autant que la déclinaison des atomes, les formes substantielles, la grace versatile, et les vampires [1].

COURTISANS LETTRÉS [2].

COUTUMES [3].

Il y a, dit-on, cent quarante-quatre coutumes en France qui ont force de loi; ces lois sont presque toutes différentes. Un homme qui voyage dans ce pays change de loi presque autant de fois qu'il change de chevaux de poste. La plupart de ces coutumes ne commencèrent à être rédigées par écrit que du temps de Charles VII; la grande raison, c'est qu'auparavant très peu de gens savaient écrire. On écrivit donc une partie d'une partie de la coutume de Ponthieu; mais ce grand ouvrage ne fut achevé par les Picards que sous Charles VIII. Il n'y en eut que seize de rédigées du temps de Louis XII. Enfin, aujourd'hui la jurisprudence s'est tellement perfectionnée, qu'il n'y a guère de coutume qui n'ait plusieurs commentateurs; et tous, comme on croit

---

[1] Dans l'édition de 1764 on lisait : « Et les vampires de dom Calmet. » B.
[2] Cet article se composait de la xx⁰ des *Lettres philosophiques* (*Sur les seigneurs qui cultivent les lettres*).
[3] *Questions sur l'Encyclopédie*, quatrième partie, 1771. B.

bien, d'un avis différent. Il y en a déjà vingt-six sur la coutume de Paris. Les juges ne savent auquel entendre; mais pour les mettre à leur aise, on vient de faire la coutume de Paris en vers[1]. C'est ainsi qu'autrefois la prêtresse de Delphes rendait ses oracles.

Les mesures sont aussi différentes que les coutumes; de sorte que ce qui est vrai dans le faubourg de Montmartre, devient faux dans l'abbaye de Saint-Denys. Dieu ait pitié de nous!

CREDO, *voyez* SYMBOLE.

CRIMES OU DÉLITS DE TEMPS ET DE LIEU[2].

Un Romain tue malheureusement en Égypte un chat consacré; et le peuple en fureur punit ce sacrilége en déchirant le Romain en pièces. Si on avait mené ce Romain au tribunal, et si les juges avaient eu le sens commun, ils l'auraient condamné à demander pardon aux Égyptiens et aux chats, à payer une forte amende, soit en argent, soit en souris. Ils lui auraient dit qu'il faut respecter les sottises du peuple quand on n'est pas assez fort pour les corriger.

Le vénérable chef de la justice lui aurait parlé à peu près ainsi : Chaque pays a ses impertinences légales, et ses délits de temps et de lieu. Si dans votre Rome, devenue souveraine de l'Europe, de l'Afrique, et de

---

[1] La *Coutume de Paris en vers français* (par Garnier Des Chesnes, ancien notaire, mort en 1812) avait paru en 1769, petit in-12. B.

[2] *Questions sur l'Encyclopédie*, quatrième partie, 1771. Voyez aussi DÉLITS LOCAUX. B.

l'Asie-Mineure, vous alliez tuer un poulet sacré dans le temps qu'on lui donne du grain pour savoir au juste la volonté des dieux, vous seriez sévèrement puni. Nous croyons que vous n'avez tué notre chat que par mégarde. La cour vous admoneste. Allez en paix; soyez plus circonspect.

C'est une chose très indifférente d'avoir une statue dans son vestibule : mais si, lorsque Octave surnommé *Auguste* était maître absolu, un Romain eût placé chez lui une statue de Brutus, il eût été puni comme séditieux. Si un citoyen avait, sous un empereur régnant, la statue du compétiteur à l'empire, c'était, disait-on, un crime de lèse-majesté, de haute trahison.

Un Anglais ne sachant que faire, s'en va à Rome; il rencontre le prince Charles-Édouard chez un cardinal; il en est fort content. De retour chez lui, il boit dans un cabaret à la santé du prince Charles-Édouard. Le voilà accusé de *haute* trahison. Mais qui a-t-il trahi *hautement*, lorsqu'il a dit, en buvant, qu'il souhaitait que ce prince se portât bien? S'il a conjuré pour le mettre sur le trône, alors il est coupable envers la nation : mais jusque-là on ne voit pas que dans l'exacte justice le parlement puisse exiger de lui autre chose que de boire quatre coups à la santé de la maison de Hanovre, s'il en a bu deux à la santé de la maison de Stuart.

DES CRIMES DE TEMPS ET DE LIEU QU'ON DOIT IGNORER.

On sait combien il faut respecter Notre-Dame de Lorette, quand on est dans la Marche d'Ancône. Trois jeunes gens y arrivent; ils font de mauvaises plaisanteries sur la maison de Notre-Dame, qui a voyagé par l'air, qui est venue en Dalmatie, qui a changé deux ou trois fois de place, et qui enfin ne s'est trouvée commodément qu'à Lorette. Nos trois étourdis chantent à souper une chanson faite autrefois par quelque huguenot contre la translation de la *santa casa* de Jérusalem au fond du golfe Adriatique. Un fanatique est instruit par hasard de ce qui s'est passé à leur souper; il fait des perquisitions; il cherche des témoins; il engage un monsignore à lâcher un monitoire. Ce monitoire alarme les consciences. Chacun tremble de ne pas parler. Tourières, bedeaux, cabaretiers, laquais, servantes, ont bien entendu tout ce qu'on n'a point dit, ont vu tout ce qu'on n'a point fait; c'est un vacarme, un scandale épouvantable dans toute la Marche d'Ancône. Déjà l'on dit à une demi-lieue de Lorette que ces enfants ont tué Notre-Dame; à une lieue plus loin on assure qu'ils ont jeté la *santa casa* dans la mer. Enfin, ils sont condamnés. La sentence porte que d'abord on leur coupera la main, qu'ensuite on leur arrachera la langue, qu'après cela on les mettra à la torture pour savoir d'eux (au moins par signes) combien il y avait de couplets à la chanson; et qu'enfin ils seront brûlés à petit feu.

Un avocat de Milan, qui dans ce temps se trouvait à Lorette, demanda au principal juge à quoi donc il aurait condamné ces enfants s'ils avaient violé leur mère, et s'ils l'avaient ensuite égorgée pour la manger? Oh! oh! répondit le juge, il y a bien de la différence; violer, assassiner, et manger son père et sa mère, n'est qu'un délit contre les hommes.

Avez-vous une loi expresse, dit le Milanais, qui vous force à faire périr par un si horrible supplice des jeunes gens à peine sortis de l'enfance, pour s'être moqués indiscrètement de la *santa casa*, dont on rit d'un rire de mépris dans le monde entier, excepté dans la Marche d'Ancône ? Non, dit le juge ; la sagesse de notre jurisprudence laisse tout à notre discrétion. — Fort bien; vous deviez donc avoir la discrétion de songer que l'un de ces enfants est le petit-fils d'un général qui a versé son sang pour la patrie, et le neveu d'une abbesse aimable et respectable : cet enfant et ses camarades sont des étourdis qui méritent une correction paternelle. Vous arrachez à l'état des citoyens qui pourraient un jour le servir; vous vous souillez du sang innocent, et vous êtes plus cruels que les Cannibales. Vous vous rendez exécrables à la dernière postérité. Quel motif a été assez puissant pour éteindre ainsi en vous la raison, la justice, l'humanité, et pour vous changer en bêtes féroces ? — Le malheureux juge répondit enfin : Nous avions eu des querelles avec le clergé d'Ancône; il nous accusait d'être trop zélés pour les libertés de l'Église lombarde, et par conséquent de n'avoir point de religion. J'entends, dit le Milanais, vous avez été assassins pour paraître chrétiens. A ces mots, le juge tomba par terre comme frappé de la foudre : ses confrères perdirent depuis leurs emplois; ils crièrent qu'on leur fesait injustice; ils oubliaient celle qu'ils avaient faite, et ne s'apercevaient pas que la main de Dieu était sur eux [1].

---

[1] Voyez (dans les *Mélanges*, année 1766) la *Relation de la mort du che-*

Pour que sept personnes se donnent légalement l'amusement d'en faire périr une huitième en public à coups de barre de fer sur un théâtre; pour qu'ils jouissent du plaisir secret et mal démêlé dans leur cœur, de voir comment cet homme souffrira son supplice, et d'en parler ensuite à table avec leurs femmes et leurs voisins; pour que des exécuteurs, qui font gaiement ce métier, comptent d'avance l'argent qu'ils vont gagner; pour que le public coure à ce spectacle comme à la foire, etc.; il faut que le crime mérite évidemment ce supplice du consentement de toutes les nations policées, et qu'il soit nécessaire au bien de la société : car il s'agit ici de l'humanité entière. Il faut surtout que l'acte du délit soit démontré non comme une proposition de géométrie, mais autant qu'un fait peut l'être.

Si contre cent mille probabilités que l'accusé est coupable, il y en a une seule qu'il est innocent, cette seule doit balancer toutes les autres.

QUESTION SI DEUX TÉMOINS SUFFISENT POUR FAIRE PENDRE UN HOMME.

On s'est imaginé long-temps, et le proverbe en est resté, qu'il suffit de deux témoins pour faire pendre un homme en sûreté de conscience. Encore une équivoque! les équivoques gouvernent donc le monde? Il est dit dans saint Matthieu (ainsi que nous l'avons déjà remarqué) : « Il suffira de deux ou trois témoins « pour réconcilier deux amis brouillés [1]; » et d'après ce

---

valier de La Barre, et dans le tome XXII le dernier chapitre de l'*Histoire du Parlement*. K.

[1] Saint Matthieu, xviii, 16.

texte, on a réglé la jurisprudence criminelle, au point de statuer que c'est une loi divine de tuer un citoyen sur la déposition uniforme de deux témoins qui peuvent être des scélérats! Une foule de témoins uniformes ne peut constater une chose improbable niée par l'accusé; on l'a déjà dit[1]. Que faut-il donc faire en ce cas? attendre, remettre le jugement à cent ans, comme fesaient les Athéniens.

Rapportons ici un exemple frappant de ce qui vient de se passer sous nos yeux à Lyon[2]. Une femme ne voit pas revenir sa fille chez elle, vers les onze heures du soir; elle court partout; elle soupçonne sa voisine d'avoir caché sa fille; elle la redemande; elle l'accuse de l'avoir prostituée. Quelques semaines après, des pêcheurs trouvent dans le Rhône, à Condrieux, une fille noyée et tout en pourriture. La femme dont nous avons parlé croit que c'est sa fille. Elle est persuadée par les ennemis de sa voisine qu'on a déshonoré sa fille chez cette voisine même, qu'on l'a étranglée, qu'on l'a jetée dans le Rhône. Elle le dit, elle le crie: la populace le répète. Il se trouve bientôt des gens qui savent parfaitement les moindres détails de ce crime. Toute la ville est en rumeur; toutes les bouches crient vengeance. Il n'y a rien jusque-là que d'assez commun dans une populace sans jugement: mais voici le rare, le prodigieux. Le propre fils de cette voisine, un enfant de cinq ans et demi, accuse sa mère d'avoir

---

[1] *Commentaire sur le traité des délits et des peines*, paragr. xv. (Voyez les *Mélanges*, année 1766.) B.

[2] En 1768. Voyez dans la *Correspondance*, décembre 1771, la lettre de Voltaire, où il nomme Lerouge la femme qui accusait sa voisine Perra. B.

fait violer sous ses yeux cette malheureuse fille retrouvée dans le Rhône, de l'avoir fait tenir par cinq hommes pendant que le sixième jouissait d'elle. Il a entendu les paroles que prononçait la violée; il peint ses attitudes; il a vu sa mère et ces scélérats étrangler cette infortunée immédiatement après la consommation. Il a vu sa mère et les assassins la jeter dans un puits, l'en retirer, l'envelopper dans un drap; il a vu ces monstres la porter en triomphe dans les places publiques, danser autour du cadavre et le jeter enfin dans le Rhône. Les juges sont obligés de mettre aux fers tous les prétendus complices; des témoins déposent contre eux. L'enfant est d'abord entendu, et il soutient avec la naïveté de son âge tout ce qu'il a dit d'eux et de sa mère. Comment imaginer que cet enfant n'ait pas dit la pure vérité? Le crime n'est pas vraisemblable; mais il l'est encore moins qu'à cinq ans et demi on calomnie ainsi sa mère; qu'un enfant répète avec uniformité toutes les circonstances d'un crime abominable et inouï, s'il n'en a pas été le témoin oculaire, s'il n'en a point été vivement frappé, si la force de la vérité ne les arrache à sa bouche.

Tout le peuple s'attend à repaître ses yeux du supplice des accusés.

Quelle est la fin de cet étrange procès criminel? Il n'y avait pas un mot de vrai dans l'accusation. Point de fille violée, point de jeunes gens assemblés chez la femme accusée, point de meurtre, pas la moindre aventure, pas le moindre bruit. L'enfant avait été suborné, et par qui? chose étrange, mais vraie! par deux autres enfants qui étaient fils des accusateurs.

Il avait été sur le point de faire brûler sa mère pour avoir des confitures.

Tous les chefs d'accusation réunis étaient impossibles. Le présidial de Lyon, sage et éclairé, après avoir déféré à la fureur publique au point de rechercher les preuves les plus surabondantes pour et contre les accusés, les absout pleinement et d'une voix unanime.

Peut-être autrefois aurait-on fait rouer et brûler tous ces accusés innocents, à l'aide d'un monitoire, pour avoir le plaisir de faire ce qu'on appelle *une justice*, qui est la tragédie de la canaille.

CRIMINALISTE.

Dans les antres de la chicane, on appelle *grand criminaliste* un barbare en robe qui sait faire tomber les accusés dans le piége, qui ment impudemment pour découvrir la vérité, qui intimide des témoins, et qui les force, sans qu'ils s'en aperçoivent, à déposer contre le prévenu : s'il y a une loi antique et oubliée, portée dans un temps de guerres civiles, il la fait revivre, il la réclame dans un temps de paix. Il écarte, il affaiblit tout ce qui peut servir à justifier un malheureux ; il amplifie, il aggrave tout ce qui peut servir à le condamner ; son rapport n'est pas d'un juge, mais d'un ennemi. Il mérite d'être pendu à la place du citoyen qu'il fait pendre.

CRIMINEL[1].

Procès criminel.

On a puni souvent par la mort des actions très innocentes ; c'est ainsi qu'en Angleterre Richard III et Édouard IV firent condamner par des juges ceux qu'ils soupçonnaient de ne leur être pas attachés. Ce ne sont pas là des procès criminels, ce sont des assassinats commis par des meurtriers privilégiés. Le dernier degré de la perversité est de faire servir les lois à l'injustice.

On a dit que les Athéniens punissaient de mort tout étranger qui entrait dans l'église, c'est-à-dire dans l'assemblée du peuple. Mais si cet étranger n'était qu'un curieux, rien n'était plus barbare que de le faire mourir. Il est dit dans *l'Esprit des Lois*[a] qu'on usait de cette rigueur « parceque cet homme usurpait les droits « de la souveraineté. » Mais un Français qui entre à Londres dans la chambre des communes pour entendre ce qu'on y dit, ne prétend point faire le souverain. On le reçoit avec bonté. Si quelque membre de mauvaise humeur demande le *Clear the house*, Éclaircissez la chambre, mon voyageur l'éclaircit en s'en allant ; il n'est point pendu. Il est croyable que si les Athéniens ont porté cette loi passagère, c'était dans un temps où l'on craignait qu'un étranger ne fût un espion, et non qu'il s'arrogeât les droits de souverain. Chaque Athénien opinait dans sa tribu ; tous

---

[1] *Questions sur l'Encyclopédie*, quatrième partie, 1771. B.
[a] Liv. II, ch. II.

ceux de la tribu se connaissaient; un étranger n'aurait pu aller porter sa féve.

Nous ne parlons ici que des vrais procès criminels. Chez les Romains tout procès criminel était public. Le citoyen accusé des plus énormes crimes avait un avocat qui plaidait en sa présence, qui fesait même des interrogations à la partie adverse, qui discutait tout devant ses juges. On produisait à portes ouvertes tous les témoins pour ou contre, rien n'était secret. Cicéron plaida pour Milon, qui avait assassiné Clodius en plein jour à la vue de mille citoyens. Le même Cicéron prit en main la cause de Roscius Amerinus, accusé de parricide. Un seul juge n'interrogeait pas en secret des témoins, qui sont d'ordinaire des gens de la lie du peuple, auxquels on fait dire ce qu'on veut.

Un citoyen romain n'était pas appliqué à la torture sur l'ordre arbitraire d'un autre citoyen romain qu'un contrat eût revêtu de ce droit cruel. On ne fesait pas cet horrible outrage à la nature humaine dans la personne de ceux qui étaient regardés comme les premiers des hommes, mais seulement dans celle des esclaves regardés à peine comme des hommes. Il eût mieux valu ne point employer la torture contre les esclaves mêmes [a].

L'instruction d'un procès criminel se ressentait à Rome de la magnanimité et de la franchise de la nation.

Il en est ainsi à peu près à Londres. Le secours d'un avocat n'y est refusé à personne en aucun cas; tout le monde est jugé par ses pairs. Tout citoyen

---

[a] Voyez l'article Torture.

peut de trente-six bourgeois jurés en récuser douze sans cause, douze en alléguant des raisons, et par conséquent choisir lui-même les douze autres pour ses juges. Ces juges ne peuvent aller ni en-deçà, ni au-delà de la loi; nulle peine n'est arbitraire, nul jugement ne peut être exécuté que l'on n'en ait rendu compte au roi, qui peut et qui doit faire grace à ceux qui en sont dignes, et à qui la loi ne la peut faire; ce cas arrive assez souvent. Un homme violemment outragé aura tué l'offenseur dans un mouvement de colère pardonnable; il est condamné par la rigueur de la loi, et sauvé par la miséricorde, qui doit être le partage du souverain.

Remarquons bien attentivement que dans ce pays où les lois sont aussi favorables à l'accusé que terribles pour le coupable, non seulement un emprisonnement fait sur la dénonciation fausse d'un accusateur est puni par les plus grandes réparations et les plus fortes amendes; mais que si un emprisonnement illégal a été ordonné par un ministre d'état à l'ombre de l'autorité royale, le ministre est condamné à payer deux guinées par heure pour tout le temps que le citoyen a demeuré en prison.

PROCÉDURE CRIMINELLE CHEZ CERTAINES NATIONS.

Il y a des pays où la jurisprudence criminelle fut fondée sur le droit canon, et même sur les procédures de l'inquisition, quoique ce nom y soit détesté depuis long-temps. Le peuple dans ces pays est demeuré encore dans une espèce d'esclavage. Un citoyen poursuivi par l'homme du roi est d'abord plongé dans un cachot, ce qui est déjà un véritable supplice pour un homme qui peut être innocent. Un seul juge, avec son greffier, entend secrètement chaque témoin assigné l'un après l'autre.

[1] Comparons seulement ici en quelques points la procédure criminelle des Romains avec celle d'un pays de l'Occident qui fut autrefois une province romaine.

Chez les Romains, les témoins étaient entendus publiquement en présence de l'accusé, qui pouvait leur répondre, les interroger lui-même, ou leur mettre en tête un avocat. Cette procédure était noble et franche; elle respirait la magnanimité romaine.

En France, en plusieurs endroits de l'Allemagne, tout se fait secrètement. Cette pratique, établie sous François Ier, fut autorisée par les commissaires qui rédigèrent l'ordonnance de Louis XIV en 1670 : une méprise seule en fut la cause.

On s'était imaginé, en lisant le code *de testibus*, que ces mots : *Testes intrare judicii secretum*, signifiaient que les témoins étaient interrogés en secret. Mais *secretum* signifie ici le cabinet du juge. *Intrare secretum*, pour dire, parler secrètement, ne serait pas latin. Ce fut un solécisme qui fit cette partie de notre jurisprudence.

[1] Cet alinéa et quelques-uns des suivants sont empruntés du paragr. XXII du *Commentaire sur le traité des délits et des peines* (voyez les *Mélanges*, année 1766); l'auteur les avait déjà reproduits en 1769, dans des additions qu'il fit alors au *Précis du Siècle de Louis XV*: voyez le chap. XLII de cet ouvrage, tome XXI. B.

Les déposants sont pour l'ordinaire des gens de la lie du peuple, et à qui le juge enfermé avec eux peut faire dire tout ce qu'il voudra. Ces témoins sont entendus une seconde fois, toujours en secret, ce qui s'appelle *récolement* ; et si après le récolement ils se rétractent de leurs dépositions, ou s'ils les changent dans des circonstances essentielles, ils sont punis comme faux témoins. De sorte que lorsqu'un homme d'un esprit simple, et ne sachant pas s'exprimer, mais ayant le cœur droit, et se souvenant qu'il en a dit trop ou trop peu, qu'il a mal entendu le juge, ou que le juge l'a mal entendu, révoque par esprit de justice ce qu'il a dit par imprudence, il est puni comme un scélérat : ainsi il est forcé souvent de soutenir un faux témoignage, par la seule crainte d'être traité en faux témoin.

L'accusé, en fuyant, s'expose à être condamné, soit que le crime ait été prouvé, soit qu'il ne l'ait pas été. Quelques jurisconsultes, à la vérité, ont assuré que le contumax ne devait pas être condamné, si le crime n'était pas clairement prouvé ; mais d'autres jurisconsultes, moins éclairés et peut-être plus suivis, ont eu une opinion contraire ; ils ont osé dire que la fuite de l'accusé était une preuve du crime ; que le mépris qu'il marquait pour la justice, en refusant de comparaître, méritait le même châtiment que s'il était convaincu. Ainsi, suivant la secte de jurisconsultes que le juge aura embrassée, l'innocent sera absous ou condamné.

C'est un grand abus dans la jurisprudence, que

l'on prenne souvent pour loi les rêveries et les erreurs, quelquefois cruelles, d'hommes sans aveu qui ont donné leurs sentiments pour des lois.

Sous le règne de Louis XIV on a fait en France deux ordonnances qui sont uniformes dans tout le royaume. Dans la première, qui a pour objet la procédure civile, il est défendu aux juges de condamner en matière civile par défaut, quand la demande n'est pas prouvée; mais dans la seconde, qui règle la procédure criminelle, il n'est point dit que, faute de preuves, l'accusé sera renvoyé. Chose étrange! la loi dit qu'un homme à qui l'on demande quelque argent ne sera condamné par défaut qu'au cas que la dette soit avérée; mais s'il s'agit de la vie, c'est une controverse au barreau de savoir si l'on doit condamner le contumax quand le crime n'est pas prouvé; et la loi ne résout pas la difficulté.

EXEMPLE TIRÉ DE LA CONDAMNATION D'UNE FAMILLE ENTIÈRE.

Voici ce qui arriva à cette famille infortunée. Dans le temps que des confréries insensées de prétendus pénitents, le corps enveloppé dans une robe blanche, et le visage masqué, avaient élevé dans une des principales églises de Toulouse un catafalque superbe à un jeune protestant homicide de lui-même, qu'ils prétendaient avoir été assassiné par son père et sa mère pour avoir abjuré la religion réformée; dans ce temps même où toute la famille de ce protestant révéré en martyr était dans les fers, et que tout un peuple enivré d'une superstition également folle et barbare, attendait avec une dévote impatience le plaisir de voir expirer, sur la roue ou dans les flammes, cinq ou six personnes de la probité la plus reconnue; dans ce temps funeste, dis-je, il y avait auprès de Castres un honnête homme de cette même religion protestante, nommé Sirven, exerçant dans cette province la profession de feudiste. Ce père de famille avait trois filles. Une femme qui gouvernait la maison de l'évêque de Castres, lui propose de lui amener la seconde fille de Sirven, nommée Élisabeth, pour la faire catholique, apostolique et romaine : elle l'amène en effet : l'évêque la fait enfermer chez les jésuitesses qu'on nomme *les dames régentes* ou *les dames noires*. Ces dames lui enseignent ce qu'elles savent : elles lui trouvèrent la tête un peu dure, et lui imposèrent des pénitences rigoureuses pour lui inculquer des vérités qu'on pouvait lui apprendre avec douceur; elle devint folle; les dames noires la chassent; elle retourne chez ses parents; sa mère, en la fesant changer de chemise, trouve tout son corps couvert de meurtrissures : la folie augmente; elle se change en fureur mélancolique; elle s'échappe un jour de la maison, tandis que le père était à quelques milles de là, occupé publiquement de ses fonctions dans le château d'un seigneur voisin. Enfin, vingt jours après l'évasion d'Élisabeth, des enfants la trouvèrent noyée dans un puits, le 4 janvier 1761.

C'était précisément le temps où l'on se préparait à rouer Calas dans Toulouse. Le mot de *parricide*, et qui pis est de *huguenot*, volait de bouche en bouche dans toute la province. On ne douta pas que Sirven, sa femme et ses deux filles n'eussent noyé la troisième par principe de religion. C'était une opinion universelle que la religion protestante ordonne positivement aux pères et aux mères de tuer leurs enfants s'ils veulent être catholiques. Cette opinion avait jeté de si profondes racines dans les têtes mêmes des magistrats, entraînés malheureusement alors par la clameur publique, que le conseil et l'Église de Genève furent obligés de démentir cette fatale erreur, et d'envoyer au parlement de Toulouse une attestation juridique; que non seulement les protestants ne tuent point leurs enfants, mais qu'on les laisse maîtres de tous leurs biens, quand ils quittent leur secte pour une autre.

On sait que Calas fut roué, malgré cette attestation.

Un nommé Landes, juge de village, assisté de quelques gradués aussi savants que lui, s'empressa de faire toutes les dispositions pour bien suivre l'exemple qu'on venait de donner dans Toulouse. Un médecin de village, aussi éclairé que les juges, ne manqua pas d'assurer, à l'inspection du corps, au bout de vingt jours, que cette fille avait été étranglée et jetée ensuite dans le puits. Sur cette déposition le juge décrète de prise de corps le père, la mère, et les deux filles.

La famille, justement effrayée par la catastrophe des Calas, et par les conseils de ses amis, prend incontinent la fuite; ils marchent au milieu des neiges pendant un hiver rigoureux; et de montagnes en montagnes ils arrivent jusqu'à celles des Suisses. Celle des deux filles qui était mariée et grosse accouche avant terme parmi les glaces.

La première nouvelle que cette famille apprend quand elle est en lieu de sûreté, c'est que le père et la mère sont condamnés à être pendus; les deux filles à demeurer sous la potence pendant l'exécution de leur mère, et à être reconduites par le bourreau hors du territoire, sous peine d'être pendues si elles reviennent. C'est ainsi qu'on instruit la contumace.

Ce jugement était également absurde et abominable. Si le père, de concert avec sa femme, avait étranglé sa fille, il fallait le rouer comme Calas, et brûler la mère, au moins après qu'elle aurait été étranglée, parceque ce n'est pas encore l'usage de rouer les femmes dans le pays de ce juge. Se contenter de pendre en pareille occasion, c'était avouer que le crime n'était pas avéré, et que dans le doute la corde était un parti mitoyen qu'on prenait, faute d'être instruit. Cette sentence blessait également la loi et la raison.

La mère mourut de désespoir; et toute la famille, dont le bien était confisqué, allait mourir de misère, si elle n'avait pas trouvé des secours.

On s'arrête ici pour demander s'il y a quelque loi et quelque raison qui puisse justifier une telle sentence? On peut dire au juge : Quelle rage vous a porté à condamner à la mort un père et une mère? C'est qu'ils se sont enfuis, répond le juge. Eh, misérable! voulais-tu qu'ils restassent pour assouvir ton imbécile fureur? Qu'importe qu'ils paraissent devant toi chargés de fers pour te répondre, ou qu'ils lèvent les mains au ciel contre toi loin de ta face? Ne peux-tu pas voir sans eux la vérité qui doit te frapper? Ne peux-tu pas voir que le père était à une lieue de sa fille au milieu de vingt personnes, quand cette malheureuse fille s'échappa des bras de sa mère? Peux-tu ignorer que toute la famille l'a cherchée pendant vingt jours et vingt nuits? Tu ne réponds à cela que ces mots, *contumace*, *contumace*. Quoi! parcequ'un homme est absent, il faut qu'on le condamne à être pendu, quand son innocence est évidente! C'est la jurisprudence d'un sot et d'un monstre. Et la vie, les biens, l'honneur des citoyens, dépendront de ce code d'Iroquois!

La famille Sirven traîna son malheur loin de sa patrie pendant plus de huit années. Enfin, la superstition sanguinaire qui déshonorait le Languedoc ayant été un peu adoucie, et les esprits étant devenus plus éclairés, ceux qui avaient consolé les Sirven pendant leur exil, leur conseillèrent de venir demander justice au parlement de Toulouse même, lorsque le sang des Calas ne fumait plus, et que plusieurs se repentaient de l'avoir répandu. Les Sirven furent justifiés.

« Erudimini, qui judicatis terram. »
Ps. ii, v. 10.

CRITIQUE.

L'article *Critique* fait par M. de Marmontel dans l'*Encyclopédie*, est si bon, qu'il ne serait pas pardonnable d'en donner ici un nouveau, si on n'y traitait pas une matière toute différente sous le même titre. Nous entendons ici cette critique née de l'envie, aussi ancienne que le genre humain. Il y a environ trois mille ans qu'Hésiode a dit : Le potier porte envie au potier, le forgeron au forgeron, le musicien au musicien.

[1] Je ne prétends point parler ici de cette critique de scoliaste, qui restitue mal un mot d'un ancien auteur qu'auparavant on entendait très bien. Je ne touche point à ces vrais critiques qui ont débrouillé ce qu'on peut de l'histoire et de la philosophie anciennes. J'ai en vue les critiques qui tiennent à la satire.

Un amateur des lettres lisait un jour le Tasse avec moi ; il tomba sur cette stance :

> « Chiama gli abitator dell' ombre eterne
> « Il rauco suon della tartarea tromba.
> « Treman le spaziose atre caverne;
> « E l'aer cieco a quel rumor rimbomba :
> « Nè sì stridendo mai dalle superne
> « Regioni del cielo il folgor piomba ;
> « Nè sì scossa giammai trema la terra
> « Quando i vapori in sen gravida serra. »
> Jérusalem délivrée, chant IV, st. 3.

Il lut ensuite au hasard plusieurs stances de cette force et de cette harmonie. Ah ! c'est donc là, s'écria-t-il, ce que votre Boileau appelle du clinquant? c'est donc ainsi qu'il veut rabaisser un grand homme qui vivait cent ans avant lui, pour mieux élever un autre grand homme qui vivait seize cents ans auparavant, et qui eût lui-même rendu justice au Tasse?

Consolez-vous, lui dis-je, prenons les opéra de Qui-

---

[1] C'était ici qu'en 1764 commençait l'article dans le *Dictionnaire philosophique*. Ce qui précède fut ajouté en 1771 dans les *Questions sur l'Encyclopédie*, 4ᵉ partie; et immédiatement après ce premier alinéa on lisait : « Le « duc de Sulli, etc. » (Voyez page 250.) B.

nault. Nous trouvâmes à l'ouverture du livre de quoi nous mettre en colère contre la critique; l'admirable poëme d'*Armide* se présenta, nous trouvâmes ces mots :

SIDONIE.

La haine est affreuse et barbare,
L'amour contraint les cœurs dont il s'empare
  A souffrir des maux rigoureux.
Si votre sort est en votre puissance,
  Faites choix de l'indifférence;
  Elle assure un repos heureux.

ARMIDE.

Non, non, il ne m'est pas possible
De passer de mon trouble en un état paisible;
  Mon cœur ne se peut plus calmer;
Renaud m'offense trop, il n'est que trop aimable;
C'est pour moi désormais un choix indispensable
  De le haïr ou de l'aimer.

Armide, acte III, scène II.

Nous lûmes toute la pièce d'*Armide*, dans laquelle le génie du Tasse reçoit encore de nouveaux charmes par les mains de Quinault. Eh bien! dis-je à mon ami, c'est pourtant ce Quinault que Boileau s'efforça toujours de faire regarder comme l'écrivain le plus méprisable; il persuada même à Louis XIV que cet écrivain gracieux, touchant, pathétique, élégant, n'avait d'autre mérite que celui qu'il empruntait du musicien Lulli. Je conçois cela très aisément, me répondit mon ami; Boileau n'était pas jaloux du musicien, il l'était du poëte. Quel fond devons-nous faire sur le jugement d'un homme qui, pour rimer à un vers qui finissait en *aut*, dénigrait tantôt Boursault, tantôt Hénault, tantôt Quinault, selon qu'il était bien ou mal avec ces messieurs-là?

Mais pour ne pas laisser refroidir votre zèle contre l'injustice, mettez seulement la tête à la fenêtre, regardez cette belle façade du Louvre, par laquelle Perrault s'est immortalisé : cet habile homme était frère d'un académicien très savant, avec qui Boileau avait eu quelque dispute ; en voilà assez pour être traité d'architecte ignorant.

Mon ami, après avoir un peu rêvé, reprit en soupirant : La nature humaine est ainsi faite. Le duc de Sulli, dans ses Mémoires, trouve le cardinal d'Ossat, et le secrétaire d'état Villeroi, de mauvais ministres ; Louvois fesait ce qu'il pouvait pour ne pas estimer le grand Colbert. Mais ils n'imprimaient rien l'un contre l'autre, répondis-je : le duc de Marlborough ne fit rien imprimer contre le comte Péterborough : c'est une sottise qui n'est d'ordinaire attachée qu'à la littérature, à la chicane, et à la théologie. C'est dommage que les *Économies politiques et royales* soient tachées quelquefois de ce défaut.

La Motte Houdart était un homme de mérite en plus d'un genre ; il a fait de très belles stances.

> Quelquefois au feu qui la charme
> Résiste une jeune beauté,
> Et contre elle-même elle s'arme
> D'une pénible fermeté.
> Hélas ! cette contrainte extrême
> La prive du vice qu'elle aime,
> Pour fuir la honte qu'elle hait.
> Sa sévérité n'est que faste,
> Et l'honneur de passer pour chaste
> La résout à l'être en effet.
>
> En vain ce sévère stoïque,
> Sous mille défauts abattu,

> Se vante d'une ame héroïque
> Toute vouée à la vertu ;
> Ce n'est point la vertu qu'il aime,
> Mais son cœur ivre de lui-même
> Voudrait usurper les autels ;
> Et par sa sagesse frivole
> Il ne veut que parer l'idole
> Qu'il offre au culte des mortels.
>
> *L'Amour-propre*, ode à l'évêque de Soissons, str. 5 et 9.

> Les champs de Pharsale et d'Arbelle
> Ont vu triompher deux vainqueurs,
> L'un et l'autre digne modèle
> Que se proposent les grands cœurs.
> Mais le succès a fait leur gloire ;
> Et si le sceau de la victoire
> N'eût consacré ces demi-dieux,
> Alexandre, aux yeux du vulgaire,
> N'aurait été qu'un téméraire,
> Et César qu'un séditieux.
>
> *La Sagesse du roi supérieure à tous les événements*, str. 4.

Cet auteur, dis-je, était un sage qui prêta plus d'une fois le charme des vers à la philosophie. S'il avait toujours écrit de pareilles stances, il serait le premier des poëtes lyriques ; cependant c'est alors qu'il donnait ces beaux morceaux, que l'un de ses contemporains [1] l'appelait

> Certain oison, gibier de basse-cour.

Il dit de La Motte en un autre endroit :

> De ses discours l'ennuyeuse beauté.

Il dit dans un autre :

> ....Je n'y vois qu'un défaut,
> C'est que l'auteur les devait faire en prose.
> Ces odes-là sentent bien le Quinault.

[1] J.-B. Rousseau, *Épître aux muses.*

Il le poursuit partout; il lui reproche partout la sécheresse et le défaut d'harmonie.

Seriez-vous curieux de voir les Odes que fit quelques années après ce même censeur qui jugeait La Motte en maître, et qui le décriait en ennemi? Lisez.

> Cette influence souveraine
> N'est pour lui qu'une illustre chaine
> Qui l'attache au bonheur d'autrui;
> Tous les brillants qui l'embellissent,
> Tous les talents qui l'ennoblissent
> Sont en lui, mais non pas à lui.

Il n'est rien que le temps n'absorbe et ne dévore;
    Et les faits qu'on ignore
Sont bien peu différents des faits non avenus.

> La bonté qui brille en elle
> De ses charmes les plus doux,
> Est une image de celle
> Qu'elle voit briller en vous.
> Et par vous seule enrichie,
> Sa politesse affranchie
> Des moindres obscurités,
> Est la lueur réfléchie
> De vos sublimes clartés.

> Ils ont vu par ta bonne foi
> De leurs peuples troublés d'effroi
> La crainte heureusement déçue,
> Et déracinée à jamais
> La haine si souvent reçue
> En survivance de la paix.

> Dévoile à ma vue empressée
> Ces déités d'adoption,
> Synonymes de la pensée,
> Symboles de l'abstraction.

N'est-ce pas une fortune,
Quand d'une charge commune
Deux moitiés portent le faix,
Que la moindre le réclame,
Et que du bonheur de l'ame
Le corps seul fasse les frais?

Il ne fallait pas, sans doute, donner de si détestables ouvrages pour modèles à celui qu'on critiquait avec tant d'amertume; il eût mieux valu laisser jouir en paix son adversaire de son mérite, et conserver celui qu'on avait. Mais, que voulez-vous? le *genus irritabile vatum* est malade de la même bile qui le tourmentait autrefois. Le public pardonne ces pauvretés aux gens à talent, parceque le public ne songe qu'à s'amuser.

Il voit dans une allégorie intitulée *Pluton*, des juges condamnés à être écorchés et à s'asseoir aux enfers sur un siége couvert de leur peau, au lieu de fleurs de lis; le lecteur ne s'embarrasse pas si ces juges le méritent ou non; si le complaignant qui les cite devant Pluton a tort ou raison. Il lit ces vers uniquement pour son plaisir : s'ils lui en donnent, il n'en veut pas davantage; s'ils lui déplaisent, il laisse là l'allégorie, et ne ferait pas un seul pas pour faire confirmer ou casser la sentence.

Les inimitables tragédies de Racine ont toutes été critiquées, et très mal; c'est qu'elles l'étaient par des rivaux. Les artistes sont les juges compétents de l'art, il est vrai; mais ces juges compétents sont presque toujours corrompus.

Un excellent critique serait un artiste qui aurait

beaucoup de science et de goût, sans préjugés et sans envie. Cela est difficile à trouver [1].

On est accoutumé, chez toutes les nations, aux mauvaises critiques de tous les ouvrages qui ont du succès. Le *Cid* trouva son Scudéri; et Corneille fut long-temps après vexé par l'abbé d'Aubignac, prédicateur du roi, soi-disant législateur du théâtre, et auteur de la plus ridicule tragédie [2], toute conforme aux règles qu'il avait données. Il n'y a sorte d'injures qu'il ne dise à l'auteur de *Cinna* et des *Horaces*. L'abbé d'Aubignac, prédicateur du roi, aurait bien dû prêcher contre d'Aubignac.

On a vu chez les nations modernes qui cultivent les lettres, des gens qui se sont établis critiques de profession, comme on a créé des langueyeurs de porcs, pour examiner si ces animaux qu'on amène au marché ne sont pas malades. Les langueyeurs de la littérature ne trouvent aucun auteur bien sain; ils rendent compte deux ou trois fois par mois de toutes les maladies régnantes, des mauvais vers faits dans la capitale et dans les provinces, des romans insipides dont l'Europe est inondée, des systèmes de physique nouveaux, des secrets pour faire mourir les punaises. Ils gagnent quelque argent à ce métier, surtout quand ils disent

---

[1] Fin de l'article en 1764; les trois alinéa qui précèdent ne furent pas reproduits dans les *Questions sur l'Encyclopédie*, en 1771. Immédiatement après l'alinéa qui finit par le mot *s'amuser*, venait celui qui commence par : « On est accoutumé. » B.

[2] *Zénobie*, tragédie en prose jouée en 1645, et à l'occasion de laquelle le grand Condé disait qu'il savait bon gré à l'abbé d'Aubignac d'avoir si bien suivi les règles d'Aristote, mais qu'il ne pardonnait point aux règles d'Aristote d'avoir fait faire une si méchante tragédie à l'abbé d'Aubignac. B.

du mal des bons ouvrages, et du bien des mauvais. On peut les comparer aux crapauds qui passent pour sucer le venin de la terre, et pour le communiquer à ceux qui les touchent. Il y eut un nommé Dennis [1], qui fit ce métier pendant soixante ans à Londres, et qui ne laissa pas d'y gagner sa vie. L'auteur qui a cru être un nouvel *Arétin*, et s'enrichir en Italie par sa *frusta letteraria*, n'y a pas fait fortune.

L'ex-jésuite Guyot Desfontaines, qui embrassa cette profession au sortir de Bicêtre, y amassa quelque argent. C'est lui qui, lorsque le lieutenant de police le menaçait de le renvoyer à Bicêtre, et lui demandait pourquoi il s'occupait d'un travail si odieux, répondit: *Il faut que je vive*. Il attaquait les hommes les plus estimables à tort et à travers, sans avoir seulement lu ni pu lire les ouvrages de mathématiques et de physique dont il rendait compte.

Il prit un jour l'*Alciphron* [2] de Berkeley, évêque de Cloyne, pour un livre contre la religion. Voici comme il s'exprime :

« J'en ai trop dit pour vous faire mépriser un livre
« qui dégrade également l'esprit et la probité de l'au-
« teur; c'est un tissu de sophismes libertins forgés à
« plaisir pour détruire les principes de la religion, de
« la politique, et de la morale. »

Dans un autre endroit, il prend le mot anglais *cake*, qui signifie *gâteau* en anglais, pour le géant *Cacus*.

---

[1] Jean Dennis, fils d'un sellier, né en 1657, mort en 1733, et ridiculisé par Pope dans sa *Dunciade*, est le même dont Voltaire parle dans une lettre qu'on trouvera dans les *Mélanges*, année 1727. B.

[2] Traduit en français par Joncourt, en 1734; 2 vol. in-12. B.

Il dit à propos de la tragédie de *la Mort de César*, que Brutus *était un fanatique barbare, un quaker*. Il ignorait que les quakers sont les plus pacifiques des hommes, et ne versent jamais le sang. C'est avec ce fonds de science qu'il cherchait à rendre ridicules les deux écrivains les plus estimables de leur temps, Fontenelle et La Motte.

Il fut remplacé dans cette charge de Zoïle subalterne par un autre ex-jésuite nommé Fréron, dont le nom seul est devenu un opprobre. On nous fit lire, il n'y a pas long-temps, une de ces feuilles dont il infecte la basse littérature. « Le temps de Mahomet II, dit-il, « est le temps de l'entrée des Arabes en Europe. » Quelle foule de bévues en peu de paroles !

Quiconque a reçu une éducation tolérable, sait que les Arabes assiégèrent Constantinople sous le calife Moavia, dès notre septième siècle; qu'ils conquirent l'Espagne dans l'année de notre ère 713, et bientôt après une partie de la France, environ sept cents ans avant Mahomet II.

Ce Mahomet II, fils d'Amurat II, n'était point Arabe, mais Turc.

Il s'en fallait beaucoup qu'il fût le premier prince turc qui eût passé en Europe; Orcan, plus de cent ans avant lui, avait subjugué la Thrace, la Bulgarie, et une partie de la Grèce.

On voit que ce folliculaire parlait à tort et à travers des choses les plus aisées à savoir, et dont il ne savait rien. Cependant il insultait l'académie, les plus honnêtes gens, les meilleurs ouvrages, avec une insolence égale à son absurdité; mais son excuse était celle de

Guyot Desfontaines : *Il faut que je vive.* C'est aussi l'excuse de tous les malfaiteurs dont on fait justice.

On ne doit pas donner le nom de *critiques* à ces gens-là. Ce mot vient de *krites, juge, estimateur, arbitre.* Critique signifie *bon juge.* Il faut être un Quintilien pour oser juger les ouvrages d'autrui; il faut du moins écrire comme Bayle écrivit sa *République des Lettres;* il a eu quelques imitateurs, mais en petit nombre. Les journaux de Trévoux ont été décriés pour leur partialité poussée jusqu'au ridicule, et pour leur mauvais goût.

Quelquefois les journaux se négligent, ou le public s'en dégoûte par pure lassitude, ou les auteurs ne fournissent pas des matières assez agréables; alors les journaux, pour réveiller le public, ont recours à un peu de satire. C'est ce qui a fait dire à La Fontaine :

Tout feseur de journal doit tribut au malin.

Mais il vaut mieux ne payer son tribut qu'à la raison et à l'équité.

Il y a d'autres critiques qui attendent qu'un bon ouvrage paraisse pour faire vite un livre contre lui. Plus le libelliste attaque un homme accrédité, plus il est sûr de gagner quelque argent; il vit quelques mois de la réputation de son adversaire. Tel était un nommé Faydit, qui tantôt écrivait contre Bossuet, tantôt contre Tillemont, tantôt contre Fénelon; tel a été un polisson qui s'intitule Pierre de Chiniac de La Bastide Duclaux[1], avocat au parlement. Cicéron avait trois

---

[1] Voltaire a déjà parlé de Chiniac dans le chap. XXVII du *Pyrrhonisme de l'histoire* (*Mélanges*, année 1768). B.

noms comme lui. Puis viennent les critiques contre Pierre de Chiniac, puis les réponses de Pierre de Chiniac à ses critiques. Ces beaux livres sont accompagnés de brochures sans nombre, dans lesquelles les auteurs font le public juge entre eux et leurs adversaires; mais le juge, qui n'a jamais entendu parler de leur procès, est fort en peine de prononcer. L'un veut qu'on s'en rapporte à sa dissertation insérée dans le *Journal littéraire*, l'autre à ses éclaircissements donnés dans le *Mercure*. Celui-ci crie qu'il a donné une version exacte d'une demi-ligne de Zoroastre, et qu'on ne l'a pas plus entendu qu'il n'entend le persan. Il duplique à la contre-critique qu'on a faite de sa critique d'un passage de Chaufepié.

Enfin, il n'y a pas un seul de ces critiques qui ne se croie juge de l'univers, et écouté de l'univers.

Eh! l'ami, qui te savait là [1]?

CROIRE [2].

Nous avons vu à l'article CERTITUDE, qu'on doit être souvent très incertain quand on est certain, et qu'on peut manquer de bon sens quand on juge suivant ce qu'on appelle *le sens commun*. Mais qu'appelez-vous *croire ?*

Voici un Turc qui me dit: « Je crois que l'ange Gabriel descendait souvent de l'empyrée pour apporter à Mahomet des feuillets de l'*Alcoran*, écrits en lettres d'or sur du vélin bleu. »

---

[1] La Motte, *Fables*, I, 13. B.
[2] *Questions sur l'Encyclopédie*, quatrième partie, 1771. B.

Eh bien! Moustapha, sur quoi ta tête rase croit-elle cette chose incroyable?

« Sur ce que j'ai les plus grandes probabilités qu'on
« ne m'a point trompé dans le récit de ces prodiges
« improbables; sur ce qu'Abubeker le beau-père, Ali
« le gendre, Aishca ou Aissé la fille, Omar, Otman,
« certifièrent la vérité du fait en présence de cinquante
« mille hommes, recueillirent tous les feuillets, les
« lurent devant les fidèles, et attestèrent qu'il n'y avait
« pas un mot de changé.

« Sur ce que nous n'avons jamais eu qu'un *Alcoran*
« qui n'a jamais été contredit par un autre *Alcoran*.
« Sur ce que Dieu n'a jamais permis qu'on ait fait la
« moindre altération dans ce livre.

« Sur ce que les préceptes et les dogmes sont la per-
« fection de la raison. Le dogme consiste dans l'unité
« d'un Dieu pour lequel il faut vivre et mourir; dans
« l'immortalité de l'ame; dans les récompenses éter-
« nelles des justes et la punition des méchants, et
« dans la mission de notre grand prophète Mahomet,
« prouvée par des victoires.

« Les préceptes sont d'être juste et vaillant, de faire
« l'aumône aux pauvres, de nous abstenir de cette
« énorme quantité de femmes que les princes orien-
« taux, et surtout les roitelets juifs, épousaient sans
« scrupule; de renoncer au bon vin d'Engaddi et de
« Tadmor, que ces ivrognes d'Hébreux ont tant vanté
« dans leurs livres; de prier Dieu cinq fois par jour, etc.

« Cette sublime religion a été confirmée par le plus
« beau et le plus constant des miracles, et le plus avé-
« ré dans l'histoire du monde; c'est que Mahomet,

« persécuté par les grossiers et absurdes magistrats
« scolastiques qui le décrétèrent de prise de corps, Ma-
« homet, obligé de quitter sa patrie, n'y revint qu'en
« victorieux; qu'il fit de ses juges imbéciles et sangui-
« naires l'escabeau de ses pieds; qu'il combattit toute
« sa vie les combats du Seigneur; qu'avec un petit
« nombre il triompha toujours du grand nombre; que
« lui et ses successeurs convertirent la moitié de la
« terre, et que, Dieu aidant, nous convertirons un
« jour l'autre moitié. »

Rien n'est plus éblouissant. Cependant Moustapha, en croyant si fermement, sent toujours quelques petits nuages de doute s'élever dans son ame, quand on lui fait quelques difficultés sur les visites de l'ange Gabriel; sur le sura ou le chapitre apporté du ciel, pour déclarer que le grand prophète n'est point cocu; sur la jument Borac, qui le transporte en une nuit de la Mecque à Jérusalem. Moustapha bégaie, il fait de très mauvaises réponses, il en rougit; et cependant non seulement il dit qu'il croit, mais il veut aussi vous engager à croire. Vous pressez Moustapha; il reste la bouche béante, les yeux égarés, et va se laver en l'honneur d'Alla, en commençant son ablution par le coude, et en finissant par le doigt index.

Moustapha est-il en effet persuadé, convaincu de tout ce qu'il nous a dit? est-il parfaitement sûr que Mahomet fut envoyé de Dieu, comme il est sûr que la ville de Stamboul existe, comme il est sûr que l'impératrice Catherine II a fait aborder une flotte du fond de la mer hyperborée dans le Péloponèse, chose aussi étonnante que le voyage de la Mecque à Jérusalem en une nuit; et que cette flotte a détruit celle des Ottomans auprès des Dardanelles?

Le fond du discours de Moustapha est qu'il croit ce qu'il ne croit pas. Il s'est accoutumé à prononcer, comme son molla, certaines paroles qu'il prend pour des idées. Croire, c'est très souvent douter.

Sur quoi crois-tu cela? dit Harpagon. Je le crois sur ce que je le crois, répond maître Jacques [1]. La plupart des hommes pourraient répondre de même.

Croyez-moi pleinement, mon cher lecteur, il ne faut pas croire de léger.

Mais que dirons-nous de ceux qui veulent persuader aux autres ce qu'ils ne croient point? Et que dirons-nous des monstres qui persécutent leurs confrères dans l'humble et raisonnable doctrine du doute et de la défiance de soi-même?

CROMWELL.

SECTION PREMIÈRE [2].

On peint Cromwell comme un homme qui a été fourbe toute sa vie. J'ai de la peine à le croire. Je pense qu'il fut d'abord enthousiaste, et qu'ensuite il fit servir son fanatisme même à sa grandeur. Un novice fervent à vingt ans devient souvent un fripon habile à quarante. On commence par être dupe, et on finit par être fripon [3], dans le grand jeu de la vie humaine. Un

---

[1] Molière, *l'Avare*, acte V, scène II. B.

[2] Ce morceau a paru en 1748, dans le tome IV de l'édition faite à Dresde des Œuvres de Voltaire. B.

[3] Ce sont les vers de madame Deshoulières :
> On commence par être dupe,
> On finit par être fripon.   B.

homme d'état prend pour aumônier un moine tout pétri des petitesses de son couvent, dévot, crédule, gauche, tout neuf pour le monde : le moine s'instruit, se forme, s'intrigue, et supplante son maître.

Cromwell ne savait d'abord s'il se ferait ecclésiastique ou soldat. Il fut l'un et l'autre. Il fit, en 1622, une campagne dans l'armée du prince d'Orange Frédéric-Henri, grand homme, frère de deux grands hommes; et quand il revint en Angleterre, il se mit au service de l'évêque Williams, et fut le théologien de monseigneur, tandis que monseigneur passait pour l'amant de sa femme. Ses principes étaient ceux des puritains; ainsi il devait haïr de tout son cœur un évêque, et ne pas aimer les rois. On le chassa de la maison de l'évêque Williams, parcequ'il était puritain; et voilà l'origine de sa fortune. Le parlement d'Angleterre se déclarait contre la royauté et contre l'épiscopat; quelques amis qu'il avait dans ce parlement lui procurèrent la nomination d'un village. Il ne commença à exister que dans ce temps-là, et il avait plus de quarante ans sans qu'il eût jamais fait parler de lui. Il avait beau posséder l'Écriture sainte, disputer sur les droits des prêtres et des diacres, faire quelques mauvais sermons et quelques libelles, il était ignoré. J'ai vu de lui un sermon qui est fort insipide, et qui ressemble assez aux prédications des quakers; on n'y découvre assurément aucune trace de cette éloquence persuasive avec laquelle il entraîna depuis les parlements. C'est qu'en effet il était beaucoup plus propre aux affaires qu'à l'Église. C'était surtout dans son ton et dans son air que consistait son éloquence; un geste de cette main qui avait gagné tant de batailles et tué tant de royalistes, persuadait plus que les périodes de Cicéron. Il faut avouer que ce fut sa valeur incomparable qui le fit connaître, et qui le mena par degrés au faîte de la grandeur.

Il commença par se jeter en volontaire qui voulait faire fortune dans la ville de Hull, assiégée par le roi. Il y fit de belles et d'heureuses actions, pour lesquelles il reçut une gratification d'environ six mille francs du parlement. Ce présent fait par le parlement à un aventurier, fait voir que le parti rebelle devait prévaloir. Le roi n'était pas en état de donner à ses officiers généraux ce que le parlement donnait à des volontaires. Avec de l'argent et du fanatisme on doit à la longue être maître de tout. On fit Cromwell colonel. Alors ses grands talents pour la guerre se développèrent au point que lorsque le parlement créa le comte de Manchester général de ses armées, il fit Cromwell lieutenant-général, sans qu'il eût passé par les autres grades. Jamais homme ne parut plus digne de commander; jamais on ne vit plus d'activité et de prudence, plus d'audace et plus de ressources que dans Cromwell. Il est blessé à la bataille d'York; et tandis que l'on met le premier appareil à sa plaie, il apprend que son général Manchester se retire, et que la bataille est perdue. Il court à Manchester; il le trouve fuyant avec quelques officiers; il le prend par le bras, et lui dit avec un air de confiance et de grandeur : « Vous vous méprenez, milord; ce n'est pas de « ce côté-ci que sont les ennemis. » Il le ramène près du champ de bataille, rallie pendant la nuit plus de douze mille hommes, leur parle au nom de Dieu, cite Moïse,

Gédéon et Josué, recommence la bataille au point du jour contre l'armée royale victorieuse, et la défait entièrement. Il fallait qu'un tel homme pérît ou fût le maître. Presque tous les officiers de son armée étaient des enthousiastes qui portaient le nouveau *Testament* à l'arçon de leur selle : on ne parlait, à l'armée comme dans le parlement, que de perdre Babylone, d'établir le culte dans Jérusalem, de briser le colosse. Cromwell, parmi tant de fous, cessa de l'être, et pensa qu'il valait mieux les gouverner que d'être gouverné par eux. L'habitude de prêcher en inspiré lui restait. Figurez-vous un fakir qui s'est mis aux reins une ceinture de fer par pénitence, et qui ensuite détache sa ceinture pour en donner sur les oreilles aux autres fakirs : voilà Cromwell. Il devient aussi intrigant qu'il était intrépide; il s'associe avec tous les colonels de l'armée, et forme ainsi dans les troupes une république qui force le généralissime à se démettre. Un autre généralissime est nommé, il le dégoûte. Il gouverne l'armée, et par elle il gouverne le parlement; il met ce parlement dans la nécessité de le faire enfin généralissime. Tout cela est beaucoup; mais ce qui est essentiel, c'est qu'il gagne toutes les batailles qu'il donne en Angleterre, en Écosse, en Irlande; et il les gagne, non en voyant combattre et en se ménageant, mais toujours en chargeant l'ennemi, ralliant ses troupes, courant partout, souvent blessé, tuant de sa main plusieurs officiers royalistes, comme un grenadier furieux et acharné.

Au milieu de cette guerre affreuse Cromwell fesait l'amour; il allait, la Bible sous le bras, coucher avec la femme de son major-général Lambert. Elle aimait le comte de Holland, qui servait dans l'armée du roi. Cromwell le prend prisonnier dans une bataille, et jouit du plaisir de faire trancher la tête à son rival. Sa maxime était de verser le sang de tout ennemi important, ou dans le champ de bataille, ou par la main des bourreaux. Il augmenta toujours son pouvoir, en osant toujours en abuser; les profondeurs de ses desseins n'ôtaient rien à son impétuosité féroce. Il entre dans la chambre du parlement, et, prenant sa montre qu'il jette à terre et qu'il brise en morceaux : Je vous casserai, dit-il, comme cette montre. Il y revient quelque temps après, chasse tous les membres l'un après l'autre, en les fesant défiler devant lui. Chacun d'eux est obligé, en passant, de lui faire une profonde révérence : un d'eux passe le chapeau sur la tête; Cromwell lui prend son chapeau, et le jette par terre : Apprenez, dit-il, à me respecter.

Lorsqu'il eut outragé tous les rois en fesant couper la tête à son roi légitime, et qu'il commença lui-même à régner, il envoya son portrait à une tête couronnée; c'était à la reine de Suède Christine. Marvell, fameux poëte anglais, qui fesait fort bien des vers latins, accompagna ce portrait de six vers où il fait parler Cromwell lui-même. Cromwell corrigea les deux derniers que voici :

« At tibi submittit frontem reverentior umbra,
« Non sunt hi vultus regibus usque truces. »

Le sens hardi de ces six vers peut se rendre ainsi :

Les armes à la main j'ai défendu les lois;
D'un peuple audacieux j'ai vengé la querelle.

> Regardez sans frémir cette image fidèle :
> Mon front n'est pas toujours l'épouvante des rois.

Cette reine fut la première à le reconnaître, dès qu'il fut protecteur des trois royaumes. Presque tous les souverains de l'Europe envoyèrent des ambassadeurs *à leur frère* Cromwell, à ce domestique d'un évêque, qui venait de faire périr par la main du bourreau un souverain leur parent. Ils briguèrent à l'envi son alliance. Le cardinal Mazarin, pour lui plaire, chassa de France les deux fils de Charles Ier, les deux petits-fils de Henri IV, les deux cousins-germains de Louis XIV. La France conquit Dunkerque pour lui, et on lui en remit les clefs. Après sa mort, Louis XIV et toute sa cour portèrent le deuil, excepté Mademoiselle, qui eut le courage de venir au cercle en habit de couleur, et soutint seule l'honneur de sa race.

Jamais roi ne fut plus absolu que lui. Il disait qu'il avait mieux aimé gouverner sous le nom de *protecteur* que sous celui de *roi*, parceque les Anglais savaient jusqu'où s'étend la prérogative d'un roi d'Angleterre, et ne savaient pas jusqu'où celle d'un protecteur pouvait aller. C'était connaître les hommes, que l'opinion gouverne, et dont l'opinion dépend d'un nom. Il avait conçu un profond mépris pour la religion qui avait servi à sa fortune. Il y a une anecdote certaine conservée dans la maison de Saint-Jean, qui prouve assez le peu de cas que Cromwell fesait de cet instrument qui avait opéré de si grands effets dans ses mains. Il buvait un jour avec Ireton, Flectwood, et Saint-Jean, bisaïeul du célèbre milord Bolingbroke ; on voulut déboucher une bouteille, et le tire-bouchon tomba sous la table ;

ils le cherchaient tous, et ne le trouvaient pas. Cependant une députation des Églises presbytériennes attendait dans l'antichambre, et un huissier vint les annoncer. Qu'on leur dise que je suis retiré, dit Cromwell, *et que je cherche le Seigneur*. C'était l'expression dont se servaient les fanatiques, quand ils fesaient leurs prières. Lorsqu'il eut ainsi congédié la bande des ministres, il dit à ses confidents ces propres paroles :
« Ces faquins-là croient que nous cherchons le Sei-
« gneur, et nous ne cherchons que le tire-bouchon. »

Il n'y a guère d'exemple en Europe d'aucun homme qui, venu de si bas, se soit élevé si haut. Mais que lui fallait-il absolument avec tous ses grands talents? la fortune. Il l'eut cette fortune; mais fut-il heureux? Il vécut pauvre et inquiet jusqu'à quarante-trois ans; il se baigna depuis dans le sang, passa sa vie dans le trouble, et mourut avant le temps à cinquante-sept ans. Que l'on compare à cette vie celle d'un Newton, qui a vécu quatre-vingt-quatre années, toujours tranquille, toujours honoré, toujours la lumière de tous les êtres pensants, voyant augmenter chaque jour sa renommée, sa réputation, sa fortune, sans avoir jamais ni soins ni remords; et qu'on juge lequel a été le mieux partagé.

« O curas hominum, o quantum est in rebus inane ! »
PERS., sat. 1, vers 1.

SECTION II[1].

Olivier Cromwell fut regardé avec admiration par

---
[1] Dans les *Questions sur l'Encyclopédie*, 4ᵉ partie, 1771, l'article entier se composait de ce qui forme cette seconde section. B.

les puritains et les indépendants d'Angleterre; il est encore leur héros; mais Richard Cromwell son fils est mon homme.

Le premier est un fanatique qui serait sifflé aujourd'hui [1] dans la chambre des communes, s'il y prononçait une seule des inintelligibles absurdités qu'il débitait avec tant de confiance devant d'autres fanatiques qui l'écoutaient la bouche béante, et les yeux égarés, au nom du Seigneur. S'il disait qu'il faut chercher le Seigneur, et combattre les combats du Seigneur; s'il introduisait le jargon juif dans le parlement d'Angleterre, à la honte éternelle de l'esprit humain, il serait bien plus près d'être conduit à Bedlam que d'être choisi pour commander des armées.

Il était brave, sans doute; les loups le sont aussi: il y a même des singes aussi furieux que des tigres. De fanatique, il devint politique habile, c'est-à-dire que de loup il devint renard, monta par la fourberie, des premiers degrés où l'enthousiasme enragé du temps l'avait placé, jusqu'au faîte de la grandeur; et le fourbe marcha sur les têtes des fanatiques prosternés. Il régna; mais il vécut dans les horreurs de l'inquiétude. Il n'eut ni des jours sereins ni des nuits tranquilles. Les consolations de l'amitié et de la société n'approchèrent jamais de lui; il mourut avant le temps, plus digne, sans doute, du dernier supplice, que le roi qu'il fit conduire d'une fenêtre de son palais même à l'échafaud.

[1] Voyez les articles A propos et Fanatisme, section iv; et dans les *Mélanges*, année 1734, la septième des *Lettres philosophiques;* et année 1763, la quatrième fausseté, à la suite des *Éclaircissements historiques.* B.

Richard Cromwell, au contraire, né avec un esprit doux et sage, refuse de garder la couronne de son père aux dépens du sang de trois ou quatre factieux qu'il pouvait sacrifier à son ambition. Il aime mieux être réduit à la vie privée que d'être un assassin tout puissant. Il quitte le protectorat sans regret, pour vivre en citoyen. Libre et tranquille à la campagne, il y jouit de la santé; il y possède son ame en paix pendant quatre-vingt-dix années[1], aimé de ses voisins, dont il est l'arbitre et le père.

Lecteurs, prononcez. Si vous aviez à choisir entre le destin du père et celui du fils, lequel prendriez-vous?

CUISSAGE ou CULAGE[2].

Droit de prélibation, de marquette, etc.

Dion Cassius, ce flatteur d'Auguste, ce détracteur de Cicéron (parceque Cicéron avait défendu la cause de la liberté), cet écrivain sec et diffus, ce gazetier des bruits populaires, ce Dion Cassius rapporte que des sénateurs opinèrent, pour récompenser César de tout le mal qu'il avait fait à la république, de lui donner le droit de coucher, à l'âge de cinquante-sept ans, avec toutes les dames qu'il daignerait honorer de ses faveurs. Et il se trouve encore parmi nous des gens

---

[1] Les éditions de 1770, 1771, in-4°, 1775, portent *quatre-vingt-dix*. Ce n'est peut-être qu'une faute de copiste ou d'impression. M. Renouard a mis *quatre-vingt-six*, en mettant en note que « Richard naquit le 4 octobre 1626, « et mourut le 13 juillet 1712. » B.

[2] *Questions sur l'Encyclopédie*, quatrième partie, 1771. B.

assez bons pour croire cette ineptie. L'auteur même de l'*Esprit des Lois* la prend pour une vérité, et en parle comme d'un décret qui aurait passé dans le sénat romain, sans l'extrême modestie du dictateur qui se sentit peu propre à remplir les vœux du sénat. Mais si les empereurs romains n'eurent pas ce droit par un sénatus-consulte appuyé d'un plébiscite, il est très vraisemblable qu'ils l'obtinrent par la courtoisie des dames. Les Marc-Aurèle, les Julien, n'usèrent point de ce droit; mais tous les autres l'étendirent autant qu'ils le purent.

Il est étonnant que dans l'Europe chrétienne on ait fait très long-temps une espèce de loi féodale, et que du moins on ait regardé comme un droit coutumier, l'usage d'avoir le pucelage de sa vassale. La première nuit des noces de la fille au vilain appartenait sans contredit au seigneur.

Ce droit s'établit comme celui de marcher avec un oiseau sur le poing, et de se faire encenser à la messe. Les seigneurs, il est vrai, ne statuèrent pas que les femmes de leurs vilains leur appartiendraient, ils se bornèrent aux filles; la raison en est plausible. Les filles sont honteuses, il faut un peu de temps pour les apprivoiser. La majesté des lois les subjugue tout d'un coup; les jeunes fiancées donnaient donc sans résistance la première nuit de leurs noces au seigneur châtelain, ou au baron, quand il les jugeait dignes de cet honneur.

On prétend que cette jurisprudence commença en Écosse; je le croirais volontiers : les seigneurs écossais avaient un pouvoir encore plus absolu sur leurs clans, que les barons allemands et français sur leurs sujets.

Il est indubitable que des abbés, des évêques, s'attribuèrent cette prérogative en qualité de seigneurs temporels : et il n'y a pas bien long-temps que des prélats se sont désistés de cet ancien privilége pour des redevances en argent, auxquelles ils avaient autant de droit qu'aux pucelages des filles.

Mais remarquons bien que cet excès de tyrannie ne fut jamais approuvé par aucune loi publique. Si un seigneur ou un prélat avait assigné par-devant un tribunal réglé une fille fiancée à un de ses vassaux, pour venir lui payer sa redevance, il eût perdu sans doute sa cause avec dépens.

Saisissons cette occasion d'assurer qu'il n'y a jamais eu de peuple un peu civilisé qui ait établi des lois formelles contre les mœurs; je ne crois pas qu'il y en ait un seul exemple. Des abus s'établissent, on les tolère; ils passent en coutume; les voyageurs les prennent pour des lois fondamentales. Ils ont vu, disent-ils, dans l'Asie de saints mahométans bien crasseux marcher tout nus, et de bonnes dévotes venir leur baiser ce qui ne mérite pas de l'être; mais je les défie de trouver dans l'*Alcoran* une permission à des gueux de courir tout nus, et de faire baiser leur vilenie par des dames.

On me citera, pour me confondre, le *Phallum* que les Égyptiens portaient en procession, et l'idole *Jaganat* des Indiens. Je répondrai que cela n'est pas plus contre les mœurs que de s'aller faire couper le prépuce en cérémonie à l'âge de huit ans. On a porté dans quelques unes de nos villes le saint prépuce en procession ; on le garde encore dans quelques sacristies, sans que cette facétie ait causé le moindre trouble dans les familles. Je puis encore assurer qu'aucun concile, aucun arrêt de parlement n'a jamais ordonné qu'on fêterait le saint prépuce.

J'appelle *loi contre les mœurs* une loi publique, qui me prive de mon bien, qui m'ôte ma femme pour la donner à un autre; et je dis que la chose est impossible.

Quelques voyageurs prétendent qu'en Laponie des maris sont venus leur offrir leurs femmes par politesse; c'est une plus grande politesse à moi de les croire. Mais je leur soutiens qu'ils n'ont jamais trouvé cette loi dans le code de la Laponie, de même que vous ne trouverez ni dans les constitutions de l'Allemagne, ni dans les ordonnances des rois de France, ni dans les registres du parlement d'Angleterre, aucune loi positive qui adjuge le droit de cuissage aux barons.

Des lois absurdes, ridicules, barbares, vous en trouverez partout; des lois contre les mœurs, nulle part.

CUL[1].

On répétera ici ce qu'on a déjà dit ailleurs[2], et ce qu'il faut répéter toujours, jusqu'au temps où les

---

[1] *Questions sur l'Encyclopédie*, quatrième partie; 1771. B.
[2] Voyez la requête de Jérôme Carré *A messieurs les Parisiens*, en tête de la comédie de l'*Écossaise;* et le *Prologue* et le *Premier post-script* du poëme de la *Guerre de Genève;* et ci-après l'article LANGUES, section III: voyez

Français se seront corrigés; c'est qu'il est indigne d'une langue aussi polie et aussi universelle que la leur, d'employer si souvent un mot déshonnête et ridicule, pour signifier des choses communes qu'on pourrait exprimer autrement sans le moindre embarras.

Pourquoi nommer *cul-d'âne* et *cul-de-cheval* des orties de mer? pourquoi donc donner le nom de *cul-blanc* à l'œnante, et de *cul-rouge* à l'épeiche? Cette épeiche est une espèce de pivert, et l'œnante une espèce de moineau cendré. Il y a un oiseau qu'on nomme *fétu-en-cul* ou *paille-en-cul;* on avait cent manières de le désigner d'une expression beaucoup plus précise. N'est-il pas impertinent d'appeler *cul-de-vaisseau* le fond de la poupe?

Plusieurs auteurs nomment encore *à-cul* un petit mouillage, un ancrage, une grève, un sable, une anse, où les barques se mettent à l'abri des corsaires. *Il y a un petit à-cul à Palo comme à Sainte-Marinthée*[a].

On se sert continuellement du mot *cul-de-lampe* pour exprimer un fleuron, un petit cartouche, un pendentif, un encorbellement, une base de pyramide, un placard, une vignette.

Un graveur se sera imaginé que cet ornement ressemble à la base d'une lampe; il l'aura nommé *cul-de-lampe* pour avoir plus tôt fait; et les acheteurs auront

---

aussi dans les *Mélanges*, année 1764, le *Discours aux Welches*, et son *Supplément;* et dans la *Correspondance*, la lettre à d'Olivet du 20 auguste 1761. B.

[a] *Voyage d'Italie.*

répété ce mot après lui. C'est ainsi que les langues se forment. Ce sont les artisans qui ont nommé leurs ouvrages et leurs instruments.

Certainement il n'y avait nulle nécessité de donner le nom de *cul-de-four* aux voûtes sphériques, d'autant plus que ces voûtes n'ont rien de celle d'un four qui est toujours surbaissée.

Le fond d'un artichaut est formé et creusé en ligne courbe, et le nom de *cul* ne lui convient en aucune manière. Les chevaux ont quelquefois une tache verdâtre dans les yeux, on l'appelle *cul-de-verre*. Une autre maladie des chevaux, qui est une espèce d'érysipèle, est appelée le *cul-de-poule*. Le haut d'un chapeau est un *cul-de-chapeau*. Il y a des boutons à compartiments qu'on appelle *boutons à cul-de-dé*.

Comment a-t-on pu donner le nom de *cul-de-sac* à l'*angiportus* des Romains? Les Italiens ont pris le nom d'*angiporto* pour signifier *strada senza uscita*. On lui donnait autrefois chez nous le nom d'*impasse*, qui est expressif et sonore. C'est une grossièreté énorme que le mot de *cul-de-sac* ait prévalu.

Le terme de *culage* a été aboli. Pourquoi tous ceux que nous venons d'indiquer ne le sont-ils pas? Ce terme infâme de *culage* signifiait le droit que s'étaient donné plusieurs seigneurs, dans les temps de la tyrannie féodale, d'avoir à leur choix les prémices de tous les mariages dans l'étendue de leurs terres. On substitua ensuite le mot de *cuissage* à celui de *culage*. Le temps seul peut corriger toutes les façons vicieuses de parler.

Il est triste qu'en fait de langue, comme en d'autres

usages plus importants, ce soit la populace qui dirige les premiers d'une nation.

CURÉ DE CAMPAGNE[1].

SECTION PREMIÈRE.

Un curé, que dis-je, un curé? un iman même, un talapoin, un brame, doit avoir honnêtement de quoi vivre. Le prêtre en tout pays doit être nourri de l'autel, puisqu'il sert la république. Qu'un fanatique fripon ne s'avise pas de dire ici que je mets au niveau un curé et un brame, que j'associe la vérité avec l'imposture. Je ne compare que les services rendus à la société; je ne compare que la peine et le salaire.

Je dis que quiconque exerce une fonction pénible, doit être bien payé de ses concitoyens; je ne dis pas qu'il doive regorger de richesses, souper comme Lucullus, être insolent comme Clodius. Je plains le sort d'un curé de campagne obligé de disputer une gerbe de blé à son malheureux paroissien, de plaider contre lui, d'exiger la dîme des lentilles et des pois, d'être haï et de haïr, de consumer sa misérable vie dans des querelles continuelles, qui avilissent l'ame autant qu'elles l'aigrissent.

Je plains encore davantage le curé à portion congrue, à qui des moines, nommés *gros décimateurs*, osent donner un salaire de quarante ducats, pour aller faire, pendant toute l'année, à deux ou trois milles de sa maison, le jour, la nuit, au soleil, à la pluie, dans les neiges, au milieu des glaces, les fonc-

[1] *Questions sur l'Encyclopédie*, quatrième partie, 1771. B.

tions les plus désagréables, et souvent les plus inutiles. Cependant l'abbé, gros décimateur, boit son vin de Volnay, de Beaune, de Chambertin, de Silleri, mange ses perdrix et ses faisans, dort sur le duvet avec sa voisine, et fait bâtir un palais. La disproportion est trop grande.

On imagina, du temps de Charlemagne, que le clergé, outre ses terres, devait posséder la dîme des terres d'autrui; et cette dîme est au moins le quart en comptant les frais de culture. Pour assurer ce paiement, on stipula qu'il était de droit divin. Et comment était-il de droit divin? Dieu était-il descendu sur la terre pour donner le quart de mon bien à l'abbé du Mont-Cassin, à l'abbé de Saint-Denys, à l'abbé de Fulde? non pas que je sache; mais on trouva qu'autrefois dans le désert d'Étam, d'Horeb, de Cadès-Barné, on avait donné aux lévites quarante-huit villes, et la dîme de tout ce que la terre produisait.

Eh bien! gros décimateur, allez à Cadès-Barné; habitez les quarante-huit villes qui sont dans ce désert inhabitable; prenez la dîme des cailloux que la terre y produit, et grand bien vous fasse.

Mais Abraham ayant combattu pour Sodome, donna la dîme à Melchisédech, prêtre et roi de Salem. Eh bien! combattez pour Sodome; mais que Melchisédech ne me prenne pas le blé que j'ai semé.

Dans un pays chrétien de douze cent mille lieues carrées, dans tout le Nord, dans la moitié de l'Allemagne, dans la Hollande, dans la Suisse, on paie le clergé de l'argent du trésor public. Les tribunaux n'y retentissent point des procès mus entre les seigneurs et les curés, entre le gros et le petit décimateur, entre le pasteur demandeur et l'ouaille intimée, en conséquence du troisième concile de Latran, dont l'ouaille n'a jamais entendu parler.

[1] Le roi de Naples, cette année 1772, vient d'abolir la dîme dans une de ses provinces; les curés sont mieux payés, et la province le bénit.

Les prêtres égyptiens, dit-on, ne prenaient point la dîme. Non; mais on nous assure qu'ils avaient le tiers de toute l'Égypte en propre. O miracle! ô chose du moins difficile à croire! ils avaient le tiers du pays, et ils n'eurent pas bientôt les deux autres!

Ne croyez pas, mon cher lecteur, que les Juifs, qui étaient un peuple de col roide, ne se soient jamais plaints de l'impôt de la dîme.

Donnez-vous la peine de lire le *Talmud* de Babylone; et si vous n'entendez pas le chaldaïque, lisez la traduction faite par Gilbert Gaulmin, avec les notes, le tout imprimé par les soins de Fabricius. Vous y verrez l'aventure d'une pauvre veuve avec le grand-prêtre Aaron, et comment le malheur de cette veuve fut la cause de la querelle entre Dathan, Coré et Abiron, d'un côté, et Aaron de l'autre.

« Une veuve n'avait qu'une seule brebis[a]; elle voulut la tondre : Aaron vient qui prend la laine pour lui; elle m'appartient, dit-il, selon la loi : « Tu don« neras les prémices de la laine à Dieu. » La veuve

---

[1] Cet alinéa n'existait pas en 1771 : il fut ajouté, en 1774, dans l'édition in-4°. B.

[a] Page 165, n° 297.

implore en pleurant la protection de Coré. Coré va trouver Aaron. Ses prières sont inutiles; Aaron répond que par la loi la laine est à lui. Coré donne quelque argent à la femme, et s'en retourne plein d'indignation.

« Quelque temps après, la brebis fait un agneau; Aaron revient, et s'empare de l'agneau. La veuve vient encore pleurer auprès de Coré, qui veut en vain fléchir Aaron. Le grand-prêtre lui répond : Il est écrit dans la loi : « Tout mâle premier-né de ton troupeau « appartiendra à ton Dieu : » il mangea l'agneau, et Coré s'en alla en fureur.

« La veuve au désespoir tue sa brebis. Aaron arrive encore; il en prend l'épaule et le ventre; Coré vient encore se plaindre. Aaron lui répond : Il est écrit : « Tu donneras le ventre et l'épaule aux prêtres. »

« La veuve, ne pouvant plus contenir sa douleur, dit *anathème* à sa brebis. Aaron alors dit à la veuve : Il est écrit : « Tout ce qui sera anathème dans Israël « sera à toi; » et il emporta la brebis tout entière. »

Ce qui n'est pas si plaisant, mais qui est fort singulier, c'est que dans un procès entre le clergé de Reims et des bourgeois, cet exemple, tiré du *Talmud*, fut cité par l'avocat des citoyens. Gaulmin assure qu'il en fut témoin. Cependant on peut lui répondre que les décimateurs ne prennent pas tout au peuple; les commis des fermes ne le souffriraient pas. Chacun partage, comme il est bien juste.

Au reste, nous pensons que ni Aaron ni aucun de nos curés ne se sont approprié les brebis et les agneaux des veuves de notre pauvre pays.

Nous ne pouvons mieux finir cet article honnête du *Curé de campagne*, que par ce dialogue, dont une partie a déjà été imprimée.

SECTION II[1].

CURIOSITÉ[2].

« Suave, mari magno turbantibus æquora ventis,
« E terra magnum alterius spectare laborem;
« Non quia vexari quemquam est jucunda voluptas,
« Sed quibus ipse malis careas quia cernere suave est;
« Suave etiam belli certamina magna tueri
« Per campos instructa, tua sine parte pericli.
« Sed nil dulcius est, bene quam munita tenere
« Edita doctrina sapientum templa serena,
« Despicere unde queas alios, passimque videre
« Errare atque viam palantes quærere vitæ,
« Certare ingenio, contendere nobilitate,
« Noctes atque dies niti præstante labore
« Ad summas emergere opes rerumque potiri.
« O miseras hominum mentes! o pectora cæca! »
     Lucr., liv. II, v. 1 et seq.

On voit avec plaisir, dans le sein du repos,
Des mortels malheureux lutter contre les flots;
On aime à voir de loin deux terribles armées,
Dans les champs de la mort au combat animées:
Non que le mal d'autrui soit un plaisir si doux;
Mais son danger nous plaît quand il est loin de nous.
Heureux qui, retiré dans le temple des sages,
Voit en paix sous ses pieds se former les orages;
Qui rit en contemplant les mortels insensés,
De leur joug volontaire esclaves empressés,

---

[1] Cette seconde section se composait du Catéchisme du Curé. Voyez tome XXVII, page 489. B.

[2] *Questions sur l'Encyclopédie*, quatrième partie, 1771. B.

> Inquiets, incertains du chemin qu'il faut suivre,
> Sans penser, sans jouir, ignorant l'art de vivre,
> Dans l'agitation consumant leurs beaux jours,
> Poursuivant la fortune, et rampant dans les cours !
> O vanité de l'homme ! ô faiblesse ! ô misère !

Pardon, Lucrèce, je soupçonne que vous vous trompez ici en morale, comme vous vous trompez toujours en physique. C'est, à mon avis, la curiosité seule qui fait courir sur le rivage pour voir un vaisseau que la tempête va submerger. Cela m'est arrivé ; et je vous jure que mon plaisir, mêlé d'inquiétude et de malaise, n'était point du tout le fruit de ma réflexion ; il ne venait point d'une comparaison secrète entre ma sécurité et le danger de ces infortunés ; j'étais curieux et sensible.

A la bataille de Fontenoi les petits garçons et les petites filles montaient sur les arbres d'alentour pour voir tuer du monde.

Les dames se firent apporter des siéges sur un bastion de la ville de Liége, pour jouir du spectacle à la bataille de Rocoux.

Quand j'ai dit, « Heureux qui voit en paix se for-« mer les orages, » mon bonheur était d'être tranquille et de chercher le vrai, et non pas de voir souffrir des êtres pensants, persécutés pour l'avoir cherché, opprimés par des fanatiques ou par des hypocrites.

Si l'on pouvait supposer un ange volant sur six belles ailes du haut de l'empyrée, s'en allant regarder par un soupirail de l'enfer les tourments et les contorsions des damnés, et se réjouissant de ne rien sentir de leurs inconcevables douleurs, cet ange tiendrait beaucoup du caractère de Belzébuth.

Je ne connais point la nature des anges, parceque je ne suis qu'homme; il n'y a que les théologiens qui la connaissent : mais en qualité d'homme, je pense par ma propre expérience, et par celle de tous les badauds mes confrères, qu'on ne court à aucun spectacle, de quelque genre qu'il puisse être, que par pure curiosité.

Cela me semble si vrai que le spectacle a beau être admirable, on s'en lasse à la fin. Le public de Paris ne va plus guère au *Tartufe*, qui est le chef-d'œuvre des chefs-d'œuvre de Molière; pourquoi? c'est qu'il y est allé souvent; c'est qu'il le sait par cœur. Il en est ainsi d'*Andromaque*.

Perrin Dandin a bien malheureusement raison quand il propose à la jeune Isabelle de la mener voir comment on donne la question; cela fait, dit-il, passer une heure ou deux [1]. Si cette anticipation du dernier supplice, plus cruelle souvent que le supplice même, était un spectacle public, toute la ville de Toulouse aurait volé en foule pour contempler le vénérable Calas souffrant à deux reprises ces tourments abominables, sur les conclusions du procureur général. Pénitents blancs, pénitents gris et noirs, femmes, filles, maîtres des jeux floraux, étudiants, laquais, servantes, filles de joie, docteurs en droit canon, tout se serait pressé. On se serait étouffé à Paris pour voir passer dans un tombereau le malheureux

---

[1] Bon, cela fait toujours passer une heure ou deux.
Plaideurs, III, 4.

général Lalli avec un bâillon de six doigts dans la bouche.

Mais si ces tragédies de cannibales qu'on représente quelquefois chez la plus frivole des nations, et la plus ignorante en général dans les principes de la jurisprudence et de l'équité; si les spectacles donnés par quelques tigres à des singes, comme ceux de la Saint-Barthélemi et ses diminutifs, se renouvelaient tous les jours, on déserterait bientôt un tel pays; on le fuirait avec horreur; on abandonnerait sans retour la terre infernale où ces barbaries seraient fréquentes.

Quand les petits garçons et les petites filles déplument leurs moineaux, c'est purement par esprit de curiosité, comme lorsqu'elles mettent en pièces les jupes de leurs poupées. C'est cette passion seule qui conduit tant de monde aux exécutions publiques, comme nous l'avons vu. « Étrange empressement « de voir des misérables! » a dit l'auteur d'une tragédie [1].

Je me souviens qu'étant à Paris lorsqu'on fit souffrir à Damiens une mort des plus recherchées, et des plus affreuses qu'on puisse imaginer, toutes les fenêtres qui donnaient sur la place furent louées chèrement par les dames; aucune d'elles assurément ne fesait la réflexion consolante qu'on ne la tenaillerait point aux mamelles, qu'on ne verserait point du plomb fondu et de la poix résine bouillante dans ses plaies, et que quatre chevaux ne tireraient point ses membres disloqués et sanglants. Un des bourreaux jugea plus sainement que Lucrèce; car lorsqu'un des

---

[1] *Tancrède*, acte III, scène III, B.

académiciens de Paris[1] voulut entrer dans l'enceinte pour examiner la chose de plus près, et qu'il fut repoussé par les archers : « Laissez entrer monsieur, dit-« il; c'est un amateur. » C'est-à-dire, c'est un curieux, ce n'est point par méchanceté qu'il vient ici, ce n'est pas par un retour sur soi-même, pour goûter le plaisir de n'être pas écartelé : c'est uniquement par curiosité, comme on va voir des expériences de physique[2].

La curiosité est naturelle à l'homme, aux singes, et aux petits chiens. Menez avec vous un petit chien dans votre carrosse, il mettra continuellement ses pates à la portière pour voir ce qui se passe. Un singe fouille partout, il a l'air de tout considérer. Pour l'homme, vous savez comme il est fait; Rome, Londres, Paris, passent leur temps à demander ce qu'il y a de nouveau.

CYRUS[3].

Plusieurs doctes, et Rollin après eux, dans un siècle où l'on cultive sa raison, nous ont assuré que Javan, qu'on suppose être le père des Grecs, était petit-fils de Noé. Je le crois, comme je crois que Persée était le fondateur du royaume de Perse, et Niger de la Nigritje. C'est seulement un de mes chagrins que les Grecs n'aient jamais connu ce Noé le véritable au-

---

[1] La Condamine. B.

[2] Les deux alinéa qu'on vient de lire font aussi partie du quatrième entretien entre A, B, C. (Voyez *Mélanges*, année 1768.) B.

[3] Cet article parut pour la première fois en 1774, dans l'édition in-4° des *Questions sur l'Encyclopédie*. B.

teur de leur race. J'ai marqué ailleurs [1] mon étonnement et ma douleur qu'Adam, notre père à tous, ait été absolument ignoré de tous, depuis le Japon jusqu'au détroit de Le Maire, excepté d'un petit peuple, qui n'a lui-même été connu que très tard. La science des généalogies est sans doute très certaine, mais bien difficile.

Ce n'est ni sur Javan, ni sur Noé, ni sur Adam que tombent aujourd'hui mes doutes, c'est sur Cyrus; et je ne recherche pas laquelle des fables débitées sur Cyrus est préférable, celle d'Hérodote ou de Ctésias, ou celle de Xénophon, ou de Diodore, ou de Justin, qui toutes se contredisent. Je ne demande point pourquoi on s'est obstiné à donner ce nom de Cyrus à un barbare qui s'appelait Kosrou, et ceux de Cyropolis, de Persépolis, à des villes qui ne se nommèrent jamais ainsi.

Je laisse là tout ce qu'on a dit du grand Cyrus, et jusqu'au roman de ce nom, et jusqu'aux voyages que l'Écossais Ramsay lui a fait entreprendre. Je demande seulement quelques instructions aux Juifs sur ce Cyrus dont ils ont parlé.

Je remarque d'abord qu'aucun historien n'a dit un mot des Juifs dans l'histoire de Cyrus, et que les Juifs sont les seuls qui osent faire mention d'eux-mêmes en parlant de ce prince.

Ils ressemblent en quelque sorte à certaines gens qui disaient d'un ordre de citoyens supérieur à eux: « Nous connaissons messieurs, mais messieurs ne nous

---

[1] Voyez l'article ADAM; et dans les *Mélanges*, année 1768, l'A, B, C, dix-septième entretien. B.

« connaissent pas. » Il en est de même d'Alexandre par rapport aux Juifs. Aucun historien d'Alexandre n'a mêlé le nom d'Alexandre avec celui des Juifs; mais Josèphe ne manque pas de dire qu'Alexandre vint rendre ses respects à Jérusalem; qu'il adora je ne sais quel pontife juif nommé Jaddus, lequel lui avait autrefois prédit en songe la conquête de la Perse. Tous les petits se rengorgent; les grands songent moins à leur grandeur.

Quand Tarif vient conquérir l'Espagne, les vaincus lui disent qu'ils l'ont prédit. On en dit autant à Gengis, à Tamerlan, à Mahomet II.

A Dieu ne plaise que je veuille comparer les prophéties juives à tous les diseurs de bonne aventure qui font leur cour aux victorieux, et qui leur prédisent ce qui leur est arrivé. Je remarque seulement que les Juifs produisent des témoignages de leur nation sur Cyrus, environ cent soixante ans avant qu'il fût au monde.

On trouve dans *Isaïe* (chap. XLV, 1) : « Voici ce que
« dit le Seigneur à Cyrus qui est mon Christ, que j'ai
« pris par la main pour lui assujettir les nations, pour
« mettre en fuite les rois, pour ouvrir devant lui les
« portes : Je marcherai devant vous; j'humilierai les
« grands; je romprai les coffres; je vous donnerai
« l'argent caché, afin que vous sachiez que je suis le
« Seigneur, etc. »

Quelques savants ont peine à digérer que le Seigneur gratifie du nom de son Christ un profane de la religion de Zoroastre. Ils osent dire que les Juifs firent comme tous les faibles qui flattent les puissants, qu'ils supposèrent des prédictions en faveur de Cyrus.

Ces savants ne respectent pas plus Daniel qu'Isaïe. Ils traitent toutes les prophéties attribuées à Daniel avec le même mépris que saint Jérôme montre pour l'aventure de Suzanne, pour celle du dragon de Bélus, et pour les trois enfants de la fournaise.

Ces savants ne paraissent pas assez pénétrés d'estime pour les prophètes. Plusieurs même d'entre eux prétendent qu'il est métaphysiquement impossible de voir clairement l'avenir; qu'il y a une contradiction formelle à voir ce qui n'est point; que le futur n'existe pas, et par conséquent ne peut être vu; que les fraudes en ce genre sont innombrables chez toutes les nations; qu'il faut enfin se défier de tout dans l'histoire ancienne.

Ils ajoutent que s'il y a jamais eu une prédiction formelle, c'est celle de la découverte de l'Amérique dans Sénèque le tragique (*Médée*, acte II, scène III):

« .... Venient annis
« Sæcula seris quibus Oceanus
« Vincula rerum laxet, et ingens
« Pateat tellus, etc. »

Les quatre étoiles du pôle antarctique sont annoncées encore plus clairement dans le Dante. Cependant personne ne s'est avisé de prendre Sénèque et Alighieri Dante pour des devins [1].

Nous sommes bien loin d'être du sentiment de ces savants, nous nous bornons à être extrêmement circonspects sur les prophètes de nos jours.

Quant à l'histoire de Cyrus, il est vraiment fort

---

[1] Voyez *Essai sur les mœurs*, chap. CXLI, tome XVII, page 360. B.

difficile de savoir s'il mourut de sa belle mort, ou si Tomyris lui fit couper la tête. Mais je souhaite, je l'avoue, que les savants qui font couper le cou à Cyrus, aient raison. Il n'est pas mal que ces illustres voleurs de grand chemin, qui vont pillant et ensanglantant la terre, soient un peu châtiés quelquefois.

Cyrus a toujours été destiné à devenir le sujet d'un roman. Xénophon a commencé, et malheureusement Ramsay a fini. Enfin, pour faire voir quel triste sort attend les héros, Danchet a fait une tragédie de Cyrus.

Cette tragédie est entièrement ignorée. La *Cyropédie* de Xénophon est plus connue, parcequ'elle est d'un Grec. Les *Voyages de Cyrus* le sont beaucoup moins, quoiqu'ils aient été imprimés en anglais et en français, et qu'on y ait prodigué l'érudition.

Le plaisant du roman intitulé *Voyages de Cyrus*, consiste à trouver un Messie partout, à Memphis, à Babylone, à Ecbatane, à Tyr, comme à Jérusalem, et chez Platon, comme dans l'Évangile. L'auteur ayant été quaker, anabaptiste, anglican, presbytérien, était venu se faire féneloniste à Cambrai sous l'illustre auteur du *Télémaque*. Étant devenu depuis précepteur de l'enfant d'un grand seigneur, il se crut fait pour instruire l'univers, et pour le gouverner; il donne en conséquence des leçons à Cyrus pour devenir le meilleur roi de l'univers, et le théologien le plus orthodoxe.

Ces deux rares qualités paraissent assez incompatibles.

Il le mène à l'école de Zoroastre, et ensuite à celle

du jeune Juif Daniel, le plus grand philosophe qui ait jamais été; car non seulement il expliquait tous les songes (ce qui est la fin de la science humaine), mais il devinait tous ceux qu'on avait faits; et c'est à quoi nul autre que lui n'est encore parvenu. On s'attendait que Daniel présenterait la belle Suzanne au prince, c'était la marche naturelle du roman; mais il n'en fit rien.

Cyrus, en récompense, a de longues conversations avec le grand roi Nabuchodonosor, dans le temps qu'il était bœuf; et Ramsay fait ruminer Nabuchodonosor en théologien très profond.

Et puis, étonnez-vous que le prince[1] pour qui cet ouvrage fut composé, aimât mieux aller à la chasse ou à l'Opéra que de le lire!

D.

DANTE (LE)[2].

Vous voulez connaître le Dante. Les Italiens l'appellent *divin;* mais c'est une divinité cachée; peu de gens entendent ses oracles; il a des commentateurs, c'est peut-être encore une raison de plus pour n'être pas compris. Sa réputation s'affermira toujours, parcequ'on ne le lit guère. Il y a de lui une vingtaine de traits qu'on sait par cœur : cela suffit pour s'épargner la peine d'examiner le reste.

Ce divin Dante fut, dit-on, un homme assez malheu-

---

[1] Le prince de Turenne. K.
[2] *Suite des Mélanges* (4ᵉ partie), 1765. B.

reux. Ne croyez pas qu'il fut divin de son temps, ni qu'il fut prophète chez lui. Il est vrai qu'il fut prieur, non pas prieur de moines, mais prieur de Florence, c'est-à-dire l'un des sénateurs.

Il était né en 1260, à ce que disent ses compatriotes. Bayle, qui écrivait à Rotterdam, *currente calamo*, pour son libraire, environ quatre siècles entiers après le Dante, le fait naître en 1265, et je n'en estime Bayle ni plus ni moins pour s'être trompé de cinq ans : la grande affaire est de ne se tromper ni en fait de goût ni en fait de raisonnements.

Les arts commençaient alors à naître dans la patrie du Dante. Florence était, comme Athènes, pleine d'esprit, de grandeur, de légèreté, d'inconstance, et de factions. La faction blanche avait un grand crédit : elle se nommait ainsi du nom de la Signora Bianca. Le parti opposé s'intitulait le *parti des noirs*, pour mieux se distinguer des *blancs*. Ces deux partis ne suffisaient pas aux Florentins. Ils avaient encore les *guelfes* et les *gibelins*. La plupart des blancs étaient *gibelins* du parti des empereurs, et les noirs penchaient pour les *guelfes* attachés aux papes.

Toutes ces factions aimaient la liberté, et fesaient pourtant ce qu'elles pouvaient pour la détruire. Le pape Boniface VIII voulut profiter de ces divisions pour anéantir le pouvoir des empereurs en Italie. Il déclara Charles de Valois, frère du roi de France Philippe-le-Bel, son vicaire en Toscane. Le vicaire vint bien armé, chassa les *blancs* et les *gibelins*, et se fit détester des *noirs* et des *guelfes*. Le Dante était *blanc* et *gibelin* ; il fut chassé des premiers, et sa maison rasée. On peut juger de là s'il fut le reste de sa vie affectionné à la maison de France et aux papes; on prétend pourtant qu'il alla faire un voyage à Paris, et que pour se désennuyer il se fit théologien, et disputa vigoureusement dans les écoles. On ajoute que l'empereur Henri VII ne fit rien pour lui, tout *gibelin* qu'il était; qu'il alla chez Frédéric d'Aragon, roi de Sicile, et qu'il en revint aussi pauvre qu'il y était allé. Il fut réduit au marquis de Malaspina, et au grand-kan de Vérone. Le marquis et le grand-kan ne le dédommagèrent pas; il mourut pauvre à Ravenne, à l'âge de cinquante-six ans. Ce fut dans ces divers lieux qu'il composa sa comédie de l'enfer, du purgatoire, et du paradis; on a regardé ce salmigondis comme un beau poëme épique.

Il trouva d'abord à l'entrée de l'enfer un lion et une louve. Tout d'un coup Virgile se présente à lui pour l'encourager; Virgile lui dit qu'il est né Lombard; c'est précisément comme si Homère disait qu'il est né Turc. Virgile offre de faire au Dante les honneurs de l'enfer et du purgatoire, et de le mener jusqu'à la porte de Saint-Pierre; mais il avoue qu'il ne pourra pas entrer avec lui.

Cependant Caron les passe tous deux dans sa barque. Virgile lui raconte que, peu de temps après son arrivée en enfer, il y vit un être puissant qui vint chercher les ames d'Abel, de Noé, d'Abraham, de Moïse, de David. En avançant chemin, ils découvrent dans l'enfer des demeures très agréables : dans l'une sont Homère, Horace, Ovide, et Lucain; dans une autre, on voit Électre, Hector, Énée, Lucrèce, Brutus, et le Turc Saladin ; dans une troisième, Socrate, Platon, Hippocrate, et l'Arabe Averroès.

Enfin paraît le véritable enfer, où Pluton juge les condamnés. Le voyageur y reconnaît quelques cardinaux, quelques papes, et beaucoup de Florentins. Tout cela est-il dans le style comique? Non. Tout est-il dans le genre héroïque? Non. Dans quel goût est donc ce poëme? dans un goût bizarre.

Mais il y a des vers si heureux et si naïfs, qu'ils n'ont point vieilli depuis quatre cents ans, et qu'ils ne vieilliront jamais. Un poëme d'ailleurs où l'on met des papes en enfer, réveille beaucoup l'attention ; et les commentateurs épuisent toute la sagacité de leur esprit à déterminer au juste qui sont ceux que le Dante a damnés, et à ne se pas tromper dans une matière si grave.

On a fondé une chaire, une lecture pour expliquer cet auteur classique. Vous me demanderez comment l'inquisition ne s'y oppose pas. Je vous répondrai que l'inquisition entend raillerie en Italie ; elle sait bien que des plaisanteries en vers ne peuvent point faire de mal : vous en allez juger par cette petite traduction très libre d'un morceau du chant vingt-troisième [1] ; il s'agit d'un damné de la connaissance de l'auteur. Le damné parle ainsi :

> Je m'appelais le comte de Guidon ;
> Je fus sur terre et soldat et poltron ;
> Puis m'enrôlai sous saint François d'Assise,

[1] Toutes les éditions portent *vingt-troisième ;* mais c'est dans le *vingt-septième* chant de l'*Enfer* que se trouve le passage dont Voltaire donne ici une imitation. B.

Afin qu'un jour le bout de son cordon
Me donnât place en la céleste Église;
Et j'y serais sans ce pape félon,
Qui m'ordonna de servir sa feintise,
Et me rendit aux griffes du démon.
Voici le fait. Quand j'étais sur la terre,
Vers Rimini je fis long-temps la guerre,
Moins, je l'avoue, en héros qu'en fripon.
L'art de fourber me fit un grand renom.
Mais quand mon chef eut porté poil grison,
Temps de retraite où convient la sagesse,
Le repentir vint ronger ma vieillesse,
Et j'eus recours à la confession.
O repentir tardif et peu durable!
Le bon Saint-Père en ce temps guerroyait,
Non le soudan, non le Turc intraitable,
Mais les chrétiens, qu'en vrai Turc il pillait.
Or, sans respect pour tiare et tonsure,
Pour saint François, son froc et sa ceinture,
Frère, dit-il, il me convient d'avoir
Incessamment Préneste en mon pouvoir.
Conseille-moi, cherche sous ton capuce
Quelque beau tour, quelque gentille astuce,
Pour ajouter en bref à mes états
Ce qui me tente et ne m'appartient pas.
J'ai les deux clefs du ciel en ma puissance.
De Célestin la dévote imprudence
S'en servit mal, et moi je sais ouvrir
Et refermer le ciel à mon plaisir.
Si tu me sers, ce ciel est ton partage.
Je le servis, et trop bien; dont j'enrage.
Il eut Préneste, et la mort me saisit.
Lors devers moi saint François descendit,
Comptant au ciel amener ma bonne ame;
Mais Belzébuth vint en poste, et lui dit:
Monsieur d'Assise, arrêtez: je réclame
Ce conseiller du Saint-Père, il est mien;
Bon saint François, que chacun ait le sien.
Lors tout penaud le bon-homme d'Assise
M'abandonnait au grand diable d'enfer.

Je lui criai : Monsieur de Lucifer,
Je suis un saint, voyez ma robe grise;
Je fus absous par le chef de l'Église.
J'aurai toujours, répondit le démon,
Un grand respect pour l'absolution :
On est lavé de ses vieilles sottises,
Pourvu qu'après autres ne soient commises.
J'ai fait souvent cette distinction
A tes pareils; et grace à l'Italie,
Le diable sait de la théologie.
Il dit, et rit : je ne répliquai rien
A Belzébuth ; il raisonnait trop bien.
Lors il m'empoigne, et d'un bras roide et ferme
Il appliqua sur mon triste épiderme
Vingt coups de fouet, dont bien fort il me cuit :
Que Dieu le rende à Boniface huit !

DAVID[1].

Nous devons révérer David comme un prophète, comme un roi, comme un ancêtre du saint époux de Marie, comme un homme qui a mérité la miséricorde de Dieu par sa pénitence.

Je dirai hardiment que l'article DAVID qui suscita tant d'ennemis à Bayle, premier auteur d'un dictionnaire de faits et de raisonnements, ne méritait pas le bruit étrange que l'on fit alors. Ce n'était pas David qu'on voulait défendre, c'était Bayle qu'on voulait perdre. Quelques prédicants de Hollande, ses ennemis mortels, furent aveuglés par leur haine, au point de le reprendre d'avoir donné des louanges à des papes

[1] Cet article a paru dans l'édition de 1767 du *Dictionnaire philosophique*; mais la rédaction en a depuis été entièrement changée. Il commençait, en 1767, par l'alinéa: « Si un jeune paysan, » qui est aujourd'hui un des derniers. La version actuelle est de 1771, 4ᵉ partie des *Questions sur l'Encyclopédie*. B.

qu'il en croyait dignes, et d'avoir réfuté les calomnies débitées contre eux.

Cette ridicule et honteuse injustice fut signée de douze théologiens, le 20 décembre 1698, dans le même consistoire où ils feignaient de prendre la défense du roi David. Comment osaient-ils manifester hautement une passion lâche que le reste des hommes s'efforce toujours de cacher? Ce n'était pas seulement le comble de l'injustice, et du mépris de toutes les sciences; c'était le comble du ridicule que de défendre à un historien d'être impartial, et à un philosophe d'être raisonnable. Un homme seul n'oserait être insolent et injuste à ce point; mais dix ou douze personnes rassemblées, avec quelque espèce d'autorité, sont capables des injustices les plus absurdes. C'est qu'elles sont soutenues les unes par les autres, et qu'aucune n'est chargée en son propre nom de la honte de la compagnie.

Une grande preuve que cette condamnation de Bayle fut personnelle est ce qui arriva en 1761 à M. Hut, membre du parlement d'Angleterre. Les docteurs Chandler et Palmer avaient prononcé l'oraison funèbre du roi George II, et l'avaient, dans leurs discours, comparé au roi David, selon l'usage de la plupart des prédicateurs qui croient flatter les rois.

M. Hut ne regarda point cette comparaison comme une louange; il publia la fameuse dissertation *The man after God's own heart*[1]. Dans cet écrit il veut

---

[1] Il en existe une traduction française sous le titre, *David, ou l'Histoire de l'homme selon le cœur de Dieu*, ouvrage traduit de l'anglais (par le baron d'Holbach), à Londres (en Hollande), 1768, petit in-8°. B.

faire voir que George II, roi beaucoup plus puissant que David, n'étant pas tombé dans les fautes du melk juif, et n'ayant pu par conséquent faire la même pénitence, ne pouvait lui être comparé.

Il suit pas à pas les livres des *Rois*. Il examine toute la conduite de David beaucoup plus sévèrement que Bayle; et il fonde son opinion sur ce que le Saint-Esprit ne donne aucune louange aux actions qu'on peut reprocher à David. L'auteur anglais juge le roi de Judée uniquement sur les notions que nous avons aujourd'hui du juste et de l'injuste.

Il ne peut approuver que David rassemble une bande de voleurs au nombre de quatre cents, qu'il se fasse armer par le grand-prêtre Achimelech de l'épée de Goliath, et qu'il en reçoive les pains consacrés [a].

Qu'il descende chez l'agriculteur Nabal pour mettre chez lui tout à feu et à sang, parceque Nabal a refusé des contributions à sa troupe de brigands; que Nabal meure peu de jours après, et que David épouse la veuve [b].

Il réprouve sa conduite avec le roi Achis, possesseur de cinq ou six villages dans le canton de Geth. David étant alors à la tête de six cents bandits, allait faire des courses chez les alliés de son bienfaiteur Achis; il pillait tout, il égorgeait tout, vieillards, femmes, enfants à la mamelle. Et pourquoi massacrait-il les enfants à la mamelle? « C'est, dit le texte, « de peur que ces enfants n'en portassent la nouvelle « au roi Achis [c]. »

---

[a] I. *Rois*, ch. xxi et xxii.— [b] Ibid., ch. xxv.— [c] Ibid., ch. xxvii.

Cependant Saül perd une bataille contre les Philistins, et il se fait tuer par son écuyer. Un Juif en apporte la nouvelle à David, qui lui donne la mort pour sa récompense[a].

Isboseth succède à son père Saül; David est assez fort pour lui faire la guerre : enfin Isboseth est assassiné.

David s'empare de tout le royaume; il surprend la petite ville ou le village de Rabbath, et il fait mourir tous les habitants par des supplices assez extraordinaires; on les scie en deux, on les déchire avec des herses de fer, on les brûle dans des fours à briques[b].

Après ces belles expéditions, il y a une famine de trois ans dans le pays. En effet, à la manière dont on fesait la guerre, les terres devaient être mal ensemencées. On consulte le Seigneur, et on lui demande pourquoi il y a famine. La réponse était fort aisée; c'était assurément parceque, dans un pays qui à peine produit du blé, quand on a fait cuire les laboureurs dans des fours à briques, et qu'on les a sciés en deux, il reste peu de gens pour cultiver la terre : mais le Seigneur répond que c'est parceque Saül avait tué autrefois des Gabaonites.

Que fait aussitôt David? Il assemble les Gabaonites; il leur dit que Saül a eu grand tort de leur faire la guerre; que Saül n'était point comme lui selon le cœur de Dieu, qu'il est juste de punir sa race; et il leur donne sept petits-fils de Saül à pendre, lesquels furent pendus parcequ'il y avait eu famine[c].

---

[a] II. *Rois*, ch. 1.—[b] Ibid., ch. xii.—[c] Ibid., ch. xxi.

M. Hut a la justice de ne point insister sur l'adultère avec Bethsabée et sur le meurtre d'Urie, puisque ce crime fut pardonné à David lorsqu'il se repentit. Le crime est horrible, abominable; mais enfin le Seigneur transféra son péché, l'auteur anglais le transfère aussi.

Personne ne murmura en Angleterre contre l'auteur; son livre fut réimprimé avec l'approbation publique : la voix de l'équité se fait entendre tôt ou tard chez les hommes. Ce qui paraissait téméraire il y a quatre-vingts ans, ne paraît aujourd'hui que simple et raisonnable, pourvu qu'on se tienne dans les bornes d'une critique sage, et du respect qu'on doit aux livres divins.

D'ailleurs il n'en va pas en Angleterre aujourd'hui comme autrefois. Ce n'est plus le temps où un verset d'un livre hébreu, mal traduit d'un jargon barbare en un jargon plus barbare encore, mettait en feu trois royaumes. Le parlement prend peu d'intérêt à un roitelet d'un petit canton de la Syrie.

Rendons justice à dom Calmet; il n'a point passé les bornes dans son *Dictionnaire de la Bible*, à l'article *David*. « Nous ne prétendons pas, dit-il, approuver la
« conduite de David; il est croyable qu'il ne tomba
« dans ces excès de cruauté qu'avant qu'il eût reconnu
« le crime qu'il avait commis avec Bethsabée. » Nous ajouterons que probablement il les reconnut tous, car ils sont assez nombreux.

Fesons ici une question qui nous paraît très importante. Ne s'est-on pas souvent mépris sur l'article *David*? s'agit-il de sa personne, de sa gloire, du respect dû aux livres canoniques? Ce qui intéresse le genre humain, n'est-ce pas que l'on ne consacre jamais le crime? Qu'importe le nom de celui qui égorgeait les femmes et les enfants de ses alliés, qui fesait pendre les petits-fils de son roi, qui fesait scier en deux, brûler dans des fours, déchirer sous des herses des citoyens malheureux? Ce sont ces actions que nous jugeons, et non les lettres qui composent le nom du coupable; le nom n'augmente ni ne diminue le crime.

Plus on révère David comme réconcilié avec Dieu par son repentir, et plus on condamne les cruautés dont il s'est rendu coupable.

Si un jeune paysan, en cherchant des ânesses, trouve un royaume, cela n'arrive pas communément; si un autre paysan guérit son roi d'un accès de folie, en jouant de la harpe, ce cas est encore très rare : mais que ce petit joueur de harpe devienne roi parcequ'il a rencontré dans un coin un prêtre de village qui lui jette une bouteille d'huile d'olive sur la tête, la chose est encore plus merveilleuse.

Quand et par qui ces merveilles furent-elles écrites? je n'en sais rien; mais je suis bien sûr que ce n'est ni par un Polybe, ni par un Tacite.

Je ne parlerai pas ici de l'assassinat d'Urie, et de l'adultère de Bethsabée; ils sont assez connus : et les voies de Dieu sont si différentes des voies des hommes, qu'il a permis que Jésus-Christ descendît de cette Bethsabée, tout étant purifié par ce saint mystère.

Je ne demande pas maintenant comment Jurieu a eu l'insolence de persécuter le sage Bayle, pour n'avoir pas approuvé toutes les actions du bon roi David; mais je demande comment on a souffert qu'un homme tel que Jurieu molestât un homme tel que Bayle.

DÉCRÉTALES.

Lettres des papes qui règlent les points de doctrine ou de discipline, et qui ont force de loi dans l'Église latine.

Outre les véritables, recueillies par Denys-le-Petit, il y en a une collection de fausses, dont l'auteur est inconnu, de même que l'époque. Ce fut un archevêque de Mayence, nommé Riculphe, qui la répandit en France, vers la fin du huitième siècle; il avait aussi apporté à Vorms une épître du pape Grégoire, de laquelle on n'avait point entendu parler auparavant; mais il n'en est resté aucun vestige, tandis que les fausses décrétales ont eu, comme nous l'allons voir, le plus grand succès pendant huit siècles.

Ce recueil porte le nom d'Isidore Mercator, et renferme un nombre infini de décrétales faussement attribuées aux papes depuis Clément Ier jusqu'à Sirice; la fausse donation de Constantin; le concile de Rome sous Silvestre; la lettre d'Athanase à Marc; celle d'Anastase aux évêques de Germanie et de Bourgogne; celle de Sixte III aux Orientaux; celle de Léon Ier, touchant les priviléges des chorévêques; celle de Jean Ier à l'archevêque Zacharie; une de Boniface II à Eulalie d'Alexandrie; une de Jean III aux évêques de France et de Bourgogne; une de Grégoire, contenant un privilége du monastère de Saint-Médard; une du même à Félix, évêque de Messine; et plusieurs autres.

L'objet de l'auteur a été d'étendre l'autorité du pape et des évêques. Dans cette vue, il établit que les évêques ne peuvent être jugés définitivement que par le pape seul ; et il répète souvent cette maxime, que non seulement tout évêque, mais tout prêtre, et en général toute personne opprimée, peut en tout état de cause appeler directement au pape. Il pose encore comme un principe incontestable qu'on ne peut tenir aucun concile, même provincial, sans la permission du pape.

Ces décrétales favorisant l'impunité des évêques, et plus encore les prétentions ambitieuses des papes, les uns et les autres les adoptèrent avec empressement. En 861, Rotade, évêque de Soissons, ayant été privé de la communion épiscopale dans un concile provincial pour cause de désobéissance, appelle au pape. Hincmar de Reims, son métropolitain, nonobstant cet appel, le fit déposer dans un autre concile, sous prétexte que depuis il y avait renoncé, et s'était soumis au jugement des évêques.

Le pape Nicolas Ier, instruit de l'affaire, écrivit à Hincmar, et blâma sa conduite. Vous deviez, dit-il, honorer la mémoire de saint Pierre, et attendre notre jugement, quand même Rotade n'eût point appelé. Et dans une autre lettre sur la même affaire, il menace Hincmar de l'excommunier s'il ne rétablit pas Rotade. Ce pape fit plus. Rotade étant venu à Rome, il le déclara absous dans un concile tenu la veille de Noël en 864, et le renvoya à son siége avec des lettres. Celle qu'il adresse à tous les évêques des Gaules est digne de remarque ; la voici.

« Ce que vous dites est absurde, que Rotade, après avoir appelé au saint-siége, ait changé de langage pour se soumettre de nouveau à votre jugement. Quand il l'aurait fait, vous deviez le redresser, et lui apprendre qu'on n'appelle point d'un juge supérieur à un inférieur. Mais, encore qu'il n'eût pas appelé au saint-siége, vous n'avez dû en aucune manière déposer un évêque sans notre participation, *au préjudice de tant de décrétales de nos prédécesseurs;* car si c'est par leur jugement que les écrits des autres docteurs sont approuvés ou rejetés, combien plus doit-on respecter ce qu'ils ont écrit eux-mêmes pour décider sur la doctrine ou la discipline ! Quelques uns vous disent que ces décrétales ne sont point dans le code des canons; cependant quand ils les trouvent favorables à leurs intentions, ils s'en servent sans distinction, et ne les rejettent que pour diminuer la puissance du saint-siége; que s'il faut rejeter les décrétales des anciens papes parcequ'elles ne sont pas dans le code des canons, il faut donc rejeter les écrits de saint Grégoire et des autres Pères, et même les saintes Écritures.

« Vous dites, continue le pape, que les jugements des évêques ne sont pas des causes majeures ; nous soutenons qu'elles sont d'autant plus grandes, que les évêques tiennent un plus grand rang dans l'Église. Direz-vous qu'il n'y a que les affaires des métropolitains qui soient des causes majeures ? Mais ils ne sont pas d'un autre ordre que les évêques, et nous n'exigeons pas des témoins ou des juges d'autre qualité pour les uns et pour les autres; c'est pourquoi nous voulons que les causes des uns et des autres nous soient réservées.

Et ensuite, se trouvera-t-il quelqu'un assez déraisonnable pour dire que l'on doive conserver à toutes les Églises leurs priviléges, et que la seule Église romaine doit perdre les siens ? » Il conclut en leur ordonnant de recevoir Rotade, et de le rétablir.

Le pape Adrien II, successeur de Nicolas Ier, ne paraît pas moins zélé dans une affaire semblable d'Hincmar de Laon. Ce prélat s'était rendu odieux au clergé et au peuple de son diocèse par ses injustices et ses violences. Ayant été accusé au concile de Verberie en 869, où présidait Hincmar de Reims, son oncle et son métropolitain, il appela au pape, et demanda la permission d'aller à Rome : elle lui fut refusée. On suspendit seulement la procédure, et on ne passa pas outre. Mais sur de nouveaux sujets de plaintes que le roi Charles-le-Chauve et Hincmar de Reims eurent contre lui, on le cita d'abord au concile d'Attigni, où il comparut, et bientôt après il prit la fuite; ensuite au concile de Douzi, où il renouvela son appel, et fut déposé. Le concile écrivit au pape une lettre synodale le 6 septembre 871, pour lui demander la confirmation des actes qu'il lui envoyait; et, loin d'acquiescer au jugement du concile, Adrien désapprouva dans les termes les plus forts la condamnation d'Hincmar, soutenant que puisque Hincmar de Laon criait dans le concile qu'il voulait se défendre devant le saint-siége, il ne fallait pas prononcer de condamnation contre lui. Ce sont les termes de ce pape dans sa lettre aux évêques du concile, et dans celle qu'il écrivit au roi.

Voici la réponse vigoureuse que Charles fit à Adrien : « Vos lettres portent : Nous voulons et nous ordon-

« nous par l'autorité apostolique, qu'Hincmar de Laon
« vienne à Rome et devant nous, appuyé de votre
« puissance. » Nous admirons où l'auteur de cette
lettre a trouvé qu'un roi, obligé à corriger les méchants et à venger les crimes, doive envoyer à Rome
un coupable condamné selon les règles, vu principalement qu'avant sa déposition il a été convaincu
dans trois conciles d'entreprises contre le repos public, et qu'après sa déposition il persévéra dans sa
désobéissance.

« Nous sommes obligés de vous écrire encore que
nous autres rois de France, nés de race royale, n'avons point passé jusqu'à présent pour les lieutenants
des évêques, mais pour les seigneurs de la terre. Et,
comme dit saint Léon et le concile romain, les rois et
les empereurs que Dieu a établis pour commander sur
la terre, ont permis aux évêques de régler leurs affaires suivant leurs ordonnances ; mais ils n'ont pas
été les économes des évêques ; et si vous feuilletez les
registres de vos prédécesseurs, vous ne trouverez
point qu'ils aient écrit aux nôtres comme vous venez
de nous écrire. »

Il rapporte en suite deux lettres de saint Grégoire
pour montrer avec quelle modestie il écrivait, non seulement aux rois de France, mais aux exarques d'Italie.
« Enfin, conclut-il, je vous prie de ne me plus envoyer
à moi ni aux évêques de mon royaume de telles lettres,
afin que nous puissions toujours leur rendre l'honneur
et le respect qui leur convient. » Les évêques du concile de Douzi répondirent au pape à peu près sur le
même ton ; et quoique nous n'ayons pas la lettre en

entier, il paraît qu'ils voulaient prouver que l'appel d'Hincmar ne devait pas être jugé à Rome, mais en France par des juges délégués conformément aux canons du concile de Sardique.

Ces deux exemples suffisent pour faire sentir combien les papes étendaient leur juridiction à la faveur de ces fausses décrétales. Et quoique Hincmar de Reims objectât à Adrien que, n'étant point rapportées dans le code des canons, elles ne pouvaient renverser la discipline établie par les canons, ce qui le fit accuser auprès du pape Jean VIII de ne pas recevoir les décrétales des papes, il ne laissa pas d'alléguer lui-même ces décrétales dans ses lettres et ses autres opuscules. Son exemple fut suivi par plusieurs évêques. On admit d'abord celles qui n'étaient point contraires aux canons les plus récents, ensuite on se rendit encore moins scrupuleux.

Les conciles eux-mêmes en firent usage. C'est ainsi que dans celui de Reims, tenu l'an 992, les évêques se servirent de décrétales d'Anaclet, de Jules, de Damase, et des autres papes, dans la cause d'Arnoul. Les conciles suivants imitèrent celui de Reims. Les papes Grégoire VII, Urbain II, Pascal II, Urbain III, Alexandre III, soutinrent les maximes qu'ils y lisaient, persuadés que c'était la discipline des beaux jours de l'Église. Enfin, les compilateurs des canons, Bouchard de Vorms, Yves de Chartres, et Gratien, en remplirent leur collection. Lorsqu'on eut commencé à enseigner le décret publiquement dans les écoles, et à le commenter, tous les théologiens polémiques et scolastiques, et tous les interprètes du droit canon, employèrent à l'envi ces fausses décrétales pour confirmer les dogmes catholiques ou établir la discipline, et en parsemèrent leurs ouvrages.

Ce ne fut que dans le seizième siècle que l'on conçut les premiers soupçons sur leur authenticité. Érasme et plusieurs avec lui la révoquèrent en doute; voici sur quels fondements.

1° Les décrétales rapportées dans la collection d'Isidore ne sont point dans celle de Denys-le-Petit, qui n'a commencé à citer les décrétales des papes qu'à Sirice. Cependant il nous apprend qu'il avait pris un soin extrême à les recueillir. Ainsi elles n'auraient pu lui échapper, si elles avaient existé dans les archives de l'Église de Rome, où il fesait son séjour. Si elles ont été inconnues à l'Église romaine à qui elles étaient favorables, elles l'ont été également à toute l'Église. Les Pères ni les conciles des huit premiers siècles n'en ont fait aucune mention. Or, comment accorder un silence aussi universel avec leur authenticité?

2° Ces décrétales n'ont aucun rapport avec l'état des choses dans les temps où on les suppose écrites. On n'y dit pas un mot des hérétiques des trois premiers siècles, ni des autres affaires de l'Église dont les véritables ouvrages d'alors sont remplis : ce qui prouve qu'elles ont été fabriquées postérieurement.

3° Leurs dates sont presque toutes fausses. Leur auteur suit en général la chronologie du livre pontifical, qui, de l'aveu de Baronius, est très fautive. C'est un indice pressant que cette collection n'a été composée que depuis le livre pontifical.

4° Ces décrétales, dans toutes les citations des

passages de l'Écriture, emploient la version appelée *Vulgate*, faite ou du moins revue et corrigée par saint Jérôme; donc elles sont plus récentes que saint Jérôme.

5° Enfin, elles sont toutes écrites d'un même style, qui est très barbare, et en cela très conforme à l'ignorance du huitième siècle : or, il n'est pas vraisemblable que tous les différents papes dont elles portent le nom aient affecté cette uniformité de style. On en peut conclure avec assurance que toutes ces décrétales sont d'une même main.

Outre ces raisons générales, chacune des pièces qui composent le recueil d'Isidore porte avec elle des marques de supposition qui lui sont propres, et dont aucune n'a échappé à la critique sévère de David Blondel, à qui nous sommes principalement redevables des lumières que nous avons aujourd'hui sur cette compilation, qui n'est plus nommée que *les fausses décrétales* ; mais les usages par elles introduits n'en subsistent pas moins dans une partie de l'Europe.

DÉFLORATION[1].

Il semble que le *Dictionnaire encyclopédique*, à l'article DÉFLORATION, fasse entendre qu'il n'était pas permis par les lois romaines de faire mourir une fille, à moins qu'auparavant on ne lui ôtât sa virginité. On donne pour exemple la fille de Séjan, que le bourreau viola dans la prison avant de l'étrangler, pour n'avoir

---

[1] *Questions sur l'Encyclopédie*, quatrième partie, 1771. B.

pas à se reprocher d'avoir étranglé une pucelle, et pour satisfaire à la loi.

Premièrement, Tacite ne dit point que la loi ordonnât qu'on ne fît jamais mourir les pucelles. Une telle loi n'a jamais existé; et si une fille de vingt ans, vierge ou non, avait commis un crime capital, elle aurait été punie comme une vieille mariée; mais la loi portait qu'on ne punirait pas de mort les enfants, parcequ'on les croyait incapables de crimes.

La fille de Séjan était enfant aussi bien que son frère; et si la barbarie de Tibère et la lâcheté du sénat les abandonnèrent au bourreau, ce fut contre toutes les lois. De telles horreurs ne se seraient pas commises du temps des Scipions et de Caton le censeur. Cicéron n'aurait pas fait mourir une fille de Catilina, âgée de sept à huit ans. Il n'y avait que Tibère et le sénat de Tibère qui pussent outrager ainsi la nature. Le bourreau qui commit les deux crimes abominables de déflorer une fille de huit ans, et de l'étrangler ensuite, méritait d'être un des favoris de Tibère.

Heureusement Tacite[1] ne dit point que cette exécrable exécution soit vraie; il dit qu'on l'a rapportée, *tradunt*; et ce qu'il faut bien observer, c'est qu'il ne dit point que la loi défendît d'infliger le dernier supplice à une vierge; il dit seulement que la chose était inouïe, *inauditum*. Quel livre immense on composerait de tous les faits qu'on a crus, et dont il fallait douter!

DÉISME, *voyez* THÉISME.

---

[1] Tacite, *Annal.*, v, 9. B.

DÉJECTION[1].

Excréments; leur rapport avec le corps de l'homme, avec ses idées et ses passions.

L'homme n'a jamais pu produire par l'art rien de ce que fait la nature. Il a cru faire de l'or, et il n'a jamais pu seulement faire de la boue, quoiqu'il en soit pétri. On nous a fait voir un canard artificiel qui marchait, qui béquetait; mais on n'a pu réussir à le faire digérer, et à former de vraies déjections.

Quel art pourrait produire une matière qui ayant été préparée par les glandes salivaires, ensuite par le suc gastrique, puis par la bile hépatique, et par le suc pancréatique, ayant fourni dans sa route un chyle qui s'est changé en sang, devient enfin ce composé fétide et putride, qui sort de l'intestin rectum par la force étonnante des muscles?

Il y a sans doute autant d'industrie et de puissance à former ainsi cette déjection qui rebute la vue, et à lui préparer les conduits qui servent à sa sortie, qu'à produire la semence qui fit naître Alexandre, Virgile et Newton, et les yeux avec lesquels Galilée vit de nouveaux cieux. La décharge de ces excréments est nécessaire à la vie comme la nourriture.

Le même artifice les prépare, les pousse et les évacue, chez l'homme et chez les animaux.

Ne nous étonnons pas que l'homme, avec tout son orgueil, naisse entre la matière fécale et l'urine, puisque ces parties de lui-même, plus ou moins élaborées,

[1] Cet article fut ajouté en 1774, dans l'édition in-4° des *Questions sur l'Encyclopédie*. B.

DÉJECTION.

plus souvent ou plus rarement expulsées, plus ou moins putrides, décident de son caractère et de la plupart des actions de sa vie.

Sa merde commence à se former dans le duodénum quand ses aliments sortent de son estomac et s'imprègnent de la bile de son foie. Qu'il ait une diarrhée, il est languissant et doux, la force lui manque pour être méchant. Qu'il soit constipé, alors les sels et les soufres de sa merde entrent dans son chyle, portent l'acrimonie dans son sang, fournissent souvent à son cerveau des idées atroces. Tel homme (et le nombre en est grand) n'a commis des crimes qu'à cause de l'acrimonie de son sang, qui ne venait que de ses excréments par lesquels ce sang était altéré.

O homme! qui oses te dire l'image de Dieu, dis-moi si Dieu mange, et s'il a un boyau rectum.

Toi l'image de Dieu! et ton cœur et ton esprit dépendent d'une selle!

Toi l'image de Dieu sur ta chaise percée! Le premier qui dit cette impertinence, la proféra-t-il par une extrême bêtise, ou par un extrême orgueil?

Plus d'un penseur (comme vous le verrez ailleurs) a douté qu'une ame immatérielle et immortelle pût venir, de je ne sais où, se loger pour si peu de temps entre de la matière fécale et de l'urine.

Qu'avons-nous, disent-ils, au-dessus des animaux? Plus d'idées, plus de mémoire, la parole, et deux mains adroites. Qui nous les a données? Celui qui donne des ailes aux oiseaux et des écailles aux poissons. Si nous sommes ses créatures, comment pouvons-nous être son image?

Nous répondons à ces philosophes que nous ne sommes l'image de Dieu que par la pensée. Ils nous répliquent que la pensée est un don de Dieu, qui n'est point du tout sa peinture; et que nous ne sommes images de Dieu en aucune façon. Nous les laissons dire, et nous les renvoyons à messieurs de Sorbonne.

Plusieurs animaux mangent nos excréments; et nous mangeons ceux de plusieurs animaux, ceux des grives, des bécasses, des ortolans, des alouettes.

Voyez à l'article ÉZÉCHIEL pourquoi le Seigneur lui ordonna de manger de la merde sur son pain, et se borna ensuite à la fiente de vache.

Nous avons connu le trésorier Paparel qui mangeait les déjections des laitières; mais ce cas est rare, et c'est celui de ne pas disputer des goûts.

DÉLITS LOCAUX[1].

Parcourez toute la terre, vous trouverez que le vol, le meurtre, l'adultère, la calomnie, sont regardés comme des délits que la société condamne et réprime; mais ce qui est approuvé en Angleterre, et condamné en Italie, doit-il être puni en Italie comme un de ces attentats contre l'humanité entière? c'est là ce que j'appelle délit local. Ce qui n'est criminel que dans l'enceinte de quelques montagnes, ou entre deux rivières, n'exige-t-il pas des juges plus d'indulgence que ces attentats qui sont en horreur à toutes les contrées? Le juge ne doit-il pas se dire à lui-même : Je n'oserais punir à Raguse ce que je punis à Lorette?

[1] Article ajouté dans l'édition de 1767 du *Dictionnaire philosophique*. B.

Cette réflexion ne doit-elle pas adoucir dans son cœur cette dureté qu'il n'est que trop aisé de contracter dans le long exercice de son emploi?

On connaît les kermesses de la Flandre : elles étaient portées dans le siècle passé jusqu'à une indécence qui pouvait révolter des yeux inaccoutumés à ces spectacles.

Voici comme l'on célébrait la fête de Noël dans quelques villes. D'abord paraissait un jeune homme à moitié nu, avec des ailes au dos; il récitait l'*Ave Maria* à une jeune fille qui lui répondait *fiat*, et l'ange la baisait sur la bouche : ensuite un enfant enfermé dans un grand coq de carton criait en imitant le chant du coq, *Puer natus est nobis*. Un gros bœuf en mugissant disait *ubi*, qu'il prononçait *oubi*; une brebis bêlait en criant *Bethléem*. Un âne criait *hihanus*, pour signifier *eamus* : une longue procession, précédée de quatre fous avec des grelots et des marottes, fermait la marche. Il reste encore aujourd'hui des traces de ces dévotions populaires, que chez des peuples plus instruits on prendrait pour profanations. Un Suisse de mauvaise humeur, et peut-être plus ivre que ceux qui jouaient le rôle du bœuf et de l'âne, se prit de parole avec eux dans Louvain; il y eut des coups de donnés; on voulut faire pendre le Suisse, qui échappa à peine.

Le même homme eut une violente querelle à La Haye en Hollande, pour avoir pris hautement le parti de Barneveldt contre un gomariste outré. Il fut mis en prison à Amsterdam, pour avoir dit que les prêtres sont le fléau de l'humanité et la source de tous nos malheurs. Eh quoi! disait-il, si l'on croit que les bonnes œuvres peuvent servir au salut, on est au cachot; si l'on se moque d'un coq et d'un âne, on risque la corde. Cette aventure, toute burlesque qu'elle est, fait assez voir qu'on peut être répréhensible sur un ou deux points de notre hémisphère, et être absolument innocent dans le reste du monde [1].

DÉLUGE UNIVERSEL [2].

Nous commençons par déclarer que nous croyons le déluge universel, parcequ'il est rapporté dans les saintes Écritures hébraïques transmises aux chrétiens.

Nous le regardons comme un miracle: 1° Parceque tous les faits où Dieu daigne intervenir dans les sacrés cahiers, sont autant de miracles.

2° Parceque l'Océan n'aurait pu s'élever de quinze coudées, ou vingt et un pieds et demi de roi, au-dessus des plus hautes montagnes, sans laisser son lit à sec, et sans violer en même temps toutes les lois de la pesanteur et de l'équilibre des liqueurs, ce qui exigeait évidemment un miracle.

3° Parceque, quand même il aurait pu parvenir à la hauteur proposée, l'arche n'aurait pu contenir, selon les lois de la physique, toutes les bêtes de l'univers et leur nourriture pendant si long-temps, attendu que les lions, les tigres, les panthères, les léopards, les onces, les rhinocéros, les ours, les loups, les hyènes, les aigles, les éperviers, les milans, les vautours, les faucons, et tous les animaux carnassiers,

[1] Voyez l'article CRIMES OU DÉLITS DE TEMPS ET DE LIEU. B.
[2] *Questions sur l'Encyclopédie*, quatrième partie, 1771. B.

qui ne se nourrissent que de chair, seraient morts de faim, même après avoir mangé toutes les autres espèces.

On imprima autrefois, à la suite des *Pensées de Pascal,* une dissertation d'un marchand de Rouen nommé Le Pelletier, dans laquelle il propose la manière de bâtir un vaisseau où l'on puisse faire entrer tous les animaux, et les nourrir pendant un an. On voit bien que ce marchand n'avait jamais gouverné de basse-cour. Nous sommes obligés d'envisager M. Le Pelletier, architecte de l'arche [1], comme un visionnaire qui ne se connaissait pas en ménagerie, et le déluge comme un miracle adorable, terrible, et incompréhensible à la faible raison du sieur Le Pelletier, tout comme à la nôtre.

4° Parceque l'impossibilité physique d'un déluge universel, par des voies naturelles, est démontrée en rigueur; en voici la démonstration.

Toutes les mers couvrent la moitié du globe; en prenant une mesure commune de leur profondeur vers les rivages et en haute mer, on compte cinq cents pieds.

Pour qu'elles couvrissent les deux hémisphères seulement de cinq cents pieds, il faudrait non seulement un océan de cinq cents pieds de profondeur sur toute la terre habitable, mais il faudrait encore une nouvelle mer pour envelopper notre océan actuel; sans quoi les lois de la pesanteur et des fluides feraient écouler ce nouvel amas d'eau profond de cinq cents pieds que la terre supporterait.

---

[1] Dissertation sur l'arche de Noé, par Jean Le Pelletier, Rouen, 1704, 1710, in-12. B.

Voilà donc deux nouveaux océans pour couvrir, seulement de cinq cents pieds, le globe terraqué.

En ne donnant aux montagnes que vingt mille pieds de hauteur, ce serait donc quarante océans de cinq cents pieds de hauteur chacun, qu'il serait nécessaire d'établir les uns sur les autres, pour égaler seulement la cime des hautes montagnes. Chaque océan supérieur contiendrait tous les autres, et le dernier de tous ces océans serait d'une circonférence qui contiendrait quarante fois celle du premier.

Pour former cette masse d'eau, il aurait fallu la créer du néant. Pour la retirer, il aurait fallu l'anéantir.

Donc l'événement du déluge est un double miracle, et le plus grand qui ait jamais manifesté la puissance de l'éternel souverain de tous les globes.

Nous sommes très surpris que des savants aient attribué à ce déluge quelques coquilles répandues çà et là sur notre continent[1].

Nous sommes encore plus surpris de ce que nous lisons à l'article DÉLUGE du *Grand Dictionnaire encyclopédique;* on y cite un auteur qui dit des choses si profondes[a], qu'on les prendrait pour creuses. C'est toujours Pluche; il prouve la possibilité du déluge par l'histoire des géants qui firent la guerre aux dieux.

Briarée, selon lui, est visiblement le déluge, car il signifie la *perte de la sérénité;* et en quelle langue signifie-t-il cette perte? en hébreu. Mais Briarée est un

---

[1] Voyez le chap. XIII *Des Singularités de la nature* (*Mélanges*, année 1768). B.

[a] *Histoire du ciel*, tome I, depuis la page 105.

mot grec qui veut dire *robuste*. Ce n'est point un mot hébreu. Quand par hasard il le serait, gardons-nous d'imiter Bochart, qui fait dériver tant de mots grecs, latins, français même, de l'idiome hébraïque. Il est certain que les Grecs ne connaissaient pas plus l'idiome juif que la langue chinoise.

Le géant Othus est aussi en hébreu, selon Pluche, le *dérangement des saisons*. Mais c'est encore un mot grec qui ne signifie rien, du moins que je sache; et quand il signifierait quelque chose, quel rapport, s'il vous plaît, avec l'hébreu?

Porphyrion est un *tremblement de terre* en hébreu; mais en grec c'est du *porphyre*. Le déluge n'a que faire là.

Mimas, c'est une *grande pluie;* pour le coup en voilà une qui peut avoir quelque rapport au déluge. Mais en grec *mimas* veut dire *imitateur, comédien;* il n'y a pas moyen de donner au déluge une telle origine.

Encelade, autre preuve du déluge en hébreu; car, selon Pluche, c'est la *fontaine du temps;* mais malheureusement en grec c'est du *bruit*.

Éphialtes, autre démonstration du déluge en hébreu; car *éphialtes*, qui signifie *sauteur, oppresseur, incube*, en grec, est, selon Pluche, un *grand amas de nuées*.

Or, les Grecs ayant tout pris chez les Hébreux, qu'ils ne connaissaient pas, ont évidemment donné à leurs géants tous ces noms que Pluche tire de l'hébreu comme il peut; le tout en mémoire du déluge.

Deucalion, selon lui, signifie *l'affaiblissement du soleil.* Cela n'est pas vrai; mais n'importe.

C'est ainsi que raisonne Pluche; c'est lui que cite l'auteur de l'article *Déluge* sans le réfuter. Parle-t-il sérieusement? se moque-t-il? je n'en sais rien. Tout ce que je sais, c'est qu'il n'y a guère de système dont on puisse parler sans rire.

J'ai peur que cet article du *Grand Dictionnaire*, attribué à M. Boulanger, ne soit sérieux; en ce cas nous demandons si ce morceau est philosophique? La philosophie se trompe si souvent que nous n'osons prononcer contre M. Boulanger.

Nous osons encore moins demander ce que c'est que l'abîme qui se rompit et les cataractes du ciel qui s'ouvrirent. Isaac Vossius nie l'universalité du déluge[a]; *hoc est pie nugari.* Calmet la soutient en assurant que les corps ne pèsent dans l'air que par la raison que l'air les comprime. Calmet n'était pas physicien, et la pesanteur de l'air n'a rien à faire avec le déluge. Contentons-nous de lire et de respecter tout ce qui est dans la Bible[1] sans en comprendre un mot.

Je ne comprends pas comment Dieu créa une race pour la noyer et pour lui substituer une race plus méchante encore;

Comment sept paires de toutes les espèces d'animaux non immondes vinrent des quatre quarts du

---

[a] *Commentaire sur la Genèse*, page 197, etc.

[1] En 1771 l'article finissait ainsi: «Contentons-nous de lire et de respecter tout ce qui est dans la Bible sans le comprendre.» Le texte actuel est de 1774. B.

globe, avec deux paires des immondes, sans que les loups mangeassent les brebis en chemin, et sans que les éperviers mangeassent les pigeons, etc., etc.

Comment huit personnes purent gouverner, nourrir, abreuver tant d'embarqués pendant près de deux ans; car il fallut encore un an, après la cessation du déluge, pour alimenter tous ces passagers, vu que l'herbe était courte.

Je ne suis pas comme M. Le Pelletier: j'admire tout, et je n'explique rien.

DÉMOCRATIE[1].

Le pire des états, c'est l'état populaire.

Cinna s'en explique ainsi à Auguste[2]. Mais aussi Maxime soutient que

Le pire des états, c'est l'état monarchique[3].

Bayle ayant plus d'une fois, dans son *Dictionnaire*, soutenu le pour et le contre, fait, à l'article de PÉRICLÈS, un portrait fort hideux de la démocratie, et surtout de celle d'Athènes.

Un républicain grand amateur de la démocratie, qui est l'un de nos feseurs de questions, nous envoie sa réfutation de Bayle et son apologie d'Athènes. Nous

---

[1] *Questions sur l'Encyclopédie*, quatrième partie, 1771. B.
[2] Corneille, *Cinna*, acte II, scène 1. B.
[3] Maxime se contente de dire :

. . . . Que par tous les climats
Ne sont pas bien reçus toutes sortes d'états,
Chaque peuple a le sien conforme à sa nature....
Les Macédoniens avaient le monarchique....
Et le seul consulat est bon pour les Romains.   B.

exposerons ses raisons. C'est le privilége de quiconque écrit de juger les vivants et les morts; mais on est jugé soi-même par d'autres, qui le seront à leur tour; et de siècle en siècle toutes les sentences sont réformées.

Bayle donc, après quelques lieux communs, dit ces propres mots: « Qu'on chercherait en vain dans l'his-« toire de Macédoine autant de tyrannie que l'histoire « d'Athènes nous en présente. »

Peut-être Bayle était-il mécontent de la Hollande quand il écrivait ainsi; et probablement mon républicain qui le réfute est content de sa petite ville démocratique, *quant à présent.*

Il est difficile de peser dans une balance bien juste les iniquités de la république d'Athènes et celles de la cour de Macédoine. Nous reprochons encore aujourd'hui aux Athéniens le bannissement de Cimon, d'Aristide, de Thémistocle, d'Alcibiade, les jugements à mort portés contre Phocion et contre Socrate; jugements qui ressemblent à ceux de quelques uns de nos tribunaux absurdes et cruels.

Enfin ce qu'on ne pardonne point aux Athéniens, c'est la mort de leurs six généraux victorieux, condamnés pour n'avoir pas eu le temps d'enterrer leurs morts après la victoire, et pour en avoir été empêchés par une tempête. Cet arrêt est à-la-fois si ridicule et si barbare, il porte un tel caractère de superstition et d'ingratitude, que ceux de l'inquisition, ceux qui furent rendus contre Urbain Grandier et contre la maréchale d'Ancre, contre Morin, contre tant de sorciers, etc., ne sont pas des inepties plus atroces.

On a beau dire, pour excuser les Athéniens, qu'ils croyaient, d'après Homère, que les ames des morts étaient toujours errantes, à moins qu'elles n'eussent reçu les honneurs de la sépulture ou du bûcher : une sottise n'excuse point une barbarie.

Le grand mal que les ames de quelques Grecs se fussent promenées une semaine ou deux au bord de la mer ! Le mal est de livrer des vivants aux bourreaux, et des vivants qui vous ont gagné une bataille, des vivants que vous deviez remercier à genoux.

Voilà donc les Athéniens convaincus d'avoir été les plus sots et les plus barbares juges de la terre.

Mais il faut mettre à présent dans la balance les crimes de la cour de Macédoine ; on verra que cette cour l'emporte prodigieusement sur Athènes en fait de tyrannie et de scélératesse.

Il n'y a d'ordinaire nulle comparaison à faire entre les crimes des grands qui sont toujours ambitieux, et les crimes du peuple qui ne veut jamais, et qui ne peut vouloir que la liberté et l'égalité. Ces deux sentiments *liberté* et *égalité* ne conduisent point droit à la calomnie, à la rapine, à l'assassinat, à l'empoisonnement, à la dévastation des terres de ses voisins, etc.; mais la grandeur ambitieuse et la rage du pouvoir précipitent dans tous ces crimes en tous temps et en tous lieux.

On ne voit dans cette Macédoine, dont Bayle oppose la vertu à celle d'Athènes, qu'un tissu de crimes épouvantables pendant deux cents années de suite.

C'est Ptolémée, oncle d'Alexandre-le-Grand, qui assassine son frère Alexandre pour usurper le royaume.

C'est Philippe, son frère, qui passe sa vie à tromper et à violer[1], et qui finit par être poignardé par Pausanias.

Olympias fait jeter la reine Cléopâtre et son fils dans une cuve d'airain brûlante. Elle assassine Aridée.

Antigone assassine Eumènes.

Antigone Gonatas, son fils, empoisonne le gouverneur de la citadelle de Corinthe, épouse sa veuve, la chasse, et s'empare de la citadelle.

Philippe, son petit-fils, empoisonne Démétrius, et souille toute la Macédoine de meurtres.

Persée tue sa femme de sa propre main, et empoisonne son frère.

Ces perfidies et ces barbaries sont fameuses dans l'histoire.

Ainsi donc, pendant deux siècles, la fureur du despotisme fait de la Macédoine le théâtre de tous les crimes ; et, dans le même espace de temps, vous ne voyez le gouvernement populaire d'Athènes souillé que de cinq ou six iniquités judiciaires, de cinq ou six jugements atroces, dont le peuple s'est toujours repenti, et dont il a fait amende honorable. Il demanda pardon à Socrate après sa mort, et lui érigea le petit temple du *Socrateion*. Il demanda pardon à Phocion, et lui éleva une statue. Il demanda pardon aux six généraux condamnés avec tant de ridicule, et si indigne-

---

[1] L'édition originale de 1770 ; celle de 1771, l'in-4°, l'encadrée, l'in-8° de Kehl, portent : *à tromper et à violer*. L'errata de Kehl, tome LXX, dit de mettre *voler*. L'édition in-12 de Kehl porte en effet *voler*. Mais le rédacteur de l'*errata* de Kehl, qui m'a communiqué un errata manuscrit, y dit de mettre la leçon que j'ai suivie, et ajoute : « Il y a erreur dans l'errata géné- « ral ; » c'est ainsi qu'il appelle l'errata imprimé. B.

ment exécutés. Ils mirent aux fers le principal accusateur, qui n'échappa qu'à peine à la vengeance publique. Le peuple athénien était donc naturellement aussi bon que léger. Dans quel état despotique a-t-on jamais pleuré ainsi l'injustice de ses arrêts précipités?

Bayle a donc tort cette fois; mon républicain a donc raison. Le gouvernement populaire est donc par lui-même moins inique, moins abominable que le pouvoir tyrannique.

Le grand vice de la démocratie n'est certainement pas la tyrannie et la cruauté : il y eut des républicains montagnards, sauvages et féroces ; mais ce n'est pas l'esprit républicain qui les fit tels, c'est la nature. L'Amérique septentrionale était toute en républiques. C'étaient des ours.

Le véritable vice d'une république civilisée est dans la fable turque du dragon à plusieurs têtes et du dragon à plusieurs queues. La multitude des têtes se nuit, et la multitude des queues obéit à une seule tête qui veut tout dévorer.

La démocratie ne semble convenir qu'à un très petit pays; encore faut-il qu'il soit heureusement situé. Tout petit qu'il sera, il fera beaucoup de fautes, parcequ'il sera composé d'hommes. La discorde y régnera comme dans un couvent de moines; mais il n'y aura ni Saint-Barthélemi, ni massacres d'Irlande, ni vêpres siciliennes, ni inquisition, ni condamnation aux galères pour avoir pris de l'eau dans la mer sans payer, à moins qu'on ne suppose cette république composée de diables dans un coin de l'enfer.

Après avoir pris le parti de mon Suisse contre l'ambidextre Bayle, j'ajouterai :

Que les Athéniens furent guerriers comme les Suisses, et polis comme les Parisiens l'ont été sous Louis XIV;

Qu'ils ont réussi dans tous les arts qui demandent le génie et la main, comme les Florentins du temps de Médicis;

Qu'ils ont été les maîtres des Romains dans les sciences et dans l'éloquence, du temps même de Cicéron;

Que ce petit peuple qui avait à peine un territoire, et qui n'est aujourd'hui qu'une troupe d'esclaves ignorants, cent fois moins nombreux que les Juifs, et ayant perdu jusqu'à son nom, l'emporte pourtant sur l'empire romain par son antique réputation qui triomphe des siècles et de l'esclavage.

L'Europe a vu une république dix fois plus petite encore qu'Athènes, attirer pendant cent cinquante ans les regards de l'Europe, et son nom placé à côté du nom de Rome, dans le temps que Rome commandait encore aux rois, qu'elle condamnait un Henri souverain de la France, et qu'elle absolvait et fouettait un autre Henri le premier homme de son siècle; dans le temps même que Venise conservait son ancienne splendeur, et que la nouvelle république des sept Provinces-Unies étonnait l'Europe et les Indes par son établissement et par son commerce.

Cette fourmilière imperceptible ne put être écrasée par le roi démon du Midi [1], et dominateur des

[1] Philippe II. Voyez *Essai sur les mœurs*, chap. CLXVI, tome XVIII, page 32. B.

deux mondes, ni par les intrigues du Vatican, qui fesaient mouvoir les ressorts de la moitié de l'Europe. Elle résista par la parole et par les armes; et à l'aide d'un Picard qui écrivait, et d'un petit nombre de Suisses qui combattit, elle s'affermit, elle triompha; elle put dire *Rome et moi*. Elle tint tous les esprits partagés entre les riches pontifes successeurs des Scipions, *Romanos rerum dominos*[1], et les pauvres habitants d'un coin de terre long-temps ignoré dans le pays de la pauvreté et des goîtres.

Il s'agissait alors de savoir comment l'Europe penserait sur des questions que personne n'entendait. C'était la guerre de l'esprit humain. On eut des Calvin, des Bèze, des Turretin, pour ses Démosthène, ses Platon, et ses Aristote.

L'absurdité de la plupart des questions de controverse qui tenaient l'Europe attentive ayant été enfin reconnue, la petite république se tourna vers ce qui paraît solide, l'acquisition des richesses. Le système de *Lass*, plus chimérique et non moins funeste que ceux des supralapsaires et des infralapsaires, engagea dans l'arithmétique ceux qui ne pouvaient plus se faire un nom en théo-morianique. Ils devinrent riches, et ne furent plus rien.

On croit qu'il n'y a aujourd'hui de républiques qu'en Europe. Ou je me trompe, ou je l'ai dit aussi quelque part[2]; mais c'eût été une très grande inadvertance. Les Espagnols trouvèrent en Amérique la

---

[1] Virgile, Æn., I, 286. B.

[2] Je pense que Voltaire veut parler ici de ce qu'il a dit dans l'*Essai sur les mœurs*, chap. CXCVII. Voyez tome XVIII, page 482. B.

république de Tlascala très bien établie. Tout ce qui n'a pas été subjugué dans cette partie du monde est encore république. Il n'y avait dans tout ce continent que deux royaumes lorsqu'il fut découvert; et cela pourrait bien prouver que le gouvernement républicain est le plus naturel. Il faut s'être bien raffiné, et avoir passé par bien des épreuves, pour se soumettre au gouvernement d'un seul.

En Afrique, les Hottentots, les Cafres, et plusieurs peuplades de nègres, sont des démocraties. On prétend que les pays où l'on vend le plus de nègres sont gouvernés par des rois. Tripoli, Tunis, Alger, sont des républiques de soldats et de pirates. Il y en a aujourd'hui de pareilles dans l'Inde : les Marattes, plusieurs hordes de Patanes, les Seiks, n'ont point de rois: ils élisent des chefs quand ils vont piller.

Telles sont encore plusieurs sociétés de Tartares. L'empire turc même a été très long-temps une république de janissaires qui étranglaient souvent leur sultan, quand leur sultan ne les fesait pas décimer.

On demande tous les jours si un gouvernement républicain est préférable à celui d'un roi? La dispute finit toujours par convenir qu'il est fort difficile de gouverner les hommes. Les Juifs eurent pour maître Dieu même; voyez ce qui leur en est arrivé : ils ont été presque toujours battus et esclaves, et aujourd'hui ne trouvez-vous pas qu'ils font une belle figure?

DÉMONIAQUES[1].

Possédés du démon, énergumènes, exorcisés, *ou plutôt*, malades de la matrice, des pâles couleurs, hypocondriaques, épileptiques, cataleptiques, guéris par les émollients de M. Pomme, grand exorciste.

Les vaporeux, les épileptiques, les femmes travaillées de l'utérus, passèrent toujours pour être les victimes des esprits malins, des démons malfesants, des vengeances des dieux. Nous avons vu[2] que ce mal s'appelait le *mal sacré*, et que les prêtres de l'antiquité s'emparèrent partout de ces maladies, attendu que les médecins étaient de grands ignorants.

Quand les symptômes étaient fort compliqués, c'est qu'on avait plusieurs démons dans le corps, un démon de fureur, un de luxure, un de contraction, un de roideur, un d'éblouissement, un de surdité; et l'exorciseur avait à coup sûr un démon d'absurdité joint à un de friponnerie.

[3] Nous avons vu[4] que les Juifs chassaient les diables du corps des possédés avec la racine barath et des paroles; que notre Sauveur les chassait par une vertu divine, qu'il communiqua cette vertu à ses apôtres, mais que cette vertu est aujourd'hui fort affaiblie.

On a voulu renouveler depuis peu l'histoire de saint

---

[1] *Questions sur l'Encyclopédie*, quatrième partie, 1771. B.
[2] Tome XV, page 212; et dans les *Mélanges*, année 1768, le 3ᵉ entretien de l'A, B, C. B.
[3] Cet alinéa n'existait pas en 1771: il a été ajouté en 1774. B.
[4] Voyez ma note, tome XV, page 213. B.

Paulin. Ce saint vit à la voûte d'une église un pauvre démoniaque qui marchait sous cette voûte ou sur cette voûte, la tête en bas et les pieds en haut, à peu près comme une mouche. Saint Paulin vit bien que cet homme était possédé; il envoya vite chercher à quelques lieues de là des reliques de saint Félix de Nole : on les appliqua au patient comme des vésicatoires. Le démon qui soutenait cet homme contre la voûte s'enfuit aussitôt, et le démoniaque tomba sur le pavé.

Nous pouvons douter de cette histoire en conservant le plus profond respect pour les vrais miracles; et il nous sera permis de dire que ce n'est pas ainsi que nous guérissons aujourd'hui les démoniaques. Nous les saignons, nous les baignons, nous les purgeons doucement, nous leur donnons des émollients : voilà comme M. Pomme les traite; et il a opéré plus de cures que les prêtres d'Isis et de Diane, ou autres, n'ont jamais fait de miracles.

Quant aux démoniaques qui se disent possédés pour gagner de l'argent, au lieu de les baigner on les fouette.

Il arrivait souvent que des épileptiques ayant les fibres et les muscles desséchés, pesaient moins qu'un pareil volume d'eau, et surnageaient quand on les mettait dans le bain. On criait, Miracle ! on disait, C'est un possédé, ou un sorcier; on allait chercher de l'eau bénite ou un bourreau. C'était une preuve indubitable, ou que le démon s'était rendu maître du corps de la personne surnageante, ou qu'elle s'était donnée à lui. Dans le premier cas elle était exorcisée, dans le second elle était brûlée.

C'est ainsi que nous avons raisonné et agi pendant quinze ou seize cents ans; et nous avons osé nous moquer des Cafres [1] ! c'est une exclamation qui peut souvent échapper [2].

En 1603, dans une petite ville de la Franche-Comté, une femme de qualité fesait lire les Vies des saints à sa belle-fille devant ses parents; cette jeune personne un peu trop instruite, mais ne sachant pas l'orthographe, substitua le mot d'*histoires* à celui de *vies*. Sa marâtre, qui la haïssait, lui dit aigrement: *Pourquoi ne lisez-vous pas comme il y a ?* La petite fille rougit, trembla, n'osa répondre; elle ne voulut pas déceler celle de ses compagnes qui lui avait appris le mot propre mal orthographié, qu'elle avait eu la pudeur de ne pas prononcer. Un moine, confesseur de la maison, prétendit que c'était le diable qui lui avait enseigné ce mot. La fille aima mieux se taire que se justifier : son silence fut regardé comme un aveu. L'inquisition la convainquit d'avoir fait un pacte avec le diable. Elle fut condamnée à être brûlée, parcequ'elle avait beaucoup de bien de sa mère, et que la confiscation appartenait de droit aux inquisiteurs : elle fut la cent millième victime de la doctrine des démoniaques, des possédés, des exorcismes, et des véritables diables qui ont régné sur la terre.

[1] Voyez à la fin de l'article CONVULSIONS. B.
[2] Fin de l'article en 1771; l'addition est de 1774. B.

DENYS (SAINT) L'ARÉOPAGITE,

Et la fameuse éclipse [1].

L'auteur de l'article APOCRYPHE a négligé une centaine d'ouvrages reconnus pour tels, et qui, étant entièrement oubliés, semblaient ne pas mériter d'entrer dans sa liste. Nous avons cru devoir ne pas omettre saint Denys, surnommé l'*Aréopagite*, qu'on a prétendu long-temps avoir été disciple de saint Paul et d'un Hiérothée, compagnon de saint Paul, qu'on n'a jamais connu. Il fut, dit-on, sacré évêque d'Athènes par saint Paul lui-même. Il est dit dans sa Vie qu'il alla rendre une visite dans Jérusalem à la sainte Vierge, et qu'il la trouva si belle et si majestueuse, qu'il fut tenté de l'adorer.

Après avoir long-temps gouverné l'Église d'Athènes, il alla conférer avec saint Jean l'Évangéliste à Éphèse, ensuite à Rome avec le pape Clément; de là il alla exercer son apostolat en France; « et sachant, dit « l'histoire, que Paris était une ville riche, peuplée, « abondante, et comme la capitale des autres, il vint y « planter une citadelle pour battre l'enfer et l'infidélité « en ruine. »

On le regarda très long-temps comme le premier évêque de Paris. Harduinus, l'un de ses historiens, ajoute qu'à Paris on l'exposa aux bêtes; mais qu'ayant fait le signe de la croix sur elles, les bêtes se prosternèrent à ses pieds. Les païens parisiens le jetèrent alors dans un four chaud; il en sortit frais et en par-

---

[1] *Questions sur l'Encyclopédie*, quatrième partie, 1771. B.

faite santé. On le crucifia; quand il fut crucifié, il se mit à prêcher du haut de la potence.

On le ramena en prison avec Rustique et Éleuthère, ses compagnons. Il y dit la messe; saint Rustique servit de diacre, et Éleuthère de sous-diacre. Enfin, on les mena tous trois à Montmartre, et on leur trancha la tête, après quoi ils ne dirent plus de messe.

Mais, selon Harduinus, il arriva un bien plus grand miracle; le corps de saint Denys se leva debout, prit sa tête entre ses mains; les anges l'accompagnaient en chantant : *Gloria tibi, Domine, alleluia.* Il porta sa tête jusqu'à l'endroit où on lui bâtit une église, qui est la fameuse église de Saint-Denys.

Métaphraste, Harduinus, Hincmar, évêque de Reims, disent qu'il fut martyrisé à l'âge de quatre-vingt-onze ans; mais le cardinal Baronius prouve qu'il en avait cent dix[a], en quoi il est suivi par Ribadeneira, savant auteur de la *Fleur des saints.* C'est sur quoi nous ne prenons point de parti.

On lui attribue dix-sept ouvrages, dont malheureusement nous avons perdu six. Les onze qui nous restent ont été traduits du grec par Jean Scot, Hugues de Saint-Victor, Albert dit le Grand, et plusieurs autres savants illustres.

Il est vrai que depuis que la saine critique s'est introduite dans le monde, on est convenu que tous les livres qu'on attribue à Denys furent écrits par un imposteur l'an 362 de notre ère[b], et il ne reste plus sur cela de difficultés.

---

[a] *Baronius*, tome II, page 37.

[b] Voyez Cave.—C'est-à-dire son *Script. ecclesiast. hist. litt.* à l'année 362. B.

DE LA GRANDE ÉCLIPSE OBSERVÉE PAR DENYS.

Ce qui a surtout excité une grande querelle entre les savants, c'est ce que rapporte un des auteurs inconnus de la Vie de saint Denys. On a prétendu que ce premier évêque de Paris étant en Égypte dans la ville de Diospolis, ou No-Ammon, à l'âge de vingt-cinq ans, et n'étant pas encore chrétien, il y fut témoin, avec un de ses amis, de la fameuse éclipse du soleil arrivée dans la pleine lune à la mort de Jésus-Christ, et qu'il s'écria en grec : *Ou Dieu pâtit, ou il s'afflige avec le patient.*

Ces paroles ont été diversement rapportées par divers auteurs; mais dès le temps d'Eusèbe de Césarée, on prétendait que deux historiens, l'un nommé Phlégon et l'autre Thallus, avaient fait mention de cette éclipse miraculeuse. Eusèbe de Césarée cite Phlégon; mais nous n'avons plus ses ouvrages. Il disait, à ce qu'on prétend, que cette éclipse arriva la quatrième année de la deux centième olympiade, qui serait la dix-huitième année de Tibère. Il y a sur cette anecdote plusieurs leçons, et on peut se défier de toutes, d'autant plus qu'il reste à savoir si on comptait encore par olympiades du temps de Phlégon; ce qui est fort douteux.

Ce calcul important intéressa tous les astronomes; Hodgson, Whiston, Gale Maurice[1], et le fameux Halley, ont démontré qu'il n'y avait point eu d'éclipse de

---

[1] C'est d'après l'édition en douze volumes in-8° qu'au lieu de *Gale, Maurice*, j'écris *Gale Maurice*, sans toutefois garantir l'orthographe du nom de ce personnage, qui fut, à ce qu'on croit, un des calculateurs employés par Halley. B.

soleil cette année; mais que dans la première année de la deux cent deuxième olympiade, le 24 novembre, il en arriva une qui obscurcit le soleil pendant deux minutes à une heure et un quart à Jérusalem.

On a encore été plus loin; un jésuite nommé Greslon prétendit que les Chinois avaient conservé dans leurs annales la mémoire d'une éclipse arrivée à peu près dans ce temps-là, contre l'ordre de la nature. On pria les mathématiciens d'Europe d'en faire le calcul. Il était assez plaisant de prier des astronomes de calculer une éclipse qui n'était pas naturelle. Enfin, il fut avéré que les annales de la Chine ne parlent en aucune manière de cette éclipse [1].

Il résulte de l'histoire de saint Denys l'Aréopagite, et du passage de Phlégon, et de la lettre du jésuite Greslon, que les hommes aiment fort à en imposer. Mais cette prodigieuse multitude de mensonges, loin de faire du tort à la religion chrétienne, ne sert au contraire qu'à en prouver la divinité, puisqu'elle s'est affermie de jour en jour malgré eux.

DÉNOMBREMENT [2].

SECTION PREMIÈRE.

Les plus anciens dénombrements que l'histoire nous ait laissés sont ceux des Israélites. Ceux-là sont indubitables, puisqu'ils sont tirés des livres juifs.

---

[1] Voyez l'article ÉCLIPSE.

[2] Les deux sections qui forment cet article sont, sauf une phrase, dans les *Questions sur l'Encyclopédie*, 4ᵉ partie, 1771. B.

On ne croit pas qu'il faille compter pour un dénombrement la fuite des Israélites au nombre de six cent mille hommes de pied, parceque le texte ne les spécifie pas tribu par tribu [a]; il ajoute qu'une troupe innombrable de gens ramassés se joignit à eux; ce n'est qu'un récit.

Le premier dénombrement circonstancié est celui qu'on voit dans le livre du *Vaiedaber*, et que nous nommons les *Nombres* [b]. Par le recensement que Moïse et Aaron firent du peuple dans le désert, on trouva, en comptant toutes les tribus, excepté celle de Lévi, six cent trois mille cinq cent cinquante hommes en état de porter les armes; et si vous y joignez la tribu de Lévi supposée égale en nombre aux autres tribus, le fort portant le faible, vous aurez six cent cinquante-trois mille neuf cent trente-cinq hommes, auxquels il faut ajouter un nombre égal de vieillards, de femmes et d'enfants, ce qui composera deux millions six cent quinze mille sept cent quarante-deux personnes parties de l'Égypte.

Lorsque David, à l'exemple de Moïse, ordonna le recensement de tout le peuple [c], il se trouva huit cent mille guerriers des tribus d'Israël, et cinq cent mille de celle de Juda, selon le livre des *Rois;* mais, selon les *Paralipomènes* [d], on compta onze cent mille guerriers dans Israël, et moins de cinq cent mille dans Juda.

Le livre des *Rois* exclut formellement Lévi et Benja-

---

[a] *Exod.*, ch. xii, v. 37 et 38. — [b] *Nomb.*, ch. i.
[c] Livre II des *Rois*, ch. xxiv.
[d] Livre I des *Paralipomènes*, ch. xxi, v. 5.

inin; et les *Paralipomènes* ne les comptent pas. Si donc on joint ces deux tribus aux autres, proportion gardée, le total des guerriers sera de dix-neuf cent vingt mille. C'est beaucoup pour le petit pays de la Judée, dont la moitié est composée de rochers affreux et de cavernes. Mais c'était un miracle.

Ce n'est pas à nous d'entrer dans les raisons pour lesquelles le souverain arbitre des rois et des peuples punit David de cette opération qu'il avait commandée lui-même à Moïse. Il nous appartient encore moins de rechercher pourquoi Dieu étant irrité contre David, c'est le peuple qui fut puni pour avoir été dénombré. Le prophète Gad ordonna au roi, de la part de Dieu, de choisir la guerre, la famine, ou la peste; David accepta la peste, et il en mourut soixante et dix mille Juifs en trois jours.

Saint Ambroise, dans son livre de la *Pénitence*, et saint Augustin, dans son livre contre Fauste, reconnaissent que l'orgueil et l'ambition avaient déterminé David à faire cette revue. Leur opinion est d'un grand poids, et nous ne pouvons que nous soumettre à leur décision, en éteignant toutes les lumières trompeuses de notre esprit.

L'Écriture rapporte un nouveau dénombrement du temps d'Esdras [a], lorsque la nation juive revint de la captivité. *Toute cette multitude*, disent également Esdras et Néhémie [b], « étant comme un seul homme, se « montait à quarante-deux mille trois cent soixante « personnes. » Ils les nomment toutes par familles, et

---

[a] Livre I d'*Esdras*, ch. ii, v. 64.
[b] Livre II d'*Esdras*, qui est l'hist. de *Néhémie*, ch. viii, v. 66.

ils comptent le nombre des Juifs de chaque famille et le nombre des prêtres. Mais non seulement il y a dans ces deux auteurs des différences entre les nombres et les noms des familles, on voit encore une erreur de calcul dans l'un et dans l'autre. Par le calcul d'Esdras, au lieu de quarante-deux mille hommes, on n'en trouve, après avoir tout additionné, que vingt-neuf mille huit cent dix-huit; et par celui de Néhémie, on en trouve trente et un mille quatre-vingt-neuf.

Il faut, sur cette méprise apparente, consulter les commentateurs, et surtout dom Calmet, qui, ajoutant à un de ces deux comptes ce qui manque à l'autre, et ajoutant encore ce qui leur manque à tous deux, résout toute la difficulté. Il manque aux supputations d'Esdras et de Néhémie, rapprochées par Calmet, dix mille sept cent soixante et dix-sept personnes; mais on les retrouve dans les familles qui n'ont pu donner leur généalogie : d'ailleurs, s'il y avait quelque faute de copiste, elle ne pourrait nuire à la véracité du texte divinement inspiré.

Il est à croire que les grands rois voisins de la Palestine avaient fait les dénombrements de leurs peuples autant qu'il est possible. Hérodote nous donne le calcul de tous ceux qui suivirent Xerxès [a], sans y faire entrer son armée navale. Il compte dix-sept cent mille hommes, et il prétend que pour parvenir à cette supputation, on les fesait passer en divisions de dix mille dans une enceinte qui ne pouvait tenir que ce nombre d'hommes très pressés. Cette méthode est bien fautive, car en se pressant un peu moins, il se pouvait aisé-

---
[a] *Hérodote*, livre VII, ou *Polymnie*.

ment que chaque division de dix mille hommes ne fût en effet que de huit à neuf. De plus, cette méthode n'est nullement guerrière; et il eût été beaucoup plus aisé de voir le complet, en faisant marcher les soldats par rangs et par files.

Il faut encore observer combien il était difficile de nourrir dix-sept cent mille hommes dans le pays de la Grèce qu'il allait conquérir. On pourrait bien douter et de ce nombre, et de la manière de le compter, et du fouet donné à l'Hellespont, et du sacrifice de mille bœufs fait à Minerve par un roi persan qui ne la connaissait pas, et qui ne vénérait que le soleil, comme l'unique symbole de la Divinité.

Le dénombrement des dix-sept cent mille hommes n'est pas d'ailleurs complet, de l'aveu même d'Hérodote, puisque Xerxès mena encore avec lui tous les peuples de la Thrace et de la Macédoine, qu'il força, dit-il, chemin fesant, de le suivre, apparemment pour affamer plus vite son armée. On doit donc faire ici ce que les hommes sages font à la lecture de toutes les histoires anciennes, et même modernes, suspendre son jugement, et douter beaucoup.

Le premier dénombrement que nous ayons d'une nation profane, est celui que fit Servius Tullius, sixième roi de Rome. Il se trouva, dit Tite-Live, quatre-vingt mille combattants, tous citoyens romains. Cela suppose trois cent vingt mille citoyens au moins, tant vieillards que femmes et enfants : à quoi il faut ajouter au moins vingt mille domestiques, tant esclaves que libres.

Or, on peut raisonnablement douter que le petit état

romain contînt cette multitude. Romulus n'avait régné (supposé qu'on puisse l'appeler roi) que sur environ trois mille bandits rassemblés dans un petit bourg entre des montagnes. Ce bourg était le plus mauvais terrain de l'Italie. Tout son pays n'avait pas trois mille pas de circuit. Servius était le sixième chef ou roi de cette peuplade naissante. La règle de Newton, qui est indubitable pour les royaumes électifs, donne à chaque roi vingt et un ans de règne, et contredit par là tous les anciens historiens, qui n'ont jamais observé l'ordre des temps, et qui n'ont donné aucune date précise. Les cinq rois de Rome doivent avoir régné environ cent ans.

Il n'est certainement pas dans l'ordre de la nature qu'un terrain ingrat, qui n'avait pas cinq lieues en long et trois en large, et qui devait avoir perdu beaucoup d'habitants dans ses petites guerres presque continuelles, pût être peuplé de trois cent quarante mille ames. Il n'y en a pas la moitié dans le même territoire où Rome aujourd'hui est la métropole du monde chrétien, où l'affluence des étrangers et des ambassadeurs de tant de nations doit servir à peupler la ville, où l'or coule de la Pologne, de la Hongrie, de la moitié de l'Allemagne, de l'Espagne, de la France, par mille canaux dans la bourse de la daterie, et doit faciliter encore la population, si d'autres causes l'interceptent.

L'histoire de Rome ne fut écrite que plus de cinq cents ans après sa fondation. Il ne serait point du tout surprenant que les historiens eussent donné libéralement quatre-vingt mille guerriers à Servius Tullius au lieu de huit mille, par un faux zèle pour la patrie.

Le zèle eût été plus grand et plus vrai, s'ils avaient avoué les faibles commencements de leur république. Il est plus beau de s'être élevé d'une si petite origine à tant de grandeur, que d'avoir eu le double des soldats d'Alexandre pour conquérir environ quinze lieues de pays en quatre cents années.

Le cens ne s'est jamais fait que des citoyens romains. On prétend que sous Auguste il était de quatre millions soixante-trois mille, l'an 29 avant notre ère vulgaire, selon Tillemont, qui est assez exact; mais il cite Dion Cassius, qui ne l'est guère.

Laurent Échard n'admet qu'un dénombrement de quatre millions cent trente-sept mille hommes, l'an 14 de notre ère. Le même Échard parle d'un dénombrement général de l'empire pour la première année de la même ère; mais il ne cite aucun auteur romain, et ne spécifie aucun calcul du nombre des citoyens. Tillemont ne parle en aucune manière de ce dénombrement.

On a cité Tacite et Suétone; mais c'est très mal à propos. Le cens dont parle Suétone n'est point un dénombrement de citoyens; ce n'est qu'une liste de ceux auxquels le public fournissait du blé.

Tacite ne parle, au livre II, que d'un cens établi dans les seules Gaules pour y lever plus de tributs par tête. Jamais Auguste ne fit un dénombrement des autres sujets de son empire, parceque l'on ne payait point ailleurs la capitation qu'il voulut établir en Gaule.

Tacite dit [a] « qu'Auguste avait un mémoire écrit de

---

[a] *Annales*, liv. I, chap. 11.

« sa main, qui contenait les revenus de l'empire, les
« flottes, les royaumes tributaires. » Il ne parle point
d'un dénombrement.

Dion Cassius spécifie un cens[a], mais il n'articule
aucun nombre.

Josèphe, dans ses *Antiquités*, dit[b] que l'an 759 de
Rome (temps qui répond à l'onzième année de notre
ère), Cyrénius, établi alors gouverneur de Syrie, se
fit donner une liste de tous les biens des Juifs, ce qui
causa une révolte. Cela n'a aucun rapport à un dénombrement général, et prouve seulement que ce Cyrénius ne fut gouverneur de la Judée (qui était alors
une petite province de Syrie) que dix ans après la
naissance de notre Sauveur, et non pas au temps de sa
naissance.

Voilà, ce me semble, ce qu'on peut recueillir de
principal dans les profanes touchant les dénombrements attribués à Auguste. Si nous nous en rapportions
à eux, Jésus-Christ serait né sous le gouvernement de
Varus, et non sous celui de Cyrénius; il n'y aurait
point eu de dénombrement universel. Mais saint Luc,
dont l'autorité doit prévaloir sur Josèphe, Suétone,
Tacite, Dion Cassius, et tous les écrivains de Rome;
saint Luc affirme positivement qu'il y eut un dénombrement universel de toute la terre, et que Cyrénius[1]

---

[a] Liv. XLIII. — [b] Josèphe, liv. XVIII, chap. 1.

[1] Saint Luc, II, 2, appelle *Cyrinus* le gouverneur de la Judée : Voltaire l'appelle *Cirinius* ou *Cirinus* dans l'article Noël du présent Dictionnaire; mais il le nomme Ciréinus dans l'article Dénombrement, et encore dans son opuscule *De la paix perpétuelle* (voyez *Mélanges*, année 1769), et dans la 19ᵉ des *Questions* ou *Lettres sur les miracles* (voyez *Mélanges*, année 1765). B.

était gouverneur de Judée. Il faut donc s'en rapporter uniquement à lui, sans même chercher à le concilier avec Flavius Josèphe, ni avec aucun autre historien.

Au reste, ni le nouveau *Testament*, ni l'ancien, ne nous ont été donnés pour éclaircir des points d'histoire, mais pour nous annoncer des vérités salutaires, devant lesquelles tous les événements et toutes les opinions devaient disparaître[1]. C'est toujours ce que nous répondons aux faux calculs, aux contradictions, aux absurdités, aux fautes énormes de géographie, de chronologie, de physique, et même de sens commun, dont les philosophes nous disent sans cesse que la sainte Écriture est remplie : nous ne cessons de leur dire qu'il n'est point ici question de raison, mais de foi et de piété.

SECTION II[2].

A l'égard du dénombrement des peuples modernes, les rois n'ont point à craindre aujourd'hui qu'un docteur Gad vienne leur proposer, de la part de Dieu, la famine, la guerre, ou la peste, pour les punir d'avoir voulu savoir leur compte. Aucun d'eux ne le sait.

On conjecture, on devine, et toujours à quelques millions d'hommes près.

J'ai porté le nombre d'habitants qui composent l'empire de Russie, à vingt-quatre millions[3], sur les mémoires qui m'ont été envoyés; mais je n'ai point ga-

---

[1] La fin de cet alinéa n'est pas dans l'édition de 1771; elle fut ajoutée en 1774. B.

[2] Voyez ma note, page 331. B.

[3] *Histoire de Russie*, partie 1re, chap. II. B.

ranti cette évaluation; car je connais très peu de choses que je voulusse garantir.

J'ai cru que l'Allemagne possède autant de monde en comptant les Hongrois. Si je me suis trompé d'un million ou deux, on sait que c'est une bagatelle en pareil cas.

Je demande pardon au roi d'Espagne, si je ne lui accorde que sept millions de sujets dans notre continent. C'est bien peu de chose; mais don Ustariz, employé dans le ministère, ne lui en donne pas davantage.

On compte environ neuf à dix millions d'êtres libres dans les trois royaumes de la Grande-Bretagne.

On balance en France entre seize et vingt millions [1]. C'est une preuve que le docteur Gad n'a rien à reprocher au ministère de France. Quant aux villes capitales, les opinions sont encore partagées. Paris, selon quelques calculateurs, a sept cent mille habitants; et, selon d'autres, cinq cent. Il en est ainsi de Londres, de Constantinople, du Grand-Caire.

Pour les sujets du pape, ils feront la foule en paradis; mais la foule est médiocre sur la terre. Pourquoi cela? C'est qu'ils sont sujets du pape. Caton le Censeur aurait-il jamais cru que les Romains en viendraient là [a]?

---

[1] La population de la France s'élève aujourd'hui à trente-deux millions. B.

[a] Voyez l'article POPULATION.

DESTIN[1].

De tous les livres de l'Occident qui sont parvenus jusqu'à nous, le plus ancien est Homère; c'est là qu'on trouve les mœurs de l'antiquité profane, des héros grossiers, des dieux grossiers, faits à l'image de l'homme; mais c'est là que, parmi les rêveries et les inconséquences, on trouve aussi les semences de la philosophie, et surtout l'idée du destin qui est maître des dieux, comme les dieux sont les maîtres du monde.

[2] Quand le magnanime Hector veut absolument combattre le magnanime Achille, et que pour cet effet il se met à fuir de toutes ses forces, et fait trois fois le tour de la ville avant de combattre, afin d'avoir plus de vigueur; quand Homère compare Achille aux pieds légers qui le poursuit, à un homme qui dort; quand madame Dacier s'extasie d'admiration sur l'art et le grand sens de ce passage, alors Jupiter veut sauver le grand Hector qui lui a fait tant de sacrifices, et il consulte les destinées; il pèse dans une balance les destins d'Hector et d'Achille[a] : il trouve que le Troyen doit absolument être tué par le Grec; il ne peut s'y opposer; et dès ce moment, Apollon, le génie gardien d'Hector, est obligé de l'abandonner. Ce n'est pas qu'Ho-

---

[1] *Dictionnaire philosophique*, 1764; et *Questions sur l'Encyclopédie*, 1771. B.

[2] Les premières lignes de cet alinéa n'existaient pas en 1764; on lisait alors: « Jupiter veut en vain sauver Hector ; il consulte les destinées, etc. » La nouvelle version date des *Questions sur l'Encyclopédie*, quatrième partie, 1771. B.

[a] *Iliade*, livre XXII.

mère ne prodigue souvent, et surtout en ce même endroit, des idées toutes contraires, suivant le privilége de l'antiquité; mais enfin il est le premier chez qui on trouve la notion du destin. Elle était donc très en vogue de son temps.

Les pharisiens, chez le petit peuple juif, n'adoptèrent le destin que plusieurs siècles après; car ces pharisiens eux-mêmes, qui furent les premiers lettrés d'entre les Juifs, étaient très nouveaux. Ils mêlèrent dans Alexandrie une partie des dogmes des stoïciens aux anciennes idées juives. Saint Jérôme prétend même que leur secte n'est pas beaucoup antérieure à notre ère vulgaire.

Les philosophes n'eurent jamais besoin ni d'Homère, ni des pharisiens, pour se persuader que tout se fait par des lois immuables, que tout est arrangé, que tout est un effet nécessaire. Voici comme ils raisonnaient.

Ou le monde subsiste par sa propre nature, par ses lois physiques, ou un être suprême l'a formé selon ses lois suprêmes; dans l'un et l'autre cas, ces lois sont immuables; dans l'un et l'autre cas, tout est nécessaire; les corps graves tendent vers le centre de la terre, sans pouvoir tendre à se reposer en l'air. Les poiriers ne peuvent jamais porter d'ananas. L'instinct d'un épagneul ne peut être l'instinct d'une autruche; tout est arrangé, engrené, et limité.

L'homme ne peut avoir qu'un certain nombre de dents, de cheveux et d'idées; il vient un temps où il perd nécessairement ses dents, ses cheveux, et ses idées.

Il est contradictoire que ce qui fut hier n'ait pas été, que ce qui est aujourd'hui ne soit pas ; il est aussi contradictoire que ce qui doit être puisse ne pas devoir être.

Si tu pouvais déranger la destinée d'une mouche, il n'y aurait nulle raison qui pût t'empêcher de faire le destin de toutes les autres mouches, de tous les autres animaux, de tous les hommes, de toute la nature ; tu te trouverais au bout du compte plus puissant que Dieu.

Des imbéciles disent : Mon médecin a tiré ma tante d'une maladie mortelle ; il a fait vivre ma tante dix ans de plus qu'elle ne devait vivre. D'autres, qui font les capables, disent : L'homme prudent fait lui-même son destin.

« Nullum numen abest, si sit prudentia, sed te
« Nos facimus, fortuna, deam, cœloque locamus. »
JUVÉNAL, sat. x, v. 365.

La fortune n'est rien ; c'est en vain qu'on l'adore.
La prudence est le dieu qu'on doit seul implorer.

Mais souvent le prudent succombe sous sa destinée, loin de la faire ; c'est le destin qui fait les prudents.

De profonds politiques assurent que si on avait assassiné Cromwell, Ludlow, Ireton, et une douzaine d'autres parlementaires, huit jours avant qu'on coupât la tête à Charles Ier, ce roi aurait pu vivre encore et mourir dans son lit ; ils ont raison : ils peuvent ajouter encore que si toute l'Angleterre avait été engloutie dans la mer, ce monarque n'aurait pas péri sur un échafaud auprès de Whitehall, ou salle blanche; mais les choses étaient arrangées de façon que Charles devait avoir le cou coupé.

Le cardinal d'Ossat était sans doute plus prudent qu'un fou des Petites-Maisons; mais n'est-il pas évident que les organes du sage d'Ossat étaient autrement faits que ceux de cet écervelé? de même que les organes d'un renard sont différents de ceux d'une grue et d'une alouette.

Ton médecin a sauvé ta tante; mais certainement il n'a pas en cela contredit l'ordre de la nature; il l'a suivi. Il est clair que ta tante ne pouvait pas s'empêcher de naître dans une telle ville, qu'elle ne pouvait pas s'empêcher d'avoir dans un tel temps une certaine maladie, que le médecin ne pouvait pas être ailleurs que dans la ville où il était, que ta tante devait l'appeler, qu'il devait lui prescrire les drogues qui l'ont guérie, ou qu'on a cru l'avoir guérie, lorsque la nature était le seul médecin.

Un paysan croit qu'il a grêlé par hasard sur son champ; mais le philosophe sait qu'il n'y a point de hasard, et qu'il était impossible, dans la constitution de ce monde, qu'il ne grêlât pas ce jour-là en cet endroit.

- Il y a des gens qui, étant effrayés de cette vérité, en accordent la moitié, comme des débiteurs qui offrent moitié à leurs créanciers, et demandent répit pour le reste. Il y a, disent-ils, des événements nécessaires, et d'autres qui ne le sont pas. Il serait plaisant qu'une partie de ce monde fût arrangée, et que l'autre ne le fût point; qu'une partie de ce qui arrive dût arriver, et qu'une autre partie de ce qui arrive ne dût pas arriver. Quand on y regarde de près, on voit que la doctrine contraire à celle du destin est absurde; mais il y a beaucoup de gens destinés à raisonner mal, d'autres à ne point raisonner du tout, d'autres à persécuter ceux qui raisonnent [1].

Quelques uns vous disent : Ne croyez pas au fatalisme; car alors tout vous paraissant inévitable, vous ne travaillerez à rien, vous croupirez dans l'indifférence, vous n'aimerez ni les richesses, ni les honneurs, ni les louanges; vous ne voudrez rien acquérir, vous vous croirez sans mérite comme sans pouvoir; aucun talent ne sera cultivé, tout périra par l'apathie.

Ne craignez rien, messieurs, nous aurons toujours des passions et des préjugés, puisque c'est notre destinée d'être soumis aux préjugés et aux passions : nous saurons bien qu'il ne dépend pas plus de nous d'avoir beaucoup de mérite et de grands talents, que d'avoir les cheveux bien plantés et la main belle : nous serons convaincus qu'il ne faut tirer vanité de rien, et cependant nous aurons toujours de la vanité.

J'ai nécessairement la passion d'écrire ceci; et toi, tu as la passion de me condamner : nous sommes tous deux également sots, également les jouets de la destinée. Ta nature est de faire du mal; la mienne est d'aimer la vérité, et de la publier malgré toi.

Le hibou, qui se nourrit de souris dans sa masure, a dit au rossignol : Cesse de chanter sous tes beaux ombrages, viens dans mon trou, afin que je t'y dévore;

---

[1] Dans l'édition de 1764 du *Dictionnaire philosophique* venait ici le dernier alinéa (*vous me demandez*) qui terminait aussi l'article. L'addition est de 1771. B.

et le rossignol a répondu : Je suis né pour chanter ici, et pour me moquer de toi.

Vous me demandez ce que deviendra la liberté. Je ne vous entends pas. Je ne sais ce que c'est que cette liberté dont vous parlez; il y a si long-temps que vous disputez sur sa nature, qu'assurément vous ne la connaissez pas. Si vous voulez, ou plutôt, si vous pouvez examiner paisiblement avec moi ce que c'est, passez à la lettre L.

DÉVOT[1].

> L'Évangile au chrétien ne dit en aucun lieu :
> Sois dévot ; elle dit : Sois doux, simple, équitable ;
> Car d'un dévot souvent au chrétien véritable
> La distance est deux fois plus longue, à mon avis,
> Que du pôle antarctique au détroit de Davis.
>
> BOILEAU, sat. XI, vers 112-116.

Il est bon de remarquer, dans nos Questions[2], que Boileau est le seul poëte qui ait jamais fait *Évangile* féminin[3]. On ne dit point : la sainte Évangile, mais le saint Évangile. Ces inadvertances échappent aux meilleurs écrivains; il n'y a que des pédants qui en triomphent. Il est aisé de mettre à la place :

> L'Évangile au chrétien ne dit en aucun lieu :
> Sois dévot ; mais il dit : Sois doux, simple, équitable.

A l'égard de Davis, il n'y a point de détroit de Da-

---

[1] *Questions sur l'Encyclopédie*, neuvième partie, 1772. B.

[2] L'article DÉVOT fesait, comme on l'a vu, partie des *Questions sur l'Encyclopédie*. B.

[3] Brossette, dans sa lettre du 10 août 1760, consulta Boileau lui-même au sujet de ce féminin. La réponse de Boileau n'existe pas. B.

vis, mais un détroit de David[1]. Les Anglais mettent un *s* au génitif, et c'est la source de la méprise. Car, au temps de Boileau, personne en France n'apprenait l'anglais, qui est aujourd'hui l'objet de l'étude des gens de lettres. C'est un habitant du mont Krapac qui a inspiré aux Français le goût de cette langue, et qui, leur ayant fait connaître la philosophie et la poésie anglaise, a été pour cela persécuté par des welches.

Venons à présent au mot *dévot*; il signifie *dévoué*; et dans le sens rigoureux du terme, cette qualification ne devrait appartenir qu'aux moines et aux religieuses qui font des vœux. Mais comme il n'est pas plus parlé de vœux que de dévots dans l'Évangile, ce titre ne doit en effet appartenir à personne. Tout le monde doit être également juste. Un homme qui se dit dévot ressemble à un roturier qui se dit marquis; il s'arroge une qualité qu'il n'a pas. Il croit valoir mieux que son prochain. On pardonne cette sottise à des femmes; leur faiblesse et leur frivolité les rendent excusables; les pauvres créatures passent d'un amant à un directeur avec bonne foi; mais on ne pardonne pas aux fripons qui les dirigent, qui abusent de leur ignorance, qui fondent le trône de leur orgueil sur la crédulité du sexe. Ils se forment un petit sérail mystique, composé de sept ou huit vieilles beautés, subjuguées par le poids de leur désœuvrement; et presque toujours ces sujettes paient des tributs à leur nouveau maître. Point de jeune femme sans amant, point de vieille dévote sans un di-

---

[1] Le grand détroit entre l'Amérique septentrionale et le Groenland est appelé détroit de Davis, du nom de Jean Davis, navigateur anglais, qui le découvrit en 1585. B.

recteur. Oh! que les Orientaux sont plus sensés que nous! Jamais un bacha n'a dit: Nous soupâmes hier avec l'aga des janissaires qui est l'amant de ma sœur, et le vicaire de la mosquée, qui est le directeur de ma femme.

DICTIONNAIRE[1].

La méthode des dictionnaires, inconnue à l'antiquité, est d'une utilité qu'on ne peut contester; et l'*Encyclopédie*, imaginée par MM. d'Alembert et Diderot, achevée par eux et par leurs associés avec tant de succès, malgré ses défauts, en est un assez bon témoignage. Ce qu'on y trouve à l'article DICTIONNAIRE doit suffire, il est fait de main de maître.

Je ne veux parler ici que d'une nouvelle espèce de dictionnaires historiques qui renferment des mensonges et des satires par ordre alphabétique: tel est le *Dictionnaire historique, littéraire et critique, contenant une idée abrégée de la vie des hommes illustres en tout genre*, et imprimé en 1758, en six volumes in-8°, sans nom d'auteur[2].

Les compilateurs de cet ouvrage commencent par déclarer qu'il a été entrepris « sur les avis de l'auteur
« de la Gazette ecclésiastique, écrivain redoutable,
« disent-ils, dont la flèche, déjà comparée à celle de
« Jonathas, n'est jamais retournée en arrière, et est
« toujours teinte du sang des morts, du carnage des
« plus vaillants : *A sanguine interfectorum, ab adipe*

---

[1] *Questions sur l'Encyclopédie,* quatrième partie, 1771. B.

[2] L'auteur est l'abbé de Barral, aidé du P. Guibaud, oratorien. On attribue généralement à ce dernier la majeure partie de l'ouvrage. B.

«*fortium sagitta Jonathœ nunquam rediit retrorsum*[1].»

On conviendra sans peine que Jonathas, fils de Saül, tué à la bataille de Gelboé, a un rapport immédiat avec un convulsionnaire de Paris qui barbouillait les Nouvelles ecclésiastiques dans un grenier, en 1758.

L'auteur de cette préface y parle du grand Colbert. On croit d'abord que c'est du ministre d'état qui a rendu de si grands services à la France; point du tout, c'est d'un évêque de Montpellier. Il se plaint qu'un autre dictionnaire n'ait pas assez loué le célèbre abbé d'Asfeld, l'illustre Boursier, le fameux Gennes, l'immortel Laborde, et qu'on n'ait pas dit assez d'injures à l'archevêque de Sens Languet, et à un nommé Fillot, tous gens connus, à ce qu'il prétend, des colonnes d'Hercule à la mer Glaciale. Il promet qu'il sera « vif,
« fort, et piquant, par principe de religion; qu'il ren-
« dra son visage plus ferme que le visage de ses enne-
« mis, et son front plus dur que leur front, selon la
« parole d'Ézéchiel. »

Il déclare qu'il a mis à contribution tous les journaux et tous les ana, et il finit par espérer que le ciel répandra ses bénédictions sur son travail.

Dans ces espèces de dictionnaires, qui ne sont que des ouvrages de parti, on trouve rarement ce qu'on cherche, et souvent ce qu'on ne cherche pas. Au mot *Adonis*, par exemple, on apprend que Vénus fut amoureuse de lui; mais pas un mot du culte d'Adonis, ou Adonaï chez les Phéniciens; rien sur ces fêtes si antiques et si célèbres, sur les lamentations suivies de ré-

[1] II. *Rois*, 1, 22.

jouissances qui étaient des allégories manifestes, ainsi que les fêtes de Cérès, celles d'Isis, et tous les mystères de l'antiquité. Mais en récompense on trouve la religieuse Adkichomia qui traduisit en vers les psaumes de David au seizième siècle, et Adkichomius qui était apparemment son parent, et qui fit la *Vie de Jésus-Christ* en bas-allemand.

On peut bien penser que tous ceux de la faction dont était le rédacteur sont accablés de louanges, et les autres d'injures. L'auteur, ou la petite horde d'auteurs qui ont broché ce vocabulaire d'inepties, dit de Nicolas Boindin, procureur général des trésoriers de France, de l'académie des belles-lettres, qu'il était poëte et athée.

Ce magistrat n'a pourtant jamais fait imprimer de vers, et n'a rien écrit sur la métaphysique ni sur la religion.

Il ajoute que Boindin sera mis par la postérité au rang des Vanini, des Spinosa, et des Hobbes. Il ignore que Hobbes n'a jamais professé l'athéisme, qu'il a seulement soumis la religion à la puissance souveraine, qu'il appelle le *Léviathan*. Il ignore que Vanini ne fut point athée; que le mot d'athée même ne se trouve pas dans l'arrêt qui le condamna; qu'il fut accusé d'impiété pour s'être élevé fortement contre la philosophie d'Aristote, et pour avoir disputé aigrement et sans retenue contre un conseiller au parlement de Toulouse, nommé Francon ou Franconi, qui eut le crédit de le faire brûler, parcequ'on fait brûler qui on veut; témoin la pucelle d'Orléans, Michel Servet, le conseiller Dubourg, la maréchale d'Ancre, Urbain Grandier,

Morin, et les livres des jansénistes. Voyez d'ailleurs l'apologie de Vanini par le savant La Croze, et l'article ATHÉISME [1].

Le vocabuliste traite Boindin de scélérat; ses parents voulaient attaquer en justice et faire punir un auteur qui mérite si bien le nom qu'il ose donner à un magistrat, à un savant estimable : mais le calomniateur se cachait sous un nom supposé, comme la plupart des libellistes.

Immédiatement après avoir parlé si indignement d'un homme respectable pour lui, il le regarde comme un témoin irréfragable, parceque Boindin, dont la mauvaise humeur était connue, a laissé un Mémoire très mal fait et très téméraire, dans lequel il accuse La Motte, le plus honnête homme du monde, un géomètre, et un marchand quincaillier, d'avoir fait les vers infames qui firent condamner Jean-Baptiste Rousseau. Enfin, dans la liste des ouvrages de Boindin, il omet exprès ses excellentes dissertations imprimées dans le Recueil de l'académie des belles-lettres, dont il était un membre très distingué.

L'article *Fontenelle* n'est qu'une satire de cet ingénieux et savant académicien dont l'Europe littéraire estime la science et les talents. L'auteur a l'impudence de dire que « son Histoire des oracles ne fait pas honneur à sa religion. » Si Vandale, auteur de l'*Histoire des oracles*, et son rédacteur Fontenelle, avaient vécu du temps des Grecs et de la république romaine, on pourrait dire, avec raison, qu'ils étaient plutôt de bons

---

[1] Section III, et l'article CONTRADICTIONS, section 1re. B

philosophes que de bons païens; mais, en bonne foi, quel tort font-ils à la religion chrétienne en fesant voir que les prêtres païens étaient des fripons? Ne voit-on pas que les auteurs de ce libelle, intitulé *Dictionnaire*, plaident leur propre cause? *Jam proximus ardet Ucalegon*[1]. Mais serait-ce insulter à la religion chrétienne que de prouver la friponnerie des convulsionnaires? Le gouvernement a fait plus, il les a punis, sans être accusé d'irréligion.

Le libelliste ajoute qu'il soupçonne Fontenelle de n'avoir rempli ses devoirs de chrétien que par mépris pour le christianisme même. C'est une étrange démence dans ces fanatiques de crier toujours qu'un philosophe ne peut être chrétien; il faudrait les excommunier et les punir pour cela seul : car c'est assurément vouloir détruire le christianisme, que d'assurer qu'il est impossible de bien raisonner, et de croire une religion si raisonnable et si sainte.

Des-Ivetaux, précepteur de Louis XIII, est accusé d'avoir vécu et d'être mort sans religion. Il semble que les compilateurs n'en aient aucune, ou du moins qu'en violant tous les préceptes de la véritable, ils cherchent partout des complices.

Le galant homme auteur de ces articles se complaît à rapporter tous les mauvais vers contre l'académie française, et des anecdotes aussi ridicules que fausses. C'est apparemment encore par zèle de religion.

Je ne dois pas perdre une occasion de réfuter le conte absurde qui a tant couru, et qu'il répète fort

[1] Virgile, *Æn.*, II, 311-12. B.

mal à propos à l'article de l'*Abbé Gédoyn*, sur lequel il se fait un plaisir de tomber, parcequ'il avait été jésuite dans sa jeunesse; faiblesse passagère dont je l'ai vu se repentir toute sa vie.

Le dévot et scandaleux rédacteur du Dictionnaire prétend que l'abbé Gédoyn coucha avec la célèbre Ninon Lenclos, le jour même qu'elle eut quatre-vingts ans accomplis[1]. Ce n'était pas assurément à un prêtre de conter cette aventure dans un prétendu *Dictionnaire des hommes illustres*. Une telle sottise n'est nullement vraisemblable; et je puis certifier que rien n'est plus faux. On mettait autrefois cette anecdote sur le compte de l'abbé de Châteauneuf, qui n'était pas difficile en amour, et qui, disait-on, avait eu les faveurs de Ninon âgée de soixante ans, ou plutôt lui avait donné les siennes. J'ai beaucoup vu dans mon enfance l'abbé Gédoyn, l'abbé de Châteauneuf, et mademoiselle Lenclos; je puis assurer qu'à l'âge de quatre-vingts ans son visage portait les marques les plus hideuses de la vieillesse; que son corps en avait toutes les infirmités, et qu'elle avait dans l'esprit les maximes d'un philosophe austère.

A l'article *Deshoulières*, le rédacteur prétend que c'est elle qui est désignée sous le nom de précieuse dans la satire de Boileau contre les femmes. Jamais personne n'eut moins ce défaut que madame Deshoulières; elle passa toujours pour la femme du meilleur

---

[1] Sur Ninon de Lenclos, voyez dans les *Mélanges*, année 1751, la lettre sur *mademoiselle de Lenclos;* année 1767, le chapitre VIII de la *Défense de mon oncle;* et dans la *Correspondance,* le fragment de la lettre du 15 avril 1752. B.

commerce; elle était très simple et très agréable dans la conversation.

L'article *La Motte* est plein d'injures atroces contre cet académicien, homme très aimable, poëte philosophe, qui a fait des ouvrages estimables dans tous les genres. Enfin, l'auteur, pour vendre son livre en six volumes, en a fait un libelle diffamatoire.

Son héros est Carré de Montgeron, qui présenta au roi un recueil des miracles opérés par les convulsionnaires dans le cimetière de Saint-Médard; et son héros était un sot qui est mort fou.

L'intérêt du public, de la littérature, et de la raison, exigeait qu'on livrât à l'indignation publique ces libellistes à qui l'avidité d'un gain sordide pourrait susciter des imitateurs, d'autant plus que rien n'est si aisé que de copier des livres par ordre alphabétique, et d'y ajouter des platitudes, des calomnies, et des injures.

EXTRAIT DES RÉFLEXIONS D'UN ACADÉMICIEN
SUR LE *DICTIONNAIRE DE L'ACADÉMIE*.

J'aurais voulu rapporter l'étymologie naturelle et incontestable de chaque mot, comparer l'emploi, les diverses significations, l'énergie de ce mot avec l'emploi, les acceptions diverses, la force ou la faiblesse du terme qui répond à ce mot dans les langues étrangères; enfin, citer les meilleurs auteurs qui ont fait usage de ce mot, faire voir le plus ou moins d'étendue qu'ils lui ont donné, remarquer s'il est plus propre à la poésie qu'à la prose.

Par exemple, j'observais que l'*inclémence* des airs est ridicule dans une histoire, parceque ce terme d'*inclémence* a son origine dans la colère du ciel qu'on suppose manifestée par l'intempérie, les dérangements, les rigueurs des saisons, la violence du froid, la corruption de l'air, les tempêtes, les orages, les vapeurs pestilentielles, etc. Ainsi donc *inclémence* étant une métaphore, est consacrée à la poésie.

Je donnais au mot *impuissance* toutes les acceptions qu'il reçoit. Je fesais voir dans quelle faute est tombé un historien qui parle de l'impuissance du roi Alphonse, en n'exprimant pas si c'était celle de résister à son frère, ou celle dont sa femme l'accusait.

Je tâchais de faire voir que les épithètes *irrésistible*, *incurable*, exigeaient un grand ménagement. Le premier qui a dit *l'impulsion irrésistible du génie*, a très bien rencontré, parcequ'en effet il s'agissait d'un grand génie qui s'était livré à son talent, malgré tous les obstacles. Les imitateurs qui ont employé cette expression pour des hommes médiocres, sont des plagiaires qui ne savent pas placer ce qu'ils dérobent.

Le mot *incurable* n'a été encore enchâssé dans un vers que par l'industrieux Racine :

D'un incurable amour remèdes impuissants.
Phèdre, acte I, scène III.

Voilà ce que Boileau appelle *des mots trouvés*.

Dès qu'un homme de génie a fait un usage nouveau d'un terme de la langue, les copistes ne manquent pas d'employer cette même expression mal à propos en vingt endroits, et n'en font jamais honneur à l'inventeur.

Je ne crois pas qu'il y ait un seul de ces mots trouvés, une seule expression neuve de génie dans aucun auteur tragique depuis Racine, excepté ces années dernières. Ce sont pour l'ordinaire des termes lâches, oiseux, rebattus, si mal mis en place, qu'il en résulte un style barbare; et, à la honte de la nation, ces ouvrages visigoths et vandales furent quelque temps prônés, célébrés, admirés dans les journaux, dans les mercures, surtout quand ils furent protégés par je ne sais quelle dame[1] qui ne s'y connaissait point du tout. On en est revenu aujourd'hui; et à un ou deux près, ils sont pour jamais anéantis.

Je ne prétendais pas faire toutes ces réflexions, mais mettre le lecteur en état de les faire.

Je fésais voir à la lettre E que nos *e* muets, qui nous sont reprochés par un Italien, sont précisément ce qui forme la délicieuse harmonie de notre langue. « Empire, couronne, diadème, épouvantable, sen- « sible; » cet *e* muet, qu'on fait sentir sans l'articuler, laisse dans l'oreille un son mélodieux, comme celui d'un timbre qui résonne encore quand il n'est plus frappé. C'est ce que nous avons déjà répondu à un Italien homme de lettres, qui était venu à Paris pour enseigner sa langue, et qui ne devait pas y décrier la nôtre[2].

---

[1] Cela paraît avoir rapport au *Catilina* de Crébillon, et à madame de Pompadour, que les ennemis de Voltaire avaient excitée à favoriser le succès de cette mauvaise tragédie. K.

[2] M. Deodati de Tovazzi, le même à qui sont adressées des stances (voyez

Il ne sentait pas la beauté et la nécessité de nos rimes féminines; elles ne sont que des *e* muets. Cet entrelacement de rimes masculines et féminines fait le charme de nos vers.

De semblables observations sur l'alphabet et sur les mots auraient pu être de quelque utilité; mais l'ouvrage eût été trop long.

DIEU[1], DIEUX.

SECTION PREMIÈRE.

On ne peut trop avertir que ce Dictionnaire [2] n'est point fait pour répéter ce que tant d'autres ont dit.

La connaissance d'un Dieu n'est point empreinte en nous par les mains de la nature; car tous les hommes auraient la même idée, et nulle idée ne naît avec nous [3]. Elle ne nous vient point comme la perception de la lumière, de la terre, etc., que nous recevons dès que nos yeux et notre entendement s'ouvrent. Est-ce une idée philosophique? non. Les hommes ont admis des dieux avant qu'il y eût des philosophes.

D'où est donc dérivée cette idée? du sentiment et de cette logique naturelle qui se développe avec l'âge

---

les *Poésies*), et les lettres de la *Correspondance*, du 24 janvier 1761, et du 9 septembre 1766. B.

[1] Voyez aussi AMOUR DE DIEU, tome XXVI, page 269. B.

[2] Cette section n'existe dans aucune édition que je connaisse; soit du *Dictionnaire philosophique*, soit de la *Raison par alphabet*, soit des *Questions sur l'Encyclopédie*. Il est à croire que le *Dictionnaire* dont il s'agit dans cette phrase est l'*Opinion en alphabet*, dont Voltaire a laissé des articles en manuscrit. Voyez la note 7 de ma *Préface* du tome XXVI. B.

[3] Voyez l'article IDÉE. K.

dans les hommes les plus grossiers. On a vu des effets étonnants de la nature, des moissons et des stérilités, des jours sereins et des tempêtes, des bienfaits et des fléaux, et on a senti un maître. Il a fallu des chefs pour gouverner des sociétés, et on a eu besoin d'admettre des souverains de ces souverains nouveaux que la faiblesse humaine s'était donnés, des êtres dont le pouvoir suprême fît trembler des hommes qui pouvaient accabler leurs égaux. Les premiers souverains ont à leur tour employé ces notions pour cimenter leur puissance. Voilà les premiers pas, voilà pourquoi chaque petite société avait son dieu. Ces notions étaient grossières, parceque tout l'était. Il est très naturel de raisonner par analogie. Une société sous un chef ne niait point que la peuplade voisine n'eût aussi son juge, son capitaine; par conséquent elle ne pouvait nier qu'elle n'eût aussi son dieu. Mais comme chaque peuplade avait intérêt que son capitaine fût le meilleur, elle avait intérêt aussi à croire, et par conséquent elle croyait, que son dieu était le plus puissant. De là ces anciennes fables si long-temps généralement répandues, que les dieux d'une nation combattaient contre les dieux d'une autre. De là tant de passages dans les livres hébreux qui décèlent à tout moment l'opinion où étaient les Juifs, que les dieux de leurs ennemis existaient, mais que le dieu des Juifs leur était supérieur.

Cependant il y eut des prêtres, des mages, des philosophes, dans les grands états où la société perfectionnée pouvait comporter des hommes oisifs, occupés de spéculations.

Quelques uns d'entre eux perfectionnèrent leur raison jusqu'à reconnaître en secret un Dieu unique et universel. Ainsi, quoique chez les anciens Égyptiens on adorât Osiri, Osiris, ou plutôt Osireth (qui signifie *cette terre est à moi*); quoiqu'ils adorassent encore d'autres êtres supérieurs, cependant ils admettaient un dieu suprême, un principe unique qu'ils appelaient *Knef*, et dont le symbole était une sphère posée sur le frontispice du temple.

Sur ce modèle les Grecs eurent leur Zeus, leur Jupiter, maître des autres dieux, qui n'étaient que ce que sont les anges chez les Babyloniens et chez les Hébreux, et les saints chez les chrétiens de la communion romaine.

C'est une question plus épineuse qu'on ne pense, et très peu approfondie, si plusieurs dieux égaux en puissance pourraient subsister à-la-fois.

Nous n'avons aucune notion adéquate de la Divinité, nous nous traînons seulement de soupçons en soupçons, de vraisemblances en probabilités. Nous arrivons à un très petit nombre de certitudes. Il y a quelque chose, donc il y a quelque chose d'éternel, car rien n'est produit de rien. Voilà une vérité certaine sur laquelle votre esprit se repose. Tout ouvrage qui nous montre des moyens et une fin, annonce un ouvrier; donc cet univers composé de ressorts, de moyens dont chacun a sa fin, découvre un ouvrier très puissant, très intelligent. Voilà une probabilité qui approche de la plus grande certitude; mais cet artisan suprême est-il infini? est-il partout? est-il en un lieu? comment répondre à cette question avec notre intelligence bornée et nos faibles connaissances ?

Ma seule raison me prouve un être qui a arrangé la matière de ce monde; mais ma raison est impuissante à me prouver qu'il ait fait cette matière, qu'il l'ait tirée du néant. Tous les sages de l'antiquité, sans aucune exception, ont cru la matière éternelle et subsistante par elle-même. Tout ce que je puis faire sans le secours d'une lumière supérieure, c'est donc de croire que le Dieu de ce monde est aussi éternel et existant par lui-même. Dieu et la matière existent par la nature des choses. D'autres dieux ainsi que d'autres mondes ne subsisteraient-ils pas? Des nations entières, des écoles très éclairées ont bien admis deux dieux dans ce monde-ci, l'un la source du bien, l'autre la source du mal. Ils ont admis une guerre interminable entre deux puissances égales. Certes la nature peut plus aisément souffrir dans l'immensité de l'espace plusieurs êtres indépendants, maîtres absolus chacun dans leur étendue, que deux dieux bornés et impuissants dans ce monde, dont l'un ne peut faire le bien, et l'autre ne peut faire le mal.

Si Dieu et la matière existent de toute éternité, comme l'antiquité l'a cru, voilà deux êtres nécessaires; or, s'il y a deux êtres nécessaires, il peut y en avoir trente. Ces seuls doutes, qui sont le germe d'une infinité de réflexions, servent au moins à nous convaincre de la faiblesse de notre entendement. Il faut que nous confessions notre ignorance sur la nature de la Divinité avec Cicéron. Nous n'en saurons jamais plus que lui.

Les écoles ont beau nous dire que Dieu est infini négativement et non privativement, *formaliter et non materialiter;* qu'il est le premier, le moyen, et le dernier acte; qu'il est partout sans être dans aucun lieu; cent pages de commentaires sur de pareilles définitions ne peuvent nous donner la moindre lumière. Nous n'avons ni degré, ni *point d'appui* pour monter à de telles connaissances. Nous sentons que nous sommes sous la main d'un être invisible; c'est tout, et nous ne pouvons faire un pas au-delà. Il y a une témérité insensée à vouloir deviner ce que c'est que cet être, s'il est étendu ou non, s'il existe dans un lieu ou non, comment il existe, comment il opère[a].

SECTION II[1].

Je crains toujours de me tromper; mais tous les monuments me font voir, avec évidence, que les anciens peuples policés reconnaissaient un Dieu suprême. Il n'y a pas un seul livre, une médaille, un bas-relief, une inscription, où il soit parlé de Junon, de Minerve, de Neptune, de Mars, et des autres dieux, comme d'un être formateur, souverain de toute la nature. Au contraire, les plus anciens livres profanes que nous ayons, Hésiode et Homère, représentent leur *Zeus* comme seul lançant la foudre, comme seul maître des dieux et des hommes; il punit même les autres dieux; il attache Junon à une chaîne; il chasse Apollon du ciel.

[a] Voyez l'article INFINI.
[1] Première section dans les *Questions sur l'Encyclopédie*, quatrième partie, 1771. B.

L'ancienne religion des brachmanes, la première qui admit des créatures célestes, la première qui parla de leur rébellion, s'explique d'une manière sublime sur l'unité et la puissance de Dieu, comme nous l'avons vu à l'article Ange.

Les Chinois, tout anciens qu'ils sont, ne viennent qu'après les Indiens; ils ont reconnu un seul Dieu de temps immémorial; point de dieux subalternes, point de génies ou démons médiateurs entre Dieu et les hommes, point d'oracles, point de dogmes abstraits, point de disputes théologiques chez les lettrés; l'empereur fut toujours le premier pontife, la religion fut toujours auguste et simple : c'est ainsi que ce vaste empire, quoique subjugué deux fois, s'est toujours conservé dans son intégrité, qu'il a soumis ses vainqueurs à ses lois, et que, malgré les crimes et les malheurs attachés à la race humaine, il est encore l'état le plus florissant de la terre.

Les mages de Chaldée, les Sabéens ne reconnaissaient qu'un seul Dieu suprême, et l'adoraient dans les étoiles qui sont son ouvrage.

Les Persans l'adoraient dans le soleil. La sphère posée sur le frontispice du temple de Memphis était l'emblème d'un Dieu unique et parfait, nommé *Knef* par les Égyptiens.

Le titre de *Deus optimus maximus* n'a jamais été donné par les Romains qu'au seul Jupiter.

« Hominum sator atque deorum 1. »

---

1 Virg., *Æneid.*, 1, 258; et xi, 725. B.

On ne peut trop répéter[1] cette grande vérité que nous indiquons ailleurs[a].

Cette adoration d'un Dieu suprême est confirmée depuis Romulus jusqu'à la destruction entière de l'empire, et à celle de sa religion. Malgré toutes les folies du peuple qui vénérait des dieux secondaires et ridicules, et malgré les épicuriens qui au fond n'en reconnaissaient aucun, il est avéré que les magistrats et les sages adorèrent dans tous les temps un Dieu souverain.

Dans le grand nombre de témoignages qui nous restent de cette vérité, je choisirai d'abord celui de Maxime de Tyr, qui florissait sous les Antonins, ces modèles de la vraie piété, puisqu'ils l'étaient de l'humanité. Voici ses paroles dans son discours intitulé, *De Dieu selon Platon*. Le lecteur qui veut s'instruire est prié de les bien peser.

« Les hommes ont eu la faiblesse de donner à Dieu
« une figure humaine, parcequ'ils n'avaient rien vu
« au-dessus de l'homme; mais il est ridicule de s'ima-
« giner, avec Homère, que Jupiter ou la suprême di-
« vinité a les sourcils noirs et les cheveux d'or, et qu'il
« ne peut les secouer sans ébranler le ciel.

« Quand on interroge les hommes sur la nature de
« la Divinité, toutes leurs réponses sont différentes.
« Cependant, au milieu de cette prodigieuse variété

---

[1] Voyez tome XV, page 230; et dans les *Mélanges*, année 1769, la *Canonisation de saint Cucufin*, et le chap. XIII de *Dieu et les hommes*. B.

[a] Le prétendu Jupiter, né en Crète, n'était qu'une fable historique, ou poétique, comme celle des autres dieux. Jovis, depuis Jupiter, était la traduction du mot grec *Zeus;* et *Zeus* était la traduction du mot phénicien *Jehova*.

« d'opinions, vous trouverez un même sentiment par
« toute la terre, c'est qu'il n'y a qu'un seul Dieu, qui
« est le père de tous, etc. »

Que deviendront, après cet aveu formel et après les discours immortels des Cicéron, des Antonin, des Épictète; que deviendront, dis-je, les déclamations que tant de pédants ignorants répètent encore aujourd'hui? A quoi serviront ces éternels reproches d'un polythéisme grossier et d'une idolâtrie puérile, qu'à nous convaincre que ceux qui les font n'ont pas la plus légère connaissance de la saine antiquité? Ils ont pris les rêveries d'Homère pour la doctrine des sages.

Faut-il un témoignage encore plus fort et plus expressif? vous le trouverez dans la lettre de Maxime de Madaure à saint Augustin; tous deux étaient philosophes et orateurs; du moins ils s'en piquaient: ils s'écrivaient librement; ils étaient amis autant que peuvent l'être un homme de l'ancienne religion et un de la nouvelle.

Lisez la lettre de Maxime de Madaure, et la réponse de l'évêque d'Hippone.

LETTRE DE MAXIME DE MADAURE[1].

« Or, qu'il y ait un Dieu souverain qui soit sans
« commencement, et qui, sans avoir rien engendré de
« semblable à lui, soit néanmoins le père commun de
« toutes choses : qui est-ce qui est assez stupide et as-
« sez grossier pour en douter?

---

[1] Voltaire a déjà cité cette lettre dans sa *Notice sur Maxime de Madaure*, en tête de *Sophronime et Adelos*. (Voyez les *Mélanges*, année 1766.) B.

« C'est celui dont nous adorons sous divers noms
« la puissance répandue dans toutes les parties du
« monde. Ainsi, en honorant séparément, par di-
« verses sortes de culte, ce qui est comme ses divers
« membres, nous l'adorons tout entier.... Qu'ils vous
« conservent ces dieux *subalternes*, sous le nom des-
« quels et par lesquels, tous tant que nous sommes
« de mortels sur la terre, nous adorons le *père com-*
« *mun des dieux et des hommes*, par différentes
« sortes de culte, à la vérité, mais qui, dans leur va-
« riété, s'accordent et ne tendent qu'à la même fin! »

Qui écrivait cette lettre? un Numide, un homme du pays d'Alger.

RÉPONSE D'AUGUSTIN.

« Il y a dans votre place publique deux statues de
« Mars, nu dans l'une, et armé dans l'autre, et tout au-
« près, une figure d'un homme, qui, avec trois doigts
« qu'il avance vers celle de Mars, tient en bride cette
« divinité malencontreuse à toute la ville..... Sur ce
« que vous me dites que de pareils dieux sont comme
« les membres du seul véritable Dieu, je vous avertis
« avec toute la liberté que vous me donnez, de prendre
« bien garde à ne pas tomber dans ces railleries sacri-
« léges; car ce seul Dieu dont vous parlez, est, sans
« doute, celui qui est reconnu de tout le monde, et sur
« lequel les ignorants conviennent avec les savants,
« comme quelques anciens ont dit. Or, direz-vous que
« celui dont la force, pour ne pas dire la cruauté, est
« réprimée par la figure d'un homme mort, soit un
« membre de celui-là? Il me serait aisé de vous pousser

« sur ce sujet; car vous voyez bien ce qu'on pourrait
« dire contre cela ; mais je me retiens, de peur que
« vous ne disiez que ce sont les armes de la rhétorique
« que j'emploie contre vous plutôt que celles de la
« vérité.[a] »

Nous ne savons pas ce que signifiaient ces deux statues dont il ne reste aucun vestige; mais toutes les statues dont Rome était remplie, le Panthéon et tous les temples consacrés à tous les dieux subalternes, et même aux douze grands dieux, n'empêchèrent jamais que *Deus optimus maximus*, *Dieu très bon et très grand*, ne fût reconnu dans tout l'empire.

Le malheur des Romains était donc d'avoir ignoré la loi mosaïque, et ensuite d'ignorer la loi des disciples de notre Sauveur Jésus-Christ, de n'avoir pas eu la foi, d'avoir mêlé au culte d'un Dieu suprême le culte de Mars, de Vénus, de Minerve, d'Apollon, qui n'existaient pas, et d'avoir conservé cette religion jusqu'au temps des Théodose. Heureusement les Goths, les Huns, les Vandales, les Hérules, les Lombards, les Francs, qui détruisirent cet empire, se soumirent à la vérité, et jouirent d'un bonheur qui fut refusé aux Scipion, aux Caton, aux Métellus, aux Émile, aux Cicéron, aux Varron, aux Virgile, et aux Horace[b].

Tous ces grands hommes ont ignoré Jésus-Christ, qu'ils ne pouvaient connaître; mais ils n'ont point adoré le diable, comme le répètent tous les jours tant de pédants. Comment auraient-ils adoré le diable, puisqu'ils n'en avaient jamais entendu parler?

---

[a] Traduction de Dubois, précepteur du dernier duc de Guise.
[b] Voyez les articles IDOLE, IDOLATRE, IDOLATRIE.

D'UNE CALOMNIE DE WARBURTON CONTRE CICÉRON, AU SUJET D'UN DIEU SUPRÊME.

Warburton a calomnié Cicéron et l'ancienne Rome[a], ainsi que ses contemporains. Il suppose hardiment que Cicéron a prononcé ces paroles dans son Oraison pour Flaccus : « Il est indigne de la majesté de l'em-
« pire d'adorer un seul Dieu. » « Majestatem imperii
« non decuit ut unus tantum Deus colatur. »

Qui le croirait? il n'y a pas un mot de cela dans l'Oraison pour Flaccus, ni dans aucun ouvrage de Cicéron. Il s'agit de quelques vexations dont on accusait Flaccus, qui avait exercé la préture dans l'Asie-Mineure. Il était secrètement poursuivi par les Juifs dont Rome était alors inondée; car ils avaient obtenu à force d'argent des priviléges à Rome, dans le temps même que Pompée, après Crassus, ayant pris Jérusalem, avait fait pendre leur roitelet Alexandre, fils d'Aristobule. Flaccus avait défendu qu'on fît passer des espèces d'or et d'argent à Jérusalem, parceque ces monnaies en revenaient altérées, et que le commerce en souffrait; il avait fait saisir l'or qu'on y portait en fraude. Cet or, dit Cicéron, est encore dans le trésor; Flaccus s'est conduit avec autant de désintéressement que Pompée.

Ensuite Cicéron, avec son ironie ordinaire, prononce ces paroles : « Chaque pays a sa religion; nous
« avons la nôtre. Lorsque Jérusalem était encore libre,
« et que les Juifs étaient en paix, ces Juifs n'avaient

---

[a] Préface de la IIe partie du tome II de la *Légation de Moïse*, p. 91.

« pas moins en horreur la splendeur de cet empire, la
« dignité du nom romain, les institutions de nos an-
« cêtres. Aujourd'hui cette nation a fait voir plus que
« jamais, par la force de ses armes, ce qu'elle doit
« penser de l'empire romain. Elle nous a montré par
« sa valeur combien elle est chère aux dieux immor-
« tels; elle nous l'a prouvé, en étant vaincue, disper-
« sée, tributaire. »

« Sua cuique civitati religio est; nostra nobis. Stan-
« tibus Hierosolymis, pacatisque Judæis, tamen isto-
« rum religio sacrorum, a splendore hujus imperii,
« gravitate nominis nostri, majorum institutis, ab-
« horrebat: nunc vero, hoc magis, quod illa gens
« quid de imperio nostro sentiret, ostendit armis:
« quam cara diis immortalibus esset, docuit, quod
« est victa, quod elocata, quod servata. » (Cic. *Oratio pro Flacco*, cap. XXVIII.)

Il est donc très faux que jamais ni Cicéron ni aucun Romain ait dit qu'il ne convenait pas à la majesté
de l'empire de reconnaître un Dieu suprême. Leur Jupiter, ce Zeus des Grecs, ce Jehova des Phéniciens,
fut toujours regardé comme le maître des dieux secondaires; on ne peut trop inculquer cette grande
vérité.

LES ROMAINS ONT-ILS PRIS TOUS LEURS DIEUX DES GRECS?

Les Romains n'auraient-ils pas eu plusieurs dieux
qu'ils ne tenaient pas des Grecs?

Par exemple, ils ne pouvaient avoir été plagiaires
en adorant Cœlum, quand les Grecs adoraient Oura-

non ; en s'adressant à Saturnus et à Tellus, quand les Grecs s'adressaient à Gê et à Chronos.

Ils appelaient Cérès celle que les Grecs nommaient Deo et Demiter.

Leur Neptune était Poseidon ; leur Vénus était Aphrodite ; leur Junon s'appelait en grec Éra ; leur Proserpine, Coré ; enfin leur favori Mars, Arès ; et leur favorite Bellone, Énio. Il n'y a pas là un nom qui se ressemble.

Les beaux esprits grecs et romains s'étaient-ils rencontrés, ou les uns avaient-ils pris des autres la chose dont ils déguisaient le nom ?

Il est assez naturel que les Romains, sans consulter les Grecs, se soient fait des dieux du ciel, du temps, d'un être qui préside à la guerre, à la génération, aux moissons, sans aller demander des dieux en Grèce, comme ensuite ils allèrent leur demander des lois. Quand vous trouvez un nom qui ne ressemble à rien, il paraît juste de le croire originaire du pays.

Mais Jupiter, le maître de tous les dieux, n'est-il pas un mot appartenant à toutes les nations, depuis l'Euphrate jusqu'au Tibre ? C'était Jow, Jovis chez les premiers Romains, Zeus chez les Grecs, Jehova chez les Phéniciens, les Syriens, les Égyptiens.

Cette ressemblance ne paraît-elle pas servir à confirmer que tous ces peuples avaient la connaissance de l'Être suprême ? connaissance confuse, à la vérité ; mais quel homme peut l'avoir distincte ?

SECTION III[1].

Examen de Spinosa[2].

Spinosa ne peut s'empêcher d'admettre une intelligence agissante dans la matière, et fesant un tout avec elle.

« Je dois conclure, *dit-il*[a], que l'Être absolu n'est ni « pensée, ni étendue, exclusivement l'un de l'autre, « mais que l'étendue et la pensée sont les attributs né- « cessaires de l'Être absolu. »

C'est en quoi il paraît différer de tous les athées de l'antiquité, Ocellus Lucanus, Héraclite, Démocrite, Leucippe, Straton, Épicure, Pythagore, Diagore, Zénon d'Élée, Anaximandre, et tant d'autres. Il en diffère surtout par sa méthode, qu'il avait entièrement puisée dans la lecture de Descartes, dont il a imité jusqu'au style.

Ce qui étonnera surtout la foule de ceux qui crient Spinosa! Spinosa! et qui ne l'ont jamais lu, c'est sa déclaration suivante. Il ne la fait pas pour éblouir les hommes, pour apaiser des théologiens, pour se don-

---

[1] Seconde section de l'article dans les *Questions sur l'Encyclopédie*, quatrième partie, 1771. B.

[2] Voltaire avait déjà parlé de Spinosa dans la dixième de ses *Lettres à son altesse le prince de*** (voyez les *Mélanges*, année 1767). Il en parle encore dans une note des *Systèmes*, et dans une des *Cabales* : voyez ces pièces dans les *Poésies* (satires). B.

[a] Page 13, édition de Foppens.—Le texte que cite Voltaire n'est point de Spinosa, mais de Boulainvilliers, qui, en attendant une réfutation de cet auteur, avait fait l'exposé de sa doctrine qu'il met toutefois dans la bouche de Spinosa, ce qui a pu induire Voltaire en erreur. Le volume qui contient les passages cités par Voltaire porte l'adresse de *Bruxelles, chez Fr. Foppens*, et est intitulé : *Réfutation des erreurs de Spinosa, par M. de Fénelon, par le P. Lami, et par M. le comte de Boulainvilliers*, 1731, petit in-12. B.

ner des protecteurs, pour désarmer un parti ; il parle en philosophe sans se nommer, sans s'afficher ; il s'exprime en latin pour être entendu d'un très petit nombre. Voici sa profession de foi.

PROFESSION DE FOI DE SPINOSA.

« Si je concluais aussi que l'idée de Dieu, comprise
« sous celle de l'infinité de l'univers [a], me dispense de
« l'obéissance, de l'amour et du culte, je ferais encore
« un plus pernicieux usage de ma raison ; car il m'est
« évident que les lois que j'ai reçues, non par le rap-
« port ou l'entremise des autres hommes, mais immé-
« diatement de lui, sont celles que la lumière naturelle
« me fait connaître pour véritables guides d'une con-
« duite raisonnable. Si je manquais d'obéissance à cet
« égard, je pécherais non seulement contre le principe
« de mon être et contre la société de mes pareils, mais
« contre moi-même, en me privant du plus solide
« avantage de mon existence. Il est vrai que cette
« obéissance ne m'engage qu'aux devoirs de mon état,
« et qu'elle me fait envisager tout le reste comme des
« pratiques frivoles, inventées superstitieusement, ou
« pour l'utilité de ceux qui les ont instituées.

« A l'égard de l'amour de Dieu, loin que cette idée le
« puisse affaiblir, j'estime qu'aucune autre n'est plus
« propre à l'augmenter, puisqu'elle me fait connaître
« que Dieu est intime à mon être ; qu'il me donne l'exis-
« tence et toutes mes propriétés ; mais qu'il me les
« donne libéralement, sans reproche, sans intérêt,

---

[a] Page 44.

« sans m'assujettir à autre chose qu'à ma propre na-
« ture. Elle bannit la crainte, l'inquiétude, la dé-
« fiance, et tous les défauts d'un amour vulgaire ou
« intéressé. Elle me fait sentir que c'est un bien que
« je ne puis perdre, et que je possède d'autant mieux
« que je le connais et que je l'aime. »

Est-ce le vertueux et tendre Fénelon, est-ce Spinosa qui a écrit ces pensées ? Comment deux hommes si opposés l'un à l'autre ont-ils pu se rencontrer dans l'idée d'aimer Dieu pour lui-même, avec des notions de Dieu si différentes ? (*Voyez* AMOUR DE DIEU.)

Il le faut avouer; ils allaient tous deux au même but, l'un en chrétien, l'autre en homme qui avait le malheur de ne le pas être; le saint archevêque, en philosophe persuadé que Dieu est distingué de la nature; l'autre, en disciple très égaré de Descartes, qui s'imaginait que Dieu est la nature entière.

Le premier était orthodoxe, le second se trompait, j'en dois convenir : mais tous deux étaient dans la bonne foi, tous deux estimables dans leur sincérité comme dans leurs mœurs douces et simples, quoiqu'il n'y ait eu d'ailleurs nul rapport entre l'imitateur de *l'Odyssée* et un cartésien sec, hérissé d'arguments; entre un très bel esprit de la cour de Louis XIV, revêtu de ce qu'on nomme une *grande dignité*, et un pauvre Juif déjudaïsé, vivant avec trois cents florins de rente[a] dans l'obscurité la plus profonde.

S'il est entre eux quelque ressemblance, c'est que

---

[a] On vit après sa mort, par ses comptes, qu'il n'avait quelquefois dépensé que quatre sous et demi en un jour pour sa nourriture. Ce n'est pas là un repas de moines assemblés en chapitre.

Fénelon fut accusé devant le sanhédrin de la nouvelle loi, et l'autre devant une synagogue sans pouvoir comme sans raison; mais l'un se soumit, et l'autre se révolta.

DU FONDEMENT DE LA PHILOSOPHIE DE SPINOSA.

Le grand dialecticien Bayle a réfuté Spinosa[a]. Ce système n'est donc pas démontré comme une proposition d'Euclide. S'il l'était, on ne saurait le combattre. Il est donc au moins obscur.

J'ai toujours eu quelque soupçon que Spinosa, avec sa substance universelle, ses modes, et ses accidents, avait entendu autre chose que ce que Bayle entend, et que par conséquent Bayle peut avoir eu raison, sans avoir confondu Spinosa. J'ai toujours cru surtout que Spinosa ne s'entendait pas souvent lui-même, et que c'est la principale raison pour laquelle on ne l'a pas entendu.

Il me semble qu'on pourrait battre les remparts du spinosisme par un côté que Bayle a négligé. Spinosa pense qu'il ne peut exister qu'une seule substance; et il paraît par tout son livre qu'il se fonde sur la méprise de Descartes, *que tout est plein*. Or, il est aussi faux que tout soit plein, qu'il est faux que tout soit vide. Il est démontré aujourd'hui que le mouvement est aussi impossible dans le plein absolu, qu'il est impossible que, dans une balance égale, un poids de deux livres élève un poids de quatre.

Or, si tous les mouvements exigent absolument des

---

[a] Voyez l'article SPINOSA, *Dictionnaire de Bayle.*

espaces vides, que deviendra la substance unique de Spinosa? comment la substance d'une étoile entre laquelle et nous est un espace vide si immense, sera-t-elle précisément la substance de notre terre, la substance de moi-même[a], la substance d'une mouche mangée par une araignée?

Je me trompe peut-être; mais je n'ai jamais conçu comment Spinosa, admettant une substance infinie dont la pensée et la matière sont les deux modalités, admettant la substance, qu'il appelle Dieu, et dont tout ce que nous voyons est mode ou accident, a pu cependant rejeter les causes finales. Si cet être infini, universel, pense, comment n'aurait-il pas des desseins? s'il a des desseins, comment n'aurait-il pas une volonté? Nous sommes, dit Spinosa, des modes de cet être absolu, nécessaire, infini. Je dis à Spinosa : Nous voulons, nous avons des desseins, nous qui ne sommes que des modes : donc cet être infini, nécessaire, absolu, ne peut en être privé; donc il a volonté, desseins, puissance.

Je sais bien que plusieurs philosophes, et surtout Lucrèce, ont nié les causes finales; et je sais que Lucrèce, quoique peu châtié, est un très grand poëte dans ses descriptions et dans sa morale; mais en philosophie, il me paraît, je l'avoue, fort au-dessous d'un portier de collége et d'un bedeau de paroisse. Affirmer que ni l'œil n'est fait pour voir, ni l'oreille pour entendre, ni l'estomac pour digérer, n'est-ce pas là la

---

[a] Ce qui fait que Bayle n'a pas pressé cet argument, c'est qu'il n'était pas instruit des démonstrations de Newton, de Keill, de Gregori, de Halley, que le vide est nécessaire pour le mouvement.

plus énorme absurdité, la plus révoltante folie qui soit jamais tombée dans l'esprit humain? Tout douteur que je suis, cette démence me paraît évidente, et je le dis.

Pour moi, je ne vois dans la nature, comme dans les arts, que des causes finales; et je crois un pommier fait pour porter des pommes, comme je crois une montre faite pour marquer l'heure.

Je dois avertir ici que si Spinosa dans plusieurs endroits de ses ouvrages se moque des causes finales, il les reconnaît plus expressément que personne dans sa première partie de l'*Être en général et en particulier*.

Voici ses paroles :

« Qu'il me soit permis de m'arrêter ici quelque in-
« stant[a], pour admirer la merveilleuse dispensation de
« la nature, laquelle ayant enrichi la constitution de
« l'homme de tous les ressorts nécessaires pour pro-
« longer jusqu'à certain terme la durée de sa fragile
« existence, et pour animer la connaissance qu'il a de
« lui-même par celle d'une infinité de choses éloignées,
« semble avoir exprès négligé de lui donner des
« moyens pour bien connaître celles dont il est obligé
« de faire un usage plus ordinaire, et même les indi-
« vidus de sa propre espèce. Cependant, à le bien
« prendre, c'est moins l'effet d'un refus que celui
« d'une extrême libéralité, puisque s'il y avait quelque
« être intelligent qui en pût pénétrer un autre contre
« son gré, il jouirait d'un tel avantage au-dessus de
« lui, que par cela même il serait exclus de sa société;
« au lieu que dans l'état présent, chaque individu,

[a] Page 14.

« jouissant de lui-même avec une pleine indépen-
« dance, ne se communique qu'autant qu'il lui con-
« vient. »

Que conclurai-je de là? que Spinosa se contredit souvent; qu'il n'avait pas toujours des idées nettes; que dans le grand naufrage des systèmes il se sauvait tantôt sur une planche, tantôt sur une autre; qu'il ressemblait, par cette faiblesse, à Malebranche, à Arnauld, à Bossuet, à Claude, qui se sont contredits quelquefois dans leurs disputes; qu'il était comme tant de métaphysiciens et de théologiens. Je conclurai que je dois me défier à plus forte raison de toutes mes idées en métaphysique; que je suis un animal très faible, marchant sur des sables mouvants qui se dérobent continuellement sous moi, et qu'il n'y a peut-être rien de si fou que de croire avoir toujours raison.

Vous êtes très confus, Baruch[a] Spinosa; mais êtes-vous aussi dangereux qu'on le dit? Je soutiens que non; et ma raison, c'est que vous êtes confus, que vous avez écrit en mauvais latin, et qu'il n'y a pas dix personnes en Europe qui vous lisent d'un bout à l'autre, quoiqu'on vous ait traduit en français. Quel est l'auteur dangereux? c'est celui qui est lu par les oisifs de la cour et par les dames.

SECTION IV[1].
Du système de la nature[2].

L'auteur du *Système de la nature* a eu l'avantage de

[a] Il s'appelle Baruch et non Benoît, car il ne fut jamais baptisé.
[1] Troisième section de l'article dans les *Questions sur l'Encyclopédie*, quatrième partie, 1771. B.
[2] *Le Système de la nature, ou des lois du monde physique et du monde mo-*

se faire lire des savants, des ignorants, des femmes ; il a donc dans le style des mérites que n'avait pas Spinosa : souvent de la clarté, quelquefois de l'éloquence, quoiqu'on puisse lui reprocher de répéter, de déclamer, et de se contredire comme tous les autres. Pour le fond des choses, il faut s'en défier très souvent en physique et en morale. Il s'agit ici de l'intérêt du genre humain. Examinons donc si sa doctrine est vraie et utile, et soyons courts si nous pouvons.

[a] « L'ordre et le désordre n'existent point, etc. »

Quoi ! en physique un enfant né aveugle, ou privé de ses jambes, un monstre n'est pas contraire à la nature de l'espèce ? N'est-ce pas la régularité ordinaire de la nature qui fait l'ordre, et l'irrégularité qui est le désordre ? N'est-ce pas un très grand dérangement, un désordre funeste, qu'un enfant à qui la nature a donné la faim, et a bouché l'œsophage ? Les évacuations de toute espèce sont nécessaires, et souvent les conduits manquent d'orifices : on est obligé d'y remédier : ce désordre a sa cause, sans doute. Point d'effet sans cause ; mais c'est un effet très désordonné.

L'assassinat de son ami, de son frère, n'est-il pas un désordre horrible en morale ? Les calomnies d'un Garasse, d'un Le Tellier, d'un Doucin, contre des jansénistes, et celles des jansénistes contre des jésuites ; les impostures des Patouillet et Paulian ne sont-elles pas

---

ral, publié sous le nom de Mirabaud, mais composé par le baron d'Holbach, 1770, deux volumes in-8°. Naigeon, qui en fut l'éditeur, y ajouta un *Avis*. Une édition de 1820, en deux volumes in-8°, contient des notes et des corrections de Diderot. B.

[a] Première partie, page 60.

de petits désordres? La Saint-Barthélemi, les massacres d'Irlande, etc., etc., etc., ne sont-ils pas des désordres exécrables? Ce crime a sa cause dans des passions; mais l'effet est exécrable; la cause est fatale; ce désordre fait frémir. Reste à découvrir, si l'on peut, l'origine de ce désordre; mais il existe.

« [a] L'expérience prouve que les matières que nous
« regardons comme inertes et mortes, prennent de
« l'action, de l'intelligence, de la vie, quand elles sont
« combinées d'une certaine façon. »

C'est là précisément la difficulté. Comment un germe parvient-il à la vie? l'auteur et le lecteur n'en savent rien. De là les deux volumes du *Système*; et tous les systèmes du monde ne sont-ils pas des rêves?

« [b] Il faudrait définir la vie, et c'est ce que j'estime
« impossible. »

Cette définition n'est-elle pas très aisée, très commune? la vie n'est-elle pas organisation avec sentiment? Mais que vous teniez ces deux propriétés du mouvement seul de la matière, c'est ce dont il est impossible de donner une preuve; et si on ne peut le prouver, pourquoi l'affirmer? pourquoi dire tout haut, *Je sais*, quand on se dit tout bas, *J'ignore*?

« [c] L'on demandera ce que c'est que l'homme, » etc.

Cet article n'est pas assurément plus clair que les plus obscurs de Spinosa, et bien des lecteurs s'indigneront de ce ton si décisif que l'on prend sans rien expliquer.

« [d] La matière est éternelle et nécessaire; mais ses

---

[a] Page 69. — [b] Page 78. — [c] Page 80. — [d] Page 82.

« formes et ses combinaisons sont passagères et con-
« tingentes, » etc.

Il est difficile de comprendre comment la matière étant nécessaire, et aucun être libre n'existant, selon l'auteur, il y aurait quelque chose de contingent. On entend par contingence ce qui peut être et ne pas être; mais tout devant être d'une nécessité absolue, toute manière d'être qu'il appelle ici mal à propos *contingent*, est d'une nécessité aussi absolue que l'être même. C'est là où l'on se trouve encore plongé dans un labyrinthe où l'on ne voit point d'issue.

Lorsqu'on ose assurer qu'il n'y a point de Dieu, que la matière agit par elle-même, par une nécessité éternelle, il faut le démontrer comme une proposition d'Euclide, sans quoi vous n'appuyez votre système que sur un peut-être. Quel fondement pour la chose qui intéresse le plus le genre humain !

« [a] Si l'homme d'après sa nature est forcé d'aimer
« son bien-être, il est forcé d'en aimer les moyens. Il
« serait inutile et peut-être injuste de demander à un
« homme d'être vertueux, s'il ne peut l'être sans se
« rendre malheureux. Dès que le vice le rend heureux,
« il doit aimer le vice. »

Cette maxime est encore plus exécrable en morale que les autres ne sont fausses en physique. Quand il serait vrai qu'un homme ne pourrait être vertueux sans souffrir, il faudrait l'encourager à l'être. La proposition de l'auteur serait visiblement la ruine de la société. D'ailleurs, comment saura-t-il qu'on ne peut être heureux sans avoir des vices? n'est-il pas au con-

---

[a] Page 152.

traire prouvé par l'expérience que la satisfaction de les avoir domptés est cent fois plus grande que le plaisir d'y avoir succombé; plaisir toujours empoisonné, plaisir qui mène au malheur? On acquiert, en domptant ses vices, la tranquillité, le témoignage consolant de sa conscience; on perd, en s'y livrant, son repos, sa santé; on risque tout. Aussi l'auteur lui-même en vingt endroits veut qu'on sacrifie tout à la vertu; et il n'avance cette proposition que pour donner dans son système une nouvelle preuve de la nécessité d'être vertueux.

« [a] Ceux qui rejettent avec tant de raison les idées « innées...... auraient dû sentir que cette intelligence « ineffable que l'on place au gouvernail du monde, et « dont nos sens ne peuvent constater ni l'existence ni « les qualités, est un être de raison. »

En vérité, de ce que nous n'avons point d'idées innées, comment s'ensuit-il qu'il n'y a point de Dieu? cette conséquence n'est-elle pas absurde? y a-t-il quelque contradiction à dire que Dieu nous donne des idées par nos sens? n'est-il pas au contraire de la plus grande évidence que s'il est un être tout puissant dont nous tenons la vie, nous lui devons nos idées et nos sens comme tout le reste? Il faudrait avoir prouvé auparavant que Dieu n'existe pas; et c'est ce que l'auteur n'a point fait; c'est même ce qu'il n'a pas encore tenté de faire jusqu'à cette page du chapitre x.

Dans la crainte de fatiguer les lecteurs par l'examen de tous ces morceaux détachés, je viens au fondement du livre, et à l'erreur étonnante sur laquelle il a élevé

[a] Page 167.

son système. Je dois absolument répéter ici ce qu'on a dit ailleurs.

HISTOIRE DES ANGUILLES SUR LESQUELLES EST FONDÉ LE SYSTÈME [1].

Il y avait en France, vers l'an 1750, un jésuite anglais, nommé Needham, déguisé en séculier, qui servait alors de précepteur au neveu de M. Dillon, archevêque de Toulouse. Cet homme fesait des expériences de physique, et surtout de chimie.

Après avoir mis de la farine de seigle ergoté dans des bouteilles bien bouchées, et du jus de mouton bouilli dans d'autres bouteilles, il crut que son jus de mouton et son seigle avaient fait naître des anguilles, lesquelles même en reproduisaient bientôt d'autres, et qu'ainsi une race d'anguilles se formait indifféremment d'un jus de viande, ou d'un grain de seigle.

Un physicien qui avait de la réputation, ne douta pas que ce Needham ne fût un profond athée. Il conclut que puisque l'on fesait des anguilles avec de la farine de seigle, on pouvait faire des hommes avec de la farine de froment; que la nature et la chimie produisaient tout; et qu'il était démontré qu'on peut se passer d'un Dieu formateur de toutes choses.

Cette propriété de la farine trompa aisément un homme[a] malheureusement égaré alors dans des idées qui doivent faire trembler pour la faiblesse de l'esprit humain. Il voulait creuser un trou jusqu'au centre de

---

[1] Voltaire avait déjà parlé de Needham et de ses anguilles dans le chapitre XX des *Singularités de la nature*. (Voyez *Mélanges*, année 1768.) B.
[a] Maupertuis.

la terre pour voir le feu central, disséquer des Patagons pour connaître la nature de l'ame, enduire les malades de poix résine pour les empêcher de transpirer, exalter son ame pour prédire l'avenir. Si on ajoutait qu'il fut encore plus malheureux en cherchant à opprimer deux de ses confrères, cela ne ferait pas d'honneur à l'athéisme, et servirait seulement à nous faire rentrer en nous-mêmes avec confusion.

Il est bien étrange que des hommes, en niant un créateur, se soient attribué le pouvoir de créer des anguilles.

Ce qu'il y a de plus déplorable, c'est que des physiciens plus instruits adoptèrent le ridicule système du jésuite Needham, et le joignirent à celui de Maillet, qui prétendait que l'Océan avait formé les Pyrénées et les Alpes, et que les hommes étaient originairement des marsouins, dont la queue fourchue se changea en cuisses et en jambes dans la suite des temps, ainsi que nous l'avons dit [1]. De telles imaginations peuvent être mises avec les anguilles formées par de la farine.

Il n'y a pas long-temps qu'on assura qu'à Bruxelles un lapin avait fait une demi-douzaine de lapereaux à une poule.

Cette transmutation de farine et de jus de mouton en anguilles fut démontrée aussi fausse et aussi ridicule qu'elle l'est en effet, par M. Spalanzani, un peu meilleur observateur que Needham.

On n'avait pas besoin même de ces observations

---

[1] Chap. xii des *Singularités de la nature.* (*Mélanges*, année 1768.) B.

pour démontrer l'extravagance d'une illusion si palpable. Bientôt les anguilles de Needham allèrent trouver la poule de Bruxelles.

Cependant, en 1768, le traducteur exact, élégant et judicieux de Lucrèce[1] se laissa surprendre au point que non seulement il rapporte dans ses notes du livre VIII, page 361, les prétendues expériences de Needham, mais qu'il fait ce qu'il peut pour en constater la validité.

Voilà donc le nouveau fondement du *Système de la nature*. L'auteur, dès le second chapitre, s'exprime ainsi :

« [a] En humectant de la farine avec de l'eau, et en
« renfermant ce mélange, on trouve au bout de quelque
« temps, à l'aide du microscope, qu'il a produit des
« êtres organisés dont on croyait la farine et l'eau in-
« capables. C'est ainsi que la nature inanimée peut
« passer à la vie, qui n'est elle-même qu'un assemblage
« de mouvements. »

Quand cette sottise inouïe serait vraie, je ne vois pas, à raisonner rigoureusement, qu'elle prouvât qu'il n'y a point de Dieu; car il se pourrait très bien qu'il y eût un être suprême, intelligent et puissant, qui ayant formé le soleil et tous les astres, daigna former aussi des animalcules sans germe. Il n'y a point là de contradiction dans les termes. Il faudrait chercher ailleurs une preuve démonstrative que Dieu n'existe

---

[1] Lagrange, mort en 1775, à trente-sept ans. B.

[a] Première partie, page 23. — Voyez, sur les anguilles de Needham, le chap. XX des *Singularités de la nature* (dans les *Mélanges*, année 1768). B.

pas, et c'est ce qu'assurément personne n'a trouvé ni ne trouvera.

L'auteur traite avec mépris les causes finales, parceque c'est un argument rebattu : mais cet argument si méprisé est de Cicéron et de Newton. Il pourrait par cela seul faire entrer les athées en quelque défiance d'eux-mêmes. Le nombre est assez grand des sages qui, en observant le cours des astres, et l'art prodigieux qui règne dans la structure des animaux et des végétaux, reconnaissent une main puissante qui opère ces continuelles merveilles.

L'auteur prétend que la matière aveugle et sans choix produit des animaux intelligents. Produire sans intelligence des êtres qui en ont! cela est-il concevable? ce système est-il appuyé sur la moindre vraisemblance? Une opinion si contradictoire exigerait des preuves aussi étonnantes qu'elle-même. L'auteur n'en donne aucune; il ne prouve jamais rien, et il affirme tout ce qu'il avance. Quel chaos ! quelle confusion ! mais quelle témérité !

Spinosa du moins avouait une intelligence agissante dans ce grand tout, qui constituait la nature; il y avait là de la philosophie. Mais je suis forcé de dire que je n'en trouve aucune dans le nouveau système.

La matière est étendue, solide, gravitante, divisible; j'ai tout cela aussi bien que cette pierre. Mais a-t-on jamais vu une pierre sentante et pensante? Si je suis étendu, solide, divisible, je le dois à la matière. Mais j'ai sensations et pensées; à qui le dois-je? ce n'est pas à de l'eau, à de la fange; il est vraisemblable que c'est à quelque chose de plus puissant que moi. C'est à la combinaison seule des éléments, me dites-vous. Prouvez-le-moi donc; faites-moi donc voir nettement qu'une cause intelligente ne peut m'avoir donné l'intelligence. Voilà où vous êtes réduit.

L'auteur combat avec succès le dieu des scolastiques, un dieu composé de qualités discordantes, un dieu auquel on donne, comme à ceux d'Homère, les passions des hommes; un dieu capricieux, inconstant, vindicatif, inconséquent, absurde : mais il ne peut combattre le Dieu des sages. Les sages, en contemplant la nature, admettent un pouvoir intelligent et suprême. Il est peut-être impossible à la raison humaine destituée du secours divin de faire un pas plus avant.

L'auteur demande où réside cet être; et de ce que personne sans être infini ne peut dire où il réside, il conclut qu'il n'existe pas. Cela n'est pas philosophique; car de ce que nous ne pouvons dire où est la cause d'un effet, nous ne devons pas conclure qu'il n'y a point de cause. Si vous n'aviez jamais vu de canonniers, et que vous vissiez l'effet d'une batterie de canon, vous ne devriez pas dire, Elle agit toute seule par sa propre vertu.

Ne tient-il donc qu'à dire, Il n'y a point de Dieu, pour qu'on vous en croie sur votre parole?

Enfin, sa grande objection est dans les malheurs et dans les crimes du genre humain, objection aussi ancienne que philosophique; objection commune, mais fatale et terrible, à laquelle on ne trouve de réponse que dans l'espérance d'une vie meilleure. Et quelle est encore cette espérance? nous n'en pouvons avoir aucune certitude par la raison. Mais j'ose dire que quand il nous est prouvé qu'un vaste édifice construit avec le plus grand art est bâti par un architecte quel qu'il soit, nous devons croire à cet architecte, quand même l'édifice serait teint de notre sang, souillé de nos crimes, et qu'il nous écraserait par sa chute. Je n'examine pas encore si l'architecte est bon ; si je dois être satisfait de son édifice ; si je dois en sortir plutôt que d'y demeurer ; si ceux qui sont logés comme moi dans cette maison pour quelques jours en sont contents : j'examine seulement s'il est vrai qu'il y ait un architecte, ou si cette maison, remplie de tant de beaux appartements et de vilains galetas, s'est bâtie toute seule.

SECTION V[1].

De la nécessité de croire un Être suprême.

Le grand objet, le grand intérêt, ce me semble, n'est pas d'argumenter en métaphysique, mais de peser s'il faut, pour le bien commun de nous autres animaux misérables et pensants, admettre un Dieu rémunérateur et vengeur, qui nous serve à-la-fois de frein et de consolation, ou rejeter cette idée en nous abandonnant à nos calamités sans espérances, et à nos crimes sans remords.

Hobbes dit que si dans une république où l'on ne reconnaîtrait point de Dieu, quelque citoyen en proposait un, il le ferait pendre.

---

[1] Quatrième section de l'article dans les *Questions sur l'Encyclopédie*, quatrième partie, 1771. Cette section fait suite à la précédente: une partie avait paru dans la brochure intitulée Dieu, et dont je parle à l'article Fonte. B.

Il entendait apparemment, par cette étrange exagération, un citoyen qui voudrait dominer au nom de Dieu, un charlatan qui voudrait se faire tyran. Nous entendons des citoyens qui, sentant la faiblesse humaine, sa perversité et sa misère, cherchent un point fixe pour assurer leur morale, et un appui qui les soutienne dans les langueurs et dans les horreurs de cette vie.

Depuis Job jusqu'à nous, un très grand nombre d'hommes a maudit son existence; nous avons donc un besoin perpétuel de consolation et d'espoir. Votre philosophie nous en prive. La fable de Pandore valait mieux, elle nous laissait l'espérance, et vous nous la ravissez! La philosophie, selon vous, ne fournit aucune preuve d'un bonheur à venir. Non; mais vous n'avez aucune démonstration du contraire. Il se peut qu'il y ait en nous une monade indestructible qui sente et qui pense, sans que nous sachions le moins du monde comment cette monade est faite. La raison ne s'oppose point absolument à cette idée, quoique la raison seule ne la prouve pas. Cette opinion n'a-t-elle pas un prodigieux avantage sur la vôtre? La mienne est utile au genre humain, la vôtre est funeste; elle peut, quoi que vous en disiez, encourager les Néron, les Alexandre VI, et les Cartouche; la mienne peut les réprimer.

Marc-Antonin, Épictète, croyaient que leur monade, de quelque espèce qu'elle fût, se rejoindrait à la monade du grand Être; et ils furent les plus vertueux des hommes.

Dans le doute où nous sommes tous deux, je ne

vous dis pas avec Pascal : *Prenez le plus sûr*. Il n'y a rien de sûr dans l'incertitude. Il ne s'agit pas ici de parier, mais d'examiner : il faut juger, et notre volonté ne détermine pas notre jugement. Je ne vous propose pas de croire des choses extravagantes pour vous tirer d'embarras; je ne vous dis pas : Allez à la Mecque baiser la pierre noire pour vous instruire; tenez une queue de vache à la main; affublez-vous d'un scapulaire, soyez imbécile et fanatique pour acquérir la faveur de l'Être des êtres. Je vous dis : Continuez à cultiver la vertu, à être bienfesant, à regarder toute superstition avec horreur ou avec pitié; mais adorez avec moi le dessein qui se manifeste dans toute la nature, et par conséquent l'auteur de ce dessein, la cause primordiale et finale de tout; espérez avec moi que notre monade qui raisonne sur le grand Être éternel, pourra être heureuse par ce grand Être même. Il n'y a point là de contradiction. Vous ne m'en démontrerez pas l'impossibilité ; de même que je ne puis vous démontrer mathématiquement que la chose est ainsi. Nous ne raisonnons guère en métaphysique que sur des probabilités; nous nageons tous dans une mer dont nous n'avons jamais vu le rivage. Malheur à ceux qui se battent en nageant! Abordera qui pourra; mais celui qui me crie, Vous nagez en vain, il n'y a point de port, me décourage et m'ôte toutes mes forces.

De quoi s'agit-il dans notre dispute? de consoler notre malheureuse existence. Qui la console? vous, ou moi?

Vous avouez vous-même, dans quelques endroits

de votre ouvrage, que la croyance d'un Dieu a retenu quelques hommes sur le bord du crime : cet aveu me suffit. Quand cette opinion n'aurait prévenu que dix assassinats, dix calomnies, dix jugements iniques sur la terre, je tiens que la terre entière doit l'embrasser.

La religion, dites-vous, a produit des milliasses de forfaits; dites la superstition, qui règne sur notre triste globe; elle est la plus cruelle ennemie de l'adoration pure qu'on doit à l'Être suprême. Détestons ce monstre qui a toujours déchiré le sein de sa mère; ceux qui le combattent sont les bienfaiteurs du genre humain; c'est un serpent qui entoure la religion de ses replis; il faut lui écraser la tête sans blesser celle qu'il infecte et qu'il dévore.

Vous craignez « qu'en adorant Dieu on ne rede-« vienne bientôt superstitieux et fanatique; » mais n'est-il pas à craindre qu'en le niant on ne s'abandonne aux passions les plus atroces et aux crimes les plus affreux? Entre ces deux excès, n'y a-t-il pas un milieu très raisonnable? Où est l'asile entre ces deux écueils? le voici : Dieu, et des lois sages.

Vous affirmez qu'il n'y a qu'un pas de l'adoration à la superstition. Il y a l'infini pour les esprits bien faits : et ils sont aujourd'hui en grand nombre; ils sont à la tête des nations, ils influent sur les mœurs publiques; et d'année en année le fanatisme, qui couvrait la terre, se voit enlever ses détestables usurpations.

Je répondrai encore un mot à vos paroles de la page 223. «Si l'on présume des rapports entre l'homme « et cet être incroyable, il faudra lui élever des au-

« tels, lui faire des présents, etc.; si l'on ne conçoit
« rien à cet être, il faudra s'en rapporter à des prê-
« tres qui... etc., etc., etc. » Le grand mal de s'assembler aux temps des moissons pour remercier Dieu du pain qu'il nous a donné! Qui vous dit de faire des présents à Dieu? l'idée en est ridicule : mais où est le mal de charger un citoyen, qu'on appellera *vieillard* ou *prêtre*, de rendre des actions de graces à la Divinité au nom des autres citoyens, pourvu que ce prêtre ne soit pas un Grégoire VII qui marche sur la tête des rois, ou un Alexandre VI, souillant par un inceste le sein de sa fille qu'il a engendrée par un stupre, et assassinant, empoisonnant, à l'aide de son bâtard, presque tous les princes ses voisins; pourvu que dans une paroisse ce prêtre ne soit pas un fripon volant dans la poche des pénitents qu'il confesse [1], et employant cet argent à séduire les petites filles qu'il catéchise; pourvu que ce prêtre ne soit pas un Le Tellier [2], qui met tout un royaume en combustion par des fourberies dignes du pilori; un Warburton, qui viole les lois de la société en manifestant les papiers secrets d'un membre du parlement pour le perdre, et qui calomnie quiconque n'est pas de son avis? Ces

[1] Il s'agit
 du bon curé Fantin,
Qui prêchant, confessant les dames de Versailles,
Caressait tour à tour et volait ses ouailles.

(Voyez la satire intitulée : *le Père Nicodème et Jeannot*.) Voyez aussi une des notes du *Russe à Paris*, et le chant XVIII de la *Pucelle*. Voltaire en parle encore dans sa *Lettre de milord Cornsbury*, à la suite de l'*Examen important de milord Bolingbroke*. (*Mélanges*, année 1767.) B.

[2] Sur Le Tellier, voyez le chap. XXXVII du *Siècle de Louis XIV*; et ci-dessus l'article BULLE. B.

derniers cas sont rares. L'état du sacerdoce est un frein qui force à la bienséance.

Un sot prêtre excite le mépris; un mauvais prêtre inspire l'horreur; un bon prêtre, doux, pieux, sans superstition, charitable, tolérant, est un homme qu'on doit chérir et respecter. Vous craignez l'abus, et moi aussi. Unissons-nous pour le prévenir; mais ne condamnons pas l'usage quand il est utile à la société, quand il n'est pas perverti par le fanatisme, ou par la méchanceté frauduleuse.

J'ai une chose très importante à vous dire. Je suis persuadé que vous êtes dans une grande erreur; mais je suis également convaincu que vous vous trompez en honnête homme. Vous voulez qu'on soit vertueux, même sans Dieu, quoique vous ayez dit malheureusement que « dès que le vice rend l'homme heureux, « il doit aimer le vice; » proposition affreuse que vos amis auraient dû vous faire effacer. Partout ailleurs vous inspirez la probité. Cette dispute philosophique ne sera qu'entre vous et quelques philosophes répandus dans l'Europe : le reste de la terre n'en entendra point parler; le peuple ne nous lit pas. Si quelque théologien voulait vous persécuter, il serait un méchant, il serait un imprudent qui ne servirait qu'à vous affermir et à faire de nouveaux athées.

Vous avez tort; mais les Grecs n'ont point persécuté Épicure, les Romains n'ont point persécuté Lucrèce. Vous avez tort; mais il faut respecter votre génie et votre vertu, en vous réfutant de toutes ses forces.

Le plus bel hommage, à mon gré, qu'on puisse rendre à Dieu, c'est de prendre sa défense sans colère; comme le plus indigne portrait qu'on puisse faire de lui, est de le peindre vindicatif et furieux. Il est la vérité même : la vérité est sans passions. C'est être disciple de Dieu que de l'annoncer d'un cœur doux et d'un esprit inaltérable.

Je pense avec vous que le fanatisme est un monstre mille fois plus dangereux que l'athéisme philosophique. Spinosa n'a pas commis une seule mauvaise action : Chastel et Ravaillac, tous deux dévots, assassinèrent Henri IV.

L'athée de cabinet est presque toujours un philosophe tranquille; le fanatique est toujours turbulent : mais l'athée de cour, le prince athée pourrait être le fléau du genre humain. Borgia et ses semblables ont fait presque autant de mal que les fanatiques de Munster et des Cévennes, je dis les fanatiques des deux partis. Le malheur des athées de cabinet est de faire des athées de cour. C'est Chiron qui élève Achille; il le nourrit de moelle de lion. Un jour Achille traînera le corps d'Hector autour des murailles de Troie, et immolera douze captifs innocents à sa vengeance.

Dieu nous garde d'un abominable prêtre[1] qui hache un roi en morceaux avec son couperet sacré, ou de celui qui, le casque en tête et la cuirasse sur le dos, à l'âge de soixante et dix ans[2], ose signer de ses trois doigts ensanglantés la ridicule excommunication d'un roi de France, ou de... ou de... ou de... !

Mais que Dieu nous préserve aussi d'un despote

---

[1] Samuel : voyez dans les *Mélanges*, année 1776, le paragr. xxxv de *Un chrétien contre six Juifs*. B.

[2] Jules II. Voyez *Essai sur les mœurs*, chap. CXIII. B.

colère et barbare qui, ne croyant point un Dieu, serait son dieu à lui-même; qui se rendrait indigne de sa place sacrée, en foulant aux pieds les devoirs que cette place impose; qui sacrifierait sans remords ses amis, ses parents, ses serviteurs, son peuple, à ses passions! Ces deux tigres, l'un tondu, l'autre couronné, sont également à craindre. Par quel frein pourrons-nous les retenir? etc., etc.

Si l'idée d'un Dieu auquel nos ames peuvent se rejoindre, a fait des Titus, des Trajan, des Antonin, des Marc-Aurèle, et ces grands empereurs chinois dont la mémoire est si précieuse dans le second des plus anciens et des plus vastes empires du monde; ces exemples suffisent pour ma cause, et ma cause est celle de tous les hommes.

Je ne crois pas que dans toute l'Europe il y ait un seul homme d'état, un seul homme un peu versé dans les affaires du monde, qui n'ait le plus profond mépris pour toutes les légendes dont nous avons été inondés plus que nous le sommes aujourd'hui de brochures. Si la religion n'enfante plus de guerres civiles, c'est à la philosophie seule qu'on en est redevable; les disputes théologiques commencent à être regardées du même œil que les querelles de Gilles et de Pierrot à la foire. Une usurpation également odieuse et ridicule, fondée d'un côté sur la fraude, et de l'autre sur la bêtise, est minée chaque instant par la raison, qui établit son règne. La bulle *in cœnâ Domini*, le chef-d'œuvre de l'insolence et de la folie, n'ose plus paraître dans Rome même. Si un régiment de moines fait la moindre évolution contre les lois de l'état, il est cassé sur-le-champ. Mais quoi ! parcequ'on a chassé les jésuites, faut-il chasser Dieu? Au contraire, il faut l'en aimer davantage.

SECTION VI[1].

Sous l'empire d'Arcadius, Logomacos, théologal de Constantinople, alla en Scythie, et s'arrêta au pied du Caucase, dans les fertiles plaines de Zéphirim, sur les frontières de la Colchide. Le bon vieillard Dondindac était dans sa grande salle basse, entre sa grande bergerie et sa vaste grange; il était à genoux avec sa femme, ses cinq fils et ses cinq filles, ses parents et ses valets, et tous chantaient les louanges de Dieu après un léger repas. Que fais-tu là, idolâtre? lui dit Logomacos. Je ne suis point idolâtre, dit Dondindac. Il faut bien que tu sois idolâtre, dit Logomacos, puisque tu n'es pas Grec. Çà, dis-moi, que chantais-tu dans ton barbare jargon de Scythie? Toutes les langues sont égales aux oreilles de Dieu, répondit le Scythe; nous chantions ses louanges. Voilà qui est bien extraordinaire, reprit le théologal, une famille scythe qui prie Dieu sans avoir été instruite par nous! Il engagea bientôt une conversation avec le scythe Dondindac; car le théologal savait un peu de scythe, et l'autre un peu de grec. On a retrouvé cette conversation dans un manuscrit conservé dans la bibliothèque de Constantinople.

LOGOMACOS.

Voyons si tu sais ton catéchisme. Pourquoi pries-tu Dieu?

---

[1] Dans l'édition de 1764 du *Dictionnaire*, l'article se composait de ce qui forme aujourd'hui cette section VI. B.

DIEUX. 395

DONDINDAC.
C'est qu'il est juste d'adorer l'Être suprême de qui nous tenons tout.

LOGOMACOS.
Pas mal pour un barbare! Et que lui demandes-tu?

DONDINDAC.
Je le remercie des biens dont je jouis, et même des maux dans lesquels il m'éprouve; mais je me garde bien de lui rien demander; il sait mieux que nous ce qu'il nous faut, et je craindrais d'ailleurs de demander du beau temps quand mon voisin demanderait de la pluie.

LOGOMACOS.
Ah! je me doutais bien qu'il allait dire quelque sottise. Reprenons les choses de plus haut. Barbare, qui t'a dit qu'il y a un Dieu?

DONDINDAC.
La nature entière.

LOGOMACOS.
Cela ne suffit pas. Quelle idée as-tu de Dieu?

DONDINDAC.
L'idée de mon créateur, de mon maître, qui me récompensera si je fais bien, et qui me punira si je fais mal.

LOGOMACOS.
Bagatelles, pauvretés que cela! Venons à l'essentiel. Dieu est-il infini *secundum quid*, ou selon l'essence?

DONDINDAC.
Je ne vous entends pas.

LOGOMACOS.

Bête brute! Dieu est-il en un lieu, ou hors de tout lieu, ou en tout lieu?

DONDINDAC.

Je n'en sais rien... tout comme il vous plaira.

LOGOMACOS.

Ignorant! Peut-il faire que ce qui a été n'ait point été, et qu'un bâton n'ait pas deux bouts? voit-il le futur comme futur ou comme présent? comment fait-il pour tirer l'être du néant, et pour anéantir l'être?

DONDINDAC.

Je n'ai jamais examiné ces choses.

LOGOMACOS.

Quel lourdaud! Allons, il faut s'abaisser, se proportionner. Dis-moi, mon ami, crois-tu que la matière puisse être éternelle?

DONDINDAC.

Que m'importe qu'elle existe de toute éternité, ou non? je n'existe pas, moi, de toute éternité. Dieu est toujours mon maître; il m'a donné la notion de la justice, je dois la suivre; je ne veux point être philosophe, je veux être homme.

LOGOMACOS.

On a bien de la peine avec ces têtes dures. Allons pied à pied : qu'est-ce que Dieu?

DONDINDAC.

Mon souverain, mon juge, mon père.

LOGOMACOS.

Ce n'est pas là ce que je demande. Quelle est sa nature?

DONDINDAC.

D'être puissant et bon.

LOGOMACOS.

Mais, est-il corporel ou spirituel?

DONDINDAC.

Comment voulez-vous que je le sache?

LOGOMACOS.

Quoi! tu ne sais pas ce que c'est qu'un esprit?

DONDINDAC.

Pas le moindre mot : à quoi cela me servirait-il? en serais-je plus juste? serais-je meilleur mari, meilleur père, meilleur maître, meilleur citoyen?

LOGOMACOS.

Il faut absolument t'apprendre ce que c'est qu'un esprit; c'est, c'est, c'est..... Je te dirai cela une autre fois.

DONDINDAC.

J'ai bien peur que vous ne me disiez moins ce qu'il est que ce qu'il n'est pas. Permettez-moi de vous faire à mon tour une question. J'ai vu autrefois un de vos temples : pourquoi peignez-vous Dieu avec une grande barbe?

LOGOMACOS.

C'est une question très difficile, et qui demande des instructions préliminaires.

DONDINDAC.

Avant de recevoir vos instructions, il faut que je vous conte ce qui m'est arrivé un jour. Je venais de faire bâtir un cabinet au bout de mon jardin; j'entendis une taupe qui raisonnait avec un hanneton : Voilà une belle fabrique, disait la taupe; il faut que ce soit une taupe bien puissante qui ait fait cet ouvrage. Vous vous moquez, dit le hanneton; c'est un hanneton tout plein de génie qui est l'architecte de ce bâtiment. Depuis ce temps-là j'ai résolu de ne jamais disputer.

DIOCLÉTIEN[1].

Après plusieurs règnes faibles ou tyranniques, l'empire romain eut un bon empereur dans Probus, et les légions le massacrèrent. Elles élurent Carus, qui fut tué d'un coup de tonnerre vers le Tigre, lorsqu'il fesait la guerre aux Perses. Son fils Numérien fut proclamé par les soldats. Les historiens nous disent sérieusement qu'à force de pleurer la mort de son père, il en perdit presque la vue, et qu'il fut obligé, en fesant la guerre, de demeurer toujours entre quatre rideaux. Son beau-père, nommé Aper, le tua dans son lit pour se mettre sur le trône: mais un druide avait prédit dans les Gaules à Dioclétien, l'un des généraux de l'armée, qu'il serait immédiatement empereur après avoir tué un sanglier; or, un sanglier se nomme en latin *aper*. Dioclétien assembla l'armée, tua de sa main Aper en présence des soldats, et accomplit ainsi la prédiction du druide. Les historiens qui rapportent cet oracle, méritaient de se nourrir du fruit de l'arbre que les druides révéraient. Il est certain que Dioclétien tua le beau-père de son empereur; ce fut là son premier droit au trône: le

[1] Ce morceau, imprimé en 1756 dans la *Suite des Mélanges* (4º partie), y était placé entre les deux morceaux qui forment les première et seconde sections de l'article CONSTANTIN. B.

second, c'est que Numérien avait un frère nommé Carin, qui était aussi empereur, et qui, s'étant opposé à l'élévation de Dioclétien, fut tué par un des tribuns de son armée. Voilà les droits de Dioclétien à l'empire. Depuis long-temps il n'y en avait guère d'autres.

Il était originaire de Dalmatie, de la petite ville de Dioclée, dont il avait pris le nom. S'il est vrai que son père ait été laboureur, et que lui-même dans sa jeunesse ait été esclave d'un sénateur nommé Anulinus, c'est là son plus bel éloge : il ne pouvait devoir son élévation qu'à lui-même : il est bien clair qu'il s'était concilié l'estime de son armée, puisqu'on oublia sa naissance pour lui donner le diadême. Lactance, auteur chrétien, mais un peu partial, prétend que Dioclétien était le plus grand poltron de l'empire. Il n'y a guère d'apparence que des soldats romains aient choisi un poltron pour les gouverner, et que ce poltron eût passé par tous les degrés de la milice. Le zèle de Lactance contre un empereur païen est très louable, mais il n'est pas adroit.

Dioclétien contint en maître, pendant vingt années, ces fières légions qui défesaient leurs empereurs avec autant de facilité qu'elles les fesaient : c'est encore une preuve, malgré Lactance, qu'il fut aussi grand prince que brave soldat. L'empire reprit bientôt sous lui sa première splendeur. Les Gaulois, les Africains, les Égyptiens, les Anglais, soulevés en divers temps, furent tous remis sous l'obéissance de l'empire; les Perses mêmes furent vaincus. Tant de succès au-dehors, une administration encore plus heureuse au-dedans; des lois aussi humaines que sages, qu'on voit encore dans le *Code Justinien;* Rome, Milan, Autun, Nicomédie, Carthage, embellies par sa munificence; tout lui concilia le respect et l'amour de l'Orient et de l'Occident, au point que deux cent quarante ans après sa mort on comptait encore et on datait de la première année de son règne, comme on comptait auparavant depuis la fondation de Rome. C'est ce qu'on appelle l'*ère de Dioclétien;* on l'a appelée aussi l'*ère des martyrs*: mais c'est se tromper évidemment de dix-huit années; car il est certain qu'il ne persécuta aucun chrétien pendant dix-huit ans. Il en était si éloigné, que la première chose qu'il fit étant empereur, ce fut de donner une compagnie de gardes prétoriennes à un chrétien nommé Sébastien, qui est au catalogue des saints.

Il ne craignit point de se donner un collègue à l'empire dans la personne d'un soldat de fortune comme lui; c'était Maximien Hercule, son ami. La conformité de leurs fortunes avait fait leur amitié. Maximien Hercule était aussi né de parents obscurs et pauvres, et s'était élevé, comme Dioclétien, de grade en grade par son courage. On n'a pas manqué de reprocher à ce Maximien d'avoir pris le surnom d'*Hercule*, et à Dioclétien d'avoir accepté celui de *Jovien.* On ne daigne pas s'apercevoir que nous avons tous les jours des gens d'église qui s'appellent Hercule, et des bourgeois qui s'appellent César et Auguste.

Dioclétien créa encore deux césars; le premier fut un autre Maximien, surnommé *Galerius,* qui avait commencé par être gardeur de troupeaux. Il semblait que Dioclétien, le plus fier et le plus fastueux des hommes, lui qui le premier introduisit de se faire baiser les pieds, mît sa grandeur à placer sur le trône des césars, des hommes nés dans la condition la plus abjecte : un esclave et deux paysans étaient à la tête de l'empire, et jamais il ne fut plus florissant.

Le second césar qu'il créa était d'une naissance distinguée; c'était Constance Chlore, petit-neveu par sa mère de l'empereur Claude II. L'empire fut gouverné par ces quatre princes. Cette association pouvait produire par année quatre guerres civiles; mais Dioclétien sut tellement être le maître de ses associés, qu'il les obligea toujours à le respecter, et même à vivre unis entre eux. Ces princes, avec le nom de césars, n'étaient au fond que ses premiers sujets : on voit qu'il les traitait en maître absolu; car lorsque le césar Galerius ayant été vaincu par les Perses vint en Mésopotamie lui rendre compte de sa défaite, il le laissa marcher l'espace d'un mille auprès de son char, et ne le reçut en grace que quand il eut réparé sa faute et son malheur.

Galère les répara en effet l'année d'après, en 297, d'une manière bien signalée. Il battit le roi de Perse en personne. Ces rois de Persé ne s'étaient pas corrigés depuis la bataille d'Arbelles, de mener dans leurs armées leurs femmes, leurs filles, et leurs eunuques. Galère prit, comme Alexandre, la femme et toute la famille du roi de Perse, et les traita avec le même respect. La paix fut aussi glorieuse que la victoire : les vaincus cédèrent cinq provinces aux Romains, des sables de Palmyrène jusqu'à l'Arménie.

Dioclétien et Galère allèrent à Rome étaler un triomphe inouï jusqu'alors : c'était la première fois qu'on montrait au peuple romain la femme d'un roi de Perse et ses enfants enchaînés. Tout l'empire était dans l'abondance et dans la joie. Dioclétien en parcourait toutes les provinces; il allait de Rome en Égypte, en Syrie, dans l'Asie-Mineure : sa demeure ordinaire n'était point à Rome : c'était à Nicomédie, près du Pont-Euxin, soit pour veiller de plus près sur les Perses et sur les barbares, soit qu'il s'affectionnât à un séjour qu'il avait embelli.

Ce fut au milieu de ces prospérités que Galère commença la persécution contre les chrétiens. Pourquoi les avait-on laissés en repos jusque-là, et pourquoi furent-ils maltraités alors? Eusèbe dit qu'un centurion de la légion Trajane, nommé Marcel, qui servait dans la Mauritanie, assistant avec sa troupe à une fête qu'on donnait pour la victoire de Galère, jeta par terre sa ceinture militaire, ses armes et sa baguette de sarment qui était la marque de son office, disant tout haut qu'il était chrétien, et qu'il ne voulait plus servir des païens. Cette désertion fut punie de mort par le conseil de guerre. C'est là le premier exemple avéré de cette persécution si fameuse. Il est vrai qu'il y avait un grand nombre de chrétiens dans les armées de l'empire; et l'intérêt de l'état demandait qu'une telle désertion publique ne fût point autorisée. Le zèle de Marcel était très pieux, mais il n'était pas raisonnable. Si dans la fête qu'on donnait en Mauritanie on mangeait des viandes offertes aux dieux de l'empire, la loi n'ordonnait point à Marcel d'en manger; le christianisme ne lui ordonnait point de donner l'exemple de la sédition ; et il n'y a point de pays au monde où l'on ne punît une action si téméraire.

Cependant depuis l'aventure de Marcel, il ne paraît pas qu'on ait recherché les chrétiens jusqu'à l'an 303. Ils avaient à Nicomédie une superbe église cathédrale vis-à-vis le palais, et même beaucoup plus élevée. Les historiens ne nous disent point les raisons pour lesquelles Galère demanda instamment à Dioclétien qu'on abattît cette église; mais ils nous apprennent que Dioclétien fut très long-temps à se déterminer : il résista près d'une année. Il est bien étrange qu'après cela, ce soit lui qu'on appelle *persécuteur.* Enfin, en 303, l'église fut abattue; et on afficha un édit par lequel les chrétiens seraient privés de tout honneur et de toute dignité. Puisqu'on les en privait, il est évident qu'ils en avaient. Un chrétien arracha et mit en pièces publiquement l'édit impérial : ce n'était pas là un acte de religion ; c'était un emportement de révolte. Il est donc très vraisemblable qu'un zèle indiscret, qui n'était pas selon la science, attira cette persécution funeste. Quelque temps après, le palais de Galère brûla ; il en accusa les chrétiens ; et ceux-ci accusèrent Galère d'avoir mis le feu lui-même à son palais, pour avoir un prétexte de les calomnier. L'accusation de Galère paraît fort injuste : celle qu'on intente contre lui ne l'est pas moins ; car l'édit étant déjà porté, de quel nouveau prétexte avait-il besoin ? S'il avait fallu en effet une nouvelle raison pour engager Dioclétien à persécuter, ce serait seulement une nouvelle preuve de la peine qu'eut Dioclétien à abandonner les chrétiens qu'il avait toujours protégés; cela ferait voir évidemment qu'il avait fallu de nouveaux ressorts pour le déterminer à la violence.

Il paraît certain qu'il y eut beaucoup de chrétiens tourmentés dans l'empire; mais il est difficile de concilier avec les lois romaines tous ces tourments recherchés, toutes ces mutilations, ces langues arrachées, ces membres coupés et grillés, et tous ces attentats à la pudeur, faits publiquement contre l'honnêteté publique. Aucune loi romaine n'ordonna jamais de tels supplices. Il se peut que l'aversion des peuples contre les chrétiens les ait portés à des excès horribles; mais on ne trouve nulle part que ces excès aient été ordonnés par les empereurs ni par le sénat.

[1] Il est bien vraisemblable que la juste douleur des chrétiens se répandit en plaintes exagérées. Les *Actes sincères* nous racontent que l'empereur étant dans Antioche, le préteur condamna un petit enfant chrétien nommé Romain à être brûlé; que des Juifs présents à ce supplice se mirent méchamment à rire, en disant: « Nous avons eu autrefois trois petits enfants, « Sidrac, Misac, et Abdenago, qui ne brûlèrent point « dans la fournaise ardente, mais ceux-ci y brûlent. » Dans l'instant, pour confondre les Juifs, une grande pluie éteignit le bûcher, et le petit garçon en sortit sain et sauf, en demandant : *Où est donc le feu ?* Les *Actes sincères* ajoutent que l'empereur le fit délivrer, mais que le juge ordonna qu'on lui coupât la langue.

---

[1] Voyez, dans les *Éclaircissements historiques* (*Mélanges,* année 1763), la *quatrième sottise de Nonotte.* B.

Il n'est guère possible de croire qu'un juge ait fait couper la langue à un petit garçon à qui l'empereur avait pardonné.

Ce qui suit est plus singulier. On prétend qu'un vieux médecin chrétien nommé Ariston, qui avait un bistouri tout prêt, coupa la langue de l'enfant pour faire sa cour au préteur. Le petit Romain fut aussitôt renvoyé en prison. Le geôlier lui demanda de ses nouvelles : l'enfant raconta fort au long comment un vieux médecin lui avait coupé la langue. Il faut noter que le petit avant cette opération était extrêmement bègue, mais qu'alors il parlait avec une volubilité merveilleuse. Le geôlier ne manqua pas d'aller raconter ce miracle à l'empereur. On fit venir le vieux médecin ; il jura que l'opération avait été faite dans les règles de l'art, et montra la langue de l'enfant qu'il avait conservée proprement dans une boîte comme une relique. « Qu'on fasse venir, dit-il, le premier venu ; « je m'en vais lui couper la langue en présence de « votre majesté, et vous verrez s'il pourra parler. » La proposition fut acceptée. On prit un pauvre homme, à qui le médecin coupa juste autant de langue qu'il en avait coupé au petit enfant ; l'homme mourut sur-le-champ.

Je veux croire que les *Actes* qui rapportent ce fait sont aussi *sincères* qu'ils en portent le titre ; mais ils sont encore plus simples que sincères ; et il est bien étrange que Fleury, dans son *Histoire ecclésiastique*, rapporte un si prodigieux nombre de faits semblables, bien plus propres au scandale qu'à l'édification.

Vous remarquerez encore que dans cette année 303,

où l'on prétend que Dioclétien était présent à toute cette belle aventure dans Antioche, il était à Rome, et qu'il passa toute l'année en Italie. On dit que ce fut à Rome, en sa présence, que saint Genest, comédien, se convertit sur le théâtre, en jouant une comédie contre les chrétiens [1]. Cette comédie montre bien que le goût de Plaute et de Térence ne subsistait plus. Ce qu'on appelle aujourd'hui *la comédie* ou *la farce italienne*, semble avoir pris naissance dans ce temps-là. Saint Genest représentait un malade : le médecin lui demandait ce qu'il avait : *Je me sens pesant*, dit Genest. « Veux-tu que nous te rabotions pour te rendre plus « léger? » lui dit le médecin. « *Non*, répondit Genest, « je veux mourir chrétien, pour ressusciter avec une « belle taille. » Alors des acteurs habillés en prêtres et en exorcistes viennent pour le baptiser ; dans le moment Genest devint en effet chrétien ; et au lieu d'achever son rôle, il se mit à prêcher l'empereur et le peuple. Ce sont encore les *Actes sincères* qui rapportent ce miracle.

Il est certain qu'il y eut beaucoup de vrais martyrs : mais aussi il n'est pas vrai que les provinces fussent inondées de sang, comme on se l'imagine. Il est fait mention d'environ deux cents martyrs, vers ces derniers temps de Dioclétien, dans toute l'étendue de l'empire romain ; et il est avéré, par les lettres de Constantin même, que Dioclétien eut bien moins de part à la persécution que Galère.

---

[1] Voltaire reparle avec détail de la conversion de saint Genest dans le chapitre xiv de son *Histoire de l'établissement du christianisme*. (Voyez *Mélanges*, année 1777.) B.

Dioclétien tomba malade cette année; et se sentant affaibli, il fut le premier qui donna au monde l'exemple de l'abdication de l'empire. Il n'est pas aisé de savoir si cette abdication fut forcée ou non. Ce qui est certain, c'est qu'ayant recouvré la santé, il vécut encore neuf ans, aussi honoré que paisible, dans sa retraite de Salone, au pays de sa naissance. Il disait qu'il n'avait commencé à vivre que du jour de sa retraite; et lorsqu'on le pressa de remonter sur le trône, il répondit que le trône ne valait pas la tranquillité de sa vie, et qu'il prenait plus de plaisir à cultiver son jardin qu'il n'en avait eu à gouverner la terre. Que conclurez-vous de tous ces faits, sinon qu'avec de très grands défauts il régna en grand empereur, et qu'il acheva sa vie en philosophe?

DE DIODORE DE SICILE, ET D'HÉRODOTE[1].

Il est juste de commencer par Hérodote, comme le plus ancien.

Quand Henri Estienne intitula sa comique rapsodie, *Apologie d'Hérodote*, on sait assez que son dessein n'était pas de justifier les contes de ce père de l'histoire; il ne voulait que se moquer de nous, et faire voir que les turpitudes de son temps étaient pires que celles des Égyptiens et des Perses. Il usa de la liberté que se donnait tout protestant contre ceux de l'Église catholique, apostolique, et romaine. Il leur reproche aigrement leurs débauches, leur avarice, leurs crimes

[1] *Questions sur l'Encyclopédie*, quatrième partie, 1771. B.

expiés à prix d'argent, leurs indulgences publiquement vendues dans les cabarets, les fausses reliques supposées par leurs moines; il les appelle *idolâtres*. Il ose dire que si les Égyptiens adoraient, à ce qu'on dit, des chats et des ognons, les catholiques adoraient des os de morts. Il ose les appeler, dans son discours préliminaire, *théophages*, et même *théokèses*[a]. Nous avons quatorze éditions de ce livre; car nous aimons les injures qu'on nous dit en commun, autant que nous regimbons contre celles qui s'adressent à nos personnes en notre propre et privé nom.

Henri Estienne ne se servit donc d'Hérodote que pour nous rendre exécrables et ridicules. Nous avons un dessein tout contraire; nous prétendons montrer que les histoires modernes de nos bons auteurs, depuis Guichardin, sont en général aussi sages, aussi vraies que celles de Diodore et d'Hérodote sont folles et fabuleuses.

1° Que veut dire le père de l'histoire, dès le commencement de son ouvrage? « Les historiens perses « rapportent que les Phéniciens furent les auteurs de « toutes les guerres. De la mer Rouge ils entrèrent « dans la nôtre, etc. » Il semblerait que les Phéniciens se fussent embarqués au golfe de Suez; qu'arrivés au détroit de Babel-Mandel, ils eussent côtoyé l'Éthiopie, passé la ligne, doublé le cap des Tempêtes, appelé depuis le *cap de Bonne-Espérance*, remonté au loin

---

[a] Théokèses signifie *qui rend Dieu à la selle,* proprement *ch... Dieu :* ce reproche affreux, cette injure avilissante n'a pas cependant effrayé le commun des catholiques; preuve évidente que les livres, n'étant point lus par le peuple, n'ont point d'influence sur le peuple.

entre l'Afrique et l'Amérique, qui est le seul chemin, repassé la ligne, entré de l'Océan dans la Méditerranée par les colonnes d'Hercule ; ce qui aurait été un voyage de plus de quatre mille de nos grandes lieues marines, dans un temps où la navigation était dans son enfance.

2° La première chose que font les Phéniciens, c'est d'aller vers Argos enlever la fille du roi Inachus, après quoi les Grecs à leur tour vont enlever Europe, fille du roi de Tyr.

3° Immédiatement après, vient Candaule, roi de Lydie, qui rencontrant un de ses soldats aux gardes, nommé Gygès, lui dit : Il faut que je te montre ma femme toute nue ; il n'y manque pas. La reine l'ayant su, dit au soldat, comme de raison : Il faut que tu meures, ou que tu assassines mon mari, et que tu règnes avec moi ; ce qui fut fait sans difficulté.

4° Suit l'histoire d'Orion, porté par un marsouin sur la mer, du fond de la Calabre jusqu'au cap de Matapan, ce qui fait un voyage assez extraordinaire d'environ cent lieues.

5° De conte en conte (et qui n'aime pas les contes ?) on arrive à l'oracle infaillible de Delphes, qui tantôt devine que Crésus fait cuire un quartier d'agneau et une tortue dans une tourtière de cuivre, et tantôt lui prédit qu'il sera détrôné par un mulet.

6° Parmi les inconcevables fadaises dont toute l'histoire ancienne regorge, en est-il beaucoup qui approchent de la famine qui tourmenta pendant vingt-huit ans les Lydiens ? Ce peuple qu'Hérodote nous peint plus riche en or que les Péruviens, au lieu d'acheter des vivres chez l'étranger, ne trouva d'autre secret que celui de jouer aux dames, de deux jours l'un sans manger, pendant vingt-huit années de suite.

7° Connaissez-vous rien de plus merveilleux que l'histoire de Cyrus? Son grand-père, le Mède Astyage, qui, comme vous voyez, avait un nom grec, rêve une fois que sa fille Mandane (autre nom grec) inonde toute l'Asie en pissant; une autre fois, que de sa matrice il sort une vigne dont toute l'Asie mange les raisins. Et là-dessus, le bon-homme Astyage ordonne à un Harpage, autre Grec, de faire tuer son petit-fils Cyrus; car il n'y a certainement point de grand-père qui n'égorge toute sa race après de tels rêves. Harpage n'obéit point. Le bon Astyage, qui était prudent et juste, fait mettre en capilotade le fils d'Harpage, et le fait manger à son père, selon l'usage des anciens héros.

8° Hérodote, non moins bon naturaliste qu'historien exact, ne manque pas de vous dire que la terre à froment, devers Babylone, rapporte trois cents pour un. Je connais un petit pays qui rapporte trois pour un. J'ai envie d'aller me transporter dans le Diarbeck quand les Turcs en seront chassés par Catherine II, qui a de très beaux blés aussi, mais non pas trois cents pour un.

9° Ce qui m'a toujours semblé très honnête et très édifiant chez Hérodote, c'est la belle coutume religieuse établie dans Babylone, et dont nous avons parlé, que toutes les femmes mariées allassent se prostituer dans le temple de Milita, pour de l'argent, au premier étranger qui se présentait. On comptait deux millions d'habitants dans cette ville : il devait y avoir de la presse aux dévotions. Cette loi est surtout très vraisemblable chez les Orientaux, qui ont toujours renfermé les dames, et qui plus de dix siècles avant Hérodote imaginèrent de faire des eunuques qui leur répondissent de la chasteté de leurs femmes[a]. Je m'arrête ; si quelqu'un veut suivre l'ordre de ces numéros, il sera bientôt à cent.

Tout ce que dit Diodore de Sicile, sept siècles après Hérodote, est de la même force dans tout ce qui regarde les antiquités et la physique. L'abbé Terrasson nous disait : Je traduis le texte de Diodore dans toute sa turpitude. Il nous en lisait quelquefois des morceaux chez M. de La Faye ; et quand on riait, il disait : Vous verrez bien autre chose. Il était tout le contraire de Dacier.

Le plus beau morceau de Diodore est la charmante description de l'île Panchaïe, *Panchaïca tellus*, célébrée par Virgile[1]. Ce sont des allées d'arbres odoriférants, à perte de vue ; de la myrrhe et de l'encens pour en fournir au monde entier sans s'épuiser ; des fontaines qui forment une infinité de canaux bordés

---

[a] Remarquez qu'Hérodote vivait du temps de Xerxès, lorsque Babylone était dans sa plus grande splendeur : les Grecs ignoraient la langue chaldéenne. Quelque interprète se moqua de lui, ou Hérodote se moqua des Grecs. Lorsque les musicos d'Amsterdam étaient dans leur plus grande vogue, on aurait bien pu faire accroire à un étranger que les premières dames de la ville venaient se prostituer aux matelots qui revenaient de l'Inde, pour les récompenser de leurs peines. Le plus plaisant de tout ceci, c'est que des pédants welches ont trouvé la coutume de Babylone très vraisemblable et très honnête.

[1] *Panchaïa tellus* est d'Ovide, *Métam.* x, 309; Virgile, *Georg.*, II, 139, dit : *Panchaïa pinguis*. B.

de fleurs; des oiseaux ailleurs inconnus, qui chantent sous d'éternels ombrages; un temple de marbre de quatre mille pieds de longueur, orné de colonnes et de statues colossales, etc., etc.

Cela fait souvenir du duc de La Ferté, qui, pour flatter le goût de l'abbé Servien, lui disait un jour : Ah! si vous aviez vu mon fils, qui est mort à l'âge de quinze ans! quels yeux! quelle fraîcheur de teint! quelle taille admirable! l'Antinoüs du Belvédère n'était auprès de lui qu'un magot de la Chine; et puis quelle douceur de mœurs! faut-il que ce qu'il y a jamais eu de plus beau m'ait été enlevé! L'abbé Servien s'attendrit; le duc de La Ferté, s'échauffant par ses propres paroles, s'attendrit aussi : tous deux enfin se mirent à pleurer; après quoi il avoua qu'il n'avait jamais eu de fils.

Un certain abbé Bazin avait relevé avec sa discrétion ordinaire un autre conte de Diodore[1]. C'était à propos du roi d'Égypte Sésostris, qui, probablement, n'a pas plus existé que l'île Panchaïe. Le père de Sésostris, qu'on ne nomme point, imagina, le jour que son fils naquit, de lui faire conquérir toute la terre dès qu'il serait majeur. C'est un beau projet. Pour cet effet, il fit élever auprès de lui tous les garçons qui étaient nés le même jour en Égypte; et pour en faire des conquérants, on ne leur donnait à déjeuner qu'après leur avoir fait courir cent quatre-vingts stades, qui font environ huit de nos grandes lieues.

Quand Sésostris fut majeur, il partit avec ses cou-

---

[1] Voyez le paragr. XIX de la *Philosophie de l'histoire*, devenue l'*Introduction à l'Essai sur les mœurs*, tome XV, page 94. B.

reurs pour aller conquérir le monde. Ils étaient encore au nombre de dix-sept cents, et probablement la moitié était morte, selon le train ordinaire de la nature, et surtout de la nature de l'Égypte, qui de tout temps fut désolée par une peste destructive, au moins une fois en dix ans.

Il fallait donc qu'il fût né trois mille quatre cents garçons en Égypte le même jour que Sésostris ; et comme la nature produit presque autant de filles que de garçons, il naquit ce jour-là environ six mille personnes au moins. Mais on accouche tous les jours; et six mille naissances par jour produisent au bout de l'année deux millions cent quatre-vingt-dix mille enfants. Si vous les multipliez par trente-quatre, selon la règle de Kerseboum, vous aurez en Égypte plus de soixante et quatorze millions d'habitants, dans un pays qui n'est pas si grand que l'Espagne ou que la France.

Tout cela parut énorme à l'abbé Bazin, qui avait un peu vu le monde, et qui savait comme il va.

Mais un Larcher, qui n'était jamais sorti du collége Mazarin, prit violemment le parti de Sésostris et de ses coureurs. Il prétendit qu'Hérodote, en parlant aux Grecs, ne comptait point par stades de la Grèce, et que les héros de Sésostris ne couraient que quatre grandes lieues pour avoir à déjeuner. Il accabla ce pauvre abbé Bazin d'injures, telles que jamais savant en *us*, ou en *es*, n'en avait pas encore dit. Il ne s'en tint pas même aux dix-sept cents petits garçons; il alla jusqu'à prouver, par les prophètes, que les femmes, les filles, les nièces des rois de Babylone, toutes les femmes des satrapes et des mages, allaient par dévotion coucher dans les allées du temple de Babylone pour de l'argent, avec tous les chameliers et tous les muletiers de l'Asie. Il traita de mauvais chrétien, de damné et d'ennemi de l'état, quiconque osait défendre l'honneur des dames de Babylone [1].

Il prit aussi le parti des boucs qui avaient communément les faveurs des jeunes Égyptiennes. Sa grande raison, disait-il, c'est qu'il était allié par les femmes à un parent de l'évêque de Meaux, Bossuet, auteur d'un discours éloquent sur l'*Histoire non universelle;* mais ce n'est pas là une raison péremptoire.

Gardez-vous des contes bleus en tout genre.

Diodore de Sicile fut le plus grand compilateur de ces contes. Ce Sicilien n'avait pas un esprit de la trempe de son compatriote Archimède, qui chercha et trouva tant de vérités mathématiques.

Diodore examine sérieusement l'histoire des Amazones et de leur reine Myrine; l'histoire des Gorgones qui combattirent contre les Amazones; celle des Titans, celle de tous les dieux. Il approfondit l'histoire de Priape et d'Hermaphrodite. On ne peut donner plus de détails sur Hercule : ce héros parcourt tout l'hémisphère, tantôt à pied et tout seul comme un pèlerin, tantôt comme un général à la tête d'une grande armée. Tous ses travaux y sont fidèlement discutés; mais ce n'est rien en comparaison de l'histoire des dieux de Crète.

Diodore justifie Jupiter du reproche que d'autres

---

[1] Voyez *la Défense de mon oncle,* chap. ii (*Mélanges,* année 1767). B.

graves historiens lui ont fait d'avoir détrôné et mutilé son père. On voit comment ce Jupiter alla combattre des géants, les uns dans son île, les autres en Phrygie, et ensuite en Macédoine et en Italie.

Aucun des enfants qu'il eut de sa sœur Junon et de ses favorites n'est omis.

On voit ensuite comment il devint dieu, et dieu suprême.

C'est ainsi que toutes les histoires anciennes ont été écrites. Ce qu'il y a de plus fort, c'est qu'elles étaient sacrées ; et en effet, si elles n'avaient pas été sacrées, elles n'auraient jamais été lues.

Il n'est pas mal d'observer que, quoiqu'elles fussent sacrées, elles étaient toutes différentes ; et de province en province, d'île en île, chacune avait une histoire des dieux, des demi-dieux et des héros, contradictoire avec celle de ses voisins ; mais aussi ce qu'il faut bien observer, c'est que les peuples ne se battirent jamais pour cette mythologie.

L'histoire honnête de Thucydide, et qui a quelques lueurs de vérité, commence à Xerxès ; mais avant cette époque, que de temps perdu !

DIRECTEUR[1].

Ce n'est ni d'un directeur de finances, ni d'un directeur d'hôpitaux, ni d'un directeur des bâtiments du roi, etc., etc., que je prétends parler, mais d'un directeur de conscience ; car celui-là dirige tous les

---

[1] Article ajouté, en 1774, dans l'édition in-4° des *Questions sur l'Encyclopédie*. B.

autres; il est le précepteur du genre humain. Il sait et enseigne ce qu'on doit faire et ce qu'on doit omettre dans tous les cas possibles.

Il est clair qu'il serait utile que dans toutes les cours il y eût un homme *consciencieux*, que le monarque consultât en secret dans plus d'une occasion, et qui lui dît hardiment : *Non licet*. Louis-le-Juste n'aurait pas commencé son triste et malheureux règne par assassiner son premier ministre et par emprisonner sa mère. Que de guerres aussi funestes qu'injustes de bons directeurs nous auraient épargnées ! que de cruautés ils auraient prévenues !

Mais souvent on croit consulter un agneau, et on consulte un renard. Tartufe était le directeur d'Orgon. Je voudrais bien savoir quel fut le directeur de conscience qui conseilla la Saint-Barthélemi.

Il n'est pas plus parlé de directeurs que de confesseurs dans l'Évangile. Chez les peuples que notre courtoisie ordinaire nomme *païens*, nous ne voyons pas que Scipion, Fabricius, Caton, Titus, Trajan, les Antonins, eussent des directeurs. Il est bon d'avoir un ami scrupuleux qui vous rappelle à vos devoirs ; mais votre conscience doit être le chef de votre conseil.

Un huguenot fut bien étonné quand une dame catholique lui apprit qu'elle avait un confesseur pour l'absoudre de ses péchés, et un directeur pour l'empêcher d'en commettre. Comment votre vaisseau, lui dit-il, madame, a-t-il pu faire eau si souvent, ayant deux si bons pilotes ?

Les doctes observent qu'il n'appartient pas à tout

le monde d'avoir un directeur. Il en est de cette charge dans une maison comme de celle d'écuyer ; cela n'appartient qu'aux grandes dames. L'abbé Gobelin, homme processif et avide, ne dirigeait que madame de Maintenon. Les directeurs à la ville servent souvent quatre ou cinq dévotes à-la-fois ; ils les brouillent tantôt avec leurs maris, tantôt avec leurs amants, et remplissent quelquefois les places vacantes.

Pourquoi les femmes ont-elles des directeurs et les hommes n'en ont-ils point? C'est par la raison que madame de La Vallière se fit carmélite quand elle fut quittée par Louis XIV, et que M. de Turenne étant trahi par madame de Coetquen ne se fit pas moine.

Saint Jérôme et Rufin, son antagoniste, étaient grands directeurs de femmes et de filles ; ils ne trouvèrent pas un sénateur romain, pas un tribun militaire à gouverner. Il faut à ces gens-là du *devoto femineo sexu*. Les hommes ont pour eux trop de barbe au menton, et souvent trop de force dans l'esprit. Boileau a fait, dans la satire des femmes (satire X, v. 566-572), le portrait d'un directeur :

> Nul n'est si bien soigné qu'un directeur de femmes.
> Quelque léger dégoût vient-il le travailler ;
> Une froide vapeur le fait-elle bâiller ;
> Un escadron coiffé d'abord court à son aide :
> L'une chauffe un bouillon, l'autre apprête un remède ;
> Chez lui sirops exquis, ratafias vantés,
> Confitures, surtout, volent de tous côtés, etc.

Ces vers sont bons pour Brossette. Il y avait, ce me semble, quelque chose de mieux à nous dire.

DISPUTE[1].

On a toujours disputé, et sur tous les sujets : *Mundum tradidit disputationi eorum*[2]. Il y a eu de violentes querelles pour savoir si le tout est plus grand que sa partie ; si un corps peut être en plusieurs endroits à-la-fois ; si la matière est toujours impénétrable ; si la blancheur de la neige peut subsister sans neige; si la douceur du sucre peut se faire sentir sans sucre; si on peut penser sans tête.

Je ne fais aucun doute que dès qu'un janséniste aura fait un livre pour démontrer que deux et un font trois, il ne se trouve un moliniste qui démontre que deux et un font cinq.

Nous avons cru instruire le lecteur et lui plaire en mettant sous ses yeux cette pièce de vers sur les disputes. Elle est fort connue de tous les gens de goût de Paris ; mais elle ne l'est point des savants qui disputent encore sur la prédestination gratuite, et sur la grace concomitante, et sur la question si la mer a produit les montagnes.

Lisez les vers suivants sur les disputes : voilà comme on en fesait dans le bon temps.

DISCOURS EN VERS SUR LES DISPUTES,

PAR DE RULHIÈRES.

Vingt têtes, vingt avis! nouvel an, nouveau goût;
Autre ville, autres mœurs; tout change, on détruit tout.

---

[1] *Questions sur l'Encyclopédie*, quatrième partie, 1771. B.
[2] *Ecclésiaste*, ch. III, v. 11.

DISPUTE.

Examine pour toi ce que ton voisin pense;
Le plus beau droit de l'homme est cette indépendance:
Mais ne dispute point; les desseins éternels,
Cachés au sein de Dieu, sont trop loin des mortels.
Le peu que nous savons d'une façon certaine,
Frivole comme nous, ne vaut pas tant de peine.
Le monde est plein d'erreurs; mais de là je conclus
Que prêcher la raison n'est qu'une erreur de plus.

En parcourant au loin la planète où nous sommes,
Que verrons-nous? Les torts et les travers des hommes.
Ici c'est un synode, et là c'est un divan;
Nous verrons le mufti, le derviche, l'iman,
Le bonze, le lama, le talapoin, le pope,
Les antiques rabbins, et les abbés d'Europe,
Nos moines, nos prélats, nos docteurs agrégés:
Êtes-vous disputeurs, mes amis? Voyagez.

Qu'un jeune ambitieux ait ravagé la terre;
Qu'un regard de Vénus ait allumé la guerre;
Qu'à Paris, au Palais, l'honnête citoyen
Plaide pendant vingt ans pour un mur mitoyen;
Qu'au fond d'un diocèse un vieux prêtre gémisse,
Quand un abbé de cour enlève un bénéfice;
Et que, dans le parterre, un poëte envieux
Ait, en battant des mains, un feu noir dans les yeux;
Tel est le cœur humain : mais l'ardeur insensée
D'asservir ses voisins à sa propre pensée,
Comment la concevoir? Pourquoi, par quel moyen
Veux-tu que ton esprit soit la règle du mien?

Je hais surtout, je hais tout causeur incommode,
Tous ces demi-savants gouvernés par la mode,
Ces gens qui, pleins de feu, peut-être pleins d'esprit,
Soutiendront contre vous ce que vous aurez dit;
Un peu musiciens, philosophes, poëtes,
Et grands hommes d'état formés par les gazettes;
Sachant tout, lisant tout, prompts à parler de tout,
Et qui contrediraient Voltaire sur le goût,

Montesquieu sur les lois, de Brogli sur la guerre,
Ou la jeune d'Egmont sur le talent de plaire.

Voyez-les s'emporter sur les moindres sujets,
Sans cesse répliquant, sans répondre jamais :
« Je ne céderais pas au prix d'une couronne....
« Je sens... le sentiment ne consulte personne...
« Et le roi serait là... je verrais là le feu...
« Messieurs, la vérité mise une fois en jeu,
« Doit-il nous importer de plaire ou de déplaire?... »

C'est bien dit; mais pourquoi cette rigueur [1] austère?
Hélas! c'est pour juger de quelques nouveaux airs,
Ou des deux Poinsinet lequel fait mieux des vers.

Auriez-vous par hasard connu feu monsieur d'Aube [a],
Qu'une ardeur de dispute éveillait avant l'aube?
Contiez-vous un combat de votre régiment,
Il savait mieux que vous, où, contre qui, comment.
Vous seul en auriez eu toute la renommée,
N'importe, il vous citait ses lettres de l'armée;
Et, Richelieu présent, il aurait raconté
Ou Gènes défendue, ou Mahon emporté.
D'ailleurs homme de sens, d'esprit, et de mérite;
Mais son meilleur ami redoutait sa visite.
L'un, bientôt rebuté d'une vaine clameur,
Gardait en l'écoutant un silence d'humeur.
J'en ai vu, dans le feu d'une dispute aigrie,
Prêts à l'injurier, le quitter de furie;
Et, rejetant la porte à son double battant,
Ouvrir à leur colère un champ libre en sortant.
Ses neveux, qu'à sa suite attachait l'espérance,
Avaient vu dérouter toute leur complaisance.

---

[1] Dans quelques éditions, au lieu de *rigueur*, on lit *raideur*; dans d'autres, *morale*.

[a] Oui, je l'ai connu; il était précisément tel que le dépeint M. de Rulhières, auteur de cette épitre. Ce fut sa rage de disputer contre tout venant sur les plus petites choses qui lui fit ôter l'intendance dont il était revêtu.

DISPUTE.

Un voisin asthmatique, en l'embrassant un soir,
Lui dit : Mon médecin me défend de vous voir.
Et parmi cent vertus cette unique faiblesse
Dans un triste abandon réduisit sa vieillesse.
Au sortir d'un sermon la fièvre le saisit,
Las d'avoir écouté sans avoir contredit ;
Et, tout près d'expirer, gardant son caractère,
Il fesait disputer le prêtre et le notaire.

Que la bonté divine, arbitre de son sort,
Lui donne le repos que nous rendit sa mort,
Si du moins il s'est tu devant ce grand arbitre !

Un jeune bachelier, bientôt docteur en titre,
Doit, suivant une affiche, un tel jour, en tel lieu,
Répondre à tout venant sur l'essence de Dieu.
Venez-y, venez voir, comme sur un théâtre,
Une dispute en règle, un choc opiniâtre,
L'enthymème serré, les dilemmes pressants,
Poignards à double lame, et frappant en deux sens ;
Et le grand syllogisme en forme régulière,
Et le sophisme vain de sa fausse lumière ;
Des moines échauffés, vrai fléau des docteurs,
De pauvres Hibernois, complaisants disputeurs,
Qui, fuyant leur pays pour les saintes promesses,
Viennent vivre à Paris d'arguments et de messes ;
Et l'honnête public qui, même écoutant bien,
A la saine raison de n'y comprendre rien.
Voilà donc les leçons qu'on prend dans vos écoles !

Mais tous les arguments sont-ils faux ou frivoles ?
Socrate disputait jusque dans les festins,
Et tout nu quelquefois argumentait aux bains.
Était-ce dans un sage une folle manie ?
La contrariété fait sortir le génie.
La veine d'un caillou recèle un feu qui dort ;
Image de ces gens, froids au premier abord,
Et qui dans la dispute, à chaque repartie,
Sont pleins d'une chaleur qu'on n'avait point sentie.

C'est un bien, j'y consens. Quant au mal, le voici :
Plus on a disputé, moins on s'est éclairci.
On ne redresse point l'esprit faux ni l'œil louche.
Ce mot *j'ai tort*, ce mot nous déchire la bouche.
Nos cris et nos efforts ne frappent que le vent,
Chacun dans son avis demeure comme avant.
C'est mêler seulement aux opinions vaines
Le tumulte insensé des passions humaines.
Le vrai peut quelquefois n'être point de saison;
Et c'est un très grand tort que d'avoir trop raison.

Autrefois la Justice et la Vérité nues
Chez les premiers humains furent long-temps connues;
Elles régnaient en sœurs : mais on sait que depuis
L'une a fui dans le ciel et l'autre dans un puits.
La vaine Opinion règne sur tous les âges;
Son temple est dans les airs porté sur les nuages;
Une foule de dieux, de démons, de lutins,
Sont au pied de son trône; et, tenant dans leurs mains
Mille riens enfantés par un pouvoir magique,
Nous les montrent de loin sous des verres d'optique.
Autour d'eux, nos vertus, nos biens, nos maux divers,
En bulles de savon sont épars dans les airs;
Et le souffle des vents y promène sans cesse
De climats en climats le temple et la déesse.
Elle fuit et revient. Elle place un mortel
Hier sur un bûcher, demain sur un autel.
Le jeune Antinoüs eut autrefois des prêtres.
Nous rions maintenant des mœurs de nos ancêtres;
Et qui rit de nos mœurs ne fait que prévenir
Ce qu'en doivent penser les siècles à venir.
Une beauté frappante et dont l'éclat étonne,
Les Français la peindront sous les traits de Brionne,
Sans croire qu'autrefois un petit front serré,
Un front à cheveux d'or fut souvent adoré.
Ainsi l'Opinion, changeante et vagabonde,
Soumet la Beauté même, autre reine du monde;
Ainsi, dans l'univers, ses magiques effets
Des grands événements sont les ressorts secrets.
Comment donc espérer qu'un jour, aux pieds d'un sage,

Nous la voyions tomber du haut de son nuage,
Et que la Vérité, se montrant aussitôt,
Vienne au bord de son puits voir ce qu'on fait en haut?

Il est pour les savants, et pour les sages même,
Une autre illusion : cet esprit de système,
Qui bâtit, en rêvant, des mondes enchantés,
Et fonde mille erreurs sur quelques vérités.
C'est par lui qu'égarés après de vaines ombres,
L'inventeur du calcul chercha Dieu dans les nombres,
L'auteur du mécanisme attacha follement
La liberté de l'homme aux lois du mouvement.
L'un d'un soleil éteint veut composer la terre;
La terre, dit un autre, est un globe de verre [a].
De là ces différents soutenus à grands cris;
Et, sur un tas poudreux d'inutiles écrits,
La dispute s'assied dans l'asile du sage.

La contrariété tient souvent au langage;
On peut s'entendre moins, formant un même son,
Que si l'un parlait basque, et l'autre bas-breton.
C'est là, qui le croirait? un fléau redoutable;
Et la pâle famine, et la peste effroyable,
N'égalent point les maux et les troubles divers
Que les malentendus sèment dans l'univers.

Peindrai-je des dévots les discordes funestes,
Les saints emportements de ces ames célestes,
Le fanatisme au meurtre excitant les humains,
Des poisons, des poignards, des flambeaux dans les mains;
Nos villages déserts, nos villes embrasées,
Sous nos foyers détruits nos mères écrasées;
Dans nos temples sanglants abandonnés du ciel,
Les ministres rivaux égorgés sur l'autel;
Tous les crimes unis, meurtre, inceste, pillage,
Les fureurs du plaisir se mêlant au carnage;
Sur des corps expirants, d'infames ravisseurs
Dans leurs embrassements reconnaissant leurs sœurs;

---

[a] C'est une des rêveries de M. de Buffon.

L'étranger dévorant le sein de ma patrie,
Et sous la piété déguisant sa furie;
Les pères conduisant leurs enfants aux bourreaux,
Et les vaincus toujours traînés aux échafauds?...
Dieu puissant! permettez que ces temps déplorables
Un jour par nos neveux soient mis au rang des fables.

Mais je vois s'avancer un fâcheux disputeur;
Son air d'humilité couvre mal sa hauteur;
Et son austérité, pleine de l'Évangile,
Paraît offrir à Dieu le venin qu'il distille.
« Monsieur, tout ceci cache un dangereux poison :
« Personne, selon vous, n'a ni tort ni raison;
« Et sur la vérité n'ayant point de mesure,
« Il faut suivre pour loi l'instinct de la nature! »

— Monsieur, je n'ai pas dit un mot de tout cela...
— « Oh! quoique vous ayez déguisé ce sens-là,
« En vous interprétant la chose devient claire... »

— Mais en termes précis j'ai dit tout le contraire.
Cherchons la vérité, mais d'un commun accord :
Qui discute a raison, et qui dispute a tort.
Voilà ce que j'ai dit; et d'ailleurs, qu'à la guerre,
A la ville, à la cour, souvent il faut se taire...
— « Mon cher monsieur, ceci cache toujours deux sens;
« Je distingue... » — Monsieur, distinguez, j'y consens.
J'ai dit mon sentiment, je vous laisse les vôtres,
En demandant pour moi ce que j'accorde aux autres...
— « Mon fils, nous vous avons défendu de penser;
« Et pour vous convertir je cours vous dénoncer. »

Heureux! ô trop heureux qui, loin des fanatiques,
Des causeurs importuns, et des jaloux critiques,
En paix sur l'Hélicon pourrait cueillir des fleurs!
Tels on voit dans les champs de sages laboureurs,
D'une ruche irritée évitant les blessures,
En dérober le miel à l'abri des piqûres.

DISTANCE[1].

Un homme qui connaît combien on compte de pas d'un bout de sa maison à l'autre, s'imagine que la nature lui a enseigné tout d'un coup cette distance, et qu'il n'a eu besoin que d'un coup d'œil, comme lorsqu'il a vu des couleurs. Il se trompe; on ne peut connaître les différents éloignements des objets que par expérience, par comparaison, par habitude. C'est ce qui fait qu'un matelot, en voyant sur mer un vaisseau voguer loin du sien, vous dira sans hésiter à quelle distance on est à peu près de ce vaisseau; et le passager n'en pourra former qu'un doute très confus.

La distance n'est qu'une ligne de l'objet à nous. Cette ligne se termine à un point; nous ne sentons donc que ce point; et soit que l'objet existe à mille lieues, ou qu'il soit à un pied, ce point est toujours le même dans nos yeux.

Nous n'avons donc aucun moyen immédiat pour apercevoir tout d'un coup la distance, comme nous en avons pour sentir, par l'attouchement, si un corps est dur ou mou; par le goût, s'il est doux ou amer; par l'ouïe, si de deux sons l'un est grave et l'autre aigu. Car, qu'on y prenne bien garde, les parties d'un corps qui cèdent à mon doigt, sont la plus prochaine cause de ma sensation de mollesse; et les vibrations de l'air,

---

[1] Cet article se retrouve presque textuellement dans le chapitre vii de la deuxième partie des *Éléments de la philosophie de Newton*. (Voyez *Mélanges*, année 1738.) Il parut tel qu'il est ici dans les *Questions sur l'Encyclopédie*, 4ᵉ partie, 1771. B.

excitées par le corps sonore, sont la plus prochaine cause de ma sensation du son. Or, si je ne puis avoir ainsi immédiatement une idée de distance, il faut donc que je connaisse cette distance par le moyen d'une autre idée intermédiaire; mais il faut au moins que j'aperçoive cette idée intermédiaire; car une idée que je n'aurais point ne servira certainement pas à m'en faire avoir une autre.

On dit qu'une telle maison est à un mille d'une telle rivière; mais si je ne sais pas où est cette rivière, je ne sais certainement pas où est cette maison. Un corps cède aisément à l'impression de ma main; je conclus immédiatement sa mollesse. Un autre résiste; je sens immédiatement sa dureté. Il faudrait donc que je sentisse les angles formés dans mon œil, pour en conclure immédiatement les distances des objets. Mais la plupart des hommes ne savent pas même si ces angles existent : donc il est évident que ces angles ne peuvent être la cause immédiate de ce que vous connaissez les distances.

Celui qui, pour la première fois de sa vie, entendrait le bruit du canon ou le son d'un concert, ne pourrait juger si on tire ce canon ou si on exécute ce concert à une lieue ou à trente pas. Il n'y a que l'expérience qui puisse l'accoutumer à juger de la distance qui est entre lui et l'endroit d'où part ce bruit. Les vibrations, les ondulations de l'air, portent un son à ses oreilles, ou plutôt à son *sensorium;* mais ce bruit n'avertit pas plus son *sensorium* de l'endroit où le bruit commence, qu'il ne lui apprend la forme du canon ou des instruments de musique. C'est la même chose précisément par rapport aux rayons de lumière qui partent d'un objet; ils ne nous apprennent point du tout où est cet objet.

Ils ne nous font pas connaître davantage les grandeurs, ni même les figures. Je vois de loin une petite tour ronde. J'avance, j'aperçois et je touche un grand bâtiment quadrangulaire. Certainement ce que je vois et ce que je touche n'est pas ce que je voyais : ce petit objet rond qui était dans mes yeux n'est point ce grand bâtiment carré. Autre chose est donc, par rapport à nous, l'objet mesurable et tangible, autre chose est l'objet visible. J'entends de ma chambre le bruit d'un carrosse : j'ouvre la fenêtre, et je le vois; je descends, et j'entre dedans. Or ce carrosse que j'ai entendu, ce carrosse que j'ai vu, ce carrosse que j'ai touché, sont trois objets absolument divers de trois de mes sens, qui n'ont aucun rapport immédiat les uns avec les autres.

Il y a bien plus : il est démontré qu'il se forme dans mon œil un angle une fois plus grand, à très peu de chose près, quand je vois un homme à quatre pieds de moi, que quand je vois le même homme à huit pieds de moi. Cependant je vois toujours cet homme de la même grandeur. Comment mon sentiment contredit-il ainsi le mécanisme de mes organes ? L'objet est réellement une fois plus petit dans mes yeux, et je le vois une fois plus grand. C'est en vain qu'on veut expliquer ce mystère par le chemin que suivent les rayons, ou par la forme que prend le cristallin dans nos yeux. Quelque supposition que l'on fasse, l'angle sous lequel je vois un homme à quatre pieds de moi est toujours à peu près double de l'angle sous lequel je le vois à huit pieds. La géométrie ne résoudra jamais ce problème ; la physique y est également impuissante : car vous avez beau supposer que l'œil prend une nouvelle conformation, que le cristallin s'avance, que l'angle s'agrandit ; tout cela s'opérera également pour l'objet qui est à huit pas, et pour l'objet qui est à quatre. La proportion sera toujours la même ; si vous voyiez l'objet à huit pas sous un angle de moitié plus grand qu'il ne doit être, vous verriez aussi l'objet à quatre pas sous un angle de moitié plus grand ou environ. Donc ni la géométrie ni la physique ne peuvent expliquer cette difficulté.

Ces lignes et ces angles géométriques ne sont pas plus réellement la cause de ce que nous voyons les objets à leur place, que de ce que nous les voyons de telles grandeurs et à telle distance. L'ame ne considère pas si telle partie va se peindre au bas de l'œil ; elle ne rapporte rien à des lignes qu'elle ne voit point. L'œil se baisse seulement pour voir ce qui est près de la terre, et se relève pour voir ce qui est au-dessus de la terre. Tout cela ne pouvait être éclairci et mis hors de toute contestation, que par quelque aveugle-né à qui on aurait donné le sens de la vue. Car si cet aveugle, au moment qu'il eût ouvert les yeux, eût jugé des distances, des grandeurs et des situations, il eût été vrai que les angles optiques, formés tout d'un coup dans sa rétine, eussent été les causes immédiates de ses sentiments. Aussi le docteur Berkeley assurait, d'après M. Locke (et allant même en cela plus loin que Locke), que ni situation, ni grandeur, ni distance, ni figure, ne serait aucunement discernée par cet aveugle, dont les yeux recevraient tout d'un coup la lumière.

On trouva enfin, en 1729, l'aveugle-né dont dépendait la décision indubitable de cette question. Le célèbre Cheselden, un de ces fameux chirurgiens qui joignent l'adresse de la main aux plus grandes lumières de l'esprit, ayant imaginé qu'on pouvait donner la vue à cet aveugle-né, en lui abaissant ce qu'on appelle des *cataractes*, qu'il soupçonnait formées dans ses yeux presque au moment de sa naissance, il proposa l'opération. L'aveugle eut de la peine à y consentir : il ne concevait pas trop que le sens de la vue pût beaucoup augmenter ses plaisirs. Sans l'envie qu'on lui inspira d'apprendre à lire et à écrire, il n'eût point desiré de voir. Il vérifiait, par cette indifférence, « qu'il « est impossible d'être malheureux par la privation « des biens dont on n'a pas d'idée; » vérité bien importante. Quoi qu'il en soit, l'opération fut faite et réussit. Ce jeune homme, d'environ quatorze ans, vit la lumière pour la première fois. Son expérience confirma tout ce que Locke et Berkeley avaient si bien prévu. Il ne distingua de long-temps ni grandeur, ni situation, ni même figure. Un objet d'un pouce mis devant son œil, et qui lui cachait une maison, lui paraissait aussi grand que la maison. Tout ce qu'il voyait lui semblait d'abord être sur ses yeux, et les toucher comme les objets du tact touchent la peau. Il ne pouvait distinguer d'abord ce qu'il avait jugé rond à l'aide de ses mains d'avec ce qu'il avait jugé angulaire, ni discerner avec ses yeux si ce que ses mains avaient senti être en haut ou en bas était en effet en haut ou en bas. Il était si loin de connaître les grandeurs, qu'après avoir enfin conçu par la vue que sa maison était plus grande que sa chambre, il ne concevait pas comment la vue pouvait donner cette idée. Ce ne fut qu'au bout de deux mois d'expérience qu'il put apercevoir que les tableaux représentaient des corps saillants; et lorsqu'après ce long tâtonnement d'un sens nouveau en lui, il eut senti que des corps, et non des surfaces seules, étaient peints dans les tableaux, il y porta la main, et fut étonné de ne point trouver avec ses mains ces corps solides dont il commençait à apercevoir les représentations. Il demandait quel était le trompeur, du sens du toucher ou du sens de la vue.

Ce fut donc une décision irrévocable, que la manière dont nous voyons les choses n'est point du tout la suite immédiate des angles formés dans nos yeux; car ces angles mathématiques étaient dans les yeux de cet homme comme dans les nôtres, et ne lui servaient de rien sans le secours de l'expérience et des autres sens.

L'aventure de l'aveugle-né fut connue en France vers l'an 1735. L'auteur des *Éléments de Newton*, qui avait beaucoup vu Cheselden, fit mention de cette découverte importante; mais à peine y prit-on garde. Et même lorsqu'on fit ensuite à Paris la même opération de la cataracte sur un jeune homme qu'on prétendait privé de la vue dès son berceau, on négligea de suivre le développement journalier du sens de la vue en lui, et la marche de la nature. Le fruit de cette opération fut perdu pour les philosophes.

Comment nous représentons-nous les grandeurs et les distances? De la même façon dont nous imaginons les passions des hommes, par les couleurs qu'elles peignent sur leurs visages, et par l'altération qu'elles portent dans leurs traits. Il n'y a personne qui ne lise tout d'un coup sur le front d'un autre la douleur ou la colère. C'est la langue que la nature parle à tous les yeux; mais l'expérience seule apprend ce langage. Aussi l'expérience seule nous apprend que quand un objet est trop loin, nous le voyons confusément et faiblement. De là nous formons des idées, qui ensuite accompagnent toujours la sensation de la vue. Aussi tout homme qui, à dix pas, aura vu son cheval haut de cinq pieds, s'il voit, quelques minutes après, ce cheval gros comme un mouton, son ame, par un jugement involontaire, conclut à l'instant que ce cheval est très loin.

Il est bien vrai que quand je vois mon cheval de la grosseur d'un mouton, il se forme alors dans mon œil une peinture plus petite, un angle plus aigu; mais c'est là ce qui accompagne, non ce qui cause mon sentiment. De même il se fait un autre ébranlement dans mon cerveau quand je vois un homme rougir de honte, que quand je le vois rougir de colère; mais ces différentes impressions ne m'apprendraient rien de ce qui se passe dans l'ame de cet homme, sans l'expérience, dont la voix seule se fait entendre.

Loin que cet angle soit la cause immédiate de ce que je juge qu'un grand cheval est très loin quand je vois ce cheval fort petit, il arrive au contraire, à tous les moments, que je vois ce même cheval également grand, à dix pas, à vingt, à trente, à quarante pas, quoique l'angle à dix pas soit double, triple, quadruple. Je regarde de fort loin, par un petit trou, un homme posté sur un toit : le lointain et le peu de rayons m'empêchent d'abord de distinguer si c'est un homme; l'objet me paraît très petit; je crois voir une statue de deux pieds tout au plus : l'objet se remue, je juge que c'est un homme, et dès ce même instant cet homme me paraît de la grandeur ordinaire. D'où viennent ces deux jugements si différents? Quand j'ai cru voir une statue, je l'ai imaginée de deux pieds, parceque je la voyais sous un tel angle; nulle expérience ne pliait mon ame à démentir les traits imprimés dans ma rétine : mais dès que j'ai jugé que c'était un homme, la liaison mise par l'expérience dans mon cerveau entre l'idée d'un homme et l'idée de la hauteur de cinq à six pieds me force, sans que j'y pense, à imaginer, par un jugement soudain, que je vois un homme de telle hauteur, et à voir une telle hauteur en effet.

Il faut absolument conclure de tout ceci que les distances, les grandeurs, les situations, ne sont pas, à proprement parler, des choses visibles, c'est-à-dire ne sont pas les objets propres et immédiats de la vue. L'objet propre et immédiat de la vue n'est autre chose que la lumière colorée; tout le reste, nous ne le sentons qu'à la longue et par expérience. Nous apprenons à voir, précisément comme nous apprenons à parler et à lire. La différence est que l'art de voir est plus facile, et que la nature est également à tous notre maître.

Les jugements soudains, presque uniformes, que toutes nos ames, à un certain âge, portent des distances, des grandeurs, des situations, nous font penser qu'il n'y a qu'à ouvrir les yeux pour voir de la manière dont nous voyons. On se trompe; il y faut le secours des autres sens. Si les hommes n'avaient que le sens de la vue, ils n'auraient aucun moyen pour connaître l'étendue en longueur, largeur et profondeur [1]; et un pur esprit ne la connaîtrait pas peut-être, à moins que Dieu ne la lui révélât. Il est très difficile de séparer dans notre entendement l'extension d'un objet d'avec les couleurs de cet objet. Nous ne voyons jamais rien que d'étendu, et de là nous sommes tous portés à croire que nous voyons en effet l'étendue. Nous ne pouvons guère distinguer dans notre ame ce jaune que nous voyons dans un louis d'or, d'avec ce louis d'or dont nous voyons le jaune. C'est comme, lorsque nous entendons prononcer ce mot *louis d'or*, nous ne pouvons nous empêcher d'attacher malgré nous l'idée de cette monnaie au son que nous entendons prononcer.

Si tous les hommes parlaient la même langue, nous serions toujours prêts à croire qu'il y aurait une connexion nécessaire entre les mots et les idées. Or tous les hommes ont ici le même langage en fait d'imagination. La nature leur dit à tous : Quand vous aurez vu des couleurs pendant un certain temps, votre imagination vous représentera à tous, de la même façon, les corps auxquels ces couleurs semblent attachées.

---

[1] Voyez, dans les *Éléments de la philosophie de Newton* (*Mélanges*, année 1738), une note sur cette question, chap. vii de la deuxième partie. K.

Ce jugement prompt et involontaire que vous formerez, vous sera utile dans le cours de votre vie; car s'il fallait attendre, pour estimer les distances, les grandeurs, les situations de tout ce qui vous environne, que vous eussiez examiné des angles et des rayons visuels, vous seriez mort avant que de savoir si les choses dont vous avez besoin sont à dix pas de vous ou à cent millions de lieues, et si elles sont de la grosseur d'un ciron ou d'une montagne : il vaudrait beaucoup mieux pour vous être nés aveugles.

Nous avons donc peut-être grand tort quand nous disons que nos sens nous trompent. Chacun de nos sens fait la fonction à laquelle la nature l'a destiné. Ils s'aident mutuellement, pour envoyer à notre ame, par les mains de l'expérience, la mesure des connaissances que notre être comporte. Nous demandons à nos sens ce qu'ils ne sont point faits pour nous donner. Nous voudrions que nos yeux nous fissent connaître la solidité, la grandeur, la distance, etc.; mais il faut que le toucher s'accorde en cela avec la vue, et que l'expérience les seconde. Si le P. Malebranche avait envisagé la nature par ce côté, il eût attribué peut-être moins d'erreurs à nos sens, qui sont les seules sources de toutes nos idées.

Il ne faut pas, sans doute, étendre à tous les cas cette espèce de métaphysique que nous venons de voir : nous ne devons l'appeler au secours que quand les mathématiques nous sont insuffisantes.

DIVINITÉ DE JÉSUS[1].

Les sociniens, qui sont regardés comme des blasphémateurs, ne reconnaissent point la divinité de Jésus-Christ. Ils osent prétendre, avec les philosophes de l'antiquité, avec les Juifs, les mahométans, et tant d'autres nations, que l'idée d'un Dieu homme est monstrueuse, que la distance d'un Dieu à l'homme est infinie, et qu'il est impossible que l'Être infini, immense, éternel, ait été contenu dans un corps périssable.

Ils ont la confiance de citer en leur faveur Eusèbe, évêque de Césarée, qui, dans son *Histoire ecclésiastique*, livre I, chap. XI, déclare qu'il est absurde que la nature non engendrée, immuable, du Dieu tout puissant, prenne la forme d'un homme. Ils citent les pères de l'Église Justin et Tertullien, qui ont dit la même chose : Justin dans son Dialogue avec Tryphon, et Tertullien dans son Discours contre Praxéas.

Ils citent saint Paul, qui n'appelle jamais Jésus-Christ Dieu, et qui l'appelle homme très souvent. Ils poussent l'audace jusqu'au point d'affirmer que les chrétiens passèrent trois siècles entiers à former peu-à-peu l'apothéose de Jésus, et qu'ils n'élevaient cet étonnant édifice qu'à l'exemple des païens, qui avaient divinisé des mortels. D'abord, selon eux, on ne regarda Jésus que comme un homme inspiré de Dieu ; ensuite comme une créature plus parfaite que les autres. On lui donna quelque temps après une place

[1] *Dictionnaire philosophique*, 1767. B.

au-dessus des anges, comme le dit saint Paul [1]. Chaque jour ajoutait à sa grandeur. Il devint une émanation de Dieu produite dans le temps. Ce ne fut pas assez; on le fit naître avant le temps même. Enfin on le fit Dieu consubstantiel à Dieu. Crellius, Voquelsius, Natalis Alexander, Hornebeck, ont appuyé tous ces blasphèmes par des arguments qui étonnent les sages et qui pervertissent les faibles. Ce fut surtout Fauste Socin qui répandit les semences de cette doctrine dans l'Europe; et sur la fin du seizième siècle il s'en est peu fallu qu'il n'établît une nouvelle espèce de christianisme : il y en avait déjà eu plus de trois cents espèces.

DIVORCE.

SECTION PREMIÈRE [2].

Il est dit dans l'*Encyclopédie*, à l'article DIVORCE, que « l'usage du divorce ayant été porté dans les Gaules « par les Romains, ce fut ainsi que Bissine ou Bazine « quitta le roi de Thuringe, son mari, pour suivre « Childéric, qui l'épousa. » C'est comme si on disait que les Troyens ayant établi le divorce à Sparte, Hélène répudia Ménélas, suivant la loi, pour s'en aller avec Pâris en Phrygie.

La fable agréable de Pâris, et la fable ridicule de Childéric, qui n'a jamais été roi de France, et qu'on prétend avoir enlevé Bazine, femme de Bazin, n'ont rien de commun avec la loi du divorce.

---

[1] Hebr., I, 4. B.
[2] Cette première section formait tout l'article dans les *Questions sur l'Encyclopédie*, quatrième partie, 1771. B.

On cite encore Cherebert, régule de la petite ville de Lutèce près d'Issi, *Lutetia Parisiorum*, qui répudia sa femme. L'abbé Velli, dans son *Histoire de France*, dit que ce Cherebert, ou Caribert, répudia sa femme Ingoberge pour épouser Mirefleur, fille d'un artisan, et ensuite Theudegilde, fille d'un berger, qui « fut élevée sur le premier trône de l'empire « français. »

Il n'y avait alors ni premier ni second trône chez ces barbares, que l'empire romain ne reconnut jamais pour rois. Il n'y avait point d'empire français.

L'empire des Francs ne commença que par Charlemagne. Il est fort douteux que le mot *Mirefleur* fût en usage dans la langue welche ou gauloise, qui était un patois du jargon celte : ce patois n'avait pas des expressions si douces.

Il est dit encore que le réga ou régule Chilpéric, seigneur de la province du Soissonnais, et qu'on appelle *roi de France*, fit un divorce avec la reine Andove ou Andovère; et voici la raison de ce divorce.

Cette Andovère, après avoir donné au seigneur de Soissons trois enfants mâles, accoucha d'une fille. Les Francs étaient en quelque façon chrétiens depuis Clovis. Andovère, étant relevée de couche, présenta sa fille au baptême. Chilpéric de Soissons, qui apparemment était fort las d'elle, lui déclara que c'était un crime irrémissible d'être marraine de son enfant, qu'elle ne pouvait plus être sa femme par les lois de l'Église, et il épousa Frédégonde; après quoi il chassa Frédégonde, épousa une Visigothe, et puis reprit Frédégonde.

Tout cela n'a rien de bien légal, et ne doit pas plus être cité que ce qui se passait en Irlande et dans les îles Orcades.

Le code Justinien, que nous avons adopté en plusieurs points, autorise le divorce; mais le droit canonique, que les catholiques ont encore plus adopté, ne le permet pas.

L'auteur de l'article dit que « le divorce se pratique « dans les états d'Allemagne de la confession d'Augs- « bourg. »

On peut ajouter que cet usage est établi dans tous les pays du Nord, chez tous les réformés de toutes les confessions possibles, et dans toute l'Église grecque.

Le divorce est probablement de la même date à peu près que le mariage. Je crois pourtant que le mariage est de quelques semaines plus ancien; c'est-à-dire qu'on se querella avec sa femme au bout de quinze jours, qu'on la battit au bout d'un mois, et qu'on s'en sépara après six semaines de cohabitation.

Justinien, qui rassembla toutes les lois faites avant lui, auxquelles il ajouta les siennes, non seulement confirme celle du divorce, mais il lui donne encore plus d'étendue; au point que toute femme dont le mari était, non pas esclave, mais simplement prisonnier de guerre pendant cinq ans, pouvait, après les cinq ans révolus, contracter un autre mariage.

Justinien était chrétien, et même théologien : comment donc arriva-t-il que l'Église dérogeât à ses lois? Ce fut quand l'Église devint souveraine et législatrice. Les papes n'eurent pas de peine à substituer leurs décrétales au code dans l'Occident, plongé dans l'ignorance et dans la barbarie. Ils profitèrent tellement de la stupidité des hommes, qu'Honorius III, Grégoire IX, Innocent III, défendirent par leurs bulles qu'on enseignât le droit civil. On peut dire de cette hardiesse : Cela n'est pas croyable, mais cela est vrai.

Comme l'Église jugea seule du mariage, elle jugea seule du divorce. Point de prince qui ait fait un divorce et qui ait épousé une seconde femme sans l'ordre du pape avant Henri VIII, roi d'Angleterre, qui ne se passa du pape qu'après avoir long-temps sollicité son procès en cour de Rome.

Cette coutume, établie dans des temps d'ignorance, se perpétua dans les temps éclairés, par la seule raison qu'elle existait. Tout abus s'éternise de lui-même; c'est l'écurie d'Augias, il faut un Hercule pour la nettoyer.

Henri IV ne put être père d'un roi de France que par une sentence du pape : encore fallut-il, comme on l'a déja remarqué [1], non pas prononcer un divorce, mais mentir en prononçant qu'il n'y avait point eu de mariage.

SECTION II [2].

DOGMES [3].

On sait que toute croyance enseignée par l'Église

---

[1] Voyez l'article ADULTÈRE, tome XXVI, page 107, et l'*Histoire du Parlement*, ch. XLI. B.

[2] Cette seconde section se composait du *Mémoire d'un magistrat écrit vers l'an* 1764, qui fait partie de l'article ADULTÈRE, tome XXVI, page 104. B.

[3] Article ajouté dans l'édition de 1765 du *Dictionnaire philosophique*. Il

est un dogme qu'il faut embrasser. Il est triste qu'il y ait des dogmes reçus par l'Église latine, et rejetés par l'Église grecque. Mais si l'unanimité manque, la charité la remplace : c'est surtout entre les cœurs qu'il faudrait de la réunion.

Je crois que nous pouvons, à ce propos, rapporter un songe qui a déjà trouvé grace devant quelques personnes pacifiques.

Le 18 février de l'an 1763 de l'ère vulgaire, le soleil entrant dans le signe des poissons, je fus transporté au ciel, comme le savent tous mes amis. Ce ne fut point la jument Borac de Mahomet qui fut ma monture; ce ne fut point le char enflammé d'Élie qui fut ma voiture; je ne fus porté ni sur l'éléphant de Sammonocodom le Siamois, ni sur le cheval de saint George patron de l'Angleterre, ni sur le cochon de saint Antoine : j'avoue avec ingénuité que mon voyage se fit je ne sais comment.

On croira bien que je fus ébloui; mais ce qu'on ne croira pas, c'est que je vis juger tous les morts. Et qui étaient les juges? C'étaient, ne vous en déplaise, tous ceux qui ont fait du bien aux hommes, Confucius, Solon, Socrate, Titus, les Antonins, Épictète, Charron, De Thou, le chancelier de L'Hospital; tous les grands hommes qui, ayant enseigné et pratiqué les vertus que Dieu exige, semblent seuls être en droit de prononcer ses arrêts.

Je ne dirai point sur quels trônes ils étaient assis,

---

commençait par le troisième alinéa : « Le 18 février; etc. » Les deux premiers alinéa sont de 1771, *Questions sur l'Encyclopédie*, quatrième partie. B.

ni combien de millions d'êtres célestes étaient prosternés devant l'éternel architecte de tous les globes, ni quelle foule d'habitants de ces globes innombrables comparut devant les juges. Je ne rendrai compte ici que de quelques petites particularités tout-à-fait intéressantes dont je fus frappé.

Je remarquai que chaque mort qui plaidait sa cause, et qui étalait ses beaux sentiments, avait à côté de lui tous les témoins de ses actions. Par exemple, quand le cardinal de Lorraine se vantait d'avoir fait adopter quelques unes de ses opinions par le concile de Trente, et que, pour prix de son orthodoxie, il demandait la vie éternelle, tout aussitôt paraissaient autour de lui vingt courtisanes ou dames de la cour, portant toutes sur le front le nombre de leurs rendez-vous avec le cardinal. On voyait ceux qui avaient jeté avec lui les fondements de la Ligue; tous les complices de ses desseins pervers venaient l'environner.

Vis-à-vis du cardinal de Lorraine était Jean Chauvin, qui se vantait, dans son patois grossier, d'avoir donné des coups de pied à l'idole papale, après que d'autres l'avaient abattue. J'ai écrit contre la peinture et la sculpture, disait-il; j'ai fait voir évidemment que les bonnes œuvres ne servent à rien du tout, et j'ai prouvé qu'il est diabolique de danser le menuet : chassez vite d'ici le cardinal de Lorraine, et placez-moi à côté de saint Paul.

Comme il parlait, on vit auprès de lui un bûcher enflammé; un spectre épouvantable, portant au cou une fraise espagnole à moitié brûlée, sortait du milieu des flammes avec des cris affreux. Monstre, s'écriait-il, monstre exécrable, tremble! reconnais ce Servet que tu as fait périr par le plus cruel des supplices, parcequ'il avait disputé contre toi sur la manière dont trois personnes peuvent faire une seule substance. Alors tous les juges ordonnèrent que le cardinal de Lorraine serait précipité dans l'abîme, mais que Calvin serait puni plus rigoureusement [1].

Je vis une foule prodigieuse de morts qui disaient: J'ai cru, j'ai cru; mais sur leur front il était écrit, J'ai fait; et ils étaient condamnés.

Le jésuite Le Tellier paraissait fièrement, la bulle *Unigenitus* à la main. Mais à ses côtés s'éleva tout d'un coup un monceau de deux mille lettres de cachet. Un janséniste y mit le feu: Le Tellier fut brûlé jusqu'aux os; et le janséniste, qui n'avait pas moins cabalé que le jésuite, eut sa part de la brûlure.

Je voyais arriver à droite et à gauche des troupes de fakirs, de talapoins, de bonzes, de moines blancs, noirs, et gris, qui s'étaient tous imaginé que, pour faire leur cour à l'Être suprême, il fallait ou chanter, ou se fouetter, ou marcher tout nus. J'entendis une voix terrible qui leur demanda: Quel bien avez-vous fait aux hommes? A cette voix succéda un morne silence; aucun n'osa répondre, et ils furent tous conduits aux Petites-Maisons de l'univers: c'est un des plus grands bâtiments qu'on puisse imaginer.

L'un criait, C'est aux métamorphoses de Xaca qu'il faut croire; l'autre, C'est à celles de Sammonocodom. Bacchus arrêta le soleil et la lune, disait celui-ci;

---

[1] Cela n'est pas juste; le cardinal de Lorraine avait allumé plus de bûchers que Calvin. K.

Les dieux ressuscitèrent Pélops, disait celui-là; Voici la bulle *in Cœnâ Domini*, disait un nouveau venu; et l'huissier des juges criait, Aux Petites-Maisons, aux Petites-Maisons !

Quand tous ces procès furent vidés, j'entendis alors promulguer cet arrêt : DE PAR L'ÉTERNEL, CRÉATEUR, CONSERVATEUR, RÉMUNÉRATEUR, VENGEUR, PARDONNEUR, etc., etc., soit notoire à tous les habitants des cent mille millions de milliards de mondes qu'il nous a plu de former, que nous ne jugerons jamais aucun desdits habitants sur leurs idées creuses, mais uniquement sur leurs actions; car telle est notre justice.

J'avoue que ce fut la première fois que j'entendis un tel édit : tous ceux que j'avais lus sur le petit grain de sable où je suis né finissaient par ces mots, *Car tel est notre plaisir.*

DONATIONS[1].

La république romaine, qui s'empara de tant d'états, en donna aussi quelques uns.

Scipion fit Massinisse roi de Numidie.

Lucullus, Sylla, Pompée, donnèrent une demi-douzaine de royaumes.

Cléopâtre reçut l'Égypte de César; Antoine, et ensuite Octave, donnèrent le petit royaume de Judée à Hérode.

Sous Trajan, on frappa la fameuse médaille *regna assignata*, les royaumes accordés.

Des villes, des provinces données en souveraineté à

---

[1] *Questions sur l'Encyclopédie*, quatrième partie, 1771. B.

des prêtres, à des colléges, pour la plus grande gloire de Dieu ou des dieux, c'est ce qu'on ne voit dans aucun pays.

Mahomet et les califes ses vicaires prirent beaucoup d'états pour la propagation de leur foi, mais on ne leur fit aucune donation : ils ne tenaient rien que de leur *Alcoran* et de leur sabre.

La religion chrétienne, qui fut d'abord une société de pauvres, ne vécut long-temps que d'aumônes. La première donation est celle d'Anania et de Saphira sa femme : elle fut en argent comptant, et ne réussit pas aux donateurs.

DONATION DE CONSTANTIN.

La célèbre donation de Rome et de toute l'Italie au pape Silvestre, par l'empereur Constantin, fut soutenue comme une partie du symbole jusqu'au seizième siècle. Il fallait croire que Constantin, étant à Nicomédie, fut guéri de la lèpre à Rome par le baptême qu'il reçut de l'évêque Silvestre (quoiqu'il ne fût point baptisé), et que pour récompense il donna sur-le-champ sa ville de Rome et toutes ses provinces occidentales à ce Silvestre. Si l'acte de cette donation avait été dressé par le docteur de la comédie italienne, il n'aurait pas été plus plaisamment conçu. On ajoute que Constantin déclara tous les chanoines de Rome consuls et patrices, *patricios et consules effici ;* qu'il tint lui-même la bride de la haquenée sur laquelle monta le nouvel empereur évêque, *tenentes frenum equi illius* [1].

---

[1] Voyez, tome XV, *Essai sur les mœurs*, page 372, où cette donation se trouve traduite en entier. K.

Quand on fait réflexion que cette belle histoire a été en Italie une espèce d'article de foi, et une opinion révérée du reste de l'Europe pendant huit siècles, qu'on a poursuivi comme des hérétiques ceux qui en doutaient, il ne faut plus s'étonner de rien.

DONATION DE PEPIN.

Aujourd'hui on n'excommunie plus personne pour avoir douté que Pepin l'usurpateur ait donné et pu donner au pape l'exarchat de Ravenne; c'est tout au plus une mauvaise pensée, un péché véniel qui n'entraîne point la perte du corps et de l'ame.

Voici ce qui pourrait excuser les jurisconsultes allemands qui ont des scrupules sur cette donation.

1° Le bibliothécaire Anastase, dont le témoignage est toujours cité, écrivait cent quarante ans après l'événement.

2° Il n'était point vraisemblable que Pepin, mal affermi en France, et à qui l'Aquitaine fesait la guerre, allât donner en Italie des états qu'il avouait appartenir à l'empereur résidant à Constantinople.

3° Le pape Zacharie reconnaissait l'empereur romain-grec pour souverain de ces terres disputées par les Lombards, et lui en avait prêté serment, comme il se voit par les lettres de cet évêque de Rome Zacharie à l'évêque de Mayence Boniface. Donc Pepin ne pouvait donner au pape les terres impériales.

4° Quand le pape Étienne II fit venir une lettre du ciel, écrite de la propre main de saint Pierre à Pepin, pour se plaindre des vexations du roi des Lombards

Astolfe, saint Pierre ne dit point du tout dans sa lettre que Pepin eût fait présent de l'exarchat de Ravenne au pape; et certainement saint Pierre n'y aurait pas manqué, pour peu que la chose eût été seulement équivoque; il entend trop bien ses intérêts.

5° Enfin, on ne vit jamais l'acte de cette donation; et, ce qui est plus fort, on n'osa pas même en fabriquer un faux. Il n'est pour toute preuve que des récits vagues mêlés de fables. On n'a donc, au lieu de certitude, que des écrits de moines absurdes, copiés de siècle en siècle.

L'avocat italien qui écrivit, en 1722, pour faire voir qu'originairement Parme et Plaisance avaient été concédés au saint-siége comme une dépendance de l'exarchat[a], assure que « les empereurs grecs furent juste-« ment dépouillés de leurs droits, parcequ'ils avaient « soulevé les peuples contre Dieu. » C'est de nos jours qu'on écrit ainsi! mais c'est à Rome. Le cardinal Bellarmin va plus loin : « Les premiers chrétiens, dit-il, « ne supportaient les empereurs que parcequ'ils n'é-« taient pas les plus forts. » L'aveu est franc, et je suis persuadé que Bellarmin a raison.

DONATION DE CHARLEMAGNE.

Dans le temps que la cour de Rome croyait avoir besoin de titres, elle prétendit que Charlemagne avait confirmé la donation de l'exarchat, et qu'il y avait ajouté la Sicile, Venise, Bénévent, la Corse, la Sardaigne. Mais comme Charlemagne ne possédait aucun

---

[a] Page 120, seconde partie.

de ces états, il ne pouvait les donner; et quant à la ville de Ravenne, il est bien clair qu'il la garda, puisque dans son testament il fait un legs à sa ville de Ravenne, ainsi qu'à sa ville de Rome. C'est beaucoup que les papes aient eu Ravenne et la Romagne avec le temps; mais pour Venise, il n'y a point d'apparence qu'ils fassent valoir dans la place Saint-Marc le diplôme qui leur en accorde la souveraineté.

On a disputé pendant des siècles sur tous ces actes, instruments, diplômes. Mais c'est une opinion constante, dit Giannone, ce martyr de la vérité, que toutes ces pièces furent forgées du temps de Grégoire VII[a] :
« È constante opinione presso i più gravi scrittori, che
« tutti questi instrumenti e diplomi furono supposti
« ne' tempi d'Ildebrando. »

DONATION DE BÉNÉVENT PAR L'EMPEREUR HENRI III.

La première donation bien avérée qu'on ait faite au siége de Rome, fut celle de Bénévent; et ce fut un échange de l'empereur Henri III avec le pape Léon IX : il n'y manqua qu'une formalité, c'est qu'il eût fallu que l'empereur qui donnait Bénévent en fût le maître. Elle appartenait aux ducs de Bénévent, et les empereurs romains-grecs réclamaient leurs droits sur ce duché. Mais l'histoire n'est autre chose que la liste de ceux qui se sont accommodés du bien d'autrui.

DONATION DE LA COMTESSE MATHILDE.

La plus considérable des donations, et la plus au-

[a] Liv. IX, ch. III.

thentique, fut celle de tous les biens de la fameuse comtesse Mathilde à Grégoire VII. C'était une jeune veuve qui donnait tout à son directeur. Il passe pour constant que l'acte en fut réitéré deux fois, et ensuite confirmé par son testament.

Cependant il reste encore quelque difficulté. On a toujours cru à Rome que Mathilde avait donné tous ses états, tous ses biens présents et à venir à son ami Grégoire VII, par un acte solennel, dans son château de Canossa, en 1077, pour le remède de son ame et de l'ame de ses parents. Et pour corroborer ce saint instrument, on nous en montre un second de l'an 1102, par lequel il est dit que c'est à Rome qu'elle a fait cette donation, laquelle s'est égarée, et qu'elle la renouvelle, et toujours pour le remède de son ame.

Comment un acte si important était-il égaré ? la cour romaine est-elle si négligente ? comment cet instrument écrit à Canosse avait-il été écrit à Rome ? que signifient ces contradictions ? Tout ce qui est bien clair, c'est que l'ame des donataires se portait mieux que l'ame de la donatrice qui avait besoin, pour se guérir, de se dépouiller de tout en faveur de ses médecins.

Enfin, voilà donc, en 1102, une souveraine réduite, par un acte en forme, à ne pouvoir pas disposer d'un arpent de terre ; et depuis cet acte jusqu'à sa mort, en 1115, on trouve encore des donations de terres considérables, faites par cette même Mathilde à des chanoines et à des moines. Elle n'avait donc pas tout donné. Et enfin cet acte de 1102 pourrait bien avoir été fait après sa mort par quelque habile homme.

La cour de Rome ajouta encore à tous ses droits le testament de Mathilde qui confirmait ses donations. Les papes ne produisirent jamais ce testament.

Il fallait encore savoir si cette riche comtesse avait pu disposer de ses biens, qui étaient la plupart des fiefs de l'empire.

L'empereur Henri V, son héritier, s'empara de tout, ne reconnut ni testament, ni donations, ni fait, ni droit. Les papes, en temporisant, gagnèrent plus que les empereurs en usant de leur autorité; et, avec le temps, ces césars devinrent si faibles, qu'enfin les papes ont obtenu de la succession de Mathilde ce qu'on appelle aujourd'hui le *patrimoine de Saint-Pierre*.

DONATION DE LA SUZERAINETÉ DE NAPLES AUX PAPES.

Les gentilshommes normands, qui furent les premiers instruments de la conquête de Naples et de Sicile, firent le plus bel exploit de chevalerie dont on ait jamais entendu parler. Quarante à cinquante hommes seulement délivrent Salerne au moment qu'elle est prise par une armée de Sarrasins. Sept autres gentilshommes normands, tous frères, suffisent pour chasser ces mêmes Sarrasins de toute la contrée, et pour l'ôter à l'empereur grec qui les avait payés d'ingratitude. Il est bien naturel que les peuples dont ces héros avaient ranimé la valeur, s'accoutumassent à leur obéir par admiration et par reconnaissance.

Voilà les premiers droits à la couronne des Deux-Siciles. Les évêques de Rome ne pouvaient pas donner ces états en fief plus que le royaume de Boutan ou de Cachemire.

Ils ne pouvaient même en accorder l'investiture, quand on la leur aurait demandée; car dans le temps de l'anarchie des fiefs, quand un seigneur voulait tenir son bien allodial en fief pour avoir une protection, il ne pouvait s'adresser qu'au souverain, au chef du pays où ce bien était situé. Or certainement le pape n'était pas seigneur souverain de Naples, de la Pouille et de la Calabre.

On a beaucoup écrit sur cette vassalité prétendue, mais on n'a jamais remonté à la source. J'ose dire que c'est le défaut de presque tous les jurisconsultes, comme de tous les théologiens. Chacun tire bien ou mal, d'un principe reçu, les conséquences les plus favorables à son parti. Mais ce principe est-il vrai? ce premier fait, sur lequel ils s'appuient, est-il incontestable? c'est ce qu'ils se donnent bien de garde d'examiner. Ils ressemblent à nos anciens romanciers, qui supposaient tous que Francus avait apporté en France le casque d'Hector. Ce casque était impénétrable sans doute; mais Hector en effet l'avait-il porté? Le lait de la Vierge est aussi très respectable; mais vingt sacristies qui se vantent d'en posséder une roquille, la possèdent-elles en effet?

Les hommes de ce temps-là, aussi méchants qu'imbéciles, ne s'effrayaient pas des plus grands crimes, et redoutaient une excommunication qui les rendait exécrables aux peuples, encore plus méchants qu'eux, et beaucoup plus sots.

Robert Guiscard et Richard, vainqueurs de la Pouille et de la Calabre, furent d'abord excommuniés par le pape Léon IX. Ils s'étaient déclarés vassaux de l'empire; mais l'empereur Henri III, mécontent de ces feudataires conquérants, avait engagé Léon IX à lancer l'excommunication à la tête d'une armée d'Allemands. Les Normands, qui ne craignaient point ces foudres comme les princes d'Italie les craignaient, battirent les Allemands, et prirent le pape prisonnier; mais pour empêcher désormais les empereurs et les papes de venir les troubler dans leurs possessions, ils offrirent leurs conquêtes à l'Église sous le nom d'*oblata*. C'est ainsi que l'Angleterre avait payé le *denier de saint Pierre*; c'est ainsi que les premiers rois d'Espagne et de Portugal, en recouvrant leurs états contre les Sarrasins, promirent à l'Église de Rome deux livres d'or par an : ni l'Angleterre, ni l'Espagne, ni le Portugal, ne regardèrent jamais le pape comme leur seigneur suzerain.

Le duc Robert, oblat de l'Église, ne fut pas non plus feudataire du pape; il ne pouvait pas l'être, puisque les papes n'étaient pas souverains de Rome. Cette ville alors était gouvernée par son sénat, et l'évêque n'avait que du crédit; le pape était à Rome précisément ce que l'électeur est à Cologne. Il y a une différence prodigieuse entre être oblat d'un saint et être feudataire d'un évêque.

Baronius, dans ses Actes, rapporte l'hommage prétendu fait par Robert, duc de la Pouille et de la Calabre, à Nicolas II; mais cette pièce est suspecte comme tant d'autres : on ne l'a jamais vue; elle n'a jamais été dans aucune archive. Robert s'intitula, *Duc par la grace de Dieu et de saint Pierre;* mais certainement *saint Pierre* ne lui avait rien donné, et n'était point roi de Rome.

Les autres papes, qui n'étaient pas plus rois que saint Pierre, reçurent sans difficulté l'hommage de tous les princes qui se présentèrent pour régner à Naples, surtout quand ces princes furent les plus forts.

DONATION DE L'ANGLETERRE ET DE L'IRLANDE AUX PAPES, PAR LE ROI JEAN.

En 1213, le roi Jean, vulgairement nommé *Jean-sans-Terre*, et plus justement *sans vertu*, étant excommunié, et voyant son royaume mis en interdit, le donna au pape Innocent III et à ses successeurs. « Non contraint par aucune crainte, mais de mon « plein gré et de l'avis de mes barons, pour la rémis-« sion de mes péchés contre Dieu et l'Église, je rési-« gne l'Angleterre et l'Irlande à Dieu, à saint Pierre, « à saint Paul, et à monseigneur le pape Innocent, et « à ses successeurs dans la chaire apostolique. »

Il se déclara feudataire, lieutenant du pape; paya d'abord huit mille livres sterling comptant au légat Pandolphe; promit d'en payer mille tous les ans; donna la première année d'avance au légat, qui la foula aux pieds; et jura entre ses genoux qu'il se soumettait à tout perdre faute de payer à l'échéance.

Le plaisant de cette cérémonie fut que le légat s'en alla avec son argent, et oublia de lever l'excommunication.

EXAMEN DE LA VASSALITÉ DE NAPLES ET DE L'ANGLETERRE.

On demande laquelle vaut le mieux de la donation de Robert Guiscard, ou de celle de Jean-sans-Terre : tous deux avaient été excommuniés ; tous deux donnaient leurs états à saint Pierre, et n'en étaient plus que les fermiers. Si les barons anglais s'indignèrent du marché infame de leur roi avec le pape, et le cassèrent, les barons napolitains ont pu casser celui du duc Robert ; et s'ils l'ont pu autrefois, ils le peuvent aujourd'hui.

De deux choses l'une, ou l'Angleterre et la Pouille étaient données au pape selon la loi de l'Église, ou selon la loi des fiefs ; ou comme à un évêque, ou comme à un souverain. Comme à un évêque, c'était précisément contre la loi de Jésus-Christ, qui défendit si souvent à ses disciples de rien prendre, et qui leur déclara que son royaume n'est point de ce monde[1].

Si comme à un souverain, c'était un crime de lèse-majesté impériale. Les Normands avaient déjà fait hommage à l'empereur. Ainsi nul droit, ni spirituel ni temporel, n'appartenait aux papes dans cette affaire. Quand le principe est si vicieux, tous les effets le sont. Naples n'appartient donc pas plus au pape que l'Angleterre.

Il y a encore une autre façon de se pourvoir contre cet ancien marché ; c'est le droit des gens, plus fort que le droit des fiefs. Ce droit des gens ne veut pas

---

[1] Saint Jean, XVIII, 36. B.

qu'un souverain appartienne à un autre souverain; et la loi la plus ancienne est qu'on soit le maître chez soi, à moins qu'on ne soit le plus faible.

DES DONATIONS FAITES PAR LES PAPES.

Si on a donné des principautés aux évêques de Rome, ils en ont donné bien davantage. Il n'y a pas un seul trône en Europe dont ils n'aient fait présent. Dès qu'un prince avait conquis un pays, ou même voulait le conquérir, les papes le lui accordaient au nom de saint Pierre. Quelquefois même ils firent les avances, et l'on peut dire qu'ils ont donné tous les royaumes, excepté celui des cieux.

Peu de gens en France savent que Jules II donna les états du roi Louis XII à l'empereur Maximilien, qui ne put s'en mettre en possession; et l'on ne se souvient pas assez que Sixte-Quint, Grégoire XIV, et Clément VIII, furent près de faire une libéralité de la France à quiconque Philippe II aurait choisi pour le mari de sa fille Claire-Eugénie.

Quant aux empereurs, il n'y en a pas un depuis Charlemagne que la cour de Rome n'ait prétendu avoir nommé. C'est pourquoi Swift, dans son *Conte du Tonneau*, dit que milord Pierre devint tout-à-fait fou, et que Martin et Jean, ses frères, voulurent le faire enfermer par avis de parents. Nous ne rapportons cette témérité que comme un blasphème plaisant d'un prêtre anglais contre l'évêque de Rome.

Toutes ces donations disparaissent devant celles des Indes orientales et occidentales, dont Alexandre VI investit l'Espagne et le Portugal de sa pleine puissance et autorité divine : c'était donner presque toute la terre. Il pouvait donner de même les globes de Jupiter et de Saturne avec leurs satellites.

DONATIONS ENTRE PARTICULIERS.

Les donations des citoyens se traitent tout différemment. Les codes des nations sont convenus d'abord unanimement que personne ne peut donner le bien d'autrui, de même que personne ne peut le prendre. C'est la loi des particuliers.

En France la jurisprudence fut incertaine sur cet objet, comme sur presque tous les autres, jusqu'à l'année 1731, où l'équitable chancelier d'Aguesseau, ayant conçu le dessein de rendre enfin la loi uniforme, ébaucha très faiblement ce grand ouvrage par l'édit sur les *donations*. Il est rédigé en quarante-sept articles. Mais en voulant rendre uniformes toutes les formalités concernant les donations, on excepta la Flandre de la loi générale; et en exceptant la Flandre on oublia l'Artois, qui devrait jouir de la même exception; de sorte que six ans après la loi générale, on fut obligé d'en faire pour l'Artois une particulière.

On fit surtout ces nouveaux édits concernant les donations et les testaments, pour écarter tous les commentateurs qui embrouillent les lois; et on en a déjà fait dix commentaires.

Ce qu'on peut remarquer sur les donations, c'est qu'elles s'étendent beaucoup plus loin qu'aux particuliers à qui on fait un présent. Il faut payer pour chaque présent aux fermiers du domaine royal, droit de contrôle, droit d'insinuation, droit de centième denier, droit de deux sous pour livre, droit de huit sous pour livre.

De sorte que toutes les fois que vous donnez à un citoyen, vous êtes bien plus libéral que vous ne pensez; vous avez le plaisir de contribuer à enrichir les fermiers généraux : mais cet argent ne sort point du royaume, comme celui qu'on paie à la cour de Rome.

DORMANTS (LES SEPT)[1].

La fable imagina qu'un Épiménide avait dormi d'un somme pendant vingt-sept ans, et qu'à son réveil il fut tout étonné de trouver ses petits-enfants mariés qui lui demandaient son nom, ses amis morts, sa ville et les mœurs des habitants changés. C'était un beau champ à la critique, et un plaisant sujet de comédie. La légende a emprunté tous les traits de la fable, et les a grossis.

L'auteur de la *Légende dorée* ne fut pas le premier qui, au treizième siècle, au lieu d'un dormeur nous en donna sept, et en fit bravement sept martyrs. Il avait pris cette édifiante histoire chez Grégoire de Tours, écrivain véridique, qui l'avait prise chez Sigebert, qui l'avait prise chez Métaphraste, qui l'avait prise chez Nicéphore. C'est ainsi que la vérité arrive aux hommes de main en main.

Le révérend P. Pierre Ribadeneira, de la compa-

[1] *Questions sur l'Encyclopédie*, quatrième partie, 1771. B.

gnie de Jésus, enchérit encore sur la *Légende dorée* dans sa célèbre *Fleur des saints*, dont il est fait mention dans le *Tartufe* de Molière. Elle fut traduite, augmentée, et enrichie de tailles-douces, par le révérend P. Antoine Girard de la même société; rien n'y manque.

Quelques curieux seront peut-être bien aises de voir la prose du révérend P. Girard; la voici:

« Du temps de l'empereur Dèce, l'Église reçut une
« furieuse et épouvantable bourrasque. Entre les au-
« tres chrétiens l'on prit sept frères, jeunes, bien dis-
« pos, et de bonne grace, qui étaient enfants d'un
« chevalier d'Éphèse, et qui s'appelaient Maximien,
« Marie, Martinien, Denys, Jean, Sérapion, et Con-
« stantin. L'empereur leur ôta d'abord leur ceinture
« dorée... Ils se cachèrent dans une caverne; l'empe-
« reur en fit murer l'entrée pour les faire mourir de
« faim. »

Aussitôt ils s'endormirent tous sept, et ne se réveillèrent qu'après avoir dormi cent soixante et dix-sept ans.

Le P. Girard, loin de croire que ce soit un *conte à dormir debout*, en prouve l'authenticité par les arguments les plus démonstratifs : et quand on n'aurait d'autre preuve que les noms des sept assoupis, cela suffirait; on ne s'avise pas de donner des noms à des gens qui n'ont jamais existé. Les sept dormants ne pouvaient être ni trompés ni trompeurs. Aussi ce n'est pas pour contester cette histoire que nous en parlons, mais seulement pour remarquer qu'il n'y a pas un seul événement fabuleux de l'antiquité qui n'ait été rectifié par les anciens légendaires. Toute l'histoire d'Œdipe, d'Hercule, de Thésée, se trouve chez eux accommodée à leur manière. Ils ont peu inventé, mais ils ont beaucoup perfectionné.

J'avoue ingénument que je ne sais pas d'où Nicéphore avait tiré cette belle histoire. Je suppose que c'était de la tradition d'Éphèse; car la caverne des sept dormants, et la petite église qui leur est dédiée, subsistent encore. Les moins éveillés des pauvres Grecs y viennent faire leurs dévotions. Le chevalier Ricaut et plusieurs autres voyageurs anglais ont vu ces deux monuments; mais pour leurs dévotions, ils ne les y ont pas faites.

Terminons ce petit article par le raisonnement d'Abbadie : Voilà des *mémoriaux* institués pour célébrer à jamais l'aventure des sept dormants; aucun Grec n'en a jamais douté dans Éphèse; ces Grecs n'ont pu être abusés; ils n'ont pu abuser personne : donc l'histoire des sept dormants est incontestable.

DROIT[1].

Droit des gens, droit naturel.

SECTION PREMIÈRE.

Je ne connais rien de mieux sur ce sujet que ces vers de l'Arioste, au chant XLIV (st. 2) :

« Fan lega oggi re, papi e imperatori,
« Doman saran nimici capitali :

---

[1] Les deux sections qui forment cet article étaient dans les *Questions sur l'Encyclopédie*, quatrième partie, 1771. B.

« Perchè, qual l'apparenze esteriori,
« Non hanno i cor, non han gli animi tali,
« Che, non mirando al torto più che al dritto,
« Attendon solamente al lor profitto. »

Rois, empereurs, et successeurs de Pierre,
Au nom de Dieu signent un beau traité :
Le lendemain ces gens se font la guerre.
Pourquoi cela? C'est que la piété,
La bonne foi, ne les tourmentent guère,
Et que, malgré saint Jacque et saint Matthieu,
Leur intérêt est leur unique dieu.

S'il n'y avait que deux hommes sur la terre, comment vivraient-ils ensemble? ils s'aideraient, se nuiraient, se caresseraient, se diraient des injures, se battraient, se réconcilieraient, ne pourraient vivre l'un sans l'autre, ni l'un avec l'autre. Ils feraient comme tous les hommes font aujourd'hui. Ils ont le don du raisonnement; oui, mais ils ont aussi le don de l'instinct, et ils sentiront, et ils raisonneront, et ils agiront toujours comme ils y sont destinés par la nature.

Un Dieu n'est pas venu sur notre globe pour assembler le genre humain et pour lui dire : « J'ordonne aux
« Nègres et aux Cafres d'aller tout nus, et de manger
« des insectes.

« J'ordonne aux Samoïèdes de se vêtir de peaux de
« rangifères, et d'en manger la chair, tout insipide
« qu'elle est, avec du poisson séché et puant, le tout
« sans sel. Les Tartares du Thibet croiront tout ce que
« leur dira le dalaï-lama; et les Japonais croiront tout
« ce que leur dira le daïri.

« Les Arabes ne mangeront point de cochon, et les
« Vestphaliens ne se nourriront que de cochon.

« Je vais tirer une ligne du mont Caucase à l'Égypte,
« et de l'Égypte au mont Atlas : tous ceux qui habite-
« ront à l'orient de cette ligne pourront épouser plu-
« sieurs femmes; ceux qui seront à l'occident n'en au-
« ront qu'une.

« Si vers le golfe Adriatique, depuis Zara jusqu'à la
« Polésine, ou vers les marais du Rhin et de la Meuse,
« ou vers le mont Jura, ou même dans l'île d'Albion,
« ou chez les Sarmates, ou chez les Scandinaviens,
« quelqu'un s'avise de vouloir rendre un seul homme
« despotique, ou de prétendre lui-même à l'être,
« qu'on lui coupe le cou au plus vite, en attendant que
« la destinée et moi nous en ayons autrement or-
« donné.

« Si quelqu'un a l'insolence et la démence de vouloir
« établir ou rétablir une grande assemblée d'hommes
« libres sur le Mançanarès ou sur la Propontide, qu'il
« soit empalé ou tiré à quatre chevaux.

« Quiconque produira ses comptes suivant une
« certaine règle d'arithmétique à Constantinople, au
« Grand-Caire, à Tafilet, à Delhi, à Andrinople, sera
« sur-le-champ empalé sans forme de procès; et qui-
« conque osera compter suivant une autre règle à
« Rome, à Lisbonne, à Madrid, en Champagne, en
« Picardie, et vers le Danube, depuis Ulm jusqu'à Bel-
« grade, sera brûlé dévotement pendant qu'on lui chan-
« tera des *miserere*.

« Ce qui sera juste tout le long de la Loire, sera in-

« juste sur les bords de la Tamise : car mes lois sont
« universelles, etc., etc., etc. »

Il faut avouer que nous n'avons pas de preuve bien claire, pas même dans le *Journal chrétien*, ni dans la *Clef du cabinet des princes*, qu'un Dieu soit venu sur la terre promulguer ce droit public. Il existe cependant ; il est suivi à la lettre tel qu'on vient de l'énoncer ; et on a compilé, compilé, compilé, sur ce droit des nations, de très beaux commentaires qui n'ont jamais fait rendre un écu à ceux qui ont été ruinés par la guerre, ou par des édits, ou par les commis des fermes.

Ces compilations ressemblent assez aux *Cas de conscience* de Pontas. Voici un cas de loi à examiner : il est défendu de tuer ; tout meurtrier est puni, à moins qu'il n'ait tué en grande compagnie, et au son des trompettes ; c'est la règle.

Du temps qu'il y avait encore des anthropophages dans la forêt des Ardennes, un bon villageois rencontra un anthropophage qui emportait un enfant pour le manger. Le villageois, ému de pitié, tua le mangeur d'enfants, et délivra le petit garçon qui s'enfuit aussitôt. Deux passants voient de loin le bon-homme, et l'accusent devant le prévôt d'avoir commis un meurtre sur le grand chemin. Le corps du délit était sous les yeux du juge, deux témoins parlaient, on devait payer cent écus au juge pour ses vacations, la loi était précise : le villageois fut pendu sur-le-champ pour avoir fait ce qu'auraient fait à sa place Hercule, Thésée, Roland, et Amadis. Fallait-il pendre le prévôt qui avait suivi la loi à la lettre ? Et que jugea-t-on à la grande audience? Pour résoudre mille cas de cette espèce on a fait mille volumes.

Puffendorf établit d'abord des êtres moraux. « Ce « sont, dit-il[a], certains modes que les êtres intelli-« gents attachent aux choses naturelles ou aux mou-« vements physiques, en vue de diriger ou de res-« treindre la liberté des actions volontaires de l'homme, « pour mettre quelque ordre, quelque convenance, « et quelque beauté dans la vie humaine. »

Ensuite, pour donner des idées nettes aux Sué-dois et aux Allemands du juste et de l'injuste, il remarque[b] « qu'il y a deux sortes d'espace : l'un à l'é-« gard duquel on dit que les choses sont quelque part, « par exemple, ici, là; l'autre à l'égard duquel on dit « qu'elles existent en un certain temps, par exemple, « aujourd'hui, hier, demain. Nous concevons aussi « deux sortes d'états moraux : l'un qui marque quelque « situation morale, et qui a quelque conformité avec « le lieu naturel; l'autre qui désigne un certain temps « en tant qu'il provient de là quelque effet moral, etc. »

Ce n'est pas tout[c]; Puffendorf distingue très curieusement les modes moraux simples et les modes d'estimation, les qualités formelles et les qualités opératives. Les qualités formelles sont de simples attributs, mais les opératives doivent soigneusement se diviser en originales et en dérivées.

Et cependant Barbeyrac a commenté ces belles choses, et on les enseigne dans des universités. On y est partagé entre Grotius et Puffendorf sur des ques-

---

[a] Tome I, page 2, traduction de Barbeyrac, avec commentaires.
[b] Page 6.—[c] Page 16.

tions de cette importance. Croyez-moi, lisez les Offices de Cicéron.

SECTION II[1].

Droit public.

Rien ne contribuera peut-être plus à rendre un esprit faux, obscur, confus, incertain, que la lecture de Grotius, de Puffendorf, et de presque tous les commentaires sur le droit public.

Il ne faut jamais faire un mal dans l'espérance d'un bien, dit la vertu, que personne n'écoute. Il est permis de faire la guerre à une puissance qui devient trop prépondérante, dit l'*Esprit des Lois*[2].

Quand les droits doivent-ils être constatés par la prescription? Les publicistes appellent ici à leur secours le droit divin et le droit humain; les théologiens se mettent de la partie. Abraham, disent-ils, et sa semence, avait droit sur le Canaan, car il y avait voyagé, et Dieu le lui avait donné dans une apparition. Mais, nos sages maîtres, il y a cinq cent quarante-sept ans, selon la *Vulgate*, entre Abraham qui acheta un caveau dans le pays, et Josué qui en saccagea une petite partie. N'importe, son droit était clair et net. Mais la prescription?... Point de prescription. Mais ce qui s'est passé autrefois en Palestine doit-il servir de règle à l'Allemagne et à l'Italie?... Oui; car il l'a dit. Soit, messieurs, je ne dispute pas contre vous; Dieu m'en préserve!

Les descendants d'Attila s'établissent, à ce qu'on

---

[1] Voyez ma note, page 458. B.
[2] Livre X, chap. II. B.

dit, en Hongrie : dans quel temps les anciens habitants commencèrent-ils à être tenus en conscience d'être serfs des descendants d'Attila ?

Nos docteurs qui ont écrit sur la guerre et la paix sont bien profonds; à les en croire, tout appartient de droit au souverain pour lequel ils écrivent : il n'a pu rien aliéner de son domaine. L'empereur doit posséder Rome, l'Italie, et la France; c'était l'opinion de Bartole; premièrement, parceque l'empereur s'intitule *roi des Romains*; secondement, parceque l'archevêque de Cologne est chancelier d'Italie, et que l'archevêque de Trèves est chancelier des Gaules. De plus, l'empereur d'Allemagne porte un globe doré à son sacre; donc il est maître du globe de la terre.

A Rome il n'y a point de prêtre qui n'ait appris dans son cours de théologie que le pape doit être souverain du monde, attendu qu'il est écrit que Simon, fils de Jone en Galilée, ayant surnom *Pierre*, on lui dit [1] : « Tu es Pierre, et sur cette pierre je bâtirai mon « assemblée. » On avait beau dire à Grégoire VII, Il ne s'agit que des ames, il n'est question que du royaume céleste : Maudit damné, répondait-il, il s'agit du terrestre; et il vous damnait, et il vous fesait pendre s'il pouvait.

Des esprits encore plus profonds fortifient cette raison par un argument sans réplique : celui dont l'évêque de Rome se dit vicaire a déclaré que son royaume n'est point de ce monde [2]; donc ce monde doit appartenir au vicaire quand le maître y a renoncé.

---

[1] Saint Matthieu; xvi, 18. B.
[2] Saint Jean, xviii, 36. B.

Qui doit l'emporter du genre humain ou des décrétales? Les décrétales, sans difficulté.

On demande ensuite s'il y a eu quelque justice à massacrer en Amérique dix ou douze millions d'hommes désarmés? on répond qu'il n'y a rien de plus juste et de plus saint, puisqu'ils n'étaient pas catholiques, apostoliques, et romains.

Il n'y a pas un siècle qu'il était toujours ordonné, dans toutes les déclarations de guerre des princes chrétiens, de *courre-sus* à tous les sujets du prince à qui la guerre était signifiée par un héraut à cotte de mailles et à manches pendantes. Ainsi, la signification une fois faite, si un Auvergnat rencontrait une Allemande, il était tenu de la tuer, sauf à la violer avant ou après.

Voici une question fort épineuse dans les écoles: le ban et l'arrière-ban étant commandés pour aller tuer et se faire tuer sur la frontière, les Souabes étant persuadés que la guerre ordonnée était de la plus horrible injustice, devaient-ils marcher? Quelques docteurs disaient oui; quelques justes disaient non : que disaient les politiques?

Quand on eut bien disputé sur ces grandes questions préliminaires, dont jamais aucun souverain ne s'est embarrassé ni ne s'embarrassera, il fallut discuter les droits respectifs de cinquante ou soixante familles sur le comté d'Alost, sur la ville d'Orchies, sur le duché de Berg et de Juliers, sur le comté de Tournai, sur celui de Nice, sur toutes les frontières de toutes les provinces; et le plus faible perdit toujours sa cause.

On agita pendant cent ans si les ducs d'Orléans,

Louis XII, François I*er*, avaient droit au duché de Milan, en vertu du contrat de mariage de Valentine de Milan, petite-fille du bâtard d'un brave paysan nommé Jacob Muzio : le procès fut jugé par la bataille de Pavie.

Les ducs de Savoie, de Lorraine, de Toscane, prétendirent aussi au Milanais; mais on a cru qu'il y avait dans le Frioul une famille de pauvres gentilshommes, issue en droite ligne d'Alboin, roi des Lombards, qui avait un droit bien antérieur.

Les publicistes ont fait de gros livres sur les droits au royaume de Jérusalem. Les Turcs n'en ont point fait; mais Jérusalem leur appartient, du moins jusqu'à présent, dans l'année 1770; et Jérusalem n'est point un royaume.

DROIT CANONIQUE[1].

Idée générale du droit canonique, par M. Bertrand, ci-devant premier pasteur de l'église de Berne.

« Nous ne prétendons ni adopter ni contredire ses « principes; c'est au public d'en juger. »

Le *droit canonique*, ou *canon*, est, suivant les idées vulgaires, la jurisprudence ecclésiastique : c'est le recueil des canons, des règles des conciles, des décrets des papes, et des maximes des Pères.

Selon la raison, selon les droits des rois et des peuples, la jurisprudence ecclésiastique n'est et ne

---

[1] Tout cet article est de 1771; *Questions sur l'Encyclopédie,* cinquième partie. B.

peut être que l'exposé des priviléges accordés aux ecclésiastiques par les souverains représentant la nation.

S'il est deux autorités suprêmes, deux administrations qui aient leurs droits séparés, l'une fera sans cesse effort contre l'autre; il en résultera nécessairement des chocs perpétuels, des guerres civiles, l'anarchie, la tyrannie, malheurs dont l'histoire nous présente l'affreux tableau.

Si un prêtre s'est fait souverain, si le daïri du Japon a été roi jusqu'à notre seizième siècle, si le dalaï-lama est souverain au Thibet, si Numa fut roi et pontife, si les califes furent les chefs de l'état et de la religion, si les papes règnent dans Rome, ce sont autant de preuves de ce que nous avançons; alors l'autorité n'est point divisée, il n'y a qu'une puissance. Les souverains de Russie et d'Angleterre président à la religion; l'unité essentielle de puissance est conservée.

Toute religion est dans l'état, tout prêtre est dans la société civile, et tous les ecclésiastiques sont au nombre des sujets du souverain chez lequel ils exercent leur ministère. S'il était une religion qui établît quelque indépendance en faveur des ecclésiastiques, en les soustrayant à l'autorité souveraine et légitime, cette religion ne saurait venir de Dieu, auteur de la société.

Il est par là même de toute évidence que, dans une religion dont Dieu est représenté comme l'auteur, les fonctions des ministres, leurs personnes, leurs biens, leurs prétentions, la manière d'enseigner la morale, de prêcher le dogme, de célébrer les cérémonies, les peines spirituelles; que tout, en un mot, ce qui intéresse l'ordre civil, doit être soumis à l'autorité du prince et à l'inspection des magistrats.

Si cette jurisprudence fait une science, on en trouvera ici les éléments.

C'est aux magistrats seuls d'autoriser les livres admissibles dans les écoles, selon la nature et la forme du gouvernement. C'est ainsi que M. Paul-Joseph Rieger, conseiller de cour, enseigne judicieusement le droit canonique dans l'université de Vienne; ainsi nous voyons la république de Venise examiner et réformer toutes les règles établies dans ses états qui ne lui conviennent plus. Il est à desirer que des exemples aussi sages soient enfin suivis dans toute la terre.

SECTION PREMIÈRE[1].

Du ministère ecclésiastique.

La religion n'est instituée que pour maintenir les hommes dans l'ordre, et leur faire mériter les bontés de Dieu par la vertu. Tout ce qui dans une religion ne tend pas à ce but, doit être regardé comme étranger ou dangereux.

L'instruction, les exhortations, les menaces des peines à venir, les promesses d'une béatitude immortelle, les prières, les conseils, les secours spirituels, sont les seuls moyens que les ecclésiastiques puissent mettre en usage pour essayer de rendre les hommes vertueux ici-bas, et heureux pour l'éternité.

Tout autre moyen répugne à la liberté de la raison, à la nature de l'ame, aux droits inaltérables de

---

[1] Voyez ma note, page 466. B.

la conscience, à l'essence de la religion, à celle du ministère ecclésiastique, à tous les droits du souverain.

La vertu suppose la liberté, comme le transport d'un fardeau suppose la force active. Dans la contrainte point de vertu, et sans vertu point de religion. Rends-moi esclave, je n'en serai pas meilleur.

Le souverain même n'a aucun droit d'employer la contrainte pour amener les hommes à la religion, qui suppose essentiellement choix et liberté. Ma pensée n'est pas plus soumise à l'autorité que la maladie ou la santé.

Afin de démêler toutes les contradictions dont on a rempli les livres sur le droit canonique, et de fixer nos idées sur le ministère ecclésiastique, recherchons au milieu de mille équivoques ce que c'est que l'Église.

L'Église est l'assemblée de tous les fidèles appelés certains jours à prier en commun, et à faire en tout temps de bonnes actions.

Les prêtres sont des personnes établies sous l'autorité du souverain pour diriger ces prières et tout le culte religieux.

Une Église nombreuse ne saurait être sans ecclésiastiques; mais ces ecclésiastiques ne sont pas l'Église.

Il n'est pas moins évident que si les ecclésiastiques qui sont dans la société civile avaient acquis des droits qui allassent à troubler ou à détruire la société, ces droits doivent être supprimés.

Il est encore de la plus grande évidence que si Dieu a attaché à l'Église des prérogatives ou des droits, ces droits ni ces prérogatives ne sauraient appartenir primitivement ni au chef de l'Église ni aux ecclésiastiques, parcequ'ils ne sont pas l'Église, comme les magistrats ne sont le souverain ni dans un état démocratique ni dans une monarchie.

Enfin il est très évident que ce sont nos ames qui sont soumises aux soins du clergé, uniquement pour les choses spirituelles.

Notre ame agit intérieurement; les actes intérieurs sont la pensée, les volontés, les inclinations, l'acquiescement à certaines vérités. Tous ces actes sont au-dessus de toute contrainte, et ne sont du ressort du ministère ecclésiastique qu'autant qu'il doit instruire et jamais commander.

Cette ame agit aussi extérieurement. Les actions extérieures sont soumises à la loi civile. Ici la contrainte peut avoir lieu; les peines temporelles ou corporelles maintiennent la loi en punissant les violateurs.

La docilité à l'ordre ecclésiastique doit par conséquent toujours être libre et volontaire : il ne saurait y en avoir d'autre. La soumission, au contraire, à l'ordre civil peut être contrainte et forcée.

Par la même raison, les peines ecclésiastiques, toujours spirituelles, n'atteignent ici-bas que celui qui est intérieurement convaincu de sa faute. Les peines civiles, au contraire, accompagnées d'un mal physique, ont leurs effets physiques, soit que le coupable en reconnaisse la justice ou non.

De là il résulte manifestement que l'autorité du clergé n'est et ne peut être que spirituelle; qu'il ne saurait avoir aucun pouvoir temporel ; qu'aucune force coactive ne convient à son ministère, qui en serait détruit.

Il suit encore de là que le souverain, attentif à ne souffrir aucun partage de son autorité, ne doit permettre aucune entreprise qui mette les membres de la société dans une dépendance extérieure et civile d'un corps ecclésiastique.

Tels sont les principes incontestables du véritable droit canonique, dont les règles et les décisions doivent en tout temps être jugées d'après ces vérités éternelles et immuables, fondées sur le droit naturel et l'ordre nécessaire de la société.

SECTION II[1].

Des possessions des ecclésiastiques.

Remontons toujours aux principes de la société, qui, dans l'ordre civil comme dans l'ordre religieux, sont les fondements de tous droits.

La société en général est propriétaire du territoire d'un pays, source de la richesse nationale. Une portion de ce revenu national est attribuée au souverain pour soutenir les dépenses de l'administration. Chaque particulier est possesseur de la partie du territoire et du revenu que les lois lui assurent, et aucune possession ni aucune jouissance ne peut en aucun temps être soustraite à l'autorité de la loi.

Dans l'état de société nous ne tenons aucun bien, aucune possession de la seule nature, puisque nous

---

[1] Voyez ma note, page 466. B.

avons renoncé aux droits naturels pour nous soumettre à l'ordre civil qui nous garantit et nous protége; c'est de la loi que nous tenons toutes nos possessions.

Personne non plus ne peut rien tenir sur la terre de la religion, ni domaines ni possessions, puisque ses biens sont tous spirituels : les possessions du fidèle, comme véritable membre de l'Église, sont dans le ciel; là est son trésor. Le royaume de Jésus-Christ, qu'il annonça toujours comme prochain, n'était et ne pouvait être de ce monde : aucune possession ne peut donc être de droit divin.

Les lévites, sous la loi hébraïque, avaient, il est vrai, la dîme par une loi positive de Dieu : mais c'était une théocratie qui n'existe plus; et Dieu agissait comme le souverain de la terre. Toutes ces lois ont cessé, et ne sauraient être aujourd'hui un titre de possession.

Si quelque corps aujourd'hui, comme celui des ecclésiastiques, prétend posséder la dîme ou tout autre bien, de droit divin positif, il faut qu'il produise un titre enregistré dans une révélation divine, expresse et incontestable. Ce titre miraculeux ferait, j'en conviens, exception à la loi civile, autorisée de Dieu, qui dit[1] que « toute personne doit être soumise aux puis-
« sances supérieures, parcequ'elles sont ordonnées
« de Dieu, et établies en son nom. »

Au défaut d'un titre pareil, un corps ecclésiastique quelconque ne peut donc jouir sur la terre que du consentement du souverain, et sous l'autorité des lois

---

[1] Saint Paul, *Rom.*, XIII, 1. B.

civiles : ce sera là le seul titre de ses possessions. Si le clergé renonçait imprudemment à ce titre, il n'en aurait plus aucun, et il pourrait être dépouillé par quiconque aurait assez de puissance pour l'entreprendre. Son intérêt essentiel est donc de dépendre de la société civile, qui seule lui donne du pain.

Par la même raison, puisque tous les biens du territoire d'une nation sont soumis sans exception aux charges publiques pour les dépenses du souverain et de la nation, aucune possession ne peut être exemptée que par la loi ; et cette loi même est toujours révocable lorsque les circonstances viennent à changer. Pierre ne peut être exempté que la charge de Jean ne soit augmentée. Ainsi l'équité réclamant sans cesse pour la proportion contre toute surcharge, le souverain est à chaque instant en droit d'examiner les exemptions et de remettre les choses dans l'ordre naturel et proportionnel, en abolissant les immunités accordées, souffertes, ou extorquées.

Toute loi qui ordonnerait que le souverain fît tout aux frais du public pour la sûreté et la conservation des biens d'un particulier ou d'un corps, sans que ce corps ou ce particulier contribuât aux charges communes, serait une subversion des lois.

Je dis plus ; la quotité quelconque de la contribution d'un particulier ou d'un corps quelconque doit être réglée proportionnellement, non par lui, mais par le souverain ou les magistrats, selon la loi et la forme générale. Ainsi le souverain doit connaître et peut demander un état des biens et des possessions de tout corps, comme de tout particulier.

C'est donc encore dans ces principes immuables que doivent être puisées les règles du droit canonique, par rapport aux possessions et aux revenus du clergé.

Les ecclésiastiques doivent sans doute avoir de quoi vivre honorablement, mais ce n'est ni comme membres ni comme représentants de l'Église; car l'Église par elle-même n'a ni règne ni possession sur cette terre.

Mais s'il est de la justice que les ministres de l'autel vivent de l'autel, il est naturel qu'ils soient entretenus par la société, tout comme les magistrats et les soldats le sont. C'est donc à la loi civile à faire la pension proportionnelle du corps ecclésiastique.

Lors même que les possessions des ecclésiastiques leur ont été données par testament, ou de quelque autre manière, les donateurs n'ont pu dénaturer les biens en les soustrayant aux charges publiques, ou à l'autorité des lois. C'est toujours sous la garantie des lois, sans lesquelles il ne saurait y avoir possession assurée et légitime, qu'ils en jouiront.

C'est donc encore au souverain, ou aux magistrats en son nom, à examiner en tout temps si les revenus ecclésiastiques sont suffisants : s'ils ne l'étaient pas, ils doivent y pourvoir par des augmentations de pensions; mais s'ils étaient manifestement excessifs, c'est à eux à disposer du superflu pour le bien commun de la société.

Mais selon les principes du droit vulgairement appelé *canonique*, qui a cherché à faire un état dans l'état, un empire dans l'empire, les biens ecclésiastiques sont sacrés et intangibles, parcequ'ils appartiennent à la religion et à l'Église; ils viennent de Dieu, et non des hommes.

D'abord, ils ne sauraient appartenir, ces biens terrestres, à la religion, qui n'a rien de temporel. Ils ne sont pas à l'Église, qui est le corps universel de tous les fidèles; à l'Église qui renferme les rois, les magistrats, les soldats, tous les sujets; car nous ne devons jamais oublier que les ecclésiastiques ne sont pas plus l'Église que les magistrats ne sont l'état.

Enfin, ces biens ne viennent de Dieu que comme tous les autres biens en dérivent, parceque tout est soumis à sa providence.

Ainsi tout ecclésiastique possesseur d'un bien ou d'une rente en jouit comme sujet et citoyen de l'état, sous la protection unique de la loi civile.

Un bien qui est quelque chose de matériel et de temporel ne saurait être sacré ni saint dans aucun sens, ni au propre ni au figuré. Si l'on dit qu'une personne, un édifice, sont sacrés, cela signifie qu'ils sont consacrés, employés à des usages spirituels.

Abuser d'une métaphore pour autoriser des droits et des prétentions destructives de toute société, c'est une entreprise dont l'histoire de la religion fournit plus d'un exemple, et même des exemples bien singuliers qui ne sont pas ici de mon ressort.

SECTION III[1].

Des assemblées ecclésiastiques ou religieuses.

Il est certain qu'aucun corps ne peut former dans

---

[1] Voyez ma note, page 466. B.

l'état aucune assemblée publique et régulière que du consentement du souverain.

Les assemblées religieuses pour le culte doivent être autorisées par le souverain dans l'ordre civil, afin qu'elles soient légitimes.

En Hollande, où le souverain accorde à cet égard la plus grande liberté, de même à peu près qu'en Russie, en Angleterre, en Prusse, ceux qui veulent former une Église doivent en obtenir la permission : dèslors cette Église est dans l'état, quoiqu'elle ne soit pas la religion de l'état. En général, dès qu'il y a un nombre suffisant de personnes ou de familles qui veulent avoir un certain culte et des assemblées, elles peuvent, sans doute, en demander la permission au magistrat souverain; et c'est à ce magistrat à en juger. Ce culte une fois autorisé, on ne peut le troubler sans pécher contre l'ordre public. La facilité que le souverain a eue en Hollande d'accorder ces permissions n'entraîne aucun désordre; et il en serait ainsi partout, si le magistrat seul examinait, jugeait, et protégeait.

Le souverain a le droit en tout temps de savoir ce qui se passe dans les assemblées, de les diriger selon l'ordre public, d'en réformer les abus, et d'abroger les assemblées s'il en naissait des désordres. Cette inspection perpétuelle est une portion essentielle de l'administration souveraine que toute religion doit reconnaître.

S'il y a dans le culte des formulaires de prières, des cantiques, des cérémonies, tout doit être soumis de même à l'inspection du magistrat. Les ecclésiastiques peuvent composer ces formulaires; mais c'est au souverain à les examiner, à les approuver, à les réformer au besoin. On a vu des guerres sanglantes pour des formulaires, et elles n'auraient pas eu lieu si les souverains avaient mieux connu leurs droits.

Les jours de fêtes ne peuvent pas non plus être établis sans le concours et le consentement du souverain, qui en tout temps peut les réformer, les abolir, les réunir, en régler la célébration, selon que le bien public le demande. La multiplication de ces jours de fêtes fera toujours la dépravation des mœurs et l'appauvrissement d'une nation.

L'inspection sur l'instruction publique de vive voix, ou par des livres de dévotion, appartient de droit au souverain. Ce n'est pas lui qui enseigne, mais c'est à lui à voir comment sont enseignés ses sujets. Il doit faire enseigner surtout la morale, qui est aussi nécessaire que les disputes sur le dogme ont été souvent dangereuses.

S'il y a quelques disputes entre les ecclésiastiques sur la manière d'enseigner, ou sur certains points de doctrine, le souverain peut imposer silence aux deux partis, et punir ceux qui désobéissent.

Comme les assemblées religieuses ne sont point établies sous l'autorité souveraine pour y traiter des matières politiques, les magistrats doivent réprimer les prédicateurs séditieux qui échauffent la multitude par des déclamations punissables; ils sont la peste des états.

Tout culte suppose une discipline pour y conserver l'ordre, l'uniformité, et la décence. C'est au magistrat à maintenir cette discipline, et à y porter les changements que le temps et les circonstances peuvent exiger.

Pendant près de huit siècles les empereurs d'Orient assemblèrent des conciles pour apaiser des troubles qui ne firent qu'augmenter, par la trop grande attention qu'on y apporta : le mépris aurait plus sûrement fait tomber de vaines disputes que les passions avaient allumées. Depuis le partage des états d'Occident en divers royaumes, les princes ont laissé aux papes la convocation de ces assemblées. Les droits du pontife de Rome ne sont à cet égard que conventionnels, et tous les souverains réunis peuvent en tout temps en décider autrement. Aucun d'eux en particulier n'est obligé de soumettre ses états à aucun canon sans l'avoir examiné et approuvé. Mais comme le concile de Trente sera apparemment le dernier, il est très inutile d'agiter toutes les questions qui pourraient regarder un concile futur et général.

Quant aux assemblées, ou synodes, ou conciles nationaux, ils ne peuvent sans contredit être convoqués que quand le souverain les juge nécessaires : ses commissaires doivent y présider et en diriger toutes les délibérations, et c'est à lui à donner la sanction aux décrets.

Il peut y avoir des assemblées périodiques du clergé pour le maintien de l'ordre, et sous l'autorité du souverain; mais la puissance civile doit toujours en déterminer les vues, en diriger les délibérations, et en faire exécuter les décisions. L'assemblée périodique du clergé de France n'est autre chose qu'une assemblée de commissaires économiques pour tout le clergé du royaume.

Les vœux par lesquels s'obligent quelques ecclésiastiques de vivre en corps selon une certaine règle, sous le nom de *moines* ou de *religieux*, si prodigieusement multipliés dans l'Europe, ces vœux doivent aussi être toujours soumis à l'examen et à l'inspection des magistrats souverains. Ces couvents qui renferment tant de gens inutiles à la société, et tant de victimes qui regrettent la liberté qu'ils ont perdue, ces ordres qui portent tant de noms si bizarres, ne peuvent être établis dans un pays, et tous leurs vœux ne peuvent être valables ou obligatoires que quand ils ont été examinés et approuvés au nom du souverain.

En tout temps le prince est donc en droit de prendre connaissance des règles de ces maisons religieuses, de leur conduite; il peut réformer ces maisons et les abolir, s'il les juge incompatibles avec les circonstances présentes et le bien actuel de la société.

Les biens et les acquisitions de ces corps religieux sont de même soumis à l'inspection des magistrats pour en connaître la valeur et l'emploi. Si la masse de ces richesses qui ne circulent plus était trop forte; si les revenus excédaient trop les besoins raisonnables de ces réguliers; si l'emploi de ces rentes était contraire au bien général; si cette accumulation appauvrissait les autres citoyens; dans tous ces cas il serait du devoir des magistrats, pères communs de la patrie, de diminuer ces richesses, de les partager, de les faire rentrer dans la circulation qui fait la vie d'un état, de les employer même à d'autres usages pour le bien de la société.

Par les mêmes principes, le souverain doit expressément défendre qu'aucun ordre religieux ait un supérieur dans le pays étranger : c'est presque un crime de lèse-majesté.

Le souverain peut prescrire les règles pour entrer dans ces ordres; il peut, selon les anciens usages, fixer un âge, et empêcher que l'on ne fasse des vœux que du consentement exprès des magistrats. Chaque citoyen naît sujet de l'état, et il n'a pas le droit de rompre des engagements naturels envers la société, sans l'aveu de ceux qui la gouvernent.

Si le souverain abolit un ordre religieux, ces vœux cessent d'être obligatoires. Le premier vœu est d'être citoyen; c'est un serment primordial et tacite, autorisé de Dieu, un vœu dans l'ordre de la Providence, un vœu inaltérable et imprescriptible, qui unit l'homme en société avec la patrie et avec le souverain. Si nous avons pris un engagement postérieur, le vœu primitif a été réservé; rien n'a pu énerver ni suspendre la force de ce serment primitif. Si donc le souverain déclare ce dernier vœu, qui n'a pu être que conditionnel et dépendant du premier, incompatible avec le serment naturel; s'il trouve ce dernier vœu dangereux dans la société, et contraire au bien public, qui est la suprême loi, tous sont dès-lors déliés en conscience de ce vœu. Pourquoi? parceque la conscience les attachait primitivement au serment naturel et au souverain. Le souverain, dans ce cas, ne dissout point un vœu; il le déclare nul, il remet l'homme dans l'état naturel.

En voilà assez pour dissiper tous les sophismes par lesquels les canonistes ont cherché à embarrasser cette question si simple pour quiconque ne veut écouter que la raison.

SECTION IV[1].

Des peines ecclésiastiques.

Puisque ni l'Église, qui est l'assemblée de tous les fidèles, ni les ecclésiastiques, qui sont les ministres dans cette Église, au nom du souverain et sous son autorité, n'ont aucune force coactive, aucune puissance exécutrice, aucun pouvoir terrestre, il est évident que ces ministres de la religion ne peuvent infliger que des peines uniquement spirituelles. Menacer les pécheurs de la colère du ciel, c'est la seule peine dont un pasteur peut faire usage. Si l'on ne veut pas donner le nom de *peines* à ces censures ou à ces déclamations, les ministres de la religion n'auront aucune peine à infliger.

L'Église peut-elle bannir de son sein ceux qui la déshonorent ou la troublent? Grande question sur laquelle les canonistes n'ont point hésité de prendre l'affirmative. Observons d'abord que les ecclésiastiques ne sont pas l'Église. L'Église, assemblée dans laquelle sont les magistrats souverains, pourrait sans doute de droit exclure de ses congrégations un pécheur scandaleux, après des avertissements charitables, réitérés et suffisants. Cette exclusion ne peut dans ce cas même emporter aucune peine civile, aucun mal corporel, ni la privation d'aucun avantage terrestre. Mais ce que

[1] Voyez ma note page 466. B.

peut l'Église de droit, les ecclésiastiques qui sont dans l'Église ne le peuvent qu'autant que le souverain les y autorise et le leur permet.

C'est donc encore même dans ce cas au souverain à veiller sur la manière dont ce droit sera exercé : vigilance d'autant plus nécessaire qu'il est plus aisé d'abuser de cette discipline. C'est par conséquent à lui, en consultant les règles du support et de la charité, à prescrire les formes et les restrictions convenables : sans cela, toute déclaration du clergé, toute excommunication serait nulle et sans effet, même dans l'ordre spirituel. C'est confondre des cas entièrement différents que de conclure de la pratique des apôtres la manière de procéder aujourd'hui. Le souverain n'était pas de la religion des apôtres, l'Église n'était pas encore dans l'état; les ministres du culte ne pouvaient pas recourir au magistrat. D'ailleurs, les apôtres étaient des ministres extraordinaires tels qu'on n'en voit plus. Si l'on me cite d'autres exemples d'excommunications lancées sans l'autorité du souverain; que dis-je? si l'on rappelle ce qu'on ne peut entendre sans frémir d'horreur, des exemples mêmes d'excommunications fulminées insolemment contre des souverains et des magistrats, je répondrai hardiment que ces attentats sont une rébellion manifeste, une violation ouverte des devoirs les plus sacrés de la religion, de la charité, et du droit naturel.

On voit donc évidemment que c'est au nom de toute l'Église que l'excommunication doit être prononcée contre les pécheurs publics, puisqu'il s'agit seulement de l'exclusion de ce corps : ainsi elle doit être prononcée par les ecclésiastiques sous l'autorité des magistrats et au nom de l'Église, pour les seuls cas dans lesquels on peut présumer que l'Église entière bien instruite la prononcerait, si elle pouvait avoir en corps cette discipline qui lui appartient privativement.

Ajoutons encore, pour donner une idée complète de l'excommunication et des vraies règles du droit canonique à cet égard, que cette excommunication légitimement prononcée par ceux à qui le souverain, au nom de l'Église, en a expressément laissé l'exercice, ne renferme que la privation des biens spirituels sur la terre. Elle ne saurait s'étendre à autre chose : tout ce qui serait au-delà serait abusif, et plus ou moins tyrannique. Les ministres de l'Église ne font que déclarer qu'un tel homme n'est plus membre de l'Église. Il peut donc jouir, malgré l'excommunication, de tous les droits naturels, de tous les droits civils, de tous les biens temporels, comme homme ou comme citoyen. Si le magistrat intervient, et prive outre cela un tel homme d'une charge ou d'un emploi dans la société, c'est alors une peine civile ajoutée pour quelque faute contre l'ordre civil.

Supposons encore que les ecclésiastiques qui ont prononcé l'excommunication aient été séduits par quelque erreur ou quelque passion (ce qui peut toujours arriver puisqu'ils sont hommes), celui qui a été ainsi exposé à une excommunication précipitée est justifié par sa conscience devant Dieu. La déclaration faite contre lui n'est et ne peut être d'aucun effet pour la vie à venir. Privé de la communion extérieure avec les vrais fidèles, il peut encore jouir ici-bas de toutes les consolations de la communion intérieure. Justifié par sa conscience, il n'a rien à redouter dans la vie à venir du jugement de Dieu, qui est son véritable juge.

C'est encore une grande question dans le droit canonique, si le clergé, si son chef, si un corps ecclésiastique quelconque peut excommunier les magistrats ou le souverain, sous prétexte ou pour raison de l'abus de leur pouvoir. Cette question seule est scandaleuse, et le simple doute une rébellion manifeste. En effet, le premier devoir de l'homme en société est de respecter et de faire respecter le magistrat; et vous prétendriez avoir le droit de le diffamer et de l'avilir! qui vous aurait donné ce droit aussi absurde qu'exécrable? serait-ce Dieu, qui gouverne le monde politique par les souverains, qui veut que la société subsiste par la subordination?

Les premiers ecclésiastiques, à la naissance du christianisme, se sont-ils crus autorisés à excommunier les Tibère, les Néron, les Claude, et ensuite les Constance, qui étaient hérétiques? Comment donc a-t-on pu souffrir si long-temps des prétentions aussi monstrueuses, des idées aussi atroces, et les attentats affreux qui en ont été la suite; attentats également réprouvés par la raison, le droit naturel, et la religion? S'il était une religion qui enseignât de pareilles horreurs, elle devrait être proscrite de la société comme directement opposée au repos du genre humain. Le cri des nations s'est déjà fait entendre contre ces prétendues lois canoniques, dictées par l'ambition et le fanatisme. Il faut espérer que les souverains, mieux instruits de leurs droits, soutenus par la fidélité des peuples, mettront enfin un terme à des abus si énormes, et qui ont causé tant de malheurs. L'auteur de l'*Essai sur les mœurs et l'esprit des nations* a été le premier qui a relevé avec force l'atrocité des entreprises de cette nature[1].

SECTION V[2].

De l'inspection sur le dogme.

Le souverain n'est point le juge de la vérité du dogme : il peut juger pour lui-même, comme tout autre homme ; mais il doit prendre connaissance du dogme dans tout ce qui intéresse l'ordre civil, soit quant à la nature de la doctrine, si elle avait quelque chose de contraire au bien public, soit quant à la manière de la proposer.

Règle générale dont les magistrats souverains n'auraient jamais dû se départir : Rien dans le dogme ne mérite l'attention de la police que ce qui peut intéresser l'ordre public ; c'est l'influence de la doctrine sur les mœurs qui décide de son importance. Toute doctrine qui n'a qu'un rapport éloigné avec la vertu, ne saurait être fondamentale. Les vérités qui sont propres à rendre les hommes doux, humains, soumis aux lois, obéissants au souverain, intéressent l'état, et viennent évidemment de Dieu.

---

[1] Chap. XXXIX de l'*Essai sur les mœurs*, tome XVI, page 19. B.
[2] Voyez ma note, page 466. B.

SECTION VI[1].

Inspection des magistrats sur l'administration des sacrements.

L'administration des sacrements doit être aussi soumise à l'inspection assidue du magistrat en tout ce qui intéresse l'ordre public.

On convient d'abord que le magistrat doit veiller sur la forme des registres publics des mariages, des baptêmes, des morts, sans aucun égard à la croyance des divers citoyens de l'état.

Les mêmes raisons de police et d'ordre n'exigeraient-elles pas qu'il y eût des registres exacts, entre les mains du magistrat, de tous ceux qui font des vœux pour entrer dans les cloîtres, dans les pays où les cloîtres sont admis?

Dans le sacrement de pénitence, le ministre qui refuse ou accorde l'absolution n'est comptable de ses jugements qu'à Dieu; de même aussi le pénitent n'est comptable qu'à Dieu, s'il communie ou non, et s'il communie bien ou mal.

Aucun pasteur pécheur ne peut avoir le droit de refuser publiquement, et de son autorité privée, l'eucharistie à un autre pécheur. Jésus-Christ, impeccable, ne refusa pas la communion à Judas.

L'extrême-onction et le viatique, demandés par les malades, sont soumis aux mêmes règles. Le seul droit du ministre est de faire des exhortations au malade, et le devoir du magistrat est d'avoir soin que le pas-

---

[1] Voyez ma note, page 466. B.

teur n'abuse pas de ces circonstances pour persécuter les malades.

Autrefois c'était l'Église en corps qui appelait ses pasteurs et leur conférait le droit d'instruire et de gouverner le troupeau: ce sont aujourd'hui des ecclésiastiques qui en consacrent d'autres; mais la police publique doit y veiller.

C'est sans doute un grand abus, introduit depuis long-temps, que de conférer les ordres sans fonction; c'est enlever des membres à l'état sans en donner à l'Église. Le magistrat est en droit de réformer cet abus.

Le mariage, dans l'ordre civil, est une union légitime de l'homme et de la femme pour avoir des enfants, pour les élever, et pour leur assurer les droits des propriétés sous l'autorité de la loi. Afin de constater cette union, elle est accompagnée d'une cérémonie religieuse, regardée par les uns comme un sacrement, par les autres comme une pratique de culte public; vraie logomachie qui ne change rien à la chose. Il faut donc distinguer deux parties dans le mariage, le contrat civil ou l'engagement naturel, et le sacrement ou la cérémonie sacrée. Le mariage peut donc subsister avec tous ses effets naturels et civils, indépendamment de la cérémonie religieuse. Les cérémonies même de l'Église ne sont devenues nécessaires, dans l'ordre civil, que parceque le magistrat les a adoptées. Il s'est même écoulé un long temps sans que les ministres de la religion aient eu aucune part à la célébration des mariages. Du temps de Justinien, le consentement des parties en présence de témoins, sans aucune cérémonie de l'Église, légitimait encore le mariage parmi les chrétiens. C'est cet empereur qui fit, vers le milieu du sixième siècle, les premières lois pour que les prêtres intervinssent comme simples témoins, sans ordonner encore de bénédiction nuptiale. L'empereur Léon, qui mourut sur le trône en 886, semble être le premier qui ait mis la cérémonie religieuse au rang des conditions nécessaires. La loi même qu'il fit atteste que c'était un nouvel établissement.

De l'idée juste que nous nous formons ainsi du mariage, il résulte d'abord que le bon ordre et la piété même rendent aujourd'hui nécessaires les formalités religieuses, adoptées dans toutes les communions chrétiennes; mais l'essence du mariage ne peut en être dénaturée; et cet engagement, qui est le principal dans la société, est et doit demeurer toujours soumis, dans l'ordre politique, à l'autorité du magistrat.

Il suit de là encore que deux époux élevés dans le culte même des infidèles et des hérétiques ne sont point obligés de se remarier, s'ils l'ont été selon la loi de leur patrie; c'est au magistrat, dans tous les cas, d'examiner la chose.

Le prêtre est aujourd'hui le magistrat que la loi a désigné librement en certains pays pour recevoir la foi de mariage. Il est très évident que la loi peut modifier ou changer, comme il lui plaît, l'étendue de cette autorité ecclésiastique.

Les testaments et les enterrements sont incontestablement du ressort de la loi civile et de celui de la police. Jamais les magistrats n'auraient dû souffrir que le clergé usurpât l'autorité de la loi à aucun de ces égards. On peut voir encore, dans le *Siècle de Louis XIV* et dans celui de *Louis XV,* des exemples frappants des entreprises de certains ecclésiastiques fanatiques sur la police des enterrements[1]. On a vu des refus de sacrements, d'inhumation, sous prétexte d'hérésie; barbarie dont les païens mêmes auraient eu horreur.

SECTION VII [2].

Juridiction des ecclésiastiques.

Le souverain peut sans doute abandonner à un corps ecclésiastique ou à un seul prêtre une juridiction sur certains objets et sur certaines personnes, avec une compétence convenable à l'autorité confiée. Je n'examine point s'il a été prudent de remettre ainsi une portion de l'autorité civile entre les mains d'un corps ou d'une personne qui avait déjà une autorité sur les choses spirituelles. Livrer à ceux qui devaient seulement conduire les hommes au ciel une autorité sur la terre, c'était réunir deux pouvoirs dont l'abus était trop facile; mais il est certain du moins qu'aucun homme, en tant qu'ecclésiastique, ne peut avoir aucune sorte de juridiction. S'il la possède, elle est ou concédée par le souverain, ou usurpée; il n'y a point de milieu. Le royaume de Jésus-Christ n'est point de

---

[1] Voyez, dans le *Siècle de Louis XIV,* le chapitre XXXVI; dans le *Précis du Siècle de Louis XV,* le chap. XXXVI; dans l'*Histoire du Parlement,* le chapitre LXIV; et ci-après l'article ENTERREMENT. B.

[2] Voyez ma note, page 466. B.

ce monde; il a refusé d'être juge sur la terre; il a ordonné de rendre à César ce qui appartient à César; il a interdit à ses apôtres toute domination; il n'a prêché que l'humilité, la douceur, et la dépendance. Les ecclésiastiques ne peuvent tenir de lui ni puissance, ni autorité, ni domination, ni juridiction, dans le monde; ils ne peuvent donc posséder légitimement aucune autorité que par une concession du souverain, de qui tout pouvoir doit dériver dans la société.

Puisque c'est du souverain seul que les ecclésiastiques tiennent quelque juridiction sur la terre, il suit de là que le souverain et les magistrats doivent veiller sur l'usage que le clergé fait de son autorité, comme nous l'avons prouvé.

Il fut un temps, dans l'époque malheureuse du gouvernement féodal, où les ecclésiastiques s'étaient emparés en divers lieux des principales fonctions de la magistrature. On a borné dès-lors l'autorité des seigneurs de fiefs laïques, si redoutable au souverain et si dure pour les peuples; mais une partie de l'indépendance des juridictions ecclésiastiques a subsisté. Quand donc est-ce que les souverains seront assez instruits ou assez courageux pour reprendre à eux toute autorité usurpée, et tant de droits dont on a si souvent abusé pour vexer les sujets qu'ils doivent protéger?

C'est de cette inadvertance des souverains que sont venues les entreprises audacieuses de quelques ecclésiastiques contre le souverain même. L'histoire scandaleuse de ces attentats énormes est consignée dans des monuments qui ne peuvent être contestés; et il est à présumer que les souverains, éclairés aujourd'hui par les écrits des sages, ne permettront plus des tentatives qui ont si souvent été accompagnées ou suivies de tant d'horreurs.

La bulle *in cœna Domini* est encore en particulier une preuve subsistante des entreprises continuelles du clergé contre l'autorité souveraine et civile, etc.[a]

EXTRAIT DU TARIF DES DROITS [1]

Qu'on paie en France à la cour de Rome pour les bulles, dispenses, absolutions, etc., lequel tarif fut arrêté au conseil du roi, le 4 septembre 1691, et qui est rapporté tout entier dans l'instruction de Jacques Le Pelletier, imprimée à Lyon, en 1699, avec approbation et privilége du roi, à Lyon, chez Antoine Boudet, huitième édition. On en a retiré les exemplaires, et les taxes subsistent.

1° Pour absolution du crime d'apostasie, on paiera au pape quatre-vingts livres.

2° Un bâtard qui voudra prendre les ordres, paiera pour la dispense vingt-cinq livres; s'il veut posséder un bénéfice simple, il paiera de plus cent quatre-vingts livres; s'il veut que dans la dispense on ne fasse pas mention de son illégitimité, il paiera mille cinquante livres.

3° Pour dispense et absolution de bigamie, mille cinquante livres.

4° Pour dispense à l'effet de juger criminellement, ou d'exercer la médecine, quatre-vingt-dix livres.

5° Absolution d'hérésie, quatre-vingts livres.

---

[a] Voyez l'article Bulle, et surtout la première section de l'article Puissance.

[1] Voyez ci-après l'article Taxe. B.

6° Bref de quarante heures pour sept ans, douze livres.

7° Absolution pour avoir commis un homicide à son corps défendant ou sans mauvais dessein, quatre-vingt-quinze livres. Ceux qui étaient dans la compagnie du meurtrier doivent aussi se faire absoudre, et payer pour cela quatre-vingt-cinq livres.

8° Indulgences pour sept années, douze livres.

9° Indulgences perpétuelles pour une confrérie, quarante livres.

10° Dispense d'irrégularité ou d'inhabilité, vingt-cinq livres; si l'irrégularité est grande, cinquante livres.

11° Permission de lire les livres défendus, vingt-cinq livres.

12° Dispense de simonie, quarante livres; sauf à augmenter suivant les circonstances.

13° Bref pour manger les viandes défendues, soixante-cinq livres.

14° Dispense de vœux simples de chasteté ou de religion, quinze livres. Bref déclaratoire de la nullité de la profession d'un religieux ou d'une religieuse, cent livres : si on demande ce bref dix ans après la profession, on paie le double.

DISPENSES DE MARIAGE.

Dispense du quatrième degré de parenté avec cause, soixante-cinq livres; sans cause, quatre-vingt-dix livres; avec absolution des familiarités que les futurs ont eues ensemble, cent quatre-vingts livres.

Pour les parents du troisième au quatrième degré,

tant du côté du père que de celui de la mère, la dispense sans cause est de huit cent quatre-vingts livres; avec cause, cent quarante-cinq livres.

Pour les parents au second degré d'un côté, et au quatrième de l'autre, les nobles paieront mille quatre cent trente livres; pour les roturiers, mille cent cinquante-cinq livres.

Celui qui voudra épouser la sœur de la fille avec laquelle il a été fiancé, paiera pour la dispense mille quatre cent trente livres.

Ceux qui sont parents au troisième degré, s'ils sont nobles, ou s'ils vivent honnêtement, paieront mille quatre cent trente livres; si la parenté est tant du côté du père que de celui de la mère, deux mille quatre cent trente livres.

Parents au second degré paieront quatre mille cinq cent trente livres; si la future a accordé des faveurs au futur, ils paieront de plus pour l'absolution deux mille trente livres.

Ceux qui ont tenu sur les fonts de baptême l'enfant de l'un ou de l'autre, la dispense est de deux mille sept cent trente livres. Si l'on veut se faire absoudre d'avoir pris des plaisirs prématurés, on paiera de plus mille trois cent trente livres.

Celui qui a joui des faveurs d'une veuve pendant la vie du premier mari, paiera pour l'épouser légitimement cent quatre-vingt-dix livres.

En Espagne et en Portugal, les dispenses de mariage sont beaucoup plus chères. Les cousins-germains ne les obtiennent pas à moins de deux mille écus, de dix jules de componade.

Les pauvres ne pouvant pas payer des taxes aussi fortes, on leur fait des remises : il vaut bien mieux tirer la moitié du droit que de ne rien avoir du tout en refusant la dispense.

On ne rapporte pas ici les sommes que l'on paie au pape pour les bulles des évêques, des abbés, etc.; on les trouve dans les almanachs: mais on ne voit pas de quelle autorité la cour de Rome impose des taxes sur les laïques qui épousent leurs cousines.

DROIT DE LA GUERRE.

Dialogue entre un Français et un Allemand[1].

DRUIDES[2].

(*La scène est dans le Tartare.*)

LES FURIES entourées de serpents, et le fouet à la main.

Allons, Barbaroquincorix, druide celte, et toi, détestable Calchas, hiérophante grec, voici les moments où vos justes supplices se renouvellent; l'heure des vengeances a sonné.

LE DRUIDE ET CALCHAS.

Aïe! la tête, les flancs, les yeux, les oreilles, les fesses! pardon, mesdames, pardon!

CALCHAS.

Voici deux vipères qui m'arrachent les yeux.

---

[1] Sous ce titre on trouvait, dans les *Questions sur l'Encyclopédie*, cinquième partie, 1771, le onzième des entretiens entre A, B, C. Voyez les *Mélanges*, année 1768. B.

[2] *Questions sur l'Encyclopédie,* neuvième partie, 1772. B.

LE DRUIDE.

Un serpent m'entre dans les entrailles par le fondement; je suis dévoré.

CALCHAS.

Je suis déchiré : faut-il que mes yeux reviennent tous les jours pour m'être arrachés!

LE DRUIDE.

Faut-il que ma peau renaisse pour tomber en lambeaux! aïe! ouf!

TISIPHONE.

Cela t'apprendra, vilain druide, à donner une autre fois la misérable plante parasite nommée le gui de chêne pour un remède universel. Eh bien! immoleras-tu encore à ton dieu Theutatès des petites filles et des petits garçons? les brûleras-tu encore dans des paniers d'osier, au son du tambour?

LE DRUIDE.

Jamais, jamais, madame; un peu de charité.

TISIPHONE.

Tu n'en as jamais eu. Courage, mes serpents; encore un coup de fouet à ce sacré coquin.

ALECTON.

Qu'on m'étrille vigoureusement ce Calchas qui vers nous s'est avancé,

L'œil farouche, l'air sombre, et le poil hérissé[a].

CALCHAS.

On m'arrache le poil, on me brûle, on me berne, on m'écorche, on m'empale.

---

[a] *Iphigénie* de Racine, acte V, scène dernière.

ALECTON.

Scélérat! égorgeras-tu encore une jeune fille au lieu de la marier, et le tout pour avoir du vent?

CALCHAS ET LE DRUIDE.

Ah! quels tourments! que de peines! et point mourir!

ALECTON ET TISIPHONE.

Ah! ah! j'entends de la musique. Dieu me pardonne! c'est Orphée; nos serpents sont devenus doux comme des moutons.

CALCHAS.

Je ne souffre plus du tout; voilà qui est bien étrange!

LE DRUIDE.

Je suis tout ragaillardi. Oh! la grande puissance de la bonne musique! Eh! qui es-tu, homme divin, qui guéris les blessures, et qui réjouis l'enfer?

ORPHÉE.

Mes camarades, je suis prêtre comme vous; mais je n'ai jamais trompé personne, et je n'ai égorgé ni garçon ni fille. Lorsque j'étais sur la terre, au lieu de faire abhorrer les dieux, je les ai fait aimer; j'ai adouci les mœurs des hommes que vous rendiez féroces; je fais le même métier dans les enfers. J'ai rencontré là-bas deux barbares prêtres qu'on fessait à toute outrance; l'un avait autrefois haché un roi en morceaux, l'autre avait fait couper la tête à sa propre reine, à la Porte-aux-chevaux. J'ai fini leur pénitence, je leur ai joué du violon; ils m'ont promis que quand ils reviendraient au monde, ils vivraient en honnêtes gens.

LE DRUIDE ET CALCHAS.

Nous vous en promettons autant, foi de prêtres.

ORPHÉE.

Oui, mais *passato il pericolo, gabbato il santo.*

(La scène finit par une danse figurée d'Orphée, des damnés, et des furies, et par une symphonie très agréable.)

E.

ÉCLIPSE.

Chaque phénomène extraordinaire passa long-temps, chez la plupart des peuples connus, pour être le présage de quelque événement heureux ou malheureux. Ainsi, les historiens romains n'ont pas manqué d'observer qu'une éclipse de soleil accompagna la naissance de Romulus, qu'une autre annonça son décès, et qu'une troisième avait présidé à la fondation de la ville de Rome.

Nous parlerons, à l'article Vision de Constantin, de l'apparition de la croix qui précéda le triomphe du christianisme; et, sous le mot Prophéties, de l'étoile nouvelle qui avait éclairé la naissance de Jésus : bornons-nous ici à ce que l'on a dit des ténèbres dont toute la terre fut couverte avant qu'il rendît l'esprit.

Les écrivains de l'Église, grecs et latins, ont cité comme authentiques deux lettres attribuées à Denys l'Aréopagite, dans lesquelles il rapporte qu'étant à Héliopolis d'Égypte avec Apollophane son ami, ils virent tout d'un coup, vers la sixième heure, la lune qui vint se placer au-dessous du soleil, et y causer une grande éclipse; ensuite, sur la neuvième heure, ils l'aperçurent de nouveau, quittant la place qu'elle y occupait pour aller se remettre à l'endroit opposé du diamètre. Ils prirent alors les règles de Philippe Aridœus, et ayant examiné le cours des astres, ils trouvèrent que le soleil naturellement n'avait pu être éclipsé en ce temps-là. De plus, ils observèrent que la lune, contre son mouvement naturel, au lieu de venir de l'occident se ranger sous le soleil, était venue du côté de l'orient, et s'en était enfin retournée en arrière du même côté. C'est ce qui fit dire à Apollophane: « Ce sont là, mon cher Denys, des change-« ments des choses divines; » à quoi Denys répliqua : « Ou l'auteur de la nature souffre, ou la machine de « l'univers sera bientôt détruite. »

Denys ajoute qu'ayant exactement remarqué et le temps et l'année de ce prodige, et ayant combiné tout cela avec ce que Paul lui en apprit dans la suite, il se rendit à la vérité ainsi que son ami. Voilà ce qui a fait croire que les ténèbres arrivées à la mort de Jésus-Christ avaient été causées par une éclipse surnaturelle, et ce qui a donné tant de cours à ce sentiment, que Maldonat dit que c'est celui de presque tous les catholiques. Comment en effet résister à l'autorité d'un témoin oculaire, éclairé, et désintéressé, puisque alors on suppose que Denys était encore païen?

Comme ces prétendues lettres de Denys ne furent forgées que vers le cinquième ou sixième siècle, Eusèbe de Césarée s'était contenté d'alléguer le témoignage de Phlégon, affranchi de l'empereur Adrien.

Cet auteur était aussi païen, et avait écrit l'histoire des olympiades, en seize livres, depuis leur origine jusqu'à l'an 140 de l'ère vulgaire. On lui fait dire qu'en la quatrième année de la deux cent deuxième olympiade il y eut la plus grande éclipse de soleil qu'on eût jamais vue; le jour fut changé en nuit à la sixième heure; on voyait les étoiles; et un tremblement de terre renversa plusieurs édifices de la ville de Nicée en Bithynie. Eusèbe ajoute que les mêmes événements sont rapportés dans les monuments anciens des Grecs comme étant arrivés la dix-huitième année de Tibère. On croit qu'Eusèbe veut parler de Thallus, historien grec, déjà cité par Justin, Tertullien, et Jules Africain; mais l'ouvrage de Thallus ni celui de Phlégon n'étant point parvenus jusqu'à nous, l'on ne peut juger de l'exactitude des deux citations que par le raisonnement.

Il est vrai que le *Chronicon paschale* des Grecs, ainsi que saint Jérôme, Anastâse, l'auteur de l'*Historia miscellanea*, et Fréculphe de Luxem[1] parmi les Latins, se réunissent tous à représenter le fragment de Phlégon de la même manière, et s'accordent à y lire le même nombre qu'Eusèbe. Mais on sait que ces cinq témoins, allégués comme uniformes dans leur déposition, ont traduit ou copié le passage, non de Phlégon lui-même, mais d'Eusèbe, qui l'a cité le premier; et Jean Philoponus, qui avait lu Phlégon, bien

---

[1] M. Louis Dubois de Lisieux a le premier, en 1825, signalé le mot *Luxem* comme mis par erreur pour *Lisieux*, dont Fréculphe fut évêque au neuvième siècle. On a de Fréculphe une *chronique* en latin, imprimée plusieurs fois au seizième siècle, et réimprimée dans la *Bibliotheca Patrum*. B.

loin d'être d'accord avec Eusèbe, en diffère de deux ans. On pourrait aussi nommer Maxime et Madela comme ayant vécu dans le temps que l'ouvrage de Phlégon subsistait encore, et alors voici le résultat. Cinq des auteurs cités sont des copistes ou des traducteurs d'Eusèbe. Philoponus, là où il déclare qu'il rapporte les propres termes de Phlégon, lit d'une seconde façon, Maxime d'une troisième, et Madela d'une quatrième; en sorte qu'il s'en faut de beaucoup qu'ils rapportent le passage de la même manière.

On a d'ailleurs une preuve non équivoque de l'infidélité d'Eusèbe en fait de citations. Il assure que les Romains avaient dressé à Simon, que nous appelons le magicien, une statue avec cette inscription : *Simoni deo sancto*, A Simon dieu saint [1]. Théodoret, saint Augustin, saint Cyrille de Jérusalem, Clément d'Alexandrie, Tertullien, et saint Justin, sont tous six parfaitement d'accord là-dessus avec Eusèbe; saint Justin, qui dit avoir vu cette statue, nous apprend qu'elle était placée entre les deux ponts du Tibre, c'est-à-dire dans l'île formée par ce fleuve. Cependant cette inscription, qui fut déterrée à Rome, l'an 1574, dans l'endroit même indiqué par Justin, porte : *Semoni Sanco deo Fidio*, Au dieu Semo Sancus Fidius. Nous lisons dans Ovide que les anciens Sabins avaient bâti un temple sur le mont Quirinal à cette divinité, qu'ils nommaient indifféremment *Semo*, *Sancus*, *Sanctus*, ou *Fidius*; et l'on trouve dans Gruter deux inscriptions pareilles, dont l'une était sur le mont Quirinal, et l'autre se voit encore à Rieti, pays des anciens Sabins.

[1] Voyez l'article Adorer et l'article Noel. B.

Enfin les calculs de MM. Hodgson, Halley, Whiston, Gale Morris, ont démontré que Phlégon et Thallus avaient parlé d'une éclipse naturelle arrivée le 24 novembre, la première année de la deux cent deuxième olympiade, et non dans la quatrième année, comme le prétend Eusèbe. Sa grandeur, pour Nicée en Bithynie, ne fut, selon M. Whiston, que d'environ neuf à dix doigts, c'est-à-dire deux tiers et demi du disque du soleil ; son commencement à huit heures un quart, et sa fin à dix heures quinze minutes. Et entre le Caire en Égypte et Jérusalem, suivant M. Gale Morris, le soleil fut totalement obscurci pendant près de deux minutes. A Jérusalem, le milieu de l'éclipse arriva vers une heure un quart après midi.

On ne s'en est pas tenu à ces prétendus témoignages de Denys, de Phlégon, et de Thallus ; on a allégué dans ces derniers temps l'histoire de la Chine, touchant une grande éclipse de soleil que l'on prétend être arrivée contre l'ordre de la nature, l'an 32 de Jésus-Christ. Le premier ouvrage où il en est fait mention est une *Histoire de la Chine*, publiée à Paris, en 1672, par le jésuite Greslon. On trouve dans l'extrait qu'en donna le *Journal des Savants*, du 2 février de la même année, ces paroles singulières :

« Les annales de la Chine remarquent qu'au mois
« d'avril de l'an 32 de Jésus-Christ, il y eut une grande
« éclipse de soleil qui n'était pas selon l'ordre de la
« nature. Si cela était, ajoute-t-on, cette éclipse pour-
« rait bien être celle qui se fit au temps de la passion
« de Jésus-Christ, lequel mourut au mois d'avril,
« selon quelques auteurs. *C'est pourquoi* les mission-

« naires de la Chine prient les astronomes de l'Europe
« d'examiner s'il n'y eut point d'éclipse en ce mois et
« en cette année, et si naturellement il pouvait y en
« avoir; parceque, cette circonstance étant bien véri-
« fiée, on en pourrait tirer de grands avantages pour
« la conversion des Chinois. »

Pourquoi prier les mathématiciens de l'Europe de faire ce calcul, comme si les jésuites Adam Shâl et Verbiest, qui avaient réformé le calendrier de la Chine et calculé les éclipses, les équinoxes et les solstices, n'avaient pas été en état de le faire eux-mêmes? D'ailleurs l'éclipse dont parle Greslon étant arrivée contre le cours de la nature, comment la calculer? Bien plus, de l'aveu du jésuite Couplet, les Chinois ont inséré dans leurs fastes un grand nombre de fausses éclipses; et le Chinois Yam-Quemsiam, dans sa Réponse à l'*Apologie pour la religion chrétienne*, publiée par les jésuites à la Chine, dit positivement que cette prétendue éclipse n'est marquée dans aucune histoire chinoise.

Que penser après cela du jésuite Tachard, qui, dans l'épître dédicatoire de son premier *Voyage de Siam*, dit que la sagesse suprême fit connaître autrefois aux rois et aux peuples d'Orient Jésus-Christ naissant et mourant, par une nouvelle étoile et par une éclipse extraordinaire? Ignorait-il ce mot de saint Jérôme, sur un sujet à peu près semblable[a] : Cette opinion, qui est assez propre à flatter les oreilles du peuple, n'en est pas plus véritable pour cela?

Mais ce qui aurait dû épargner toutes ces discus-

---

[a] Sur saint Matthieu, ch. xxvii.

sions, c'est que Tertullien, dont nous avons déjà parlé, dit que[a] le jour manqua tout d'un coup pendant que le soleil était au milieu de sa carrière; que les païens crurent que c'était une éclipse, ne sachant pas que cela avait été prédit par Amos, en ces termes[b]: Le soleil se couchera à midi, et la lumière se cachera sur la terre au milieu du jour. Ceux, ajoute Tertullien, qui ont recherché la cause de cet événement, et qui ne l'ont pu découvrir, l'ont nié; mais le fait est certain, et vous le trouverez marqué dans vos archives.

Origène[c], au contraire, dit qu'il n'est pas étonnant que les auteurs étrangers n'aient rien dit des ténèbres dont parlent les évangélistes, puisqu'elles ne parurent qu'aux environs de Jérusalem; la Judée, selon lui, étant désignée sous le nom de toute la terre en plus d'un endroit de l'Écriture. Il avoue d'ailleurs que le passage de l'Évangile de Luc[d] où l'on lisait de son temps que toute la terre fut couverte de ténèbres à cause de l'éclipse du soleil, avait été ainsi falsifié par quelque chrétien ignorant qui avait cru donner par là du jour au texte de l'évangéliste, ou par quelque ennemi malintentionné qui avait voulu faire naître un prétexte de calomnier l'Église, comme si les évangélistes avaient marqué une éclipse dans un temps où il était notoire qu'elle ne pouvait arriver. Il est vrai, ajoute-t-il, que Phlégon dit qu'il y en eut une sous Tibère; mais comme il ne dit pas qu'elle soit arrivée dans la pleine lune, il n'y a rien en cela de merveilleux.

---

[a] *Apologétique*, ch. xxi. — [b] Ch. viii, v. 9. — [c] Sur saint Matthieu, ch. xxvii. — [d] Ch. xxiii, v. 45.

Ces ténèbres, continue Origène, étaient de la nature de celles qui couvrirent l'Égypte au temps de Moïse, lesquelles ne se firent point sentir dans le canton où demeuraient les Israélites. Celles d'Égypte durèrent trois jours, et celles de Jérusalem ne durèrent que trois heures; les premières étaient la figure des secondes; et de même que Moïse, pour les attirer sur l'Égypte, éleva les mains au ciel et invoqua le Seigneur, ainsi Jésus-Christ, pour couvrir de ténèbres Jérusalem, étendit ses mains sur la croix contre un peuple ingrat qui avait crié, Crucifiez-le, crucifiez-le.

C'est bien ici le cas de s'écrier aussi comme Plutarque: Les ténèbres de la superstition sont plus dangereuses que celles des éclipses.

ÉCONOMIE[1].

Ce mot ne signifie dans l'acception ordinaire que la manière d'administrer son bien; elle est commune à un père de famille et à un surintendant des finances d'un royaume. Les différentes sortes de gouvernement, les tracasseries de famille et de cour, les guerres injustes et mal conduites, l'épée de Thémis mise dans les mains des bourreaux pour faire périr l'innocent, les discordes intestines, sont des objets étrangers à l'économie.

Il ne s'agit pas ici des déclamations de ces politiques qui gouvernent un état du fond de leur cabinet par des brochures.

---

[1] *Questions sur l'Encyclopédie*, cinquième partie, 1771. B.

ÉCONOMIE DOMESTIQUE.

La première économie, celle par qui subsistent toutes les autres, est celle de la campagne. C'est elle qui fournit les trois seules choses dont les hommes ont un vrai besoin, le vivre, le vêtir, et le couvert; il n'y en a pas une quatrième, à moins que ce ne soit le chauffage dans les pays froids. Toutes les trois bien entendues donnent la santé, sans laquelle il n'y a rien.

On appelle quelquefois le séjour de la campagne la *vie patriarcale*; mais, dans nos climats, cette vie patriarcale serait impraticable, et nous ferait mourir de froid, de faim, et de misère.

Abraham va de la Chaldée au pays de Sichem; de là il faut qu'il fasse un long voyage par des déserts arides jusqu'à Memphis pour aller acheter du blé. J'écarte toujours respectueusement, comme je le dois, tout ce qui est divin dans l'histoire d'Abraham et de ses enfants; je ne considère ici que son économie rurale.

Je ne lui vois pas une seule maison : il quitte la plus fertile contrée de l'univers et des villes où il y avait des maisons commodes, pour aller errer dans des pays dont il ne pouvait entendre la langue.

Il va de Sodome dans le désert de Gérare, sans avoir le moindre établissement. Lorsqu'il renvoie Agar et l'enfant qu'il a eu d'elle, c'est encore dans un désert; et il ne leur donne pour tout viatique qu'un morceau de pain et une cruche d'eau. Lorsqu'il va sacrifier son fils au Seigneur, c'est encore dans un désert. Il va couper le bois lui-même pour brûler la victime, et le charge sur le dos de son fils qu'il doit immoler.

Sa femme meurt dans un lieu nommé *Arbé* ou *Hébron* : il n'a pas seulement six pieds de terre à lui pour l'ensevelir; il est obligé d'acheter une caverne pour y mettre sa femme; c'est le seul morceau de terre qu'il ait jamais possédé.

Cependant il eut beaucoup d'enfants; car, sans compter Isaac et sa postérité, il eut de son autre femme Céthura, à l'âge de cent quarante ans, selon le calcul ordinaire, cinq enfants mâles qui s'en allèrent vers l'Arabie.

Il n'est point dit qu'Isaac eût un seul quartier de terre dans le pays où mourut son père; au contraire, il s'en va dans le désert de Gérare avec sa femme Rebecca, chez ce même Abimélech, roi de Gérare, qui avait été amoureux de sa mère.

Ce roi du désert devient aussi amoureux de sa femme Rebecca, que son mari fait passer pour sa sœur, comme Abraham avait donné sa femme Sara pour sa sœur à ce même roi Abimélech, quarante ans auparavant. Il est un peu étonnant que dans cette famille on fasse toujours passer sa femme pour sa sœur, afin d'y gagner quelque chose; mais puisque ces faits sont consacrés, c'est à nous de garder un silence respectueux.

L'Écriture dit qu'il s'enrichissait dans cette terre horrible, devenue fertile pour lui, et qu'il devint extrêmement puissant; mais il est dit aussi qu'il n'avait pas de l'eau à boire, qu'il eut une grande querelle avec les pasteurs du roitelet de Gérare pour un puits, et on ne voit point qu'il eût une maison en propre.

Ses enfants, Ésaü et Jacob, n'ont pas plus d'établissement que leur père. Jacob est obligé d'aller chercher à vivre dans la Mésopotamie, dont Abraham était sorti. Il sert sept années pour avoir une des filles de Laban, et sept autres années pour obtenir la seconde fille. Il s'enfuit avec Rachel et les troupeaux de son beau-père, qui court après lui. Ce n'est pas là une fortune bien assurée.

Ésaü est représenté aussi errant que Jacob. Aucun des douze patriarches, enfants de Jacob, n'a de demeure fixe, ni un champ dont il soit propriétaire. Ils ne reposent que sous des tentes, comme les Arabes Bédouins.

Il est clair que cette vie patriarcale ne convient nullement à la température de notre air. Il faut à un bon cultivateur, tel que les Pignoux d'Auvergne, une maison saine tournée à l'orient, de vastes granges, de non moins vastes écuries, des étables proprement tenues; et le tout peut aller à cinquante mille francs au moins de notre monnaie d'aujourd'hui. Il doit semer tous les ans cent arpents en blé, en mettre autant en bons pâturages, posséder quelques arpents de vigne, et environ cinquante arpents pour les menus grains et les légumes; une trentaine d'arpents de bois, une plantation de mûriers, des vers à soie, des ruches. Avec tous ces avantages bien économisés, il entretiendra une nombreuse famille dans l'abondance de tout. Sa terre s'améliorera de jour en jour; il supportera sans rien craindre les dérangements des saisons et le fardeau des impôts, parcequ'une bonne année répare les dommages de deux mauvaises. Il jouira dans son domaine d'une souveraineté réelle, qui ne sera soumise qu'aux lois. C'est l'état le plus naturel de l'homme, le plus tranquille, le plus heureux, et malheureusement le plus rare.

Le fils de ce vénérable patriarche se voyant riche, se dégoûte bientôt de payer la taxe humiliante de la taille ; il a malheureusement appris quelque latin ; il court à la ville, achète une charge qui l'exempte de cette taxe, et qui donnera la noblesse à son fils au bout de vingt ans. Il vend son domaine pour payer sa vanité. Une fille élevée dans le luxe, l'épouse, le déshonore, et le ruine ; il meurt dans la mendicité, et son fils porte la livrée dans Paris.

Telle est la différence entre l'économie de la campagne et les illusions des villes.

L'économie à la ville est toute différente. Vivez-vous dans votre terre, vous n'achetez presque rien ; le sol vous produit tout ; vous pouvez nourrir soixante personnes sans presque vous en apercevoir. Portez à la ville le même revenu, vous achetez tout chèrement, et vous pouvez nourrir à peine cinq ou six domestiques. Un père de famille qui vit dans sa terre avec douze mille livres de rente, aura besoin d'une grande attention pour vivre à Paris dans la même abondance avec quarante mille. Cette proportion a toujours subsisté entre l'économie rurale et celle de la capitale. Il en faut toujours revenir à la singulière lettre de madame de Maintenon à sa belle-sœur madame d'Aubigné, dont on a tant parlé; on ne peut trop la remettre sous les yeux :

....
....

« Vous croirez bien que je connais Paris mieux que
« vous ; dans ce même esprit, voici, ma chère sœur,
« un projet de dépense, tel que je l'exécuterais si j'étais
« hors de la cour. Vous êtes douze personnes : monsieur
« et madame, trois femmes, quatre laquais, deux co-
« chers, un valet de chambre.

« Quinze livres de viande à
 « cinq sous la livre. . . . . 3 liv. 15 sous.
« Deux pièces de rôti. 2   10
« Du pain 1   10
« Le vin 2   10
« Le bois 2
« Le fruit. 1   10
« La bougie.   10
« La chandelle   8
          14   13

« Je compte quatre sous en vin pour vos quatre la-
« quais et vos deux cochers; c'est ce que madame de
« Montespan donne aux siens. Si vous aviez du vin en
« cave, il ne vous coûterait pas trois sous : j'en mets
« six pour votre valet de chambre, et vingt pour vous
« deux, qui n'en buvez pas pour trois.

« Je mets une livre de chandelle par jour, quoiqu'il
« n'en faille qu'une demi-livre. Je mets dix sous en
« bougie; il y en a six à la livre, qui coûte une livre
« dix sous, et qui dure trois jours.

« Je mets deux livres pour le bois : cependant vous
« n'en brûlerez que trois mois de l'année, et il ne faut
« que deux feux.

« Je mets une livre dix sous pour le fruit; le sucre
« ne coûte que onze sous la livre, et il n'en faut qu'un
« quarteron pour une compote.

« Je mets deux pièces de rôti : on en épargne une
« quand monsieur ou madame dîne ou soupe en ville;
« mais aussi j'ai oublié une volaille bouillie pour le
« potage. Nous entendons le ménage. Vous pouvez
« fort bien, sans passer quinze livres, avoir une en-
« trée, tantôt de saucisses, tantôt de langue de mou-
« ton ou de fraise de veau, le gigot bourgeois, la pyra-
« mide éternelle, et la compote que vous aimez tant[a].

« Cela posé, et ce que j'apprends à la cour, ma
« chère enfant, votre dépense ne doit pas passer cent
« livres par semaine : c'est quatre cents livres par
« mois. Posons cinq cents, afin que les bagatelles que
« j'oublie ne se plaignent pas que je leur fais injustice.
« Cinq cents livres par mois font,

« Pour votre dépense de bouche...	6000 liv.
« Pour vos habits...	1000
« Pour loyer de maison...	1000
« Pour gages et habits de gens...	1000
« Pour les habits, l'opéra et les ma- « gnificences[b] de monsieur...	3000
	12000 liv.

« Tout cela n'est-il pas honnête? etc. »

[a] Dans ce temps-là, et c'était le plus brillant de Louis XIV, on ne servait d'entremets que dans les grands repas d'appareil.

[b] Madame de Maintenon compte deux cochers, et oublie quatre che-

ÉCONOMIE.

Le marc de l'argent valait alors à peu près la moitié du numéraire d'aujourd'hui; tout le nécessaire absolu était de la moitié moins cher; et le luxe ordinaire, qui est devenu nécessaire, et qui n'est plus luxe, coûtait trois à quatre fois moins que de nos jours. Ainsi le comte d'Aubigné aurait pu pour ses douze mille livres de rente, qu'il mangeait à Paris assez obscurément, vivre en prince dans sa terre.

Il y a dans Paris trois ou quatre cents familles municipales qui occupent la magistrature depuis un siècle, et dont le bien est en rentes sur l'Hôtel-de-ville. Je suppose qu'elles eussent chacune vingt mille livres de rente; ces vingt mille livres fesaient juste le double de ce qu'elles font aujourd'hui; ainsi elles n'ont réellement que la moitié de leur ancien revenu. De cette moitié on retrancha une moitié dans le temps inconcevable du système de Lass. Ces familles ne jouissent donc réellement que du quart du revenu qu'elles possédaient à l'avénement de Louis XIV au trône; et le luxe étant augmenté des trois quarts, reste à peu près rien pour elles, à moins qu'elles n'aient réparé leur ruine par de riches mariages, ou par des successions, ou par une industrie secrète; et c'est ce qu'elles ont fait.

En tout pays, tout simple rentier qui n'augmente pas son bien dans une capitale, le perd à la longue. Les terriens se soutiennent, parceque, l'argent augmentant numériquement, le revenu de leurs terres augmente en proportion; mais ils sont exposés à un autre

vaux, qui, dans ce temps-là, devaient, avec l'entretien des voitures, coûter environ deux mille francs par année.—Note ajoutée en 1774. B.

malheur, et ce malheur est dans eux-mêmes. Leur luxe et leur inattention, non moins dangereuse encore, les conduisent à la ruine. Ils vendent leurs terres à des financiers qui entassent, et dont les enfants dissipent tout à leur tour. C'est une circulation perpétuelle d'élévation et de décadence; le tout faute d'une économie raisonnable, qui consiste uniquement à ne pas dépenser plus qu'on ne reçoit.

DE L'ÉCONOMIE PUBLIQUE.

L'économie d'un état n'est précisément que celle d'une grande famille. C'est ce qui porta le duc de Sulli à donner le nom d'*Économies* à ses mémoires. Toutes les autres branches d'un gouvernement sont plutôt des obstacles que des secours à l'administration des deniers publics. Des traités qu'il faut quelquefois conclure à prix d'or, des guerres malheureuses, ruinent un état pour long-temps; les heureuses même l'épuisent. Le commerce intercepté et mal entendu l'appauvrit encore; les impôts excessifs comblent la misère.

Qu'est-ce qu'un état riche et bien économisé ? c'est celui où tout homme qui travaille est sûr d'une fortune convenable à sa condition, à commencer par le roi, et à finir par le manœuvre.

Prenons pour exemple l'état où le gouvernement des finances est le plus compliqué, l'Angleterre. Le roi est presque sûr d'avoir toujours un million sterling par an à dépenser pour sa maison, sa table, ses ambassadeurs, et ses plaisirs. Ce million revient tout entier au peuple par la consommation; car si les ambassadeurs dépensent leurs appointements ailleurs, les ministres étrangers consument leur argent à Londres. Tout possesseur de terres est certain de jouir de son revenu, aux taxes près imposées par ses représentants en parlement, c'est-à-dire par lui-même.

Le commerçant joue un jeu de hasard et d'industrie contre presque tout l'univers; et il est long-temps incertain s'il mariera sa fille à un pair du royaume, ou s'il mourra à l'hôpital.

Ceux qui, sans être négociants, placent leur fortune précaire dans les grandes compagnies de commerce, ressemblent parfaitement aux oisifs de la France qui achètent des effets royaux, et dont le sort dépend de la bonne ou mauvaise fortune du gouvernement.

Ceux dont l'unique profession est de vendre et d'acheter des billets publics, sur les nouvelles heureuses ou malheureuses qu'on débite, et de trafiquer la crainte et l'espérance, sont en sous-ordre dans le même cas que les actionnaires; et tous sont des joueurs, hors le cultivateur qui fournit de quoi jouer.

Une guerre survient; il faut que le gouvernement emprunte de l'argent comptant, car on ne paie pas des flottes et des armées avec des promesses. La chambre des communes imagine une taxe sur la bière, sur le charbon, sur les cheminées, sur les fenêtres, sur les acres de blé et de pâturage, sur l'importation, etc.

On calcule ce que cet impôt pourra produire à peu près; toute la nation en est instruite; un acte du parlement dit aux citoyens: Ceux qui voudront prêter à la patrie recevront quatre pour cent de leur argent pendant dix ans; au bout desquels ils seront remboursés.

Ce même gouvernement fait un fonds d'amortissement du surplus de ce que produisent les taxes. Ce fonds doit servir à rembourser les créanciers. Le temps du remboursement venu, on leur dit : Voulez-vous votre fonds, ou voulez-vous le laisser à trois pour cent? Les créanciers, qui croient leur dette assurée, laissent pour la plupart leur argent entre les mains du gouvernement.

Nouvelle guerre, nouveaux emprunts, nouvelles dettes; le fonds d'amortissement est vide, on ne rembourse rien.

Enfin ce monceau de papier représentatif d'un argent qui n'existe pas a été porté jusqu'à cent trente millions de livres sterling, qui font cent vingt-sept millions de guinées, en l'an 1770 de notre ère vulgaire.

Disons en passant que la France est à peu près dans ce cas; elle doit de fonds environ cent vingt-sept millions de louis d'or. Or ces deux sommes, montant à deux cent cinquante-quatre millions de louis d'or, n'existent pas dans l'Europe. Comment payer? Examinons d'abord l'Angleterre.

Si chacun redemande son fonds, la chose est visiblement impossible à moins de la pierre philosophale, ou de quelque multiplication pareille. Que faire? Une partie de la nation a prêté à toute la nation. L'Angleterre doit à l'Angleterre cent trente millions sterling à trois pour cent d'intérêt : elle paie donc de ce seul article très modique trois millions neuf cent mille livres sterling d'or chaque année. Les impôts sont d'environ sept millions[a]; il reste donc pour satisfaire aux charges de l'état trois millions et cent mille livres sterling, sur quoi l'on peut, en économisant, éteindre peu-à-peu une partie des dettes publiques.

La banque de l'état, en produisant des avantages immenses aux directeurs, est utile à la nation, parcequ'elle augmente le crédit, que ses opérations sont connues, et qu'elle ne pourrait faire plus de billets qu'il n'en faut sans perdre ce crédit et sans se ruiner elle-même. C'est là le grand avantage d'un pays commerçant, où tout se fait en vertu d'une loi positive, où nulle opération n'est cachée, où la confiance est établie sur des calculs faits par les représentants de l'état, examinés par tous les citoyens. L'Angleterre, quoi qu'on dise, voit donc son opulence assurée tant qu'elle aura des terres fertiles, des troupeaux abondants, et un commerce avantageux[1].

---

[a] Ceci était écrit en 1770.

[1] La dette immense de l'Angleterre et de la France prépare à ces deux nations, non une ruine totale ou une décadence durable, mais de longs malheurs et peut-être de grands bouleversements. Cependant, en supposant ces dettes égales (et celle de l'Angleterre est plus forte), la France aurait encore de grands avantages. 1° Quoique la supériorité de sa richesse réelle ne soit point proportionnelle à celle de l'étendue de son territoire et du nombre de ses habitants, cette supériorité est très grande. 2° L'agriculture, l'industrie et le commerce n'y étant pas aussi près qu'en Angleterre du degré de perfection et d'activité qu'on peut atteindre, leurs progrès peuvent procurer de plus grandes ressources. La suppression des corvées, celle des jurandes pour les métiers comme pour le commerce, la liberté du commerce des blés, des vins, des bestiaux, en un mot les lois faites en 1776 et celles qu'on préparait alors, auraient changé en peu d'années la face de la France. 3° La dette foncière en France étant en très grande partie à cinq pour cent et au-delà, tout ministre éclairé et vertueux que l'on croira établi dans sa place, trouvant à emprunter à quatre pour cent, lorsqu'il n'empruntera que pour rembourser, pourra diminuer l'intérêt de cette partie de la dette d'un cinquième

Si les autres pays parviennent à n'avoir pas besoin de ses blés et à tourner contre elle la balance du commerce, il peut arriver alors un très grand bouleversement dans les fortunes des particuliers; mais la terre reste, l'industrie reste; et l'Angleterre, alors moins riche en argent, l'est toujours en valeurs renaissantes que le sol produit; elle revient au même état où elle était au seizième siècle.

Il en est absolument de tout un royaume comme d'une terre d'un particulier: si le fonds de la terre est bon, elle ne sera jamais ruinée; la famille qui la fesait valoir peut être réduite à l'aumône, mais le sol prospérera sous une autre famille.

Il y a d'autres royaumes qui ne seront jamais riches, quelque effort qu'ils fassent : ce sont ceux qui, situés sous un ciel rigoureux, ne peuvent avoir tout au plus que l'exact nécessaire. Les citoyens n'y peuvent jouir des commodités de la vie qu'en les fesant venir de l'étranger à un prix qui est excessif pour eux. Donnez à la Sibérie et au Kamtschatka réunis [1], qui font quatre fois l'étendue de l'Allemagne, un Cyrus pour souverain, un Solon pour législateur, un duc de

---

et au-delà, et former de cela seul un fonds d'amortissement. 4° La vente des domaines, et celle des biens du clergé qui appartiennent à l'état, est une ressource immense qui manque encore à l'Angleterre. La publicité des opérations peut aussi avoir lieu en France; et si la confiance doit être plus grande en Angleterre, parceque les membres du parlement sont eux-mêmes intéressés à ce que la nation soit fidèle à ses engagements, d'un autre côté ces mêmes membres du parlement ont beaucoup plus d'intérêt à ce que les finances soient mal administrées que n'en peuvent avoir les ministres du roi de France. K.—Voyez ma note, tome XVIII, page 345. B.

[1] Voyez, dans la *Correspondance*, la lettre de Catherine II, du 6-17 octobre 1771. B.

Sulli, un Colbert pour surintendant des finances, un duc de Choiseul pour ministre de la guerre et de la paix, un Anson pour amiral, ils y mourront de faim avec tout leur génie.

Au contraire, faites gouverner la France par un fou sérieux tel que Lass, par un fou plaisant tel que le cardinal Dubois, par des ministres tels que nous en avons vu quelquefois, on pourra dire d'eux ce qu'un sénateur de Venise disait de ses confrères au roi Louis XII, à ce que prétendent les raconteurs d'anecdotes. Louis XII en colère menaçait de ruiner la république : Je vous en défie, dit le sénateur; la chose me paraît impossible : il y a vingt ans que mes confrères font tous les efforts imaginables pour la détruire, et ils n'en ont pu venir à bout.

Il n'y eut jamais rien de plus extravagant sans doute que de créer une compagnie imaginaire du Mississipi qui devait rendre au moins cent pour un à tout intéressé, de tripler tout d'un coup la valeur numéraire des espèces, de rembourser en papier chimérique les dettes et les charges de l'état, et de finir enfin par la défense aussi folle que tyrannique à tout citoyen de garder chez soi plus de cinq cents francs en or ou en argent. Ce comble d'extravagance étant inouï, le bouleversement général fut aussi grand qu'il devait l'être : chacun criait que c'en était fait de la France pour jamais. Au bout de dix ans il n'y paraissait pas.

Un bon pays se rétablit toujours par lui-même, pour peu qu'il soit tolérablement régi : un mauvais ne peut s'enrichir que par une industrie extrême et heureuse.

La proportion sera toujours la même entre l'Espagne, la France, l'Angleterre proprement dite, et la Suède [1]. On compte communément vingt millions d'habitants en France, c'est peut-être trop [2]; Ustariz n'en admet que sept en Espagne, Nichols en donne huit à l'Angleterre, on n'en attribue pas cinq à la Suède. L'Espagnol (l'un portant l'autre) a la valeur de quatre-vingts de nos livres à dépenser par an; le Français, meilleur cultivateur, a cent vingt livres; l'Anglais, cent quatre-vingts; le Suédois, cinquante. Si nous voulions parler du Hollandais, nous trouverions qu'il n'a que ce qu'il gagne, parceque ce n'est pas son territoire qui le nourrit et qui l'habille : la Hollande est une foire continuelle, où personne n'est riche que de sa propre industrie ou de celle de son père.

Quelle énorme disproportion entre les fortunes! un Anglais qui a sept mille guinées de revenu absorbe la subsistance de mille personnes. Ce calcul effraie au premier coup d'œil; mais au bout de l'année il a réparti ses sept mille guinées dans l'état, et chacun a eu à peu près son contingent.

En général l'homme coûte très peu à la nature. Dans l'Inde, où les raïas et les nababs entassent tant de trésors, le commun peuple vit pour deux sous par jour tout au plus.

Ceux des Américains qui ne sont sous aucune domi-

---

[1] C'est-à-dire si la législation ou l'administration ne changent point; car la France, moins peuplée à proportion que l'Angleterre, peut acquérir une population égale; l'Espagne, la Suède, peuvent en très peu de temps doubler leur population. K.

[2] Voyez l'article DÉNOMBREMENT, section II. B.

nation, n'ayant que leurs bras, ne dépensent rien; la moitié de l'Afrique a toujours vécu de même; et nous ne sommes supérieurs à tous ces hommes-là que d'environ quarante écus par an : mais ces quarante écus font une prodigieuse différence; c'est elle qui couvre la terre de belles villes, et la mer de vaisseaux.

C'est avec nos quarante écus que Louis XIV eut deux cents vaisseaux, et bâtit Versailles; et tant que chaque individu, l'un portant l'autre, pourra être censé jouir de quarante écus de rente, l'état pourra être florissant.

Il est évident que plus il y a d'hommes et de richesses dans un état, plus on y voit d'abus. Les frottements sont si considérables dans les grandes machines, qu'elles sont presque toujours détraquées. Ces dérangements font une telle impression sur les esprits, qu'en Angleterre, où il est permis à tout citoyen de dire ce qu'il pense, il se trouve tous les mois quelque calculateur qui avertit charitablement ses compatriotes que tout est perdu, et que la nation est ruinée sans ressource. La permission de penser étant moins grande en France, on s'y plaint en contrebande; on imprime furtivement, mais fort souvent, que jamais sous les enfants de Clotaire, ni du temps du roi Jean, de Charles VI, de la bataille de Pavie, des guerres civiles, et de la Saint-Barthélemi, le peuple ne fut si misérable qu'aujourd'hui.

Si on répond à ces lamentations par une lettre de cachet qui ne passe pas pour une raison bien légitime, mais qui est très péremptoire, le plaignant s'enfuit en criant aux alguazils qu'ils n'en ont pas pour six semaines, et que Dieu merci ils mourront de faim avant ce temps-là comme les autres.

Bois-Guillebert, qui attribua si impudemment son insensée *Dîme royale* au maréchal de Vauban, prétendait, dans son *Détail de la France*, que le grand ministre Colbert avait déjà appauvri l'état de quinze cents millions, en attendant pis.

Un calculateur de notre temps, qui paraît avoir les meilleures intentions du monde, quoiqu'il veuille absolument qu'on s'enivre après la messe, prétend que les valeurs renaissantes de la France, qui forment le revenu de la nation, ne se montent qu'à environ quatre cents millions; en quoi il paraît qu'il ne se trompe que d'environ seize cents millions de livres à vingt sous la pièce, le marc d'argent monnayé étant à quarante-neuf livres dix. Et il assure que l'impôt pour payer les charges de l'état ne peut être que de soixante et quinze millions, dans le temps qu'il l'est de trois cents, lesquels ne suffisent pas, à beaucoup près, pour acquitter les dettes annuelles.

Une seule erreur dans toutes ces spéculations, dont le nombre est très considérable, ressemble aux erreurs commises dans les mesures astronomiques prises sur la terre. Deux lignes répondent à des espaces immenses dans le ciel.

C'est en France et en Angleterre que l'économie publique est le plus compliquée. On n'a pas d'idée d'une telle administration dans le reste du globe, depuis le mont Atlas jusqu'au Japon. Il n'y a guère que cent trente ans que commença cet art de rendre la moitié d'une nation débitrice de l'autre; de faire passer avec du papier les fortunes de main en main ; de rendre l'état créancier de l'état ; de faire un chaos de ce qui devrait être soumis à une règle uniforme. Cette méthode s'est étendue en Allemagne et en Hollande. On a poussé ce raffinement et cet excès jusqu'à établir un jeu entre le souverain et les sujets ; et ce jeu est appelé loterie. Votre enjeu est de l'argent comptant ; si vous gagnez, vous obtenez des espèces ou des rentes ; qui perd ne souffre pas un grand dommage. Le gouvernement prend d'ordinaire dix pour cent pour sa peine. On fait ces loteries les plus compliquées que l'on peut, pour étourdir et pour amorcer le public. Toutes ces méthodes ont été adoptées en Allemagne et en Hollande : presque tout état a été obéré tour-à-tour. Cela n'est pas trop sage ; mais qui l'est ? les petits, qui n'ont pas le pouvoir de se ruiner.

ÉCONOMIE DE PAROLES [1].

Parler par économie.

C'est une expression consacrée aux Pères de l'Église et même aux premiers instituteurs de notre sainte religion ; elle signifie « parler selon les temps et selon « les lieux. »

Par exemple [a], saint Paul étant chrétien vient dans le temple des Juifs s'acquitter des rites judaïques, pour faire voir qu'il ne s'écarte point de la loi mosaïque : il est reconnu au bout de sept jours, et accusé

---

[1] *Questions sur l'Encyclopédie*, cinquième partie, 1771. B.
[a] *Actes des apôtres*, ch. XXI.

d'avoir profané le temple. Aussitôt on le charge de coups, on le traîne en tumulte : le tribun de la cohorte, *tribunus cohortis*[a], arrive, et le fait lier de deux chaînes [b]. Le lendemain ce tribun fait assembler le sanhédrin, et amène Paul devant ce tribunal ; le grand-prêtre Annaniah commence par lui faire donner un soufflet [c], et Paul l'appelle *muraille blanchie*[d].

« Il me donna un soufflet ; mais je lui dis bien son
« fait [1]. »

[e] « Or, Paul sachant qu'une partie des juges était
« composée de saducéens et l'autre de pharisiens, il
« s'écria : Je suis pharisien et fils de pharisien ; on ne
« veut me condamner qu'à cause de l'espérance et de
« la résurrection des morts. Paul ayant ainsi parlé,
« il s'éleva une dispute entre les pharisiens et les sa-
« ducéens, et l'assemblée fut rompue ; car les sadu-
« céens disent qu'il n'y a ni résurrection, ni anges, ni
« esprits, et les pharisiens confessent le contraire. »

Il est bien évident, par le texte, que Paul n'était point pharisien, puisqu'il était chrétien, et qu'il n'a-

---

[a] Il n'y avait pas, à la vérité, dans la milice romaine, de tribun de cohorte. C'est comme si on disait parmi nous colonel d'une compagnie. Les centurions étaient à la tête des cohortes, et les tribuns à la tête des légions. Il y avait trois tribuns souvent dans une légion ; ils commandaient alors tour-à-tour, et étaient subordonnés les uns aux autres. L'auteur des *Actes* a probablement entendu que le tribun fit marcher une cohorte.

[b] Chap. XXII.

[c] Un soufflet, chez les peuples asiatiques, était une punition légale. Encore aujourd'hui, à la Chine, et dans les pays au-delà du Gange, on condamne un homme à une douzaine de soufflets.

[d] Chap. XXIII, v. 3.

[1] *Pourceaugnac*, acte I, scène VI. K.

[e] Chap. XXIII v. 6 et suiv.

vait point du tout été question dans cette affaire ni de résurrection, ni d'espérance, ni d'anges, ni d'esprits.
° Le texte fait voir que saint Paul ne parlait ainsi que pour compromettre ensemble les pharisiens et les saducéens : c'était parler par économie, par prudence; c'était un artifice pieux, qui n'eût pas été peut-être permis à tout autre qu'à un apôtre.

C'est ainsi que presque tous les Pères de l'Église ont parlé par économie. Saint Jérôme développe admirablement cette méthode dans sa lettre cinquante-quatrième à Pammaque. Pesez ses paroles.

Après avoir dit qu'il est des occasions où il faut présenter un pain et jeter une pierre, voici comme il continue :

« Lisez, je vous prie, Démosthène; lisez Cicéron;
« et si les rhétoriciens vous déplaisent, parceque leur
« art est de dire le vraisemblable plutôt que le vrai,
« lisez Platon, Théophraste, Xénophon, Aristote, et
« tous ceux qui ayant puisé dans la fontaine de So-
« crate en ont tiré divers ruisseaux. Y a-t-il chez eux
« quelque candeur, quelque simplicité? quels termes
« chez eux n'ont pas deux sens? et quels sens ne pré-
« sentent-ils pas pour remporter la victoire? Origène,
« Méthodius, Eusèbe, Apollinaire, ont écrit des mil-
« liers de versets contre Celse et Porphyre. Consi-
« dérez avec quel artifice, avec quelle subtilité pro-
« blématique ils combattent l'esprit du diable; ils
« disent, non ce qu'ils pensent, mais ce qui est né-
« cessaire : *Non quod sentiunt, sed quod necesse est*
« *dicunt.*

« Je ne parle point des auteurs latins Tertullien,

« Cyprien, Minucius, Victorin, Lactance, Hilaire;
« je ne veux point les citer ici; je ne veux que me
« défendre; je me contenterai de vous rapporter
« l'exemple de l'apôtre saint Paul, etc. »

Saint Augustin écrit souvent *par économie*. Il se proportionne tellement aux temps et aux lieux, que, dans une de ses épîtres, il avoue qu'il n'a expliqué la trinité que « parcequ'il fallait bien dire quelque « chose. »

Ce n'est pas assurément qu'il doutât de la sainte trinité; mais il sentait combien ce mystère est ineffable, et il avait voulu contenter la curiosité du peuple.

Cette méthode fut toujours reçue en théologie. On emploie contre les encratiques un argument qui donnerait gain de cause aux carpocratiens; et quand on dispute ensuite contre les carpocratiens, on change ses armes.

Tantôt on dit que Jésus n'est mort que pour *plusieurs*, quand on étale le grand nombre des réprouvés; tantôt on affirme qu'il est mort pour *tous*, quand on veut manifester sa bonté universelle. Là vous prenez le sens propre pour le sens figuré; ici vous prenez le sens figuré pour le sens propre, selon que la prudence l'exige.

Un tel usage n'est pas admis en justice. On punirait un témoin qui dirait le pour et le contre dans une affaire capitale; mais il y a une différence infinie entre les vils intérêts humains qui exigent la plus grande clarté, et les intérêts divins qui sont cachés dans un abîme impénétrable. Les mêmes juges qui veulent à l'audience des preuves indubitables approchantes de la démonstration, se contenteront au sermon de preuves morales, et même de déclamations sans preuves.

Saint Augustin parle *par économie* quand il dit : « Je crois parceque cela est absurde ; je crois parceque « cela est impossible. » Ces paroles, qui seraient extravagantes dans toute affaire mondaine, sont très respectables en théologie. Elles signifient : Ce qui est absurde et impossible aux yeux mortels ne l'est point aux yeux de Dieu ; or Dieu m'a révélé ces prétendues absurdités, ces impossibilités apparentes ; donc je dois les croire.

Un avocat ne serait pas reçu à parler ainsi au barreau. On enfermerait à l'hôpital des fous des témoins qui diraient : Nous affirmons qu'un accusé étant au berceau à la Martinique a tué un homme à Paris ; et nous sommes d'autant plus certains de cet homicide, qu'il est absurde et impossible. Mais la révélation, les miracles, la foi fondée sur des motifs de crédibilité, sont un ordre de choses tout différent.

Le même saint Augustin dit dans sa lettre cent cinquante-troisième : « Il est écrit [a] que le monde entier « appartient aux fidèles ; et les infidèles n'ont pas une « obole qu'ils possèdent légitimement. »

Si sur ce principe deux dépositaires viennent m'assurer qu'ils sont fidèles, et si en cette qualité ils me font banqueroute à moi misérable mondain, il est certain qu'ils seront condamnés par le châtelet et par le parlement, malgré toute l'économie avec laquelle saint Augustin a parlé.

---

[a] Cela est écrit dans les *Proverbes*, chap. xvii ; mais ce n'est que dans la traduction des Septante, à laquelle toute l'Église s'en tenait alors.

Saint Irénée prétend[a] qu'il ne faut condamner ni l'inceste des deux filles de Loth avec leur père, ni celui de Thamar avec son beau-père, par la raison que la sainte Écriture ne dit pas expressément que cette action soit criminelle. Cette économie n'empêchera pas que l'inceste parmi nous ne soit puni par les lois. Il est vrai que si Dieu ordonnait expressément à des filles d'engendrer des enfants avec leur père, non seulement elles seraient innocentes, mais elles deviendraient très coupables en n'obéissant pas. C'est là où est l'économie d'Irénée; son but très louable est de faire respecter tout ce qui est dans les saintes Écritures hébraïques : mais comme Dieu, qui les a dictées, n'a donné nul éloge aux filles de Loth et à la bru de Juda, il est permis de les condamner.

Tous les premiers chrétiens, sans exception, pensaient sur la guerre comme les esséniens et les thérapeutes, comme pensent et agissent aujourd'hui les primitifs appelés *quakers*, et les autres primitifs appelés *dunkars*, comme ont toujours pensé et agi les brachmanes. Tertullien est celui qui s'explique le plus fortement sur ces homicides légaux que notre abominable nature a rendus nécessaires[b] : « Il n'y a « point de règle, point d'usage qui puisse rendre légi- « time cet acte criminel. »

Cependant, après avoir assuré qu'il n'est aucun chrétien qui puisse porter les armes, il dit par économie dans le même livre, pour intimider l'empire romain[c] : « Nous sommes d'hier, et nous remplissons « vos villes et vos armées. »

[a] Liv. IV, ch. xxv. — [b] *De l'idolâtrie*, ch. xix. — [c] Ibid., ch. xlii.

Cela n'était pas vrai, et ne fut vrai que sous Constance Chlore ; mais l'économie exigeait que Tertullien exagérât dans la vue de rendre son parti redoutable.

C'est dans le même esprit qu'il dit [a] que Pilate était chrétien dans le cœur. Tout son *Apologétique* est plein de pareilles assertions qui redoublaient le zèle des néophytes.

Terminons tous ces exemples du style économique, qui sont innombrables, par ce passage de saint Jérôme dans sa dispute contre Jovinien sur les secondes noces [b] : « Si les organes de la génération dans
« les hommes, l'ouverture de la femme, le fond de sa
« vulve, et la différence des deux sexes faits l'un pour
« l'autre, montrent évidemment qu'ils sont destinés
« pour former des enfants, voici ce que je réponds :
« Il s'ensuivrait que nous ne devons jamais cesser
« de faire l'amour, de peur de porter en vain des
« membres destinés pour lui. Pourquoi un mari s'abs-
« tiendrait-il de sa femme, pourquoi une veuve per-
« sévérerait-elle dans le veuvage, si nous sommes nés
« pour cette action comme les autres animaux ? en
« quoi me nuira un homme qui couchera avec ma
« femme ? Certainement si les dents sont faites pour
« manger, et pour faire passer dans l'estomac ce
« qu'elles ont broyé ; s'il n'y a nul mal qu'un homme
« donne du pain à ma femme, il n'y en a pas da-
« vantage si, étant plus vigoureux que moi, il apaise
« sa faim d'une autre manière, et qu'il me soulage

---

[a] *Apologétiq.*, ch. XXI. — [b] Liv. I.

« de mes fatigues, puisque les génitoires sont faits
« pour jouir toujours de leur destinée. »

« Quoniam ipsa organa, et genitalium fabrica, et
« nostra feminarumque discretio, et receptacula vul-
« væ, ad suscipiendos et coalendos fœtus condita,
« sexus differentiam prædicant, hoc breviter respon-
« debo. Nunquam ergo cessemus a libidine, ne frus-
« tra hujuscemodi membra portemus. Cur enim ma-
« ritus se abstineat ab uxore, cur casta vidua perse-
« veret, si ad hoc tantum nati sumus ut pecudum
« more vivamus? aut quid mihi nocebit si cum uxore
« mea alius concubuerit? Quomodo enim dentium
« officium est mandere, et in alvum ea quæ sunt
« mansa transmittere, et non habet crimen, qui con-
« jugi meæ panem dederit: ita, si genitalium hoc est
« officium ut semper fruantur natura sua, meam las-
« situdinem alterius vires superent; et uxoris, ut ita
« dixerim, ardentissimam gulam fortuita libido res-
« tinguat. »

Après un tel passage, il est inutile d'en citer d'autres. Remarquons seulement que ce style économique, qui tient de si près au polémique, doit être manié avec la plus grande circonspection, et qu'il n'appartient point aux profanes d'imiter dans leurs disputes ce que les saints ont hasardé, soit dans la chaleur de leur zèle, soit dans la naïveté de leur style.

ÉCROUELLES[1].

Écrouelles, scrofules, appelées *humeurs froides*,

---

[1] *Questions sur l'Encyclopédie*, cinquième partie, 1771 : voyez aussi sur

quoiqu'elles soient très caustiques; l'une de ces maladies presque incurables qui défigurent la nature humaine, et qui mènent à une mort prématurée par les douleurs et par l'infection.

On prétend que cette maladie fut traitée de divine [1], parcequ'il n'était pas au pouvoir humain de la guérir.

Peut-être quelques moines imaginèrent que des rois, en qualité d'images de la Divinité, pouvaient avoir le droit d'opérer la cure des scrofuleux, en les touchant de leurs mains qui avaient été ointes. Mais pourquoi ne pas attribuer, à plus forte raison, ce privilége aux empereurs, qui avaient une dignité si supérieure à celle des rois? pourquoi ne le pas donner aux papes, qui se disaient les maîtres des empereurs, et qui étaient bien autre chose que de simples images de Dieu, puisqu'ils en étaient les vicaires? Il y a quelque apparence que quelque songe-creux de Normandie, pour rendre l'usurpation de Guillaume-le-Bâtard plus respectable, lui concéda, de la part de Dieu, la faculté de guérir les écrouelles avec le bout du doigt.

C'est quelque temps après Guillaume qu'on trouve cet usage tout établi. On ne pouvait gratifier les rois d'Angleterre de ce don miraculeux, et le refuser aux rois de France leurs suzerains. C'eût été blesser le respect dû aux lois féodales. Enfin, on fit remonter

---

les écrouelles, la lettre du roi de Prusse, du 27 juillet 1775; et la note sur le chap. XLII de l'*Essai sur les mœurs*. B.

[1] Voyez DÉMONIAQUES. B.

ce droit à saint Édouard en Angleterre, et à Clovis en France.

Le seul témoignage un peu croyable que nous ayons de l'antiquité de cet usage[a], se trouve dans les écrits en faveur de la maison de Lancastre, composés par le chevalier Jean Fortescue, sous le roi Henri VI, reconnu roi de France, à Paris, dans son berceau, et ensuite roi d'Angleterre, et qui perdit ses deux royaumes. Jean Fortescue, grand chancelier d'Angleterre, dit que de temps immémorial les rois d'Angleterre étaient en possession de toucher les gens du peuple malades des écrouelles. On ne voit pourtant pas que cette prérogative rendît leurs personnes plus sacrées dans les guerres de la Rose rouge et de la Rose blanche.

Les reines qui n'étaient que femmes de rois ne guérissaient pas les écrouelles, parcequ'elles n'étaient pas ointes aux mains comme les rois; mais Élisabeth, reine de son chef, et ointe, les guérissait sans difficulté.

Il arriva une chose assez triste à Martorillo le Calabrois, que nous nommons saint François de Paule. Le roi Louis XI le fit venir au Plessis-les-Tours pour le guérir des suites de son apoplexie: le saint arriva avec les écrouelles[b]: « Ipse fuit detentus gravi infla-
« tura quam in parte inferiori genæ suæ dextræ circa
« guttur patiebatur. Chirurgi dicebant morbum esse
« scropharum. »

Le saint ne guérit point le roi, et le roi ne guérit point le saint.

---

[a] *Appendix*, n° vi.
[b] *Acta sancti Francisci Pauli*, page 155.

ÉCROUELLES.

Quand le roi d'Angleterre Jacques II fut reconduit de Rochester à Whitehall, on proposa de lui laisser faire quelque acte de royauté, comme de toucher les écrouelles; il ne se présenta personne. Il alla exercer sa prérogative en France, à Saint-Germain, où il toucha quelques Irlandaises. Sa fille Marie, le roi Guillaume, la reine Anne, les rois de la maison de Brunswick, ne guérirent personne. Cette mode sacrée passa quand le raisonnement arriva.

FIN DU TROISIÈME VOLUME
DU DICTIONNAIRE PHILOSOPHIQUE.

TABLE

DES MATIÈRES DU TROISIÈME VOLUME

DU

DICTIONNAIRE PHILOSOPHIQUE.

CHAINE ou GÉNÉRATION DES ÉVÉNEMENTS. Page 1
CHANGEMENTS ARRIVÉS DANS LE GLOBE. 5
CHANT, MUSIQUE, MÉLOPÉE, GESTICULATION, SALTATION.
. Questions sur ces objets. 9
CHARITÉ. Maisons de charité, de bienfesance, hôpitaux, hôtels-dieu, etc. 13
CHARLATAN. 20
De la charlatanerie des sciences et de la littérature. 24
CHARLES IX. 26
CHEMINS. 28
CHIEN. 34
DE LA CHINE. SECTION PREMIÈRE. 37
De l'expulsion des missionnaires de la Chine. 41. — Du prétendu athéisme de la Chine. 46
SECTION II. 47
CHRISTIANISME. SECTION PREMIÈRE. Établissement du christianisme, dans son état civil et politique. 52
SECTION II. Recherches historiques sur le christianisme. 63
CHRONOLOGIE. 79
De la vanité des systèmes, surtout en chronologie. 81
CICÉRON. 83
CIEL MATÉRIEL. 89
CIEL DES ANCIENS. 96
CIRCONCISION. 102
CLERC. 107
Du célibat des clercs. 108. — Des clercs du secret, devenus depuis secrétaires d'état et ministres. 112
CLIMAT. 113
Influence du climat. 116
CLOU. 120
COHÉRENCE, COHÉSION, ADHÉSION. 123
COLIMAÇON. 124
COMMERCE. Ibid.

TABLE DES MATIÈRES.

CONCILES. Section première. Assemblée d'ecclésiastiques convoquée pour résoudre des doutes ou des questions sur les points de foi ou de discipline. 124
    Section ii. Notice des conciles généraux. 138
    Section iii. 147
CONFESSION. 153
    De la révélation de la confession. 158. — Si les laïques et les femmes ont été confesseurs et confesseuses. 160. — Des billets de confession. 163
CONFIANCE EN SOI-MÊME. 165
CONFISCATION. Ibid.
CONQUÊTE. Réponse à un questionneur sur ce mot. 168
CONSCIENCE. Section première. De la conscience du bien et du mal. 169
    Section ii. Si un juge doit juger selon sa conscience ou selon les preuves. 172
    Section iii. De la conscience trompeuse. 173
    Section iv. Liberté de conscience. 175
CONSEILLER OU JUGE. 179
CONSÉQUENCE. 181
CONSPIRATIONS CONTRE LES PEUPLES, ou PROSCRIPTIONS. 184
CONSTANTIN. Section première. Du siècle de Constantin. Ibid.
    Section ii. 189
CONTRADICTIONS. Section première. 196
    Section ii. Exemples tirés de l'histoire, de la sainte Écriture, de plusieurs écrivains, du fameux curé Meslier, d'un prédicant nommé Antoine, etc. 203. — Des contradictions dans quelques rites. 206. — Des contradictions dans les affaires et dans les hommes. 207. — Des contradictions dans les hommes et dans les affaires. 208. — Des contradictions apparentes dans les livres. Ibid. — Contradictions dans les jugements sur les ouvrages. 220
CONTRASTE. 221
CONVULSIONS. 222
COQUILLES (DES), et des systèmes bâtis sur des coquilles. 224
CORPS. Ibid.
COURTISANS LETTRÉS. 229
COUTUMES. Ibid.
CREDO. 230
CRIMES ou DÉLITS DE TEMPS ET DE LIEU. Ibid.
    Des crimes de temps et de lieu qu'on doit ignorer. 231
    Question si deux témoins suffisent pour faire pendre un homme. 234
CRIMINALISTE. 237
CRIMINEL. Procès criminel. 238
    Procédure criminelle chez certaines nations. 240. — Exemple tiré de la condamnation d'une famille entière. 243
CRITIQUE. 247

TABLE DES MATIÈRES. 535

CROIRE. 258
CROMWELL. Section première. 261
  Section ii. 267
CUISSAGE ou CULAGE. Droit de prélibation, de marquette, etc. 269
CUL. 272
CURÉ DE CAMPAGNE. Section première. 275
  Section ii. 279
CURIOSITÉ. Ibid.
CYRUS. 283
DANTE (LE). 288
DAVID. 293
DÉCRÉTALES. Lettres des papes qui règlent les points de doctrine ou de discipline, et qui ont force de loi dans l'Église latine. 299
DÉFLORATION. 306
DÉISME. 307
DÉJECTION. Excréments; leur rapport avec le corps de l'homme, avec ses idées et ses passions. 308
DÉLITS LOCAUX. 310
DÉLUGE UNIVERSEL. 312
DÉMOCRATIE. 317
DÉMONIAQUES. Possédés du démon, énergumènes, exorcisés, *ou plutôt*, malades de la matrice, des pâles couleurs, hypocondriaques, épileptiques, cataleptiques, guéris par les émollients de M. Pomme, grand exorciste. 325
DENYS (SAINT) L'ARÉOPAGITE, et la fameuse éclipse. 328
  De la grande éclipse observée par Denys. 330
DÉNOMBREMENT. Section première. 331
  Section ii. 339
DESTIN. 341
DÉVOT. 346
DICTIONNAIRE. 348
  Extrait des Réflexions d'un académicien sur le *Dictionnaire de l'Académie*. 354
DIEU, DIEUX. Section première. 357
  Section ii. 361
  Lettre de Maxime de Madaure. 364.—Réponse d'Augustin. 365.—D'une calomnie de Warburton contre Cicéron, au sujet d'un dieu suprême. 367. — Les Romains ont-ils pris tous leurs dieux des Grecs? 368
  Section iii. Examen de Spinosa. 370. — Profession de foi de Spinosa. 371.—Du fondement de la philosophie de Spinosa. 373
  Section iv. Du *Système de la nature*. 376.— Histoire des anguilles sur lesquelles est fondé le *système*. 381
  Section v. De la nécessité de croire un Être suprême. 386
  Section vi. 394

DIOCLÉTIEN. 398
DE DIODORE DE SICILE, ET D'HÉRODOTE. 407
DIRECTEUR. 415
DISPUTE. 418
 Discours en vers sur les disputes, par de Rulhières. Ibid.
DISTANCE. 425
DIVINITÉ DE JÉSUS. 435
DIVORCE. Section première. 436
 Section ii. 439
DOGMES. Ibid.
DONATIONS. 443
 Donation de Constantin. 444. — Donation de Pepin. 445. — Donation de Charlemagne. 446.—Donation de Bénévent, par l'empereur Henri III. 447.—Donation de la comtesse Mathilde. Ibid.—Donation de la suzeraineté de Naples aux papes. 449. — Donation de l'Angleterre et de l'Irlande aux papes, par le roi Jean. 452. — Examen de la vassalité de Naples et de l'Angleterre. 453. — Des donations faites par les papes. 454. — Donations entre particuliers. 455
DORMANTS (LES SEPT). 456
DROIT. Droit des gens; droit naturel. Section première. 458
 Section ii. Droit public. 463
DROIT CANONIQUE. Idée générale du droit canonique, par M. Bertrand, ci-devant premier pasteur de l'église de Berne. 466
 Section première. Du ministère ecclésiastique. 468
 Section ii. Des possessions des ecclésiastiques. 471
 Section iii. Des assemblées ecclésiastiques ou religieuses. 475
 Section iv. Des peines ecclésiastiques. 481
 Section v. De l'inspection sur le dogme. 485
 Section vi. Inspection des magistrats sur l'administration des sacrements. 486
 Section vii. Juridiction des ecclésiastiques. 489
 Extrait du tarif des droits qu'on paie en France à la cour de Rome pour les bulles, dispenses, absolutions, etc. 491.—Dispenses de mariage. 492
DROIT DE LA GUERRE. 494
DRUIDES. Ibid.
ÉCLIPSE. 497
ÉCONOMIE. 504
 Économie domestique. 505
 De l'économie publique. 512
ÉCONOMIE DE PAROLES. Parler par économie. 521
ÉCROUELLES. 528

FIN DE LA TABLE.

www.ingramcontent.com/pod-product-compliance
Lightning Source LLC
Chambersburg PA
CBHW051355230426

43669CB00011B/1648